中国农产品市场报告 2012

农业部市场与经济信息司

经济管理出版社

图书在版编目（CIP）数据

中国农产品市场报告.2012/农业部市场与经济信息司.
—北京：经济管理出版社，2012.3

ISBN 978 - 7 - 5096 - 1811 - 0

Ⅰ.①中⋯　Ⅱ.①农⋯　Ⅲ.①农产品市场—市场分
析—研究报告—中国—2012　Ⅳ.①F323.7

中国版本图书馆 CIP 数据核字（2012）第 032007 号

出版发行：*经济管理出版社*

北京市海淀区北蜂窝 8 号中雅大厦 11 层

电话：（010）51915602　　邮编：100038

印刷：三河市海波印务有限公司　　　　经销：新华书店

组稿编辑：曹　靖	责任编辑：曹　靖　白　冰
责任印制：晓　成	责任校对：超　凡

787mm×1092mm/16　　　　　21.25 印张　　　358 千字

2012 年 5 月第 1 版　　　　　2012 年 5 月第 1 次印刷

定价：80.00 元

书号：ISBN 978 - 7 - 5096 - 1811 - 0

中国农产品市场报告.2012

编 委 会

序　言

2011 年，国际大宗农产品价格先涨后跌、大幅震荡，价格总体已高于 2008 年"粮食危机"时的水平。而在粮食生产"八连增"、农业各行业全线飘红及宏观调控政策及时有力等因素的共同作用下，我国农产品市场品种丰富、供应充足、交易活跃，价格波澜不惊。其中，粮食价格温和上涨，棉花、生猪、鸡蛋等个别农产品先后在年内达到历史高点后出现回落，蔬菜价格总水平与上年基本持平，牛羊肉价格保持稳步上涨态势。我国农产品市场的相对稳定，为抑制物价过快上涨、应对国际金融危机赢得了主动。

2012 年，是"十二五"规划承上启下的重要一年。我国农业发展面临的资源约束越发严峻，通胀压力依然较大，欧债危机、原油价格波动等不确定性因素增多，农产品市场运行环境更加复杂，粮食稳产增产、农民就业增收以及市场稳定运行的难度进一步加大。2012 年要把握稳中求进的总基调，围绕强科技保发展、强生产保供给、强民生保稳定，进一步加大强农惠农富农政策力度，毫不放松抓好粮食生产，保证"菜篮子"产品供给，持续提高农产品供给保障能力。同时，要不断加强形势分析研判，准确把握国内外农产品市场变化趋势，进一步提高宏观调控的针对性、灵活性和前瞻性，努力确保市场平稳运行，保持农产品价格合理水平。

农业部一直高度重视农产品市场监测预警工作，建立了部省联动的分析师队伍，既定期对主要农产品市场运行进行常规分析和展望，又结合市场热点焦点问题适时开展专题调研。从 2007 年开始，每年将主要研究成果结集出版，作为我国农产品市场研究领域的一项重要基础性工作。《中国农产品市场报告．2012》主要从综合、品种、省份、政策四部分全面回顾了 2011 年农产品市场运行情况，通过翔实的数据和大量的调研，全面研判了粮、棉、油、糖等主要农产品的市场供求、国际贸易及未来走势，总结展望了农业主产省的农业农村经济形势，梳理和归纳了国家出台的相关政策文件。相信本书的出版，不仅能启迪同行，而且对做好我国农产品市场工作有一定的参考价值。

二〇一二年四月十一日

目　　录

第三部分　区域篇

第四部分　政策篇

第一部分

综合篇

关于我国应尽快调整现行 CPI 构成的分析报告

2011 年 11 月我国 CPI 创近 28 个月新高，同比上涨 5.1%，其中食品类价格上涨对 CPI 的贡献率为 74%，舆论的焦点再次集中到农产品价格与通胀的关系上。为准确把握农产品与 CPI 的关联度，农业部市场与经济信息司对 CPI 影响因素进行了认真研究，综合分析认为，不能简单地判定食用农产品价格是推动通胀的主要力量，现行 CPI 构成中食品权重偏高（目前为 33% 左右）、缺乏动态调整是导致人为高估农产品对 CPI 影响的重要原因，食品消费在 CPI 构成中的权重如不作相应调整，必然放大农产品价格对 CPI 的影响，进而影响决策。

一、从我国城乡居民收入和消费支出变化看，应调整现行 CPI 构成

我国现行 CPI 构成的目录和编制方法是 2000 年调整的，但食品消费在我国现行 CPI 构成中占 30% 以上的权重一直沿用的是 20 世纪八九十年代的标准。当时我国居民很大部分收入用于食品消费，城镇居民家庭恩格尔系数在 55% 左右，农村居民家庭恩格尔系数在 60% 左右，食品消费支出占居民消费总支出的比重相当高，农产品价格波动对人们生活影响较大，食品权重较高具有合理性。但是，近 20 年来我国城乡居民收入、消费支出和恩格尔系数均已发生巨大变化。1998 ~ 2009 年，城镇居民家庭人均可支配收入从 5425.0 元增长到 17174.7 元，增 2.2 倍；农村居民家庭人均纯收入从 2162 元增长到 5153.2 元，增 1.4 倍；城镇居民家庭恩格尔系数从 44.7% 下降到 36.5%，下降 8.2 个百分点；农村居民家庭恩格尔系数从 53.4% 下降到 41.0%，下降 12.4 个百分点。由此可见，随着居民收入的显著增长，食品消费支出占居民消费支出的比重在明显下降，食用农产品价格波动对通货膨胀的影响力自然也相应下降，居民对农产品价格波动的承受能力也越来越强。但与此形成鲜明对比的是，CPI 构成中食品权重并没有相应下调，这导致 CPI 很难反映经济

运行和城乡居民生活的真实状况，并造成农产品价格上涨对通货膨胀具有很大推动作用的错觉。

二、从国际经验看，应调整现行 CPI 构成

一般而言，随着国民经济总量的快速增长，农业占 GDP 的比重会越来越低，人们食品消费占收入的比重也会越来越低。世界大多数国家均会随着经济社会发展和收入消费结构变化适时对 CPI 构成进行调整，如欧盟每五年调整一次、美国每两年调整一次。从经济合作与发展组织（OECD）看，现行 CPI 构成中食品所占权重平均为 15.4%，只有波兰等个别国家超过 20%；这些国家中收入水平相对较低一些的南非、智利、墨西哥等国，食品消费在 CPI 构成中所占权重分别为 18.3%、18.9% 和 19.1%，均明显低于我国 33% 左右的权重。这些国家在设置 CPI 权重时，许多都把住房等居住类权重设置较高，如美国为 42.7%，而我国仅为 14.69%。虽然我国目前人均收入较低，食品支出占居民可支配收入比重与发达国家相比有差距，但是近年来一直高达 33% 的 CPI 统计比重使我国农产品价格受到了极大的压力，这既不能如实反映我国物价指数的真实变化情况，也会从某种程度上对我国农业稳定发展，尤其是农产品市场的健康运行造成不利影响。分析表明，未来我国应当根据经济发展实际情况，尽快降低食品消费在 CPI 构成中所占权重，可考虑先降到一个合理水平（约 21%~22%），以后每年根据情况逐步进行动态调整。

三、从农业与非农产业关联度看，应调整现行 CPI 构成

现代农业除满足人们的食物性需求外，还要满足能源等产业的原料性需求，受通胀预期、原油价格、金融市场、国际市场影响也在加大。我们运用经济计量模型对 2000 年以来的月度数据进行模拟分析发现，农产品价格变动对 CPI 有一定影响，但非农产品价格变化所推动的 CPI 涨跌对农产品价格的影响也非常显著。如粮食价格每上涨 1%，会使 CPI 上涨 0.30%，其中稻谷、小麦、玉米每上涨 1% 会使 CPI 分别上涨 0.09%、0.09% 和 0.12%。反过来，非农产品价格变化每推动 CPI 上涨 1%，会使稻谷、小麦和玉米价格分别上涨 2.0%、1.94% 和 3.2%。猪肉价格每上涨 1% 会使 CPI 上涨 0.19%。反过来，非农产品价格变化每推动 CPI 上涨 1%，会使猪肉价格上涨 0.38%。

理论上讲，在 CPI 结构合理的情况下，农产品供不应求引起的价格上涨可能会导致通货膨胀。但 2011 年我国粮食产量实现历史罕见的"七连增"，农业生产稳定发展，农产品供给总体充足，在此情况下 CPI 仍然上涨，农产

品价格不应成为主因。受输入性通胀、流动性过剩、成本推动、通胀预期等多重复杂因素影响，当前农产品价格在很大程度上属"被动"上涨。CPI 构成中食品权重过高必然增强农产品价格与 CPI 的联动性，容易使人将 CPI 上涨与农产品价格上涨等同起来。为反映 CPI 上涨的真正原因，协调农业与非农产业发展，应尽快科学调整 CPI 构成，以便真实准确地反映国民经济运行情况。

四、从通胀期间城乡居民收入和消费影响看，应调整现行 CPI 构成

改革开放以来，我国大致经历了 20 世纪 80 年代中后期的高通货膨胀、90 年代初中期的高通货膨胀和 2003 年以来的低通货膨胀三个阶段。研究发现，几次通货膨胀对农村居民收入和消费的影响远大于对城镇居民的影响，通胀期间农村居民基本上"入不敷出"。如"十五"期间，农村居民收入上涨 29%，但支出上涨了 43%，远远超过了收入增长速度；而城镇居民消费支出增速却小于收入增速，收入上涨 58%，但支出仅上升 48%。从城乡恩格尔系数对比可以看出，虽然二者在过去 30 年内均有下降，但是中间经历了一个趋同、分化、再趋同的过程。在 20 世纪 70 年代末，我国城乡差距较大，进入 80 年代后有所缩小，但进入 90 年代以后，城镇居民生活水平提高较快，城乡差距逐步拉大，城乡恩格尔系数之间差距大约为 10 个百分点，只是在最近两年随着支农惠农政策的落实才有所缩小。在 CPI 上涨最为迅猛的时期（1989～1995 年），农村恩格尔系数也出现了短期的上升趋势，农民出现了部分"返贫"现象。这也说明，当较严重的通货膨胀发生时，农村居民最易受到打击。

分析看出，虽然每一次 CPI 上涨都会伴随着农产品价格的上涨，看似农民获利，但是相比于其他产品价格的大幅上涨，以及城镇居民收入的快速提升，我国农村居民收入增长速度仍过于缓慢，通货膨胀所带来的压力主要体现在农民身上，在一定程度上加剧了城乡居民收入差距。因此，应全面认识农产品价格适度上涨的合理性，避免打压农产品价格，挫伤农民种植养殖的积极性，导致农产品供应短缺和价格大幅上涨。而采取综合措施，从根本上扶持农业生产，增强农业化解成本上升、抵御通胀的能力，提高农业比较效益，才能保障有效供给，稳定经济社会发展全局。总的来看，无论从国际发展经验角度，还是从城乡统筹发展、产业协调运行和国民经济发展全局角度，都应尽快调整现行 CPI 构成，以便准确地反映各行业价格变化及受影响状况，从而推动科学决策与管理。

关于我国农产品市场形势及
政策建议的报告

　　进入 2011 年以来，我国农产品市场供应充足，交易活跃，粮食价格保持温和上涨态势，生猪、棉花、鸡蛋在强劲上涨后出现回落，牛羊肉价格持续上涨，蔬菜价格跌幅明显大于往年。尽管 2011 年农产品价格水平整体高于2010 年，但近期随着大量集中上市，马铃薯、大白菜、生姜等蔬菜价格大幅下降，籽棉、玉米价格走弱，稳价增收压力较大。2012 年农产品市场运行环境将更加复杂，必须抓紧采取扶持生产和调控市场的政策措施。

一、近期我国农产品市场运行情况

　　据农业部监测，2011 年 10 月全国农产品批发市场价格指数为 191.0，比2010 年同期高 10.3 个点，但比 9 月下降 7.3 个点，其中"菜篮子"产品批发价格指数下降了 9 个点。重点监测的 31 种农产品中，10 月有 14 种环比下跌。分品种看：

　　（1）粮食价格总体温和上涨，但新玉米上市后价格出现下滑。受成本增加、最低收购价水平连年提高等因素影响，粮食价格持续小幅上涨。据农业部 300 个物价网点县监测，10 月三种粮食（稻谷、小麦、玉米）市场平均价每百斤 122.3 元，环比涨 0.6%，同比涨 12.4%。但 2011 年东北新玉米上市后，价格高开低走。吉林扶余、农安等地农民销售玉米已由开秤初期的每斤0.95~0.96 元（自然水，下同）降至 11 月上旬的 0.85~0.86 元，个别地方甚至跌到 0.82 元左右；且东北玉米尚未进入上市高峰，由于价格下滑势头还未停止，各方主体都在观望，入市收购积极性不高，往年竞相入市抢购的现象目前尚未出现，截至 11 月 5 日，全国各类企业累计收购新玉米 282.3 万吨，同比略增 6.4 万吨（主要是 2011 年东北玉米开秤时间比 2010 年提前一周左右）。

　　（2）棉花、猪肉、鸡蛋价格先涨后跌，目前仍在下行。2011 年 4 月以来，受棉花增产预期及需求持续低迷等因素影响，价格连续 5 个月回落，10 月降至每吨 19716 元，环比跌 0.1%，比 3 月最高点跌 35.8%，同比降 19.9%。新棉上市以来，籽棉收购价不断下跌，山东夏津、武城等地籽棉收购价由每斤 4.5～4.6 元跌至 11 月中旬的 3.7 元左右。虽然 2011 年全国新棉采摘进度快于上年，但由于棉花价格一路下跌，加工企业收购谨慎，棉花收购进度相对缓慢。截至 11 月 11 日，籽棉交售率为 66.4%，同比下降 6.9 个点。随着生猪供应能力逐步恢复，中秋节后猪肉价格持续回落，至 11 月中旬连续 8 周下跌，已跌破 24 元，比 2011 年最高价（9 月 11 日）跌 10.6%。鸡蛋价格总体走势与往年一致，9 月中旬之后由于供应增加和消费需求减弱，价格明显回落，11 月 16 日跌至每公斤 8.61 元，已连续 9 周下跌。但与 2010 年同期相比，10 月猪肉、鸡蛋价格同比分别高 43.2% 和 12.5%。

（3）蔬菜价格跌幅明显大于往年，部分品种出现滞销卖难。据农业部监测，近十年以来蔬菜价格每年春节期间会达到高点，之后开始回落，7 月小幅回升，10 月受北方大白菜等陆地菜集中上市影响再次回落，11 月起涨至次年春季。2011 年蔬菜价格变动总体符合常年规律，但夏秋两季跌幅明显大于往年。1～10 月，28 种蔬菜平均批发价每公斤 3.22 元，同比低 1.9%（近十年蔬菜价格年均涨幅为 7%），其中 10 月价格环比跌幅比常年大近 6 个百分点；11 月第 2 周，蔬菜价格降至 2.58 元，已连续第 7 周下跌。尤其是冬储大白菜、马铃薯、洋葱、尖椒、大蒜等品种，在一些地区增产较多，价格下行压力较大。据农业部农情调度，9 月底北方 15 个省（区、市）大白菜种植面积增长 3.9%，预计增产 5.8%。全国马铃薯种植面积预计增长 6.8%，增产的 550 万吨中有 300 万吨来自内蒙古。

此外，油料价格基本稳定。2011 年 10 月，大豆、油菜籽、豆油、菜籽油价格为每公斤 4.19 元、5.09 元、12.27 元和 14.28 元，环比分别涨 0.4%、0.8%、0.8% 和 1.1%。2011 年以来，牛羊肉价格持续上涨，10 月批发价每公斤 35.15 元和 42.20 元，环比涨 1.1% 和 2.9%，均达到历史高位。水产品受春夏连旱及旱涝急转等灾害性天气影响，价格高位波动，10 月重点监测的水产品批发市场综合均价每公斤 18.48 元，环比跌 3.3%。

二、2012 年农产品价格走势预测

2011 年，我国粮食生产实现"八连增"，奠定了农产品市场稳定的坚实基础，但 2012 年我国农业发展面临的资源约束越发严峻，通胀压力依然较大，欧债危机、油价波动等输入型不确定性因素增多，农产品市场运行环境更加复杂。综合分析，2012 年我国粮食价格总体将保持温和上涨态势，生猪价格

可能会出现下跌，蔬菜价格仍将季节性波动。

（1）粮食价格将稳中略涨。2011 年我国粮食总产量再创历史新高，库存充裕。尽管近年来玉米深加工和饲料需求增长较快，但粮食总供求基本平衡。在最低收购价、成本刚性增加等因素支撑下，预计 2012 年粮食价格仍将保持小幅上升态势。

（2）生猪价格将会出现下跌，牛羊肉价格保持坚挺。2011 年 3 月和 5 月以来，我国生猪存栏和能繁母猪存栏分别连续 8 个月和 6 个月恢复性增长。按肥猪 10 个月上市周期计算，预计 2012 年生猪上市量增加，价格可能出现下跌，但跌幅可能小于 2008 年，主要是因为养殖户已趋于理性，散养户补栏谨慎，社会资本进入较少，没有出现"一哄而上"的现象。由于牛羊养殖周期长，生产恢复较慢，难以满足近年来持续增长的消费需求，预计价格将继续保持坚挺。

（3）食用油、棉花、食糖价格将与国际市场同向波动。我国食用油、棉花、食糖对外贸易依存度较高，价格与国际市场基本同步，但受油菜籽、棉花临时收储政策和糖料两次联动机制的支撑，国内价格波动幅度总体小于国际。分品种看，目前食用油库存充足，随着今冬明春消费旺季到来，预计价格将小幅上涨。2011 年我国棉花恢复性增产，但纺织行业需求低迷，2012 年价格将弱势整理。预计 2011 年食糖产量 1200 万吨，比上年明显增加，2012 年产需缺口将比 2011 年减少，价格将高位波动。

（4）蔬菜价格将季节性波动。2011 年 9 月底，全国设施蔬菜面积 2210 多万亩，同比增长 10.9%，元旦、春节期间蔬菜供应有保障。由于 2011 年价格下跌，农民可能会调整部分蔬菜品种的种植面积和结构，加之生产成本刚性增长，特别是人工成本居高不下，都将对 2012 年蔬菜价格产生影响。从季节波动情况看，预计仍将符合常年规律，但少数品种、局部地区滞销卖难的现象仍将难以避免。

此外，水产品灾后生产恢复较好，市场供应会增加，价格不会有大的波动；鸡蛋消费在元旦、春节期间将有所增加，但同时新增产能也同步释放，鸡蛋价格将总体保持平稳；奶牛生产将保持增长态势，生鲜乳价格将继续平稳走势。

三、政策建议

针对当前形势，农业部将认真贯彻即将召开的中央经济工作会议和中央农村工作会议精神，按照"两个千方百计、两个努力确保"的目标任务，密切关注农产品产销形势，重点抓好"菜篮子"产品生产，强化面向生产的信息服务，积极促进产销衔接，全面强化农产品质量监管，抓紧推进各方面工作，切实抓好今冬明春粮食及农业生产，确保"两节"、"两会"期间农产品供应，稳定市场和价格。针对当前农产品市场形势，建议采取以下措施：

（1）抓紧出台玉米临时收储政策。2011 年玉米丰收已成定局，东北三省大幅增产，阶段性和区域性上市压力较大。目前东北玉米收购价已比开秤初期每斤回落 0.1 元左右，且市场交易清淡，观望气氛浓厚。如果国家不抓紧出台临时收储政策，后期随着新玉米大量集中上市，价格仍将继续下降。建议国家尽快确定临时收储价格，完善操作办法，做到敞开收购，稳定市场预期。

（2）认真落实棉花收储预案。受棉花增产、需求不振、棉企资金紧张等因素影响，2011 年籽棉开秤以来价格一路下滑，收购进度缓慢，安徽部分地区出现了"打白条"现象。建议不折不扣地落实 2011 年棉花收储预案，增加收储库点，防止压级压价，切实做到敞开收购，并尽早制定和公布 2012 年的棉花收储预案，稳定棉农生产预期。同时，考虑到 2011 年春运来得早，建议加大新疆棉花外运力度。

（3）及早做好 2012 年启动生猪调控预案准备工作。继续落实好 2011 年国务院第 162 次常务会议精神，进一步落实扶持生猪生产的各项措施，大力支持生猪公共防疫体系建设，强化信贷和保险对生猪生产的支持，加强生猪市场调控，提前做好防止 2012 年生猪价格过度下跌的预案，防止猪肉市场大幅波动。另外，我国生猪养殖的规模化程度正在逐步提高，养殖成本和风险明显增加，建议相关部门研究调整猪粮比价盈亏平衡点。

关于 2011 年蔬菜市场波动的研究报告

2011 年 4～5 月蔬菜价格进入快速下跌通道,部分品种价格大幅"跳水",不少地方出现了滞销卖难现象,价格跌幅之大、涉及范围之广、菜农遭受损失之重是改革开放以来不多见的。蔬菜供给和价格事关千家万户,事关农民增收,事关管理通胀预期,是国计民生的大事。国务院研究室、全国人大、国家发改委、新华社等部门从不同角度对我国蔬菜生产、加工、流通、销售等问题进行了深入分析和研究,提出了很多有价值的意见和建议。农业部市场与经济信息司在综合各部门研究成果的基础上,认真梳理了本轮蔬菜价格波动的特点及原因,反思和挖掘引发菜价大幅波动的深层次矛盾,力求找准治本之策,破解"菜贱伤农、菜贵伤民"的怪圈,确保蔬菜产业稳定发展和市场供应。

一、2011 年蔬菜市场波动的特点及认识

2011 年上半年,我国蔬菜价格先涨后跌。1～2 月涨,3 月跌,4 月加速下跌,5～6 月跌势趋缓并有所回升。农业部农产品批发市场信息网监测的 28 种蔬菜均价,4 月为每公斤 3.6 元,环比跌 17.1%,同比跌 8.6%;6 月为每公斤 2.8 元,环比涨 0.4%,同比涨 6.9%。

2011 年以来蔬菜市场波动具有以下几个特点:

(1) 价格跌幅明显大于常年。按常年规律,春节期间多为蔬菜价格年度高点,春节后蔬菜价格均会出现季节性回落。但 2011 年节后菜价跌幅加大,4 月环比跌幅比往年平均值大 5 个百分点。

(2) 部分地区个别品种田头菜价大大跌破生产成本。4 月下旬叶菜类均价 1.35 元,比 4 月初下降 31.8%,比春节前下降 55.6%。部分地区个别品种收购价大幅低于生产成本,山东卷心菜收购价一度跌至每斤 8 分钱,大白菜收购价跌至每斤 2 分钱;章丘大葱严重滞销,每斤一毛多钱仍没人收购;河南中牟芹菜 4 月下旬收购价每斤 5 分钱,同比跌 90%。

(3) 菜农损失惨重。由于蔬菜生产的物质费用和人工成本高,此次蔬菜

价格大跌让部分菜农血本无归，有的地方甚至出现菜农干脆把正在生长或成熟的蔬菜直接毁弃田间的现象。河南新野甘蓝 2010 年 11 月田头收购价每斤 6 毛，而 2011 年 4 月集中上市时每斤仅 6 分，按照这样的价格，扣除生产成本、砍菜工钱和包装袋费用，每亩亏损上百元。

（4）"卖菜难"和"买菜贵"并存。从国家统计局公布的全国居民鲜菜价格指数看，尽管 4、5 月鲜菜价格同比跌幅均不足 8%，但各地依然存在"农民田头叫苦、市民买菜喊贵"的情况。据央视财经频道调查，4 月 27 日从江苏运装 7 分钱一斤的卷心菜，途经四省市运达北京，经过北京新发地批发市场批发，最终在北京一家农贸市场以 6 毛钱一斤的价格售出，价格高了近 8 倍。

综合各方面观点，造成 2011 年蔬菜市场波动的原因是多方面的：

（1）季节性因素。随着天气转暖，陆地蔬菜大量上市，每年 4 月蔬菜价格均会出现季节性回落。

（2）天气性因素。今春南方地区受到寒流影响，蔬菜上市期较常年滞后，与北方地产蔬菜碰头，短期内市场供应大量增加，放大了供求矛盾，加剧了降价滞销局面。

（3）突发性因素。日本核辐射事件后，我国部分地区个别蔬菜品种检测出放射性物质，影响到菠菜、莴苣等品种的消费信心，对价格造成较大冲击，在一定程度上拉低了蔬菜价格总水平。

（4）蔬菜流通不畅。由于油价上涨，导致运输成本增加，零售摊位费上涨，加之城市菜价管控力度加大，流通环节利润减少，不少蔬菜贩运商或不再长途经销蔬菜，或打压收购价格，进而导致产地有菜运不出，田头价格大幅下跌。此外，受 2010 年蔬菜总体价格水平较高影响，一些地区农民扩大蔬菜种植面积，也给市场造成了一定压力。

对此次蔬菜价格波动和卖难的情况，应有清醒的认识和科学的判断。我们对这次蔬菜价格波动有这样几点看法：第一，这次蔬菜价格"冰火两重天"，一端是田头"菜价贱"，一端是市场"菜价高"，其主要原因是由于个别品种集中上市引起的短暂的供大于求，在很大程度上是由于流通不畅，蔬菜产销脱节造成的。第二，在蔬菜产业链种植→加工与营销→零售中，菜农处于最低端，市场博弈和议价能力弱，菜价涨时，是受益最少的群体；菜价跌时，是受伤最大的群体。第三，这次蔬菜价格下跌并不表明我国已有足够的蔬菜生产供给保障能力，相反要进一步加强蔬菜生产基地和流通体系的建设。第四，由于农民、市民和政府三者核心价值观不一致，农民要收益、市民要菜好价廉、政府要保障供应和市场稳定,"摆平"菜价必须发挥政府"有形之手"作用,及时纠正市场失灵,做到政府调节与市场机制有机统一。

二、需要重点研究和关注的十大问题

在国家不断加大强农惠农政策支持力度、加快实施新一轮"菜篮子"工程建设的形势下,为什么还会出现"菜贱伤农、菜贵伤民"的问题?这是警醒社会的信号,是思维更新的契机,必须跳出"菜"字反思其背后的深层次矛盾。国务院研究室、全国人大、国家发改委、新华社等部门从不角度对蔬菜产业发展所面临的困难和问题进行了深入分析。综合这些部门的研究成果,主要有 10 个问题需要重点研究和关注。

(1)关于蔬菜生产组织化。尽快提高农业组织化程度,不仅是破解以蔬菜为主的农产品产量"多了多、少了少"、价格"畸高畸低"的根本措施,也是解决"三农"问题的根本之策。改革开放 30 多年,我国蔬菜销区的市场集中度越来越高,而产区仍然主要依靠农户一家一户式的分散经营,菜农生产规模小、数量多,专业合作社带动能力较弱。截至 2009 年底,全国农民专业合作社达到 24.64 万家,实有入社农户约 2100 万户,占全国农户总数的8.2%。由于经营组织化程度低,单个菜农处于市场信息不对称地位,在安排生产时仍然没有摆脱"一哄而上、一哄而下"的局面,导致进入市场的盲目性和市场均衡的脆弱性,且无法逃脱"价贱伤农→减少种植→价格上涨→扩大种植→价贱伤农"的魔咒,基本上处于"裸生产"与"被波动"的尴尬境地。发达国家经验表明,农业生产者并非在市场中单打独斗,他们经常组成农民协会、行业协会或者综合农协等各种形式的组织,不断提升组织化、规模化经营水平和市场谈判能力。为此,国务院参事室提出,要大力提高农产品生产流通的组织化程度,把发展和完善提升农民专业合作社作为当前"三农"工作的重中之重,尽快促其转型。新华社提出,可借鉴日本农协发展经验,将惠农扶持放在合作社环节,集中财力办成机耕、机收、包装处理、寻找市场等单户农民想做而做不了的事情。我们认为,下一步要通过壮大农业产业化龙头企业,发展农民专业合作组织,逐步建立乡(镇)、县联社,全面提高"菜篮子"产销组织化程度,并在此基础上积极推行订单生产。现阶段,可以考虑将蔬菜合作社作为着力点和重要抓手,探索提高农业组织化的路子。

(2)关于蔬菜生产成本价格联动机制。随着工业化、城镇化进程深入推进,资本、土地、劳动力等生产要素加快向城市流动,农业生产成本刚性增长。从人工看,随着机会成本上升和农村劳动力结构变化,2009 年下半年以来，部分省市出现了民工荒，全国有 20 多个省市先后将最低工资标准上调 15%～20%，农村雇工费用也相应上涨，由前几年的每个工 30～40 元涨到 70～80 元。从农资看，种子、化肥、农药、农膜等价格不断上涨，统计数据显示，2009 年农资价格指数比 2003 年上涨了 53.6%。从土地看，我国耕地资源日益稀缺，加之城市周边大量菜地被占用，使蔬菜用地成本不断上升。加之设施蔬菜面积增加、运输半径扩大、燃油价格上涨等也推动蔬菜成本显著上升。为此，全国人大农业与农村委员会提出，要探索蔬菜等鲜活农产品成本价格保障机制和推动农产品保险工作开展，防止"菜贱伤农"影响农民生产积极性。我们认为，下一步要尽快研究建立蔬菜价格与生产成本联动机制，让蔬菜价格上涨与生产成本上升逐步同步，逐步化解成本上涨的压力，避免出现增产不增收、"多收了三五斗"的悲剧。

（3）关于"菜篮子"产品的生产补贴制度。实行对农业生产补贴政策是世界各国政府的普遍做法。近年来，我们对粮食生产抓得紧而又紧，有了一套完整的办法，在种粮直补、良种补贴、最低收购价等政策作用下，粮食连续八年增产。但是，"菜篮子"产品生产补贴政策不多，没有形成完整的政策框架体系。即使已出台部分生产补贴政策，也具有明显应急性、临时性的特点，单项政策投入力度小，政策设计缺乏差异性和协调性，执行过程有偏差。这导致"菜篮子"产品生产波动日益频繁，成为我们工作中的难点和困惑。为此，国务院参事室提出，要通过设立重大科研专项等方式，加强蔬菜品种培育支持。国家发改委综合司提出，要对菜农和蔬菜生产企业建设新型温室、购置微灌设备等进行补贴，将卷帘机等设施农业、大棚蔬菜生产中的常用机械纳入农机补贴销售范围。我们认为，下一步要以夯实发展基础、提高生产能力为主攻方向，加快实施新一轮"菜篮子"工程、畜禽良种工程等项目，大力推进园艺作物标准园创建、畜禽标准化规模养殖和水产健康养殖，强化政策和科技支撑，切实保障"菜篮子"产品市场供应。

（4）关于"菜篮子"市长负责制考核制度。"菜篮子"市长负责制是保障蔬菜等农副产品供应和价格稳定的重要制度，关键是如何落到实处，这需要配套的考核制度。在全国经历了较长的供应相对宽松期后，不少地方放松了对"菜篮子"工作的组织领导，有的地方甚至处于无人问津的状态，对执行"菜篮子"市长负责制缺乏有效考核机制，落实情况时好时差，有很多城市将"菜篮子"交给了大市场、甩给了主产区。国务院多次强调要严格"菜篮子"市长负责制，具体来说就是三件事：一是稳生产，保自给，建好"菜园子"；二是活流通，保供应，管好"菜摊子"；三是能应急，保安全，抓好"菜篮子"。为此，国务院参事室提出，要严格"菜篮子"市长负责制考核，将"菜篮子"纳入政府公共服务领域，明确责任，细化考核指标和内容，建立起切实可行的考核机制。国家发改委提出，要完善量化考核指标体系，强化督促检查，建立问责制度，将"菜篮子"市长负责制落到实处。我们认为，利用好国务院赋予农业部门的牵头职责，加快建立"菜篮子"市长负责制考核制度，加快推进新一轮"菜篮子"工程建设，需要尽快研究落实。

（5）关于农产品市场的经营主体。过去认为农产品经纪人是市场经营主体，但近期国务院参事室认为，农产品市场经纪人在市场经济初期曾发挥过积极作用，目前已弊大于利，必须因势利导，逐步形成以专业合作社为经营主体的格局。是不是要把合作社与经纪人同等对待？我们认为，回答这个问题既要考虑当前实际，也要顾及长远。从短期来看，我国农产品经纪人队伍从无到有、从小到大，目前已发展至600多万人，收购80%的鲜活农产品，是鲜活农产品流通的主力军，在活跃市场流通、保证有效供给、满足消费需求、带动生产发展等方面发挥着重要作用，短期内不可能被农民专业社替代；从长远来看，由于农民专业合作社和农户利益联系更紧密，随着越来越多的农民加入合作社，合作社不断发展壮大，农超对接、农批对接将成为蔬菜供应的主要模式。

（6）关于农产品批发市场的公益性。在我国农产品流通格局中，批发市场是骨干，承担着商品集散、价格形成和信息传输功能。据统计，我国蔬菜有90%左右是通过批发市场进行集散。目前，各地的批发市场，绝大多数是通过招商引资建成，都是将其作为普通商业设施来经营，以盈利为目的。在这样的管理体制下，收费成为绝大多数批发市场赖以生存的手段。如北京新发地批发市场，摊位费每个每年8万元，还有进场费、管理费等，这些费用最终都会转嫁到消费者身上。过度的市场化导致批发市场在发展中出现许多问题，如布局不合理、重复建设、恶性竞争、基础设施差、集散能力弱等。国际上通行做法是，批发市场普遍由政府投资兴建，以服务民生为主要功能。如日本东京大田农产品批发市场，由东京都政府兴建和管理，交批发企业经营，不允许暴利。为此，国家发改委综合司提出，要将农产品批发市场和农贸市场作为准公益行业对待，加大政策扶持力度。国务院参事室提出，要建立公益性批发市场与农贸市场、超市和社区零售市场对接的市场体系。我们认为，要深入研究批发市场的公益性特点，对公益性定位及时发出声音，在国家级专业批发市场建设方案中要明确提出并重点强调，同时要建立严格的外资进入农产品生产、储存、加工、流通领域的审批制度和监管机制。

（7）关于农产品流通体系建设。增强农业防范市场风险的能力，让农民生产的产品卖得掉、价钱好，离不开完善的农产品流通体系。近年来，我国农产品流通体系建设取得长足发展，逐步形成了批发市场和集贸市场、传统业态和新兴业态、有形市场和无形市场互为补充的较为完善的流通格局。但是，当前农产品市场流通体系建设仍存在一些突出问题，既有思想观念上的问题，也有市场基础设施投入不足的问题，导致农产品流通损耗大、效率低，在流通中损耗率达25%～30%，远高于发达国家5%的水平。特别是鲜活农产品经常出现季节性、区域性和结构性滞销卖难问题，价格波动剧烈。为此，国务院研究室信息研究司提出，必须从战略高度看待鲜活农产品流通体系建设，像过去重视粮食流通体系建设那样重视鲜活农产品流通体系建设，尽快出台政策措施，从根本上解决鲜活农产品流通问题。新华社提出，探索建立生鲜直销长效机制，缓解"买菜贵、卖菜难"矛盾。我们认为，必须尽快建立与现代农业产业体系发展相匹配的现代市场流通体系，重点是强化市场流通基础设施建设，发展现代流通方式和新型流通业态，培育多元化、多层次的市场流通主体，构建开放统一、竞争有序的市场流通体系。

（8）关于农产品生产、加工、流通一体化的行政管理体制。"三农"管理是政府管理的主体内容，建设好为"三农"服务的政府，必须有职能明确、权责一致、运转协调的农业行政管理体制支撑。当前，我国的农业行政管理体制还没有消除计划经济的色彩，部门分割、管理脱节、行业垄断等问题还依然存在。如蔬菜从地头到餐桌，有十几个部门参与管理，这种管理体制往往导致在利益分配、管理权限和责任追究等方面容易出现相互扯皮、互相推诿的情况。这种情况不仅是在蔬菜的管理上，在其他农产品的管理上也同样存在。国际经验表明，多数发达国家对涉及农业生产、加工、销售各环节的管理职能是统一的，有一个高效、综合一体化的农业管理体制。为此，国务院参事室提出，要尽快研究建立农产品生产、加工、流通一体化的行政管理体制，加强管理，强化服务，切实做好基础性工作。我们认为，对国务院参事室观点的准确性我们姑且不做评论，但可能在研究上继续深入。如何进一步放大这种声音，加强"改革顶层设计"，为我们农业部门强化职能手段，争取政策支持营造氛围，需要我们继续探索和思考。

（9）关于专业化、系统化的农产品市场预警体系建设。市场监测预警工作是市场调控的基础。强化市场监测预警，关键是要全面掌握农产品生产和价格变化情况，建立专业化、系统化的农产品市场监测预警体系。近年来，我国农产品市场预警体系建设取得了显著成效，但与发展现代农业要求比，还存在一些突出问题：监测预警工作体系不够完善，指导生产、引导市场和决策支持的能力有待提高；在信息采集中，"菜篮子"产品生产信息是弱项，产地价格信息是弱项，各部门发布的信息，农民看不懂、用不上，存在数据不一致和观点矛盾的情况；市场调控措施较为单一、分散，整体性和系统性考虑不够，在农产品市场运行中存在"一个品种生病、其他品种跟着吃药"的情况。为此，国务院参事室提出，要进一步提高信息服务水平，实行部门信息共享。全国人大农业与农村委员会提出，要建立健全农产品供求信息发布机制，主动引导农产品生产、流通和消费。我们认为，要以促进农产品市场平稳运行为核心，以"第一时间"反应、"第一时间"预警、"第一时间"调控为标准，着力构建"全天候、广覆盖"的监测预警工作格局，全面提升市场信息采集、研判预警、信息发布引导和市场调控能力，对内服务于农民增收和市场稳定，对外营造对我国有利的国际农产品市场环境。

（10）关于舆论宣传引导。舆论宣传是生产力，也是一把"双刃剑"，运用得好，能够较好地发挥正面积极作用；而运用不好，则可能引起负面消极影响。近年来，时有媒体对农产品市场问题过度炒作，炒作中最易受伤的是农业，损失最大的是农民。可以说，一个事件、一个传言、一条消息，能够在短时间内传播到全国，足以对一个产品、一个产业、一个地区产生重大影响。比如，2007年海南毒香蕉事件、2008年四川柑橘大食蝇事件，都是由于媒体过度炒作，致使不少地方出现滞销卖难，农民损失惨重。为此，全国人大农业与农村委员会提出，要正确引导社会舆论，防止对农产品供求形势的过分渲染炒作，误导消费者。我们认为，要把宣传工作与业务工作一起研究、一起部署、同步推进，积极抢占舆论宣传制高点，及时发布权威的农产品供求信息，科学引导舆论、防止过度炒作，减少农民损失。

三、政策建议

针对蔬菜生产和市场中存在的问题，国务院研究室、全国人大、国家发改委、新华社等部门都提出很多很好的意见和建议。我们对这些意见和建议进行了归纳和总结，从强化农业部门职能和促进蔬菜产业稳定发展角度出发，提出以下建议：

（1）夯实蔬菜生产发展基础。一是提高蔬菜生产规模化、组织化水平。引导和鼓励农民规模化、组织化生产，认真落实《农民专业合作社法》，对农民专业合作社投资兴办的加工、营销等实体在注册登记、税务管理等方面给予优惠，引导农民加入专业合作社，帮助合作社进一步联合，提高市场开拓能力和议价能力，扶持合作社在市场竞争中发展壮大。二是加大蔬菜生产环节补贴。参照粮食补贴，研究制定蔬菜种植、良种、植保等补贴制度。通过贴息、补贴、以奖代补等方式，加大对蔬菜基地基础设施建设投入，提高综合生产能力。三是加快建立"菜篮子"市长负责制考核制度。结合新一轮"菜篮子"工程建设，落实大中城市郊区蔬菜用地保有量制度，严格控制菜地征占管理，逐额征收和管好用好新菜地开发建设基金。四是合理规划蔬菜产业发展布局。根据市场需求安排好品种结构、生产茬口、上市档期，同时强化生产技术指导，研发推广蔬菜新品种，积极发展设施蔬菜，大力推进蔬菜标准园建设。

（2）尽快研究制定《农产品批发市场法》。以法律和制度手段管理繁杂的农产品流通领域各个环节，规范其商业行为，是国际上的通行做法，而我国尚缺乏法律规范。建议国家抓紧启动农产品流通相关立法前期准备，尽快将其列入立法计划。结合我国当前实际情况，可以先制定出台《农产品批发市场法》，强化农产品批发市场的公益性，对批发市场建设与管理主体资格进行限定，对以盈利为目的的市场投资行为加以规范。

（3）提高产销衔接效率。搞活流通、提高效率重点要抓好协会发展和经纪人培训。一是支持行业协会发展。要继续加强农产品市场流通协会和农产品流通贸易促进中心等行业性组织建设，突破一家一户的局限，以集体的力量参与市场博弈，增强菜农抗风险能力和竞争力。二是大力开展经纪人培训。针对经纪人队伍普遍存在经营规模小、缺乏经济实力、经营行为短期化等问题，通过系统培训，提高经纪人的综合素质，并引导经纪人将规模做大，增强经纪人对产销的带动能力。三是加大蔬菜冷链物流基础设施投入。加快建立主要品种和重点地区的蔬菜物流体系，落实好冷库用电与工业同价的政策。四是积极探索直销模式。大力发展"农超对接"、"农校对接"、"农企对接"等多种直销模式，建立长期稳定的产销关系，让菜园子对接"菜篮子"，打通流通"最后一公里"。

（4）进一步丰富市场调控政策工具。一是完善价格调节基金制度。进一步健全省、地（市）价格调节基金制度，逐步建立国家价格调节基金和蔬菜产业损害救助制度，当市场价格跌至成本价时，政府适时启动补贴收购、运销、储藏、加工等应急措施，化解滞销卖难，防止产业受损，保护农民利益；当蔬菜价格过度上涨时，对城镇低收入居民给予适当补贴，保障其基本生活不受影响。二是探索建立蔬菜政策性保险。逐步将重点品种和重点产区纳入保险范围，降低农民蔬菜生产的自然风险和市场风险。三是加强对外资进入我国农产品领域的监管。要建立严格的外资进入农产品生产、储存、加工、流通领域的审批制度和监管机制，制定外资可进入农业领域的规划和明细目录，加强对农业产业外资并购行为和经营活动的监管，严防国外资本对我国农产品生产、流通的掌控和替代。

关于当前我国玉米市场情况的调查报告

近期，农业部调度了山东、吉林、黑龙江、河北、河南及内蒙古 6 个主产省（区）玉米的生产及市场情况，并于 2011 年 4 月下旬分两批派人参加了有关部门组织的玉米市场调控工作联合检查组，赴东北开展玉米深加工检查工作。总的来看，玉米价格"高开高走"，农民种粮收益增加；存粮呈现"二少一多"特点；玉米深加工业加快发展，但没有发生窜升和异常现象；在价格刺激下，2011 年农民种植玉米的积极性高涨。后期受成本推动、需求增加、通胀预期增强等因素影响，玉米价格将继续保持坚挺。解决玉米问题，中长期关键是稳定发展玉米生产，核心是通过建设旱涝保收标准农田与推广防灾减灾技术装备等措施，大幅度提高玉米单产。

一、当前玉米生产和市场情况

（1）价格"高开高走"。自 2010 年 10 月新粮上市以来，玉米价格不断攀升。开秤初期，吉林玉米价格平均为每斤 0.88 ~ 0.9 元（折标准水，下同），2011 年 1 月中旬涨到 0.93 ~ 0.95 元，在国家出台玉米轮储计划后价格曾一度回落，但春节后价格再度上涨，每斤突破 1.00 元，基本维持在 1.02 ~ 1.05 元水平。与 2010 年同期相比，2011 年玉米价格每斤高 0.2 元左右，扣除化肥、种子、人工等成本，农民种玉米每斤比 2010 年多挣 0.1 元，亩增收 150 ~ 200 元，同比增幅达 20%。黑龙江玉米价格走势与吉林大体相同，内蒙古、辽宁、河南、山东等地价格基本维持在 1.0 元左右，同比高 0.1 元。

（2）存粮呈现"二少一多"特点。从调查的情况看，当前国家库存和农民手中余粮减少，社会库存增多。截至 2011 年 4 月 18 日，吉林、黑龙江、山东、河南、内蒙古、四川等 10 个玉米主产省（区）各类粮食企业累计收购玉米 1606.1 亿斤，同比增 49.3%，其中国有粮食企业收购 436.0 亿斤，占收购总量的 27%。从库存情况看，国有粮食企业库存和中央储备库存均较往年下降。从农民存粮情况看，目前玉米基本销售完毕，所剩余粮不多。据调查的吉林、黑龙江、辽宁省统计，目前各省农民平均手中约有 10% 左右的余粮待售，其中吉林30亿斤、黑龙江50亿斤、辽宁30亿斤。

（3）玉米深加工需求增加。近年来，我国玉米深加工加快发展，带动了玉米消费需求增加，成为影响玉米供求关系的主要推手。按以往情况综合测算，我国常年玉米产量3300亿～3400亿斤左右，其中种子、口粮消费基本稳定，每年约240亿～250亿斤；饲料消费2300亿～2400亿斤，年均增长50亿～70亿斤；深加工消费量大体在700亿～800亿斤。但从实际情况看，近年来我国玉米深加工需求快速发展，2009年达到900多亿斤，2010年超过1200亿斤，约占当年产量的30%，预计2010年度玉米供需缺口将达到70亿～80亿斤。如不适度控制玉米深加工产业发展，我国玉米供求关系将进一步趋紧，进口量可能会相应增多。

（4）农民种粮积极性高涨。据农业部对山东、吉林、黑龙江、河北、河南及内蒙古6个主产省（区）的303户农民调查数据显示，6省（区）2011年玉米意向种植面积比上年扩大4%以上。吉林2011年春耕形势好于历年，目前除少数低洼易涝地区尚未播种外，多数地区玉米播种基本完毕，预计种植面积将超过5000万亩，比上年增加10%以上。黑龙江由于气温较低，目前多数地区的农民尚未整地播种，全省意向种植面积将达7100多万亩，比上年增加560万亩。

综合分析，当前国内玉米供求基本面并没有发生根本改变，市场供应基本上是有保障的。受成本推动、需求增加、通胀预期增强等多重因素影响，玉米价格将继续保持坚挺，短期内下不来。近年来玉米深加工业加快发展，但没有发生窜升和异常现象。从中长期看，随着人民生活水平提高和城市化发展，玉米饲料用粮将明显增加，同时原油价格不断攀升可能诱发玉米深加工企业原料需求增长，国内玉米供求关系正由过去的宽松向偏紧转变。

二、存在的主要问题

（1）警惕2011年下半年价格可能出现异动。虽然目前东北地区玉米市场价格稳定在每斤1.02～1.05元之间，但受生产成本上涨以及目前农民和加工商手中余粮不多的影响，后期尤其是7～9月，随着玉米消费需求的增加，市场价格可能进一步上涨，不排除局部地区出现价格异动的可能。对农民来讲，为避免损失、弥补成本上升，多数可能在6月雨季来临前将玉米卖掉；对加工企业来讲，虽然目前的库存量已由常规的10天左右增加到一个半月到两个月的用量，但7月以后，加工企业将面临原料青黄不接的局面。届时，玉米收购商可能将前期收购、保管、损失、运输等费用摊到玉米价格中，加工企业可能抬价抢购玉米维持生产，玉米购销矛盾将突出，可能进一步推高价格。当前，由于玉米价格高于小麦价格，南方部分地区已出现了用小麦作为饲料替代玉米的现象，如果下半年玉米价格继续走高，小麦、玉米饲料替代效应将进一步显现。同时，受玉米价格上涨预期及种玉米比种水稻省事省时的影响，个别地区的农民已出现压缩水稻种植面积而扩大玉米种植面积的倾向，发展下去可能导致粮食内部生产结构和消费结构的变化，进而影响粮食市场稳定。

（2）市场调控难度加大。为稳定玉米市场，2010 年以来国家加大了宏观调控力度，先后抛储 500 多亿斤玉米。2010 年新玉米上市以来，由于市场价格较高，国家没有及时出台临时收储政策，农民手中的玉米主要被个体粮商、加工企业和贸易商收购。据国家粮食局统计，吉林、黑龙江、山东等 10 个玉米主产省（区）国有粮食企业收购量所占比重较常年下降两成。为增强国家宏观调控能力，2011 年 1 月虽然国家下达了一定数量的补库计划，但由于收储价格比市场价每斤低 0.03 ~ 0.05 元，多数国储库没有收到玉米。加之目前中央储备库存同比减少，如不能及时完成补库计划，将影响到国家对玉米市场的调控能力。

（3）深加工监管需进一步加强。为维护玉米市场的稳定，保障国家粮食安全，国家不断加强玉米深加工产业调控，严格限制玉米深加工需求不能超过产量的 26%。但从调研的情况看，部分基层政府在严控玉米深加工产能扩张时存在"睁一只眼闭一只眼"的现象，这种上紧下松、中央与地方政策目标不一致的问题，可能导致玉米实际深加工数量有增无减。同时，加工企业设计产能与实际加工能力混淆。企业在申报项目时一般按设计生产能力上报，但在实际生产中，不能满负荷运转，一般玉米初深加工企业开工率约为 50% ~ 60%。如果按设计产能计算，可能夸大玉米加工量占当年玉米产量的比重，对国家制定政策产生误导。

（4）生产成本不断攀升。调查中农民普遍反映，近年来化肥、种子、机耕费等玉米生产成本不断上涨。吉林公主岭市范家屯镇农民反映，2010 年复合肥每袋（100 斤）135 元，2011 年涨到 160 元，涨 18.5%；机耕费 2011 年每公顷达 2000 元，比 2010 年涨 500 元；不算人工，每斤玉米成本达 0.7 元左右，比上年涨 15%。黑龙江省肇东县壮大村农民反映，化肥价格每袋（100 斤）165 元，比 2010 年涨 30% 多；种子价格每斤 17 ~ 18 元，比 2010 年翻了一番；农药价格 1 亩地 30 多元，也涨了 10 多元；加上浇 4 ~ 5 遍水，每公顷玉米的成本在 4000 元左右（不算人工成本），比 2010 年涨了 1000 多元。

三、几点建议

玉米产业已成为我国农业乃至国民经济发展的基础性产业，对保障国家粮食安全、维护改革发展稳定大局具有重要意义。在我国三大粮食品种中，玉米价格波动最大，2000 年产区批发价每斤低于 0.5 元，2008～2009 年高于 0.8 元，2010 年以来更是屡创新高，目前产区批发价达到 1.05 元，比 2000 年涨 1.1 倍，同比涨 20%；增产潜力也最大，2008 年玉米产量达到 3318 亿斤，在谷物中的比重迅速上升，超越小麦，成为我国第二大粮食作物。2010 年玉米产量再创新高，达到 3548 亿斤，比 2005 年增产 761 亿斤，对当年粮食增产的贡献率达 85%。因此，既要立足当前，抓好玉米生产和市场调控工作；又要着眼长远，促进玉米产业健康发展。

（1）当前政策建议：一要加强"我国玉米供求大体平衡"的信息发布和宣传引导。及时发布玉米生产、供应、需求、库存和价格变动等信息，释放正面信号，正确引导各方的心理预期和行为选择。二要强化价格支持保护和监管。适当提高玉米临时收储价格，使国家多掌握调控粮源，保护农民生产积极性；发挥骨干企业稳定市场的积极作用，加强对粮油企业的监督检查，切实维护市场秩序。三要多措并举充实玉米储备。根据国际市场行情，择机进口部分玉米转作国家储备；利用到 2011 年 6 月底这段时间，随行就市对玉米进行轮储补库。

（2）中长期政策建议：一要大幅度提高玉米单产。在继续增加对农民实行粮食直补、良种补贴和产粮大县补贴的基础上，通过大规模开展高产创建活动，建设旱涝保收的标准农田与推广防灾减灾技术装备措施，尤其是喷灌、滴灌与地膜覆盖、深松整地等关键技术，加强农田基础设施建设和中低产田改造，培肥地力，改善排灌条件，大力推进全程机械化，稳定提高玉米综合生产能力。二要抓紧研究出台《玉米产业建设规划》。在现有《玉米优势区域布局规划》的基础上，抓紧研究制定未来 5～10 年我国《玉米产业建设规划》，重点明确未来我国饲料消费和工业消费数量及玉米深加工企业发展速度，使我国玉米生产与消费保持动态平衡。三要加强玉米深加工行业监管。摸清玉米深加工行业发展情况，把握好玉米深加工调控时机，采取有保有压的政策，不能简单打压价格，进而不断完善粮食收储、加工企业收购、消费玉米的申报制度。

关于当前棉花收购及市场情况的调查报告

为了解 2011 年新棉上市以来棉花收购市场变化情况，农业部市场与经济信息司在调度河北、山东、河南、江苏、湖北、新疆等主产省（区）有关情况的基础上，于 2011 年 11 月 2 ~ 5 日带领农研中心有关专家赴山东省夏津县、武城县和安徽省太湖县、望江县进行了实地调查，期间走访了棉农、棉花经纪人、棉花加工厂和纺织企业，并与两省四县的农户、企业和有关部门进行了座谈。总的来看，2011 年全国棉花丰收已成定局，但产量增幅比前期预计的低，市场购销不旺，籽棉价格一路走低。现将有关情况报告如下：

一、棉花生产、收购及市场情况

（1）产量增幅比原先预计的低。据农业部农情系统调度，2011 年全国棉花面积、产量双增长。9 月初，综合预计植棉面积 7780 多万亩，产量约 720 万吨，比上年棉花产量 596 万吨增产 20% 以上。但后期黄河流域持续阴雨寡照，特别是陕西、山东、河北等地在棉花采摘期间普遍遭遇 10 天左右的阴雨天气，使棉花产量、质量均受到不利影响，预计总产较原先预计的要低，为 650 万吨左右，同比增幅不到 10%。

（2）籽棉价格持续走低。自 9 月初新棉上市以来，全国籽棉收购价不断下跌，与 2010 年棉花价格一路走高形成了明显反差。山东夏津县 9 月初开秤价为每斤 4.5 ~ 4.6 元，随后一路下滑，11 月 2 日跌到 3.8 ~ 3.9 元，比开秤初期跌 15.4%，比 2010 年同期跌 36.9%。安徽太湖县 9 月底籽棉收购价每斤 4.2 ~ 4.3 元，11 月初降至 4.05 ~ 4.10 元，降 4.2%，比 2010 年同期跌 33.7%。

（3）收购进度缓慢。截至 10 月 28 日，全国新棉采摘进度为 73.2%，同比上升 4.8 个百分点。但由于棉花价格一路下跌，加工企业收购谨慎，收购进度缓慢。目前全国籽棉交售率为 55.5%，同比下降 11.9 个百分点。山东夏津县某棉业有限责任公司负责人介绍，2011 年棉花开秤时间比往年早十来天，但收购量却比 2010 年少，到 11 月初已收购籽棉 190 万斤，同比减少 23%。

受气候影响，安徽省 2011 年开秤时间比往年推迟半个月，但籽棉采摘进度基本与上年持平，达 70% 以上；目前全省棉花交售率 50% 左右，同比降近 10 个点。

（4）市场总体疲软。受新棉上市以来价格持续下跌影响，棉花收购、加工、纺织企业普遍担心亏损，观望情绪浓厚，不敢放开收购，市场交易清淡。山东夏津县某棉花加工厂老板说，现在 200 型企业基本没人做了，400 型企业也用多少收多少，根本不敢大量收购。安徽望江县某棉业有限公司反映，2010 年全县 140 多家企业收购棉花，2011 年还不到一半，棉花经纪人参与的就更少了，但棉农受 2010 年高棉价及成本上升影响，心理价位在每斤 5 元左右，惜售心理较强，相当一部分农民表示再等等看。

二、存在的主要问题

（1）棉农增产不增收。虽然 2011 年棉花总体长势较好，单产提高，但由于籽棉价格下滑，加之生产成本提高，棉农收益减少。山东夏津县 2011 年籽棉平均单产 247.4 公斤，比 2010 年提高 22.1%，但 2011 年棉花成本每亩高达 1482 元，比 2010 年提高 10%，按照当前每斤 3.8 元价格计算，亩纯收益为 398 元，比 2010 年减少 605 元。安徽望江县桥东村农民喻某 2011 年种了 5 亩棉花，打 2500 斤籽棉，已按每斤 4.2 元的价格全部卖掉，总收入 10500 元，扣除成本 2300 元（每亩种子 60 元、化肥 180 元、农药 150 元、地膜 20 元、旋耕 50 元），不算人工，毛收入 8000 多元，比 2010 年少了 5000 多元。

（2）部分地区棉花质量明显下降。安徽地区 2011 年光照充足，棉花品质较往年提高；而山东、河北、陕西等部分黄河流域棉区，棉花质量普遍下降。山东夏津县农业局反映 2011 年棉花烂铃率达 40% 以上，较 2010 年增加 10% 以上。山东武城县某棉业有限公司介绍，受阴雨天气影响，当地棉花品级普遍比上年降一个档次，往年以四级为主，2011 年以五级为主，三级的很少。棉花质量下降，也是导致当地收购企业不敢积极收购的原因之一。

（3）棉企资金紧张存在打白条现象。从山东、安徽两省调查的情况看，企业普遍反映资金紧张，棉纱、棉布、棉花销售不畅，市场需求不振。占太湖县收购量 1/3 的棉花企业负责人反映，自新棉上市以来收购籽棉 400 多万公斤，打白条 200 多万。为缓解资金紧张，公司将加工的皮棉以 19500 元/吨的评估价质押给某棉花交易中心，获得评估价 70% 的款项，6 个月利率为 6.3%。由于资金紧张，企业当时无法兑现售棉款，一般都是拖后 2～3 天再和农民结算，最长要 7 天。从农户反映的情况看，棉企一般能在 7 天以内付清全部欠款，不存在较长时间拖欠农民售棉款的现象。

（4）纺织企业限产停产状况突出。由于纱、布销售不畅，价格不断下滑，纺织企业普遍开工不足。安徽太湖县某棉花企业以前每月的织布量在240万～260万米，现在每月只有100万～120万米，缩减一半以上。山东夏津某棉业集团负责人介绍，夏津县30%左右的纱厂已经停产，其余纱厂都存在不同程度的限产。

三、政策建议

（1）严格落实好棉花收储政策。建议进一步增加收储库点，为广大加工企业交储提供便利条件。严格落实收储政策，敞开收购，防止在市场疲软的情况下收购企业压级压价。继续加大政策宣传力度，做到家喻户晓。考虑到2011年棉花价格下滑明显，建议尽早制定和公布2012年的棉花收储预案，且收储价格不低于2011年的水平，稳定棉农信心和棉花生产。

（2）科学确定2012年进口配额数量和发放时机。调研中发现，由于当前国际棉价大幅下滑，较国内棉花更有价格优势，企业普遍愿意使用进口棉。考虑到2011年我国棉花增产、需求下降的实际情况，建议在科学分析国内棉花供需的基础上，综合考虑棉农、加工企业和纺织企业的利益，确定合理的配额数量以及发放时机，避免进口棉冲击国内市场和棉花生产。

（3）将棉花列入农资综合补贴范围。由于棉花生产所需的物质费用和人工成本都较粮食高，近年来农民植棉效益受生产成本上涨的影响更加突出。为了确保棉农收益，稳定棉花生产，建议将棉花列入农资综合补贴范围，并逐步提高棉花的农资综合补贴标准。

关于新麦收购情况的调研报告

自 2011 年 6 月新麦上市以来，农业部及时启动了小麦最低收购价执行区域价格监测，派出调研组赴山东德州市齐河县、陵县开展实地调查，同时调查了河南、山东、安徽、河北等省的市场收购情况。总体来看，2011 年新麦价格高开稳走，市场交易相对平淡，收购量明显下降；小麦种植成本上升，部分地区种麦比较效益下降；农民挺价看涨意愿较强，惜售心理比较普遍。主要情况如下：

一、2011 年小麦收购市场的主要特点

（1）新麦价格高开稳走。2011 年新麦上市以来，各地开秤价均高于 2010 年同期，价格走势较为平稳。据农业部监测，6 月，白麦、红麦、混合麦国有企业收购价分别为每百斤 99.55 元、96.11 元、97.41 元，同比涨 7.1%、7.3%、6.6%。从山东德州市了解到，新麦上市较往年偏晚，开秤价格为每百斤 102~103 元，同比涨 6% 左右，6 月底以来在小幅上涨后基本保持稳定。陵县部分地区出现小幅回落态势。

（2）市场交易相对平淡。由于新麦价格基本上运行在国家托市收购价格之上（国标三等白小麦 0.95 元、红小麦和混合小麦 0.93 元），各地没有启动托市收购政策。与 2010 年新麦上市时多元主体竞争激烈、抢购小麦的火爆场面不同，2011 年收购主体减少，收购行为趋于谨慎，市场交易相对平淡。据河南省农业厅反映，2011 年以来在国家连续多次上调金融机构存款准备金率和存贷款利率背景下，全省各收购主体贷款较难，没有入市大量收购新麦，目前收购主体以粮食购销企业、面粉加工厂、饲料企业、个体粮商为主。山东齐河县农业局介绍，2010 年中储粮、中粮和华粮等几大粮商均参与收购，外地来的收储和加工企业也很多，但 2011 年却格外冷清，不但看不到大粮商的影子，连外地企业也少见。

（3）收购量明显下降。据国家粮食局统计，截至 2011 年 7 月 5 日，河北等 10 个小麦主产省各类粮食企业累计收购新麦 1630.6 万吨，比 2010 年同期

减少 1559.8 万吨。其中：国有粮食企业收购 1038.5 万吨，占收购总量的 63%，同比减少 1719.4 万吨。调研中了解到，截至 7 月 3 日，山东省齐河县粮食储备库已收新麦同比减少 60%。该县个体粮商收购新麦 220 万斤，仅占其库容的 1/3，同比减少 50%，主要是因为找不到下家而暂停了收购。陵县神头镇粮管所自 6 月中旬开秤以来，已收新麦 600 万斤，同比也减少了 25%。

二、问题及建议

综合各方面情况，当前小麦生产和市场中还存在一些困难和问题，需要引起高度关注，并采取切实措施，保护农民生产积极性。

（1）部分地区种粮比较效益下降，要尽早研究 2011 年秋冬种政策。各地反映，由于柴油、化肥、农药等农资价格普遍上涨，加上开春人工抗旱投入增加，2011 年小麦生产成本继续上升，相对挤压了农民增收空间。据发改委预计，2011 年主产区小麦亩均成本 684 元，比上年增 10.6%。调研中了解到，山东齐河县亩均成本 525 元左右，同比增 22.1%；亩纯收益 611 元，比上年降 3%。陵县小麦每亩物化成本比上年增加 73.8 元，亩均纯收益比上年减少 12.3 元。为保护农民种粮积极性，地方建议要抓紧研究 2011 年秋冬种政策，继续提高 2012 年小麦最低收购价格水平，并在秋播前公布。同时，加强对农资市场监管，防止价格过快上涨，进一步提高良种补贴、农资综合直补标准，稳定农民种植小麦收益。

（2）部分地区小麦玉米价格倒挂，要深入研究其潜在影响。一般情况下，小麦和玉米价格比价为 1.1:1。2011 年以来，由于玉米价格上涨较多，目前不少地区的玉米价格已经高于小麦。山东德州地区玉米价格达到每斤 1.15 元，比小麦价格高 0.1 元左右，小麦与玉米比价为 0.91:1；安徽主产区小麦价格比玉米价格低 0.07 元，比价为 0.93:1。各地反映，小麦玉米价格倒挂，从近期看将使农民对小麦后期价格期望值提高，惜售心理增强；从远期看将可能提高小麦替代饲用玉米的比例，使粮食消费结构发生改变，从而带动生产结构变化。各地建议，对于这个关系全局的问题，要深入研究倒挂现象的潜在影响，进行科学调控，防止出现比价不合理导致口粮供应出问题的现象。

（3）农民惜售心理较重，要正确引导适时售粮。在种植成本上升及质量好于 2010 年、农民收入多元化等因素的作用下，农民售粮行为发生改变，心理价位抬高，囤粮惜售、挺价看涨意愿较强。据山东陵县粮食局统计，全县目前已收新麦 5000 多万斤，同比减少 50%，其中农民代存比例达 60%。在德州走访和座谈的农民中有 80% 没有卖粮，表示要再等等看，合适时再卖。各地反映，由于 2011 年以来国家不断紧缩货币政策，加之国内小麦连续八年丰收、供应充足，预计后期价格上涨空间有限，担心大量粮食存放在农户手中，一旦因阴雨天气出现售粮难现象，最终会损害农民利益。为此，建议加大舆论宣传力度，引导农民适时售粮。同时建议国家在部分产区及时启动小麦临时收储，多收购一些小麦，多掌握一些粮源，确保农民增产增收。

关于油菜籽收购及市场情况的调研报告

　　近期长江流域夏收油菜籽陆续上市，为了解油菜籽收购及市场情况，农业部市场与经济信息司于 2011 年 6 月 1～3 日组成专题调研组赴湖北省沙洋县和潜江市进行了实地调研。期间，走访了农民、收购经纪人和油脂加工企业，并与湖北、湖南、四川、江苏、安徽五个油菜主产省农业、粮食等相关部门的同志进行了座谈。总的来看，2011 年油菜籽上市期提前，收购价格高开稳走，加工企业入市积极，农民待价而沽的情况较为普遍，油菜籽种植收益明显提高；但也存在市场收购资金紧张、后期部分地区可能出现抢购、农民种植意向下降等值得关注的问题。现将有关调研情况报告如下：

一、油菜籽市场及收购情况

　　（1）单产略增，菜籽品质好于上年。从湖北、湖南、四川、江苏、安徽五省油菜籽的生产情况来看，除江苏外，2011 年油菜籽单产均有所增加，其中湖北、湖南、四川、安徽平均亩产分别为 136 公斤、109 公斤、149 公斤和131 公斤，比上年增长 2.0%、6.7%、3.6% 和 1.2%。湖北、湖南、四川农业部门反映，2011 年油菜籽生长中后期气候较为适宜，田间管理措施及时到位，菜籽颗粒饱满，水分较低，出油率高于 2010 年。

　　（2）上市期提前，收购价高开稳走。受长江流域干旱天气推迟水稻种植影响，农民利用空闲时间出售菜籽，使 2011 年大部分地区油菜籽上市期比上年提前一周左右。从收购价格看，各主产省开秤价集中在每斤 2.2～2.3 元，而 2010 年开秤价仅为 1.9～2.0 元，同比上涨 15% 左右。目前各地油菜籽收购价高开后基本稳定在 2.3 元上下，没有明显波动。

　　（3）加工企业积极入市，市场交易正常。开秤以来，各主产省油菜籽收购以个体经纪人和民营加工企业为主，收购积极性较高，市场交易正常。湖北省潜江市某油脂企业按每斤 2.3 元的价格向菜籽经纪人敞开收购，工厂门口等待出售油菜籽的机动车排起了长队。为吸引农民，公司还开设了油菜籽银行，按每斤 2.2 元的保底价收购，农民可按市场价随时来公司结算，并免费享受菜籽换菜油服务（每百斤油籽换 39 斤油）。该公司负责人说，从 2011 年 5 月 22 日开始收购，迄今已约收了 1.5 万吨菜籽，而 2010 年同期只收了 1000 吨。沙洋县某油脂公司采用为经纪人提供每吨 20 元收购补贴的方式吸引资源，目前已收购 6000 多吨。预计后期随着油菜籽临时收储政策的公布，以及主产区收购旺季的来临，油菜籽收购主体将进一步增加，市场竞争将趋于激烈。

（4）农民惜售心理较强，油菜种植收益明显提高。由于油菜籽种植成本上涨，加之 2010 年油菜籽收购价低开高走，农户一致看好 2011 年油菜籽后期价格，心理预期价位在每斤 2.5 元以上，目前普遍存在观望惜售、待价而沽现象。沙洋县农民告诉我们，虽然 2011 年油菜籽价格高开，但村里除了着急用钱的农户外，大部分还没有出售，已出售的不足产量的 10%，多数都在等待高价。按照目前的收购价测算，不考虑人工成本，2011 年农民种植油菜每亩现金收益约 630 元，比 2010 年增加 100 多元。

二、值得关注的几个问题

（1）农民种植油菜意向下降。调研中农民反映，近年来受人工成本快速增长、油菜种植费工费时、比较效益不如小麦等因素影响，油菜种植积极性总体呈持续下降趋势，不少地方已改种小麦。有条件改种小麦的地区，弃油种麦意向不断增强。湖北潜江市周矶镇沿河村的农民跟我们算了一笔账：2011 年种了 12 亩油菜和 2 亩小麦，其中油菜亩产 333 斤，按每斤 2.2 元计算，每亩纯收益 286 元；而小麦亩产 667 斤，按每斤 0.95 元计算，每亩纯收益 386 元；比较下来种油菜收益比小麦低 100 元，主要原因是油菜机械化程度低，用工比小麦多。加之国家对油菜的补贴力度小于粮食，要使油菜收益赶上小麦，油菜籽价格至少要达到每斤 2.5 元。他说："2011 年打算反过来种，小麦种 10 亩多，油菜 5 亩以下，村里像我这样的不少。"

（2）市场收购资金紧张。油脂加工企业具有"集中收购、常年加工"的特点。在收购高峰时，普遍存在现金支出额度大、收购资金紧缺等现象，尤其在 2011 年央行收缩银根、提高存款准备金率的情况下，民营企业资金周转问题更为突出，这在一定程度上影响了收购进度。潜江市一些油脂企业反映，为缓解收购资金不足，目前正通过尽快压榨油菜籽、然后以菜油为抵押向银行贷款的方式筹措资金，同时为加快资金回笼，只能以每吨 2000 元左右的较低价格出售菜粕，即使这样，在收购高峰到来时还有可能出现因资金紧缺影响收购进度的局面。而活跃在田间地头的油菜籽收购经纪人则面临着"有钱取不出"的问题。湖北钟祥市郊区一收购点负责人告诉我们,虽然银行账户里有足够的现金,但受每日取款金额限制,他不得不跑多家银行,甚至通过自助取款机等方式筹措资金,目前仍无法满足支付农户现金的需要,严重影响了收购进度。

(3)后期可能出现抢购现象。受近期菜油价格回落、菜粕需求低迷以及国家临储政策出台较晚等因素影响,目前加工企业处于边收购边观望状态,菜籽价格高开后保持相对稳定。如果后期菜油行情向好,特别是水产养殖恢复、菜粕需求增加,部分地区油菜籽市场可能出现抢购和价格蹿升现象。调研中油脂加工企业普遍预计2011年6月下旬油菜籽价格可能涨至每斤2.5~2.8元,并且担心一旦出现抢购,企业经营风险将增加。

三、政策建议

(1)加大油菜籽种植补贴力度。农民种植油菜积极性下降,不仅直接影响我国油菜产业健康发展,而且危及国家食用油安全,建议增加油菜种植补贴,尤其要加大主产区直补力度。一是将良种补贴由每亩10元提高至20元;二是实行类似于粮食直补的油菜种植补贴政策。建议在综合考虑农民增收、产业发展、生产成本等因素的基础上,每亩补贴50元,可先在长江流域油菜主产区试点,总结经验后逐步推广。

(2)不断完善油菜籽市场调控政策。一是每年尽早出台油菜籽临时收储政策。近年来国家临时收储政策已成为油菜籽市场价格的风向标,政策出台过晚不利于稳定市场预期、降低市场风险。建议在综合考虑保供稳价、油麦比较效益、生产成本尤其是人工成本增长的情况下,合理确定油菜籽托市收购价格并在每年5月前向社会公布。二是加强价格监测,根据市场变化情况及时增加收储量。在油菜籽收购季节,发改委、粮食、农业等部门应加强市场监测,发现价格连续多天异动,应及时调整临时收储计划,避免价格过低,挫伤农民生产积极性。

(3)加大对油菜籽加工企业信贷支持。近期国家的货币政策由积极转向稳健,商业银行逐步缩小了金融信贷的投放额度和范围,给民营油脂加工企业的资金周转带来压力,进而影响油菜籽收购进度。建议积极发展中小企业信贷担保,对油菜籽加工企业收购贷款给予担保,适当提高油菜籽收购资金信贷额度;鼓励农业发展银行等金融机构向民营油脂企业发放收购资金贷款,并由政府给予适当风险补偿。

(4)提高油菜生产机械化水平。劳动强度大、用工过多是农民不愿种植油菜的主要原因，油菜籽生产机械化程度低已成为制约油菜产业发展的"瓶颈"。应加大对油菜播种、收获机械的技术研发支持力度，增加油菜播种和收获环节的农机具购置补贴，鼓励、引导、扶持农民购置和使用油菜生产和收获机械。同时，在优势产区对种植油菜的基本农田进行相应改造，并鼓励土地流转，扩大油菜生产经营规模，提高生产效益。

关于当前生猪生产和市场价格情况的调查报告

近期，农业部派出督导组赴四川、湖南等生猪大省开展调研，召集各地畜牧部门、行业协会和专家进行专题研讨，对当前的生猪生产形势进行了深入分析。总的来看，2011年以来生猪价格持续上涨，但市场供应充足；养殖效益较好，养殖户补栏积极，生猪存栏连续4个月增长；生猪价格处于相对高位，预计后期逐步趋稳，中秋、国庆期间市场供给有保障。

一、全国生猪生产形势

（1）生猪存栏止跌回升，连续4个月增长。受养殖亏损影响，生猪存栏自2010年2月开始持续下降，2011年3月起止跌回升。据对全国2000个生猪养殖村定点监测，生猪存栏已连续4个月出现小幅回升，6月底存栏378.6万头，环比增长0.8%，同比增长0.5%。据行业统计，6月全国能繁母猪存栏4720万头，环比增长0.2%，同比增长0.9%，连续2个月小幅增长。

（2）生猪价格持续上涨，近期出现回稳迹象。据对全国470个集贸市场的定点监测，2011年6月全国猪肉、活猪和仔猪平均价格分别为26.71元/公斤、17.54元/公斤和31.11元/公斤，环比分别上涨11.4%、13.0%和16.5%，同比分别上涨66.5%、81.9%和116.2%。但近期生猪价格涨幅趋缓，6月最后一周全国猪肉、活猪和仔猪平均价格比上周分别上涨3.2%、2.9%和3.8%，周环比涨幅分别下降0.18、0.97和0.62个百分点。

（3）种猪销量增长，仔猪补栏稳步增加。据对全国20个种猪场的数据监测，2011年6月，共销售纯种母猪10240头、二元母猪18069头，同比分别上涨14.9%和36.7%，销售价格同比分别上涨18.7%和24.6%，养殖场户选购种猪的积极性明显高于2010年。据对2000个生猪养殖村的定点监测，6月仔猪存栏113.19万头，环比上涨0.6%，连续5个月小幅增长，比1月增长6.3%。

（4）养殖效益较好，猪粮比价仍处在正常区间。据国家发改委监测，

2011 年以来，猪粮比价逐月增高，6 月第 4 周突破 8:1，6 月 29 日全国平均猪粮比价 8.47:1，高于 6:1 的盈亏平衡点，但仍处在国家发布的《防止生猪价格过度下跌调控预案（暂行）》规定的 9:1 ~ 6:1 的正常范围。从上半年平均水平看，全国平均猪粮比价为 7.13:1，养猪效益适中偏好。

综合分析，从生产走势看，能繁母猪存栏连续 2 个月增长，种猪销量保持上升势头，仔猪存栏量连续 5 个月增长，下半年生猪出栏将呈逐步增加态势，生猪生产将保持稳定增长，能够保障中秋、国庆期间市场供应。从价格走势看，当前猪价同比涨幅高，部分原因是 2010 年 6 月生猪价格处于近年价格低谷，猪粮比价跌至 4.76:1，价格同比基数过低。从平均水平看，2011 年上半年猪肉、活猪和仔猪平均价格与前 4 年上半年平均价格相比，分别上涨 24.3%、27.9% 和 17.5%。由于 2010 年 7 月猪价触底快速上涨，下半年平均月环比涨幅达到 6.3%，其中 7 月活猪价格环比上涨 15.5%，预计 2011 年 7、8 月后猪价同比涨幅将逐步回落；随着价格对生产的刺激和消费的调节，生猪价格继续上涨的空间有限；但受养殖成本高等因素影响，猪价将总体保持高位。

二、当前生猪价格持续上涨的主要原因

此次生猪价格持续上涨是养殖成本大幅上涨、前期能繁母猪存栏下降、去冬仔猪死亡增加、散户退出加快等因素共同作用的结果。

（1）养殖成本快速上升推动。2011 年 1 ~ 6 月，全国玉米平均价格 2.18 元/公斤，同比上涨 10.7%，比近 5 年同期平均水平上涨 30% 以上。受物价水平上升、农村外出务工人员工资上涨等因素影响，目前生猪饲养员工资同比涨幅在 20% 以上。据测算，按 6 月价格测算，购买仔猪育肥出栏一头 100 公斤肥猪，饲养成本在 1350 元左右（不含固定资产折旧和管理财务成本），比 2010 年同期上涨 23.3%。

（2）前一时期能繁母猪存栏持续下降。2009 年 9 月至 2010 年 6 月，生猪价格连续 9 个月下滑，累计降幅 20.2%，猪粮比价连续 23 周低于盈亏平衡点，养殖户亏损面一度达到 58.2%，部分养殖场户缩减养殖规模，减少母猪饲养，能繁母猪存栏下降，影响 2011 年上半年生猪出栏，1 ~ 6 月定点监测村生猪出栏同比减少 4.8%。据监测，2010 年 3 月以后全国能繁母猪存栏连续下降，8 月达到最低点，为 4580 万头，同比下降 4.9%。

（3）2010 冬季异常气候导致仔猪死亡增加。受 2010 年冬季持续低温气候影响，一些地区出现仔猪成活率下降，死亡较往常有所增加，在一定程度上

影响 2011 年上半年生猪出栏量。2011 年 1 月定点监测村仔猪存栏 106.5 万头，为 2009 年以来最低水平，较近 3 年平均水平 117.9 万头低 9.7%。这个情况也表明，按 4~5 个月的育肥周期计算，6 月为出栏低谷，7、8 月以后出栏量将增加。

（4）生猪散养户退出加快。当前，农民外出务工机会增多，养一头猪的收入不如打几天工来得快、来得稳。加之，养猪成本上涨、风险加大，很多散养户不愿养猪。据定点监测，2011 年 6 月养猪户比重 22.8%，同比下降 1.8 个百分点，比 2009 年 6 月下降 2.8 个百分点。同时，受融资难、用地难、环保压力大等因素制约，规模养殖发展速度放缓。调研中发现，与前几年相比，2010 年以来各地新建生猪规模养殖场明显减少。从全国看，规模养殖增加量不足以弥补散户退出的饲养量，也在一定程度上影响了市场供应。

三、下一步工作打算

为稳定生猪生产发展，确保市场有效供给，近期农业部加强生猪产销形势研判，强化市场信息发布引导；配合发改委、财政等部门抓紧落实中央稳定生猪生产发展的各项政策措施；及时组织专家制定下发《关于提高母猪生产水平和仔猪成活率的技术指导意见》，促进养殖场户改进饲养管理。下一步，农业部将继续加大工作力度，着力抓好以下六项工作：

（1）继续落实中央稳定生猪生产发展的政策措施。进一步督促地方落实好生猪调出大县奖励、生猪标准化规模养殖场小区建设、生猪良种补贴和扶持"菜篮子"产品生产等扶持政策，稳定养殖信心，增强生猪产业发展后劲。

（2）加快发展生猪标准化规模养殖。深入开展生猪养殖标准化示范创建活动，围绕品种良种化、养殖设施化、生产规范化、防疫制度化、粪污无害化的"五化"要求，遴选生猪典型示范场，辐射带动周边地区发展生猪标准化规模养殖。督促地方畜牧兽医部门加强与相关部门沟通，帮助规模养殖场户解决好用地难、贷款难等实际困难。

（3）加强督导检查与指导服务。继续派督导组赴生猪主产省，进一步深入了解生猪产销形势，指导地方切实抓好生产。强化科技服务支撑，重点围绕提高母猪生产水平、仔猪成活率和生猪夏季防暑降温等关键环节，组织国家生猪产业技术体系专家进村入户现场指导，开展技术培训，帮助养殖场户改善饲养管理，提高生猪生产水平。

（4）切实强化生猪疫病防控。当前已进入高温高湿季节，及时组织各级畜牧兽医部门，全力抓好口蹄疫、高致病性猪蓝耳病、猪瘟等生猪重大疫病防控，统筹做好猪圆环病毒病、仔猪传染性胃肠炎等生猪常见病、多发病防控工作，努力确保不发生区域性重大生猪疫情。以重点原种猪场垂直传播疫病监测为抓手，积极推进种猪场疫病净化工作。

（5）继续抓好"瘦肉精"专项整治。督促地方不折不扣地完成生猪"瘦肉精"专项整治任务，会同公安等部门狠抓案件督查督办，完善"瘦肉精"监管机制，出台《关于深入推进"瘦肉精"专项整治工作的意见》和《生猪和生猪产品违禁物质管理规定》，将饲料生产经营、活畜养殖、收购贩运和屠宰等监管措施制度化，坚决防止质量安全事件对生猪生产造成损害。

（6）强化生产监测与信息引导。加强生猪生产和市场监测，增加固定监测点数量，加强形势研判，及时掌握生产和市场动态变化情况。继续强化信息发布和预警，定期发布全国生猪存栏和能繁母猪存栏等信息，积极引导养殖场户优化猪群结构、科学有序补栏，努力保障猪肉市场有效供给。同时，要防止生猪价格大涨后出现大跌，会同有关部门抓紧完善调控预案，及时采取应对措施，促进生猪生产稳定发展。

关于当前我国原料奶市场及奶牛养殖情况的调研报告

近期农业部市场与经济信息司派工作组赴黑龙江呼兰县和双城市、内蒙古土左旗和赛罕区对当前我国原料奶市场及奶牛养殖情况进行了调研，采访了吉林奶协，并与农科院有关专家进行了座谈。总的来看，2011 年我国原料奶收购价格基本稳定，购销总体正常，当前的突出问题是养殖成本上升较快、生产技术水平仍然落后、奶农缺乏定价话语权，建议在主产省实行原料奶购销交易参考价制度，建立乳制品第三方检测机构，并对散养户和规模养殖户实施分类指导。具体情况报告如下：

一、原料奶市场基本情况

（1）收购价基本稳定，同比上涨。据农业部监测，2011 年上半年内蒙古、黑龙江、北京等 10 个主产省原料奶收购均价为每公斤 3.20 元，各月间环比波动幅度在 1% 以内，同比涨 15.4%。黑龙江同比涨幅较大，2011 年上半年为每公斤 3.02 元，各地涨跌幅度在 0.1 元以内，同比涨 20% 以上。内蒙古同比涨幅较小，2011 年上半年为每公斤 2.91 元，各地涨跌幅度在 0.1 元左右，同比涨 7.8%。

（2）购销总体正常，倒奶现象仅为个例。调研中发现，由于奶农一般与奶企签订了长期合同，当前奶农供奶、奶站与奶企原料奶购销正常，奶农倒奶现象为个例。黑龙江呼兰县某奶站负责人介绍，目前该奶站日收奶 4 吨左右，比 2010 年同期增加 1 吨；双城市某奶站日收奶量为 13.5 吨，与 2010 年同期差不多。吉林奶协介绍，长春市新立城镇大南屯村发生的奶农倒奶现象为个例，主要是由于奶站经营主体更换频繁，加上销奶淡季，个别奶站或企业压价，涉及范围很小，目前已经解决，奶农能够正常交奶。

（3）各方对《生乳》新标准反映不一，奶农了解甚少。调研中，地方畜牧部门和企业对《生乳》新标准反映较为积极，普遍认为新标准总体符合我国国情，不会导致乳品质量下降，能够保护大量中小规模奶农的利益，促进我国奶业稳定发展。但大多数奶农则表示，对于新标准只是有所耳闻，了解的比较少，他们的养殖标准取决于奶站收奶的要求，新标准对养殖行为影响不大。

二、存在的主要问题

（1）养殖成本上升较快，部分地区收益下降明显。奶农普遍反映 2011 年养殖成本上升较快，黑龙江由于原料奶收购价涨幅较大，收益与 2010 年基本持平，而内蒙古由于成本上升大于原料奶收购价上涨，收益整体下降。据黑龙江畜牧厅监测，2011 年全省每头奶牛养殖成本较 2010 年涨 20% 左右，扣除奶农自身人工费用，年收益在 1600~2400 元，与上年基本持平。内蒙古奶协介绍，全区每头奶牛饲料成本比 2010 年涨 10% 左右，在不计人工的情况下，年收益为 3000 元左右，比上年低 300 多元。从走访的 18 户奶农看，2011 年每头奶牛日均饲养成本为 30 元，比 2010 年涨 14.2%，在不计人工的情况下，收益为 3007 元，比 2010 年低 533 元。

（2）原料奶生产技术水平仍然落后，质量安全存在隐患。调研中了解到，目前奶牛养殖仍以散养和养殖小区为主，占奶源的 70% 以上。但是，多数散养户奶牛养殖的饲料结构、养殖技术等都是根据自己和他人的养殖经验摸索出来，饲养技术仍然较落后，鲜奶品质偏低，且基本都是自家挤奶后再送到奶站检测，过程很难跟踪。养殖小区也没有形成统一的饲养管理、牛群结构优化、疫病防治、配种等各方面的操作规程和质量控制体系，奶牛养殖的标准化、规范化水平依然偏低。

（3）原料奶定价缺乏第三方监管，奶农无话语权。目前，原料奶收购价基本是企业说了算，奶牛养殖户，包括养殖小区，甚至牧场，都不具备与乳品企业进行价格谈判的实力，加之目前对原料奶质量检测缺乏第三方监管机制，原料奶收购不能真正做到按质论价。在黑龙江调研了解到，有些企业在奶源供应紧张时就会降低标准收购，而在奶源充足时就会提高标准或增加一些更加苛刻的条件。

三、政策建议

（1）实行主产省原料奶购销交易参考价制度。为避免原料奶收购价大幅波动，应借鉴黑龙江经验，在主产省实行原料奶购销交易参考价制度，由畜牧主管部门牵头组织各方协商形成原料奶购销交易参考价，每季度提前公布，规范原料奶价格，促进奶业健康有序发展。一要强化对原料奶价格成本调查和监测预警，合理确定参考价。二要强化市场行为监管，确保原料奶购销交易参考价制度落到实处。

（2）探索建立乳制品第三方检测机构。为保证奶源和乳制品质量安全，需借鉴国际经验，建立独立于乳品企业和奶农之外的第三方检测机构，实现从原料奶到终端产品的全程监控。第三方检测机构需具备实验室检测和快速检测能力，能根据不同的原料奶质量制定统一的检测标准，所有检测过程均公开透明，自觉接受社会监督。

（3）对散养户和规模养殖户实施分类指导。加强对散养户的技术指导，提高养殖水平。加大规模化养殖小区发展扶持力度，通过财税、金融等政策提高奶牛养殖的标准化、规范化水平。成立职能完善的奶农专业合作社，向成员提供奶牛饲养技术培训和专业技术指导，形成生产、加工、销售等各环节配套的社会化服务体系。

关于今冬明春化肥供需及
价格走势的报告

　　为准确把握 2011 年化肥供需形势及今冬明春化肥市场供应情况，2011 年 10 月下旬农业部市场与经济信息司邀请中国氮肥工业协会、中国磷复肥工业协会、全国供销总社、中化化肥、中海油化学股份有限公司、鲁西化工等相关单位的业务人员进行了专题研究。与会各部门认为，2011 年以来全国化肥市场供应充足，近期价格走势平稳，预计 2012 年春耕生产供应有保证，但目前氮肥企业停产较多、肥料质量问题严重等情况应引起重视。

一、2011 年化肥市场总体形势

　　（1）供给总体充足。2011 年以来，我国化肥产量呈小幅增长态势。据中国氮肥工业协会、中国磷复肥工业协会、中国钾肥协会统计，2011 年 1 ~ 9 月我国化肥总产量为 4606 万吨（折纯），同比增长 11.9%，其中氮肥产量为 2897.3 万吨（折纯），同比增长 3.0%；尿素产量为 1858.7 万吨（折纯），同比增长 1.1%；磷肥产量为 1102 万吨，同比增长 3.1%；钾肥产量为 309 万吨，同比增长 24.1%。预计全年化肥产量增长 7% 左右，国内化肥保障能力继续提高。

　　（2）近期价格走势平稳。受原料价格上涨推动，2011 年以来我国化肥市场价格不断攀升。据我部物价网点县监测，9 月国产尿素、进口磷酸二铵、国产氯化钾和复合肥的市场平均价分别达到每吨 2407 元、3735 元、3425 元和 3038 元，同比分别涨 28.6%、16.2%、9.1% 和 20.3%。近期国内肥价走势比较平稳，尿素等部分品种国庆节后还出现了小幅回落。据鲁西化工负责人反映，尿素出厂价从 9 月的每吨 2150 元下降至目前的 1950 元，跌 9%；磷酸二铵的出厂价格基本稳定在 3200 元；钾肥价格明显下跌，目前 60% 含量的钾肥出厂价仅为每吨 2300 ~ 2450 元，同比下跌约 500 元。与会单位分析认为，2011 年 11 月秋播结束前，受生产成本居高不下和淡储即将启动的双重影响，预计化肥价格将以稳为主，并有小幅回升的可能。

二、今冬明春化肥供需形势预测

综合各方面情况，2011年秋冬种生产用肥总体有保证。从供给看，2011年8~10月共新增产量1280万吨，减去期间化肥净出口量240万吨（其中，进口量约105万吨，出口量约345万吨），再加上供销社系统7月底的库存量，预计秋季农业生产用肥可供资源量约1650万吨。从需求看，秋季农业生产用肥一般占全年化肥使用量的24%，需求量约1344万吨。分品种看，今冬明春化肥市场供应也是有保障的：

（1）氮肥：据中国氮肥工业协会预测，今冬明春国内尿素供应量为3518万吨，需求量约3165万吨。目前我国北方地区冬小麦用肥已基本结束，2011年11月尿素出口即将进入110%的高关税期，后期各工厂发往港口的尿素数量将十分有限，因此近期尿素价格出现明显回落。预计未来一段时间，国内尿素价格将基本保持平稳，受淡储政策托市支撑，价格继续下跌的空间不大。

（2）磷肥：目前国内磷肥销售已基本结束，部分地区2011年11月还有少量需求，但企业库存磷肥能满足后期市场需求。据中国磷肥行业协会预测，今冬明春磷肥供应量为650万吨，需求量约450万吨，2012年春播期间磷肥资源比较充足。当前磷酸二铵的市场销售价格基本稳定在每吨3500~3600元的水平。随着出口期的结束，需求不会明显增加，预计今冬明春二铵价格存在一定下行压力。

（3）钾肥：近年来我国钾肥自给率已由30%提升至50%，但供需缺口仍达500万吨，是进口依存度最大的化肥品种。据钾肥协会反映，目前工厂仍有部分钾肥库存，但由于2011年10月后国内钾肥需求量不大，且国际市场价格下跌，企业储备的积极性不高。预计随着2012年春耕生产的到来，国内钾肥需求量将有所增加，将带动钾肥价格小幅上扬。

三、需关注的问题及建议

（1）铁路运输"瓶颈"可能导致2012年局部地区化肥供应紧张。由于我国大型肥料生产企业主要集中在新疆、内蒙古、云南、贵州、山西等铁路运力相对紧张的地区，而化肥运输有国家优惠政策，运输价格相对较低，运输车皮明显供给不足。据中国氮肥工业协会反映，山西晋城有5家大的尿素企业，2011年就因为铁路运输问题导致生产出来的尿素运不出去，企业只能停产，造成东北地区尿素供应短缺。2012年春节比往年早，一旦春运来临，铁路运力将会更加紧张，很可能导致部分地区化肥供应紧张和短缺。建议有关部门合理安排铁路运输，保证 2012 年春耕生产用肥运输需求。同时，为防止化肥价格继续走低，导致企业冬储化肥风险加剧，建议国家尽早启动淡储计划，并从资金、储备数量、规模、质量等方面加强对淡储企业的支持和监管力度，确保企业按质按量储备。

（2）氮肥企业停产问题较突出。受原料成本持续上涨、用工荒以及企业资金紧张等因素影响，2011 年以来全国氮肥企业开工率持续走低。鲁西化工反映，白煤的价格从年初的每吨 1200 元涨到目前的 1600 元，涨 400 元；硫磺价格从 1200 元涨到 1900 元，涨 700 元。这些都是生产尿素和磷酸二铵的重要原料，即使价格涨到这个程度，生产企业还不能完全拿到货。此外，天然气、煤炭供应不足问题也加剧了企业停产。中国氮肥工业协会反映，2011 年 1～9 月尿素累计产能发挥率已由常年的 90% 降至 81.8%，目前年产 15 万吨合成氨以下的中小氮肥企业开工率仅 30%，大中型氮肥企业装置平均负荷率也只有 70% 左右。截至 9 月底，全国停产企业已有 42 家，影响尿素日产能 2.6 万吨，其中由于缺天然气停产的企业占 23.8%。为保证氮肥企业正常生产，建议国家继续实施对生产企业在煤气电等方面优惠政策，加大扶持力度，保证企业生产需求；并根据煤炭、硫磺、人工等成本上涨情况，适当提高 2012 年化肥出口基准价。

（3）肥料市场质量问题日益严重。中国磷肥协会反映，近几年假劣农资有明显抬头之势，部分生产企业不仅在产品的有效成分含量上大做文章，且普遍存在以次充好、以假乱真的现象。供销总社反映，打假部门的执法力度明显减弱，化肥产品标签不规范，虚标养分、偷减养分含量等行为较为普遍，严重侵害经营企业和农民群众的合法权益。与会各单位建议农业、工商、质监等部门联合行动，加大对农资市场监管力度，严厉打击制售假冒伪劣农资的不法行为，整顿农资市场，切实维护农民的合法权益。

第二部分

品种篇

中国农产品市场报告.2012

2011年稻米市场形势分析及展望

农业部农村经济研究中心　彭　超

农业部信息中心　张　欢

2011年1～11月，我国稻米价格稳中有升，大米贸易进口增加、出口减少。展望后市，我国稻谷产量实现"八连增"，稻谷价格将继续维持稳中有涨的运行格局，国内大米价格仍以高位平稳运行为主，国际大米价格将继续上涨。

一、稻谷产量实现"八连增"

（一）早籼稻实现恢复性增产

国家统计局8月30日公布了早稻生产初步统计结果，全国早稻总产量为3276万吨，比2010年增产143万吨，增长4.5%；单产为每公顷5697公斤，比上年增加290公斤/公顷，提高5.4%。

（二）中晚籼稻预计持平略增

2011年各地中晚籼稻播种面积预计与上年持平略涨。例如，湖北省农业部门预计，2011年该省中稻种植面积1922.9万亩，较2010年增加29.4万亩，增幅1.6%。晚籼稻部分产区虽然遭遇干旱，但由于总体天气情况较好且政策扶持力度较大，所以苗情与上年相差不多。另据气象部门估计，南方寒露风时间较短，降温幅度不大，而且处于大部分晚稻灌浆完成之时，可以说天气对晚稻生产影响较小。

（三）粳稻预计将实现大幅度增产

据地方农业部门预计，2011年东北三省粳稻播种面积约7408万亩，同比增1228.3万亩，增幅19.8%（其中，黑龙江粳稻播种面积达到5171万亩，同比增加1017.8万亩，增幅达24.5%）。另据专家实地调查预计，2011年东北粳稻总产约3427万吨，同比增加557万吨，增长19.4%。由于东北粳稻产量占国内粳稻产量的一半以上，加之南方地区粳稻播种面积比上年持平略增，所以2011年粳稻实现了大幅增产。

据国家统计局初步统计，2011年稻谷总产量突破2亿吨大关，达到20078

万吨，比 2010 年增产 503 万吨，增长 2.6%。这意味着，自 2004 年以来，我国稻谷产量实现了"八连增"。

二、稻谷市场总体平稳运行，分品种看"籼强粳弱"

（一）稻谷市场总体平稳运行

2011 年 1~11 月，国内稻谷市场总体运行平稳。其中：早籼稻收购均价由 1 月的 1.06 元/斤上涨至 11 月的 1.24 元/斤，涨 16.9%，只有 4 月出现环比持平略跌，此后价格一直保持上涨；晚籼稻收购均价由 1 月的 1.14 元/斤上涨至 11 月的 1.27 元/斤，涨 11.4%，价格于 9~11 月连续三个月持平；粳稻收购均价由 1 月的 1.42 元/斤下跌至 11 月的 1.39 元/斤，跌幅将近 2.0%，5 月出现持平略跌，此后尽管恢复了上涨趋势，但是环比涨幅一直较小，10 月和 11 月出现连续两个环比下跌的情况。

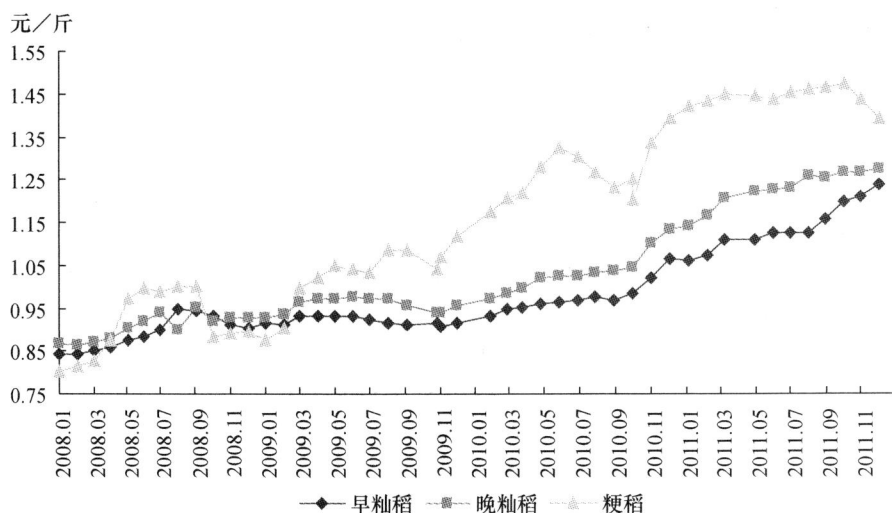

图 1　2008 年以来三种稻谷价格波动情况

（二）成本推动成为稻谷价格上涨的主要原因

稻谷价格上涨的主要原因：

（1）生产成本推动，根据农业科学院国际农业农村政策研究中心和农业部农村经济研究中心针对南方水稻主产区的调查发现，早稻生产成本上涨约 21.4%。其中，人工成本普遍上涨 30% 左右，机耕机收环节成本由于燃油涨价而提高，种子成本也略有上涨。

（2）最低收购价上调，2011 年 2 月，国家发改委、农业部等五部委联合发布关于提高 2011 年稻谷最低收购价格的通知（发改电［2011］60 号），每 50 公斤早籼稻、中晚稻、粳稻最低收购价格分别提高到 102 元、107 元、128 元，比 2010 年提高 9 元、10 元、23 元，提价幅度分别为 9.7%、10.3% 和 21.9%，7 月和 9 月，五部委又联合中储粮总公司分部印发了 2011 年早籼稻最低收购价执行预案（发改经贸［2011］1381 号）和 2011 年中晚稻最低收购价执行预案（发改经贸［2011］1950 号）。目前看来，最低收购价执行预案启动的可能性较小，但却为稻谷市场维持合理上涨的局面提供了政策保障。

（三）稻谷市场分品种看"籼强粳弱"

分品种看，籼稻涨势要明显强于粳稻，这主要跟各品种的供求形势有关。籼稻价格上涨的原因在于：首先，2011 年我国优质稻产量大幅增加，常规稻产量逐渐下降，"籼改粳"成为 2011 年部分地区稻农的普遍选择；其次，不利天气影响了市场预期，2011 年籼稻主产区先后遭遇冬春夏三连旱、6 月旱涝急转、7 月中下旬雨季、9 月部分地区干旱等不利天气影响，市场一度对籼稻价格形成了看涨预期；再次，新季早籼稻上市，2011 年种植成本的上涨导致农户惜售心态严重，且售粮的习惯也由集中售粮转变为选择价格高点售粮；最后，常规籼稻作为粮库补库的首选品种，需求量较大，企业收购积极，价格持续上涨。粳稻价格涨势较弱的原因在于：

（1）2011 年粳稻丰收，社会上普遍预期 2011 年粳稻增产 500 万吨以上，供给偏紧的形势大大缓解。

（2）销区需求低迷，近年来南方优质籼稻对粳稻销售冲击较大，加之 2011 年东北粳稻品质不尽如人意等因素的影响，导致南方购销商北上收购的动力不足。

（3）东北铁路外运紧张，打击了粮食经营、加工企业的收购热情。

（4）因种植成本的提高，农民预期粳稻销售价格较高，惜售心理较强，仍在观望等待价格上涨。

（5）货币政策调控导致部分收购主体因收购资金不足与不到位，导致收购进度缓慢，或停止收购，或不能入市收购。

（6）部分企业还有 2010 年粳稻库存尚未销售，由于占用资金与库容，影响了对新粮收购的开展。此外，南北水稻耕作方式的差异，可能也是"籼强粳弱"的原因之一。南方以籼稻为主，水稻生产经营规模较小，机械化程度较低，人工使用较多，人工涨价对稻谷价格上涨形成的压力较大；东北以粳稻为主，水稻生产经营规模较大，机械化程度较高，人工使用较少，人工涨价对稻谷价格上涨形成的压力较小。

三、国内米价总体稳中有涨

（一）国内米价总体平稳

2011 年 1～11 月，国内各品种大米价格在高位平稳运行的基础上持续上涨。其中：早籼米批发价由 1 月的 1.65 元/斤上涨至 11 月的 1.82 元/斤，涨 10.5%，仅 8 月环比持平略跌；晚籼米批发价由 1 月的 1.78 元/斤上涨至 11 月的 1.98 元/斤，涨 11.4%，也是仅 8 月环比持平略跌；粳米批发价由 1 月的 2.14 元/斤上涨至 11 月的 2.16 元/斤，涨 0.7%，3 月环比上涨幅度达到 4.1%，此后一直波动上涨，6 月出现过持平略跌的情况，11 月环比跌 3.6%。

（二）成本成为大米价格上涨的原因

大米价格上涨的原因在于：

（1）由于原粮收购成本上涨，根据前述稻谷市场价格的趋势，可以看出原粮成本持续上涨。

（2）企业生产经营成本上涨。近年来企业融资成本以及雇工成本的不断增加，根据国研网重点行业数据库统计显示，2011 年上半年谷物磨制企业主营业务成本同比上涨 40.8%，利息支出同比上涨 54.3%。

（3）9 月之后，随着大中专院校开学和天气转凉，食用消费量和经销商存储量均有所回升，国内米价开始走出季节性消费淡季，价格小幅上涨。

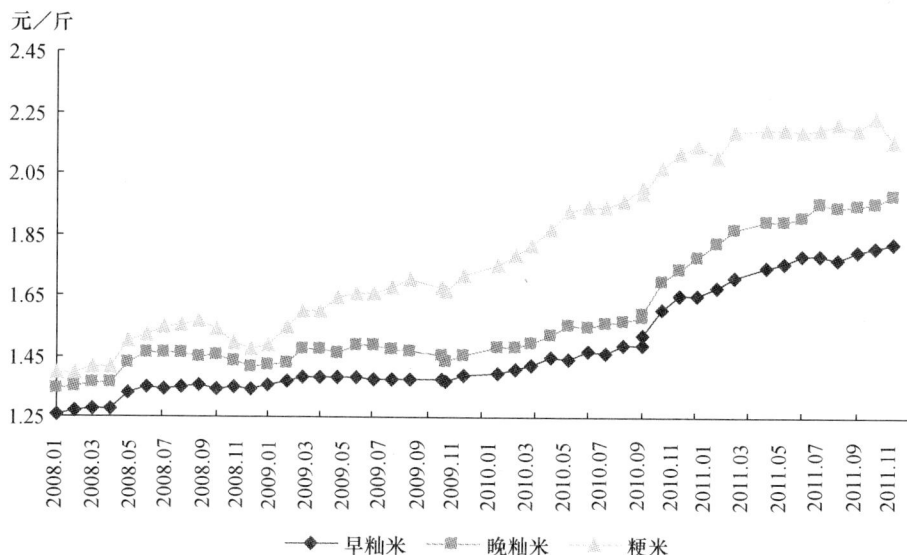

图 2　2008 年以来三种大米价格波动情况

四、国内米价高于国际米价但差距开始缩小

（一）国际大米价格先抑后扬

2011年1~11月，国内外大米价格走势大不相同。国内米价总体保持稳中有涨的态势，由1月的3550元/吨涨至11月的3909元/吨，涨12.8%；而国际米价先抑后扬，一度由1月的3120元/吨（473美元/吨）跌至6月的3001元/吨（463美元/吨），跌幅达3.8%，此后持续上涨，至10月涨至3519元/吨（553美元/吨），比6月上涨17.2%。

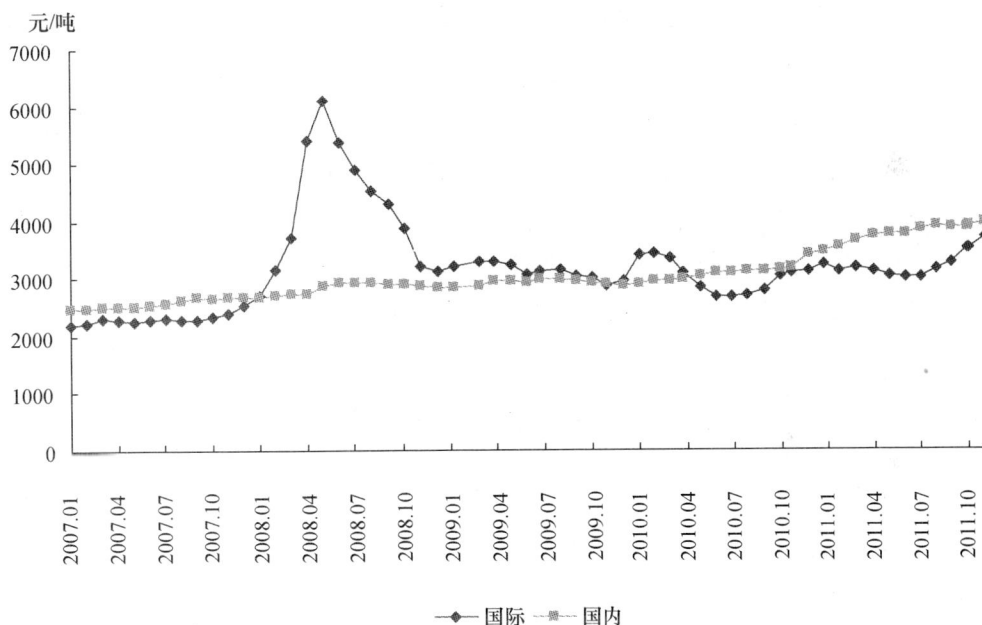

图3　2007年以来国内外大米价格对比

注：国际米价指泰国曼谷离岸价（25%含碎），国内米价指标一晚籼米全国批发均价，2007年1月以来的美元汇率按当月银行基准价均价计算。

（二）供给和金融因素导致上半年国际米价下跌

2011年1~6月国际米价下跌的主要原因在于：

（1）泰国、越南等主要出口国的大米出口量增长较快。据泰国大米出口商协会提供的数字，2011年上半年泰国大米出口量630万吨，同比增长58%。另据越南食品协会提供的数字，2011年上半年，越南出口了391万吨大米，比上年同期增长了17.6%。

（2）泰铢汇率走软导致泰国大米价格下跌。2011年上半年由于泰国大选在即，外资对泰国政治走势不具信心，从而都对泰铢持观望态度。6月27日达到1美元兑换30.87泰铢，相比之下，5月2日仅为29.78泰铢（振幅3.7%）。

（3）大米主要进口国印度尼西亚和菲律宾正努力争取实现大米自给自足。印尼国有采购机构Bulog 5月18日称，该国已经预留57万公顷土地用于种植稻米作物，以便将大米产量提升200万吨/年，目的在于减少该国进口大米的可能性。菲律宾政府2011年出台大规模的灌溉计划，制定了2013年实现粮食自给自足的目标。

（三）出口国大米价格大涨和东南亚洪涝灾害导致下半年国际米价上涨

2011年7～10月国际米价上涨的主要原因是：首先，是主要出口国大米价格上涨。泰国于7月3日举行大选，主张高价收购农民稻谷的为泰党顺利胜出，此后农民和加工商都开始囤货，静观其变，出口商很难收购到大米，导致价格一度攀升。9月13日，在泰国内阁会议上泰国英拉新政府前期制定的大米收购保护价政策，即大米典押政策已被通过。该政策于2011年10月7日起实施，政府以1.5万泰铢/吨（489美元/吨）的保护价从农户手中采购稻谷，在此之前，稻谷的市场收购价格大约在每吨1万泰铢/吨（326美元/吨）。消息一经传出，泰国大米价格大幅度上涨，到11月，国际大米价格（曼谷离岸价，25%破碎率，下同）为587美元/吨，环比涨6.1%，同比涨24.8%。受泰国大米价格大幅反弹影响，越南大米价格也一路走高。其次，东南亚持续多时的洪涝灾害严重影响了这个世界最主要产米区的收成，也给市场造成了价格大幅上涨的强烈预期。据联合国粮农组织11月上旬统计，洪灾已经给东南亚国家农业造成了惨重损失，包括大米在内的大片农作物遭到毁灭性打击，其中泰国约12.5%、菲律宾约6%、柬埔寨约12%、老挝约7.5%、越南约0.4%的稻田遭到破坏，洪水还冲走或毁掉了大量仓储粮，例如菲律宾损失了近60万吨大米，相当于全国17天的消费量。柬埔寨、越南和泰国国内的大米价格已开始上涨，其中柬埔寨国内大米价格的涨幅预计将达到50%。

五、大米出口减少，进口增加

据海关统计，2011年10月我国出口大米3.3万吨，环比增24.5%；进口大米1.6万吨，环比降33.9%；1～10月，我国累计出口大米33.9万吨，同比降31.8%；出口额2.3亿美元，同比降24.3%。累计进口大米49.9万吨，同比增112.3%；进口额3.2亿美元，同比增106.6%。

从贸易流向看，我国进口大米主要来自泰国（占进口总量的 54.9%）和越南（占 44.2%），出口目的地主要是韩国（占出口总量的 48.7%）、朝鲜（占 14.9%）和中国香港（占 7.5%）。

六、后市展望

（一）稻谷价格预计将维持稳中有涨为主的运行格局

首先，生产形势总体向好为稻谷价格稳定提供了保障。2011 年气象条件总体较好，国家强农惠农政策保障有力，早稻实现恢复性增长，中晚稻丰收几成定局。2011 年初，国家预拨了全年粮食直补和农资综合补贴，提高了早稻良种补贴标准，增加农机具购置补贴，提高稻谷最低收购价，对粮食生产大县除一般性财政转移支付奖励政策外，对增产部分再给予适当奖励。据统计，到 9 月底，农业"四补贴"规模达到 1406 亿元，比 2010 年增加 180 亿元；安排粮油大县奖励 225 亿元，增加 40 亿元，主产区粮食风险基金 277 亿元全部由中央财政安排。3 月，国务院办公厅发布《关于开展 2011 年全国粮食稳定增产行动的意见》（国办发〔2011〕13 号），为保持粮食生产发展的好势头提供了行动纲领，紧接着农业部办公厅印发了《全国稳粮增粮科技大会战活动方案》（农办科〔2011〕19 号），加速农业科技成果推广应用，全面推进农业科技进村入户，提高农民科学种粮水平。农业部门在秋冬种、春管抗旱、春播、夏种等关键环节，分品种、分区域、分农时都制订并实施了主要粮食作物生产技术方案。据统计，截至 9 月底，各级农业部门共组织全国 1 万名专家和 35 万名农技推广人员，深入生产第一线，落实稳产增量科技支撑政策。4 月，农业部会同财政部研究制定了《2011 年粮棉油糖高产创建实施指导意见》（农办财〔2011〕42 号），要求按照《水稻优势区域布局规划》，在全国建设 1940 个万亩连片水稻高产创建示范片，同时农业部办公厅印发了《2011 年整建制推进高产创建实施方案》（农办农〔2011〕34 号），并于 7~9 月开展了粮棉油糖高产创建督导检查（农办农〔2011〕67 号）。为了提高水稻生产的装备水平，农业部还发布了《关于加快推进水稻生产机械化的意见》（农机发〔2011〕2 号）。此外，国家还大规模推进高标准农田建设、测土配方施肥补贴项目、农作物专业化病虫害统防统治工作。6 月，农业部颁布了《农作物病虫害专业化统防统治管理办法》（农业部第 1571 号公告），为专业化病虫害防治提供了操作规范和法律依据。在 2011 年初春旱、年中南方旱涝急转等防灾减灾的关键时刻，国家还及时出台抗旱浇水补助等政策，极大地调动了地方政府、广大农民、科技人员抗灾减灾和发展粮食生产的积极性。

国家一系列强农惠农政策将为促进稻谷生产发展、保障稻谷市场供应提供有力支撑，从而为稻谷市场价格稳定创造了基本前提。

其次，成本推动是稻谷价格上涨的主要原因。在消费基本稳定的情况下，稻谷价格上涨，其原因主要是成本推动。农业科学院国际农业农村政策研究中心和农业部农村经济研究中心对主产区江西进行调查发现，2011年稻谷生产的用工费用普遍比2010年上涨，燃油涨价导致机械作业成本增加，种子成本也略有上涨。需要特别关注的是，人工成本对成本上升造成了巨大的压力。在稻谷的育秧、插秧、晒场及施肥等环节雇工成本对稻谷生产成本上涨的贡献率达到了61.4%。新季中晚稻即将上市，这部分稻谷生产成本较高，将可能推动稻谷价格继续上涨。

最后，稻谷市场调控政策体系为稻谷价格稳中有涨提供了有力的政策支撑。目前，我国包括稻米在内的主要粮食的市场调控政策体系已经基本成型，最低收购价、临时收储、国储拍卖三大政策互为补充，运行良好。2005年以来，主要粮食价格一直保持稳中略升的态势，具有明显的"政策市"特征。根据最近稻谷市场价格情况，2011年最低收购价预案启动的可能性不大，但是政策的连续性和一致性，对市场运行起到了巨大的引导作用。

后市展望：短期内，供给方面，随着年关将近，农民还贷压力增大，惜售心理可能松动；需求方面，在元旦、春节之前季节性需求将增加，入市收购水稻主体将会增多，稻谷市场价格有望趋稳。

（二）稻谷市场一定时间内将维持"籼强粳弱"的态势

目前，粳稻产量增加潜力较大。早在2010年底，国务院办公厅转发发展改革委、农业部《关于加快转变东北地区农业发展方式建设现代农业的指导意见》（国办发〔2010〕59号），重点支持三江平原、松嫩平原和辽河平原发展优质粳稻，并在其他水土资源条件较好的地区适当发展水稻种植。2010年底召开的中央农村工作会议，要求抓紧制定实施全国粳稻生产发展规划。国务院办公厅《关于开展2011年全国粮食稳定增产行动的意见》（国办发〔2011〕13号）提出，尤其要引导农民扩大粳稻生产。一系列文件都直指粳稻增产，农户粳稻种植积极性提高，可以预见，粳稻偏紧的供给局面将得到一定程度的缓解，而且目前国家层面上一直都没有出台东北粳稻（米）入关运输补贴，从而导致粳稻价格上升动能不足。我国籼稻生产中，"双改单"现象愈发严重，农民纷纷弃种早稻，2011年早籼稻播种面积5751千公顷，比上年减少45千公顷，下降0.8%。由于市场食用消费越来越偏好粳米，在适宜的地区，"籼改粳"的情况也越来越普遍。潜在供给能力的下降，将给籼稻价格造成上涨压力。

（三） 大米价格预计仍将保持高位平稳运行

预计随着大米消费淡季的结束和新季中晚稻的上市，市场需求一定时间内将略有增加，后市大米价格将出现略微上涨，但由于国家宏观调控作用，大米价格仍将高位平稳运行。首先，随着大中专院校进入学期中段，各种集体大米食用消费开始稳定，经销商大米存储量也趋于稳定，国内米价走出季节性消费淡季，价格将会被消费小幅拉动。其次，在成本上涨的背景下，农民惜售心理增强，经纪人、储备库以及加工企业多元主体入市收购稻谷，需求将会增加，这些因素都将导致原粮价格上涨，进一步，大米加工企业融资成本和雇工成本大幅上涨，导致其利润微薄，大米价格存在上行动力。然而，宏观经济形势可能对大米价格上涨造成阻力，2011 年 10 月 CPI 同比上涨 5.5%，食品类价格同比上涨 11.9%，影响价格总水平上涨约 3.62 个百分点。未来通货膨胀预期可能进一步稳定，将为大米价格高位平稳运行创造宏观环境。

（四） 国际米价预计将继续上涨

受东南亚洪灾与泰国稻米新政的双重影响，国际米价继续上涨。一方面泰国、越南、柬埔寨和老挝受大规模洪水侵袭；另一方面泰国政府 2011 年 10 月 7 日推出新米价方案，将向农民收购稻米的价格调高近 50%。长期以来，亚洲是全球大米的主要生产地和消费地，每年大米的消费量占全球的 87%；同时亚洲也是全球大米的主要出口地，其中泰国是全球最大的大米出口国，每年出口量高达 900 万吨。预计，除东南亚地区部分国家将有可能面临大米紧缺的威胁外，国际市场大米的供应量也将有一定幅度的萎缩。

后市展望：国际米价还存在一定反弹空间，但长期来看，由于越南、中国、印度和巴基斯坦的稻米产量增长明显，而稻米的产区和销区重叠度高，泰国大米出口的市场份额可能被替代。

2011年小麦市场形势分析及展望

农业部农村经济研究中心 曹 慧

农业部信息中心 钟永玲

一、国内市场

（一）运行特点

1. 陈麦市场整体平稳，普优麦价差达到历史高位

2011年以来，普通小麦价格整体呈波动上升的趋势。1~3月，受主产区遭遇持续干旱天气影响，小麦价格一路攀升，从1月的2042.5元/吨涨至3月的2097.5元/吨，涨幅达2.7%；之后随着旱情缓解，小麦生长形势逐步明朗，价格上涨势头得以遏制，4、5月连续下跌至2067.5元/吨；6月，受新麦价格高开的带动，普麦出现了短暂的上涨；但由于2011年新麦价格未能像2010年那样高开高走，而是出现了高开后上涨乏力的僵局，普麦价格自7月开始连续两个月下跌至2011年以来的最低点2030元/吨，较前三季度的最高点下跌3.2%；9月，随着中秋、国庆两节临近，大专院校开学，面粉需求转暖，普麦价格回升至2044元/吨；9月底国家提前公布并再次较大幅提高了2012年的小麦最低收购价格，加上国庆节后面粉加工企业的补库需求，10月普麦价格继续回升至2073.3元/吨；10月底以后，国内小麦出库量增大，市场总体供应充足而面粉销售不旺，同时玉米价格回落，饲料企业采购小麦替代玉米现象减少，小麦市场需求较前期下降，11月麦价回落至2060元/吨。

由于供给偏紧，优质小麦价格整体呈逐步走高的态势，虽然在5月和8月也有回调，但幅度较小。前三季度，优质小麦平均价格为2497.6元/吨，同比上涨18%。2010年下半年以来，普优麦价差逐步扩大。之前两者差价多在100~200元/吨，2008年差价最小时仅为50元/吨；2010年7月之后，普优麦差价迅速扩大，到2010年12月跃上300元/吨的关口；2011年以来增速加

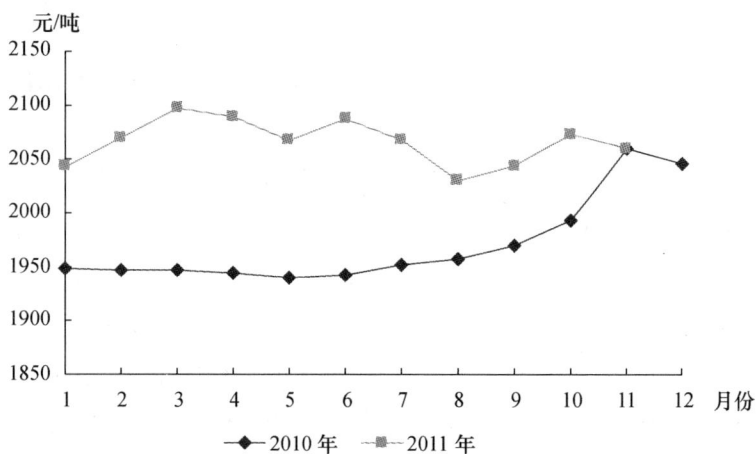

图4　近两年普麦价格走势对比

数据来源：中华粮网。

剧，4月跃过400元/吨的关口，7月超过了500元/吨，到9月，普优麦差价达到514元/吨。10月，由于国内普麦价格上涨明显，而优麦相对平稳，普优麦价差缩小至507元/吨。但随着11月普通小麦价格的走弱，普优麦差价再度上升至518元/吨，为2005年以来的最高值。

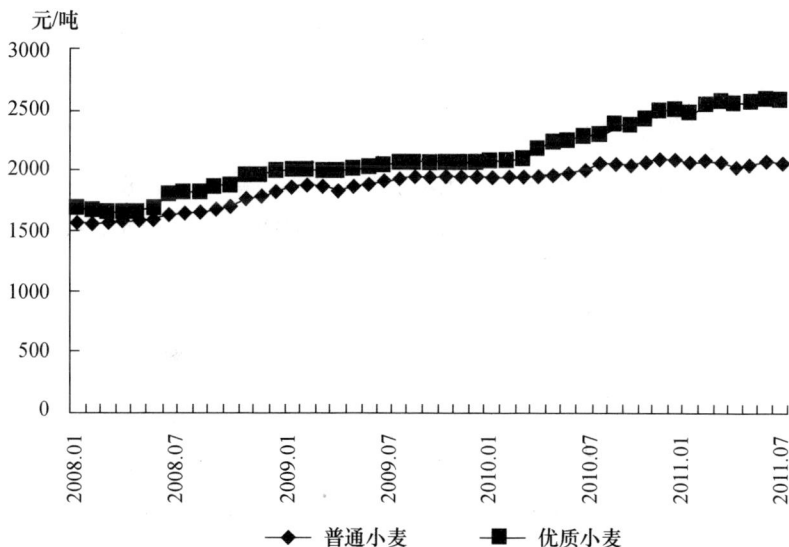

图5　2008年以来普优麦价格走势对比

数据来源：中华粮网。

2. 新麦价格高开稳走，市场化特点明显

2011 年我国新麦收购价格呈现高开稳走的特点。受国家不断提高小麦最低收购水平以及年初旱情严重、农民种粮成本增加等因素的影响，2011 年大部分主产区的新麦自开秤起就高于国家托市收购价格。但由于我国小麦连续八年增产，国内市场供应充足；而且受宏观环境以及央行紧缩流动性等政策影响，2011 年粮食企业的收购资金明显不足；加上托市收购没有启动，各方收购主体的观望情绪较浓，小麦收购一直处于不温不火的局面，后期价格稳中略升。据农业部监测，9 月白麦、红麦、混合麦国有企业收购价分别为每百斤（下同）100.99 元、98.96 元、98.74 元，比 6 月分别上涨 1.45%、2.97%、1.37%，同比上涨 3.66%、8.61%、5.5%；个体粮商收购价分别为 100.05 元、97.55 元、98.12 元，比 6 月分别上涨 0.09%、0.73% 和 0.8%，同比上涨 2.57%、4.68%、3.42%。

2011 年我国新麦收购的市场化特点十分明显。由于新麦价格始终在国家最低收购价水平之上，托市预案没有启动。与 2010 年新粮上市时多元主体竞争激烈、抢购小麦的火爆局面不同，2011 年收购主体减少，主要以粮食购销企业、面粉加工厂、饲料企业、个体粮商为主，市场收粮场面平淡得多。虽然前期收购进度较上年同期一直偏缓，但 8 月底之后逐渐赶超，全社会收购量高于上年同期，国有粮食企业不论是收购数量还是所占比例都较 2010 年有较大幅度下降。据国家粮食局统计，截至 9 月 30 日，河北、山西、江苏、安徽、山东、河南、湖北、四川、陕西、甘肃、新疆 11 个小麦主产省（区）各类粮食企业累计收购 2011 年新产小麦 5731.6 万吨，同比增加 633.1 万吨，其中：国有粮食企业收购 3588.9 万吨，占收购总量的 63%（2010 年同期为 78%），同比减少 403.2 万吨；贸易商、加工企业等其他主体收购 2142.7 万吨，同比增加 977.4 万吨。

（二）市场影响因素分析

1. 国内冬小麦连续八年丰收，供应充足

2004 年以来，国家不断加大粮食生产扶持力度，出台了种粮直补、良种补贴、农资综合补贴、农机具购置补贴等一系列政策，农民种粮积极性提高，小麦生产也逐渐恢复，产量连年增加。从 2004 年到 2010 年，我国小麦产量由 9195 万吨增长至 1.15 亿吨，增幅达 25.2%。且从 2006 年起一举扭转了之前连续六年产不足需的局面，实现产需平衡并有余。尽管 2011 年我国北方冬麦区遭遇了冬春连旱，但由于 2010 年麦播时底墒好，整地播种质量高，在小麦生长的关键时期普降及时雨，加上春季抗旱成效显著，水浇地小麦增产趋势明显，我国冬小麦最终实现了连续第八年增产。根据国家统计局对夏粮主产区抽样调查和非主产区统计，2011 年全国冬小麦播种面积 22602 千公顷，增加 79 千公顷，增长 0.3%。西北地区春小麦播种面积减少约 36 千公顷，下降 3.5%；冬小麦单产每公顷 4902 公斤，比 2010 年增加 77 公斤，提高 1.6%；全国冬小麦产量 11079 万吨，比 2010 年增产近 212 万吨；夏收春小麦产量减产约 15 万吨。冬小麦连续八年的丰收为稳定国内小麦市场尤其是普麦市场奠定了坚实的基础。

2. 2011 年小麦收获质量较高，但优质麦供应依旧偏紧

2011 年 8 月，国家粮食局标准质量中心发布了 2011 年全国夏收小麦收获质量调查报告。根据对河北、山西、江苏、安徽、河南、山东、湖北、四川、陕西 9 省 92 个市 421 个县 1954 份小麦样品的检验，主要结论为：2011 年受干旱气候影响，9 省小麦不完善粒较少，硬度有所增加，千粒重略有下降，等级比例基本正常。陕西小麦整体质量为近年来最好，山西也处于较好水平；河南、河北、山东、江苏属于正常年景；安徽为近年来较低水平，湖北也较正常年景有所下降，四川为近年来最低。

虽然 2011 年大部分主产区小麦质量好于 2010 年，但市场上优质麦供应依然偏紧，这是导致陈麦市场上普优麦差价持续扩大的重要原因之一。据 2011 年 8 月 22 日国家小麦产业体系产业经济研讨会上的专家及加工企业代表反映，虽然 1996 年以来我国按品种计算的优质小麦面积持续快速增长，2010 年秋冬种时达到 2.47 亿亩，冬小麦优质率已达 72.6%，但是真正达标的优质麦品种并不多。2010 年达到国标强麦的冬小麦品种 5 个，仅占小麦总面积的 1.6%，一些主要指标，如蛋白质含量、湿面筋率、稳定时间等还出现了逐步下滑的趋势。同时，2011 年 3 月面粉增白剂禁令颁布后，加工企业需通过使用优质的小麦和引入配粉工艺提升自身产品的市场竞争力，增加了市场对优质粮源的需求；而国际小麦价格自 2010 年 7 月开始持续处于高位，进口成本增加，加大了国内优质小麦的供给压力，从而导致优麦价格不断上涨。

3. 小麦生产成本上升，种粮收益较上年普遍下降

由于柴油、化肥、农药等生产资料价格普遍上涨，加上开春人工抗旱投入增加，2011 年各地小麦生产成本明显高于 2010 年，主产区种粮收益减少。根据河南省地方经济社会调查队对全省 40 个县市区 600 个农户的小麦生产成本的调查，2011 年河南小麦每亩种植成本为 704.7 元，同比增长 20.5%，其中上涨最明显的依次为：排灌、土地、人工和化肥。虽然 2011 年河南小麦产量及收购价格比上年有所提高，但每亩净收益和现金收益均出现了下降，其

中净收益下降幅度高达52.4%。2010年底、2011年初以来，安徽省沿淮淮北地区遭遇旱寒天气，降水量创多年历史最低纪录。由于灾情发生在作物出苗和扬花灌浆等关键阶段，使得2011年安徽省小麦产量同比下降8.3%。同时，因抗旱增加了灌溉次数，安徽省2011年每亩小麦的排灌费用较2010年增加了5倍多，加上化肥、人工和土地费用的上涨，2011年安徽省小麦每亩种植成本为617.4元，同比增长16.9%。虽然2011年安徽小麦收购价格也较2010年明显上升，但产量的下降和成本的增加，使得2011年安徽每亩小麦种植净收益下降了51.5%。

2011年7月上旬，我们到山东省小麦主产区德州市齐河县、陵县进行了小麦市场专题调研，两县的生产成本也都增加了20%左右，而每亩小麦的纯收益却出现了小幅下降，小麦收购价格的提高未能弥补种植成本的增加。齐河县晏城镇姜屯村的农民王精忠算了一笔细账：2011年一亩地机耕费加秸秆还田费80元，比2010年增加15元；用种费20元（良种补贴后），比2010年增加5元；化肥（包括底肥和追肥）160元，比2010年增加40元；农药费10元，与2010年基本持平；2011年初干旱，小麦一共浇了三遍水，费用50元，比2010年增加15元；收获费60元，比2010年增加10元；粮食储存、运输（包括肥料运输）成本80元，比2010年增加20元。综合算下来，2011年一亩小麦成本比2010年多了105元，按亩产1200斤计算，每斤小麦的生产成本比2010年多了近9分钱，而每斤小麦的收购价格仅比2010年同期上升了2~3分钱。

4. 最低收购价小麦拍卖持续进行，总成交量明显下降

2011年1~8月，国家最低收购价小麦拍卖一直保持在每周450万吨左右的投放量，且从3月9日开始投放2010年产小麦，稳定市场作用较为明显。从成交情况看，春节后至3月中旬是交易最活跃的时期，周成交量一度达到137.6万吨的高位，成交率也维持在15%~30%。4月以后，随着面粉消费进入淡季以及移库小麦投放数量和区域的减少，最低收购价小麦拍卖成交量迅速下降至40万吨左右，成交率降至10%左右。新麦上市后，地方贸易商和部分仓储企业为腾库积极销售，加上面粉进入季节性消费淡季，拍卖成交率迅速下降至1%以内，连续刷新年内最低交易纪录。9月初，国家将最低收购价小麦拍卖投放量降至每周300万吨左右，成交率有所回升。9月中下旬，受中秋、国庆双节带动，最低收购价小麦竞价交易较为活跃，每周成交量跃至10万吨以上，成交率也升至3%~5%。双节过后，华北黄淮地区小麦价格上涨趋势明显，国家最低收购价小麦拍卖成交率继续回升，10月，国家最低收购价小麦拍卖投放总量为902.74万吨，成交量77万吨，成交率升至8.53%，

但仍比 2010 年同期下降 7 个百分点。但 10 月底之后，受面粉消费疲软影响，小麦加工需求下降，国家最低收购价小麦拍卖成交率回落至 5% 以下。

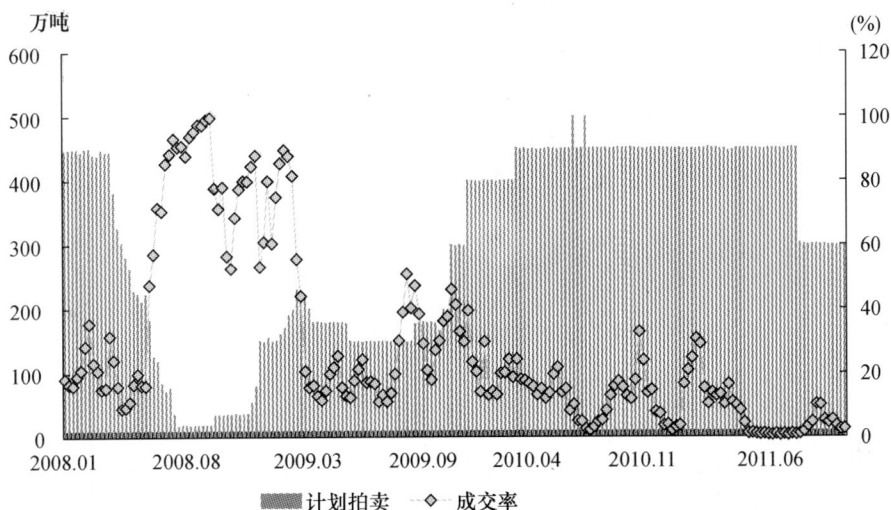

图 6 2008 年以来最低收购价小麦拍卖交易情况

数据来源：国家粮食局。

5. 2011 年小麦产品进口略增，出口大幅增加

2011 年初以来，国际小麦价格持续高位运行，进口小麦成本增加，全年进口小麦产品较上年略增；而同期国内小麦市场价格相对平稳，竞争优势显现，我国出口小麦产品数量大幅上升。据海关统计，2011 年进口小麦产品 125.8 万吨，同比略增 2.2%；进口金额 4.24 亿美元，同比增 34.15%；同期出口 32.82 万吨，同比增 18.39%；出口金额 1.6 亿美元，同比增 36.7%。进口小麦产品主要来自澳大利亚（占 46.7%）和美国（占 35.1%）；出口小麦产品的主要目的地是朝鲜（38.1%）和中国香港（36.8%）。

二、国际市场

（一）运行特点

1. 国际小麦期现货价格高位振荡

2010 年下半年以来，极端气候威胁全球主产区小麦产量一直是影响国际小麦价格走势的关键因素。进入 2011 年之后，虽然全球小麦播种面积在价格上涨的刺激下明显增加，黑海地区的天气状况也有利于俄罗斯和乌克兰等地小

万吨

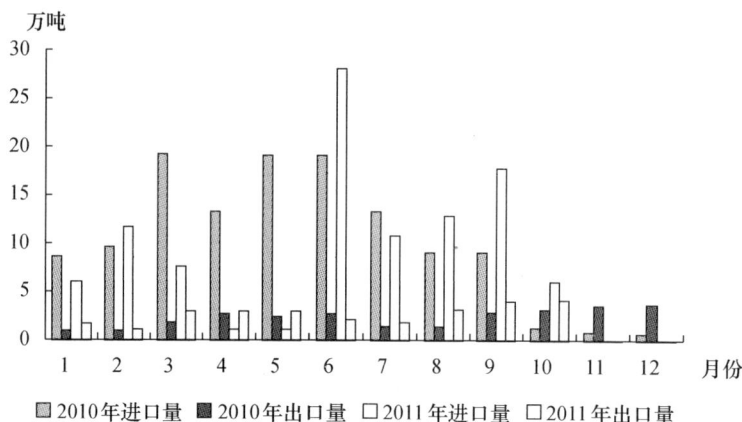

■2010年进口量　■2010年出口量　□2011年进口量　□2011年出口量

图7　2010年以来我国小麦进出口情况

数据来源：中国海关。

麦恢复性增产，但美国、加拿大和欧洲又遭遇了干旱和低温多雨的恶劣天气，加上美元走弱，2011年1～5月国际小麦价格继续振荡走高；6月以后，随着俄罗斯、乌克兰相继解除小麦出口禁令，美国农业部、国际谷物理事会等机构陆续调增了2010/2011年度和2011/2012年度全球小麦产量和期末库存量，国际小麦价格出现振荡下调的趋势。墨西哥湾硬红冬麦（蛋白质含量12%）平均离岸价由1月的348.6美元/吨波动上涨至5月的362.25美元/吨（涨幅3.9%），之后振荡下调至11月的301.33美元/吨（跌幅16.8%），恢复到2010年9月的水平。堪萨斯期货交易所硬红冬麦平均期货价2011年上半年价格均在300美元/吨以上，最高的2月达344.95美元/吨，为2008年5月以来的最高值；7月以后降至300美元/吨以下，11月降至255.18美元/吨，为2010年8月以来的最低值。

2. 国内外价差升至高位后迅速回落

2011年上半年，由于国际价格持续高位而国内价格相对平稳，国内外差价处于2008年10月以来的较高水平。2011年1～2月，国际小麦到岸税后价与国内优质麦销区价价差持续扩大，1月国际小麦到岸税后价比国内优质麦销区价高551元/吨，2月扩大至663元/吨，为2008年10月以来的最大值；3月国际价格小幅回调，国内外价差缩小至300元/吨，但由于4、5月国际价格的再度上涨，国内外价差扩大至348元/吨。6月以后，随着国际小麦价格振荡下调，国内外价差迅速下降至200元/吨以内，7、10、11月国际小麦到岸价三次低于国内优质麦销区价，差价达到由62元/吨上升至107元/吨，国际

美元/吨

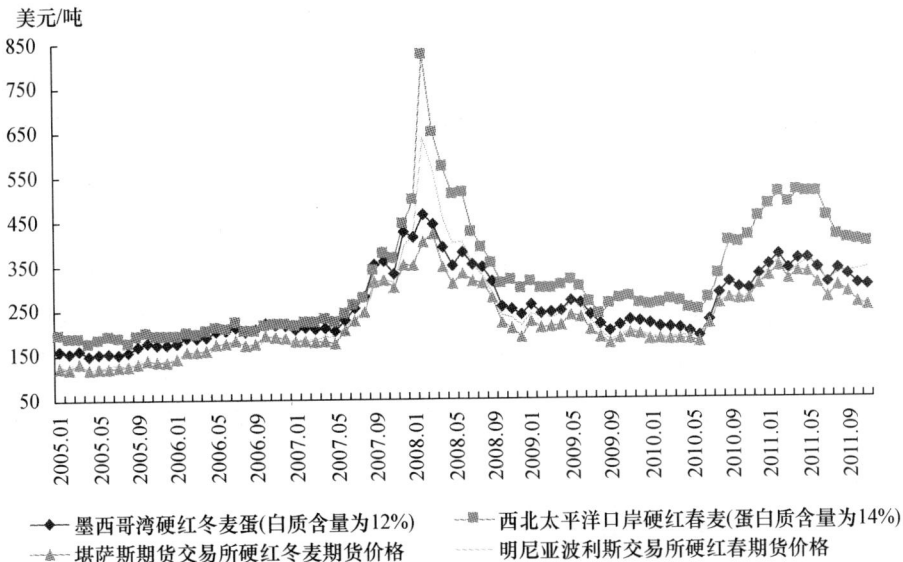

图8 2005年以来国际小麦价格走势

数据来源：美国小麦协会。

小麦价格的竞争力逐步显现。

(二) 影响因素分析

1. 2010/11年度全球小麦减产

2010年下半年以来，黑海地区国家遭遇极端干旱气候导致农作物严重减产，国际机构将2010/2011年度全球小麦产量预测值大幅调低，供求形势由2010年上半年的供需宽松转为产不足需。而且预测的产需缺口不断增大，甚至接近于2007/2008年粮食危机爆发前的缺口幅度。2011年以来，随着全球小麦生产形势的逐步明朗，市场恐慌情绪有所减退。根据联合国粮农组织2011年11月的报告，预计2010/2011年度全球小麦产量为6.52亿吨，同比减4.81%；消费量6.67亿吨，同比增1.55%。全球小麦产不足需1600万吨；期末库存1.82亿吨，同比减8.5%；库存消费比为27.26%，同比下降2.99个百分点；全球贸易量1.26亿吨，同比减3.54%。

2. 主要贸易国出口政策变化

2010年7月以后，俄罗斯、乌克兰等小麦主产国遭遇历史罕见的干旱天气，造成农作物严重减产。俄罗斯总理普京8月5日宣布，俄罗斯临时禁止小麦、混合麦、大麦、黑麦和玉米等农产品出口，这一措施将于2011年8月15日至12月31日期间有效。2010年9月，俄罗斯又将出口禁令延长至2011年

9月。受供应不足以及其他因素的影响，乌克兰同样停止了小麦出口。在很短时间内，出口限制政策减少了全球小麦市场的即期供应，使得本已供不应求的局面更加紧张。2011年以来，随着俄罗斯、乌克兰小麦产量的回升，为重新获取市场份额，两国分别于5月28日、6月4日取消了出口限令，全球小麦出口形势改善，抑制了国际小麦价格继续上涨的势头。为进一步鼓励粮食出口，俄罗斯还拟出台铁路运价优惠措施，乌克兰政府于10月7日取消了小麦和玉米出口关税，出口供应量有望进一步增加。此外，作为全球四大小麦出口国之一的澳大利亚，也拟从2012年9月30日起撤销小麦出口监管机构并停征所有小麦出口关税，进一步放松小麦出口管制，预期小麦出口销售量将达到创纪录的2040万吨。

三、后期小麦市场展望

（一）国内小麦价格整体将保持平稳，元旦及春节前后有望小幅上扬

1. 国家继续大幅提高小麦最低收购价，提升了市场看涨预期

为保护种植小麦农户的合理收益，我国从2006年起对河北、江苏、安徽、河南、山东、湖北六个主产省实行最低收购价政策，并根据生产成本，不断提高收购价水平。随着最低收购价水平的提高，近几年国内小麦价格也整体呈现稳中上涨态势。2011年9月28日，国家发展改革委提前公布了2012年小麦最低收购价，白小麦、红小麦和混合麦最低收购价均提高到每50公斤102元，分别比2010年提高7元、9元、9元。国家再次提高小麦最低收购价，不仅保护了农民的种粮积极性，有利于秋冬播小麦面积的稳定增加，还提升了市场预期，为后期小麦价格走势提供了有力支撑。此外，红白麦首次实现同质同价，更加符合红麦实际的市场需求，有利于小麦品种的结构优化。

表1 2006年以来小麦最低收购价调整情况　　　　单位：元/50公斤

年度	白麦	提高幅度（%）	红麦、混合麦	提高幅度（%）	红、白麦差价
2006	72		69		3
2007	72	0.0	69	0.0	3
2008	77	6.9	72	4.3	5
2009	87	13.0	83	15.3	4
2010	90	3.4	86	3.6	4
2011	95	5.6	93	8.1	2
2012	102	7.4	102	9.7	0

2. 冬小麦秋播情况良好，有利于小麦市场的稳定

农业部2011年9月16日召开全国秋冬种工作视频会议，要求2011年秋冬种生产一要稳定面积，二要提高单产，三要改善品质。其中，冬小麦面积要稳定在3.39亿亩；亩产达到330公斤，提高3公斤以上；力争优质率达到78%，提高3个百分点。2011年夏玉米成熟较晚，大部分主产省的小麦基本始播期（播种5%左右的时期）较往年推迟3~5天，但播种进度较快，播期相对集中，适期播种面积扩大。从主产省情况看，大部分地区小麦播种面积较2010年持平或略有增加，优质专用小麦面积有所扩大。其中，河北省小麦播种面积约为3621万亩，比2010年增加32.4万亩；石麦15、衡观35、轮选987、京冬8号等专家推荐的优良品种得到普遍种植，小麦优种率达到100%；优质专用小麦面积扩大到2760万亩，占小麦总播种面积的76.2%，比2010年提高3.8个百分点。河南省小麦播种面积继续稳定在7990万亩，优质专用小麦种植面积6048万亩，比2010年增加200多万亩。山东省小麦播种面积超过5400万亩，比2010年增加10万亩以上。

3. 国内通胀形势依然较为严峻，抑制小麦价格过快上涨

2011年以来，我国居民消费价格CPI居高不下，且整体呈上升趋势。1、2月同比涨幅维持在4.9%，3、4月提高到5.4%、5.3%；5月在猪肉、鸡蛋价格大幅上涨的推动下，CPI创34个月以来新高，达5.5%；6月CPI一举越过6%，达到了同比上涨6.4%的新高水平；7月进一步升至6.5%；8月CPI虽小幅回落，仍为6.2%；9月虽然猪肉和鸡蛋价格自高位回落，但总体农产品价格仍继续上涨，CPI为6.1%，仍处在高位。"控通胀、稳物价"仍是国内宏观调控的首要任务。在此背景下，后期小麦价格大幅上涨的可能性不大。

（二）国际小麦价格将进入高位调整期

1. 2011/2012年度全球小麦供需形势好转，出口市场竞争激烈

根据联合国粮农组织（FAO）2011年11月发布的《粮食展望》报告称，尽管下一年度全球农产品供应改善且需求下降，但价格高企并持续波动，农产品市场仍将维持紧张局面。由于小麦增产6%、粗粮增产2.6%、玉米增产3.4%，预计2011/2012年度全球谷物产量将达23.25亿吨，同比增长3.7%；全球谷物消费量将达到23.09亿吨，同比增长1.6%。其中，畜牧业增长是带动谷物消费量上升的主要动力，而由于以玉米为原料的生物乙醇生产将受到限制，使得谷物的工业消费增长缓慢；预计2011/2012年度全球谷物期末库存为5.07亿吨，同比增长3.3%，但粗粮库存仍旧较低；全球谷物库存消费比

为 21.6，较 2010/2011 年度上升 0.4 个百分点。由于独联体国家产量的回升，2011/2012 年度全球小麦产量预期为 6.91 亿吨，同比增长 6%，仅比 2009/2010 年度的创纪录产量低 630 万吨；消费量为 6.82 亿吨，同比增长 2.2%。其中，食用消费为 4.74 亿吨，同比增长 1%，饲用消费为 1.31 亿吨，同比增长 5.6%；2011/2012 年度全球小麦产大于需 910 万吨；期末库存为 1.897 亿吨，同比增长 4.3%；库存消费比将达到 28.2%，比上一年度增加 1.5 个百分点，但仍较 2009/2010 年度的 29.8% 有所下降；全球小麦贸易量为 1.31 亿吨，同比增长 4.4%。

由于俄罗斯、乌克兰及哈萨克斯坦等国恢复性增产，欧盟 27 国产量增加及澳大利亚 2011 年小麦产量可能创纪录等原因，全球小麦出口市场竞争激烈。据美国农业部 11 月预测，2011/2012 年度俄罗斯出口小麦将达到 1900 万吨，超越澳大利亚（1800 万吨）成为全球小麦第二大出口国。同时美国小麦出口份额遭到严重挤压，预计 2011/2012 年度美国小麦出口量仅占全球总出口量的 19%，远低于上一年度 27.2% 的水平。由于黑海地区小麦价格相对较低，出口竞争激烈导致小麦出口价格下降。有消息称，11 月下旬法国小麦与俄罗斯小麦的差价已经在每吨 0.7 美元以内，而此前法国小麦的价格每吨要比俄罗斯小麦价格高出 8 美元。

2. 北半球冬小麦播种形势良好，播种面积有望稳中有增

目前，北半球的冬小麦已经播种，大部分地区的播种情况较好，只有美国南部地区和乌克兰由于气候干燥不利于播种。综合当前全球小麦价格与一年前水平相当，以及 2011/2012 年度小麦预期消费量继续增长两方面因素，下一年度全球小麦的播种面积将保持稳定或略有上升。从各主产国情况看，美国小麦播种面积已经连续两年保持在较低水平，2012 年的播种面积有望回升；独联体国家受高粮价和区域内需求旺盛的影响，小麦播种面积也将增加；在欧盟，由于其他作物对土地的竞争，小麦播种面积将维持稳定；在亚洲，中国部分地区的持续干燥和巴基斯坦部分省份的严重洪灾，将影响这些地区的小麦播种。但印度的播种情况良好，加上高麦价对农民的刺激，下一年度亚洲小麦总播种面积将维持在正常水平。

3. 2012 年全球大宗农产品市场大幅波动的风险依然存在

2011 年下半年以来，美国经济放缓以及欧盟债务危机一直影响着国际商品期现货价格的走势。美国信用评级下调和欧盟债务危机升级先后导致了包括农产品在内的国际商品市场的大幅震动。目前欧盟峰会虽然出了三大成果，但新方案欠缺细节，欧债危机彻底解决仍需时日。由于 2012 年全球经济形势

前景黯淡，将会抑制农产品需求的增长；加上 2011 年的农业丰收会对农产品价格产生下行压力，2012 年上半年全球农产品价格出现下跌的可能性较大。国际小麦价格从 9 月开始就已经出现了连续下跌的态势，估计这种弱势振荡的局面还会维持一段时间。但同时也应该看到，农业投入品价格的上涨、发展中国家劳动力成本的不断上升以及各国刺激经济增长计划的实施，都是推动农产品价格上行的动力，这就给 2012 年下半年全球农产品价格的走势带来了很大的不确定性，农产品市场大幅波动的风险依然存在。

2011年玉米市场形势分析及展望

农业部农村经济研究中心　习银生
农业部信息中心　徐伟平

2011年，国家通过启动中央储备轮换收购、暂停深加工企业收购玉米增值税抵扣、调整深加工产业政策、抛售临储玉米和不完善粒超标小麦等措施，加强对市场的宏观调控，但在需求拉动、成本推动及通胀预期带动等因素影响下，国内玉米价格持续稳步上升；新玉米上市后价格出现季节性回落，但仍明显高于2010年水平；小麦玉米价格明显倒挂，消费替代现象增加；进口有所增长，但对国内没有产生冲击；生产继续稳步发展，产量有望再创历史新高。预计2012年生产形势依然看好，面积有望继续稳中有升；市场价格仍将高位运行并有可能上涨，但涨幅小于上年；进口可能增加，但仍不会明显影响国内市场。

一、2011年玉米市场分析

（一）国内玉米市场分析

2011年，国内玉米市场主要表现出以下特点：

1. 玉米生产继续稳步发展，产量有望再创历史新高

由于价格上涨，玉米种植效益相对较好，2011年农民生产积极性仍较高，预计全国玉米播种面积同比继续增加，达到约5亿亩，比上年增加2%以上，其中东北产区增加较多，特别是黑龙江由于大豆缩减，玉米面积扩大尤为明显。从气候条件来看，2011年受低温多雨影响，东北及华北黄淮两大产区玉米播种均较常年推迟一周左右。但后期天气回暖，玉米生长进度加快，除西南产区遭遇持续干旱外，其余产区大部水温条件较为适宜，利于玉米生长发育，玉米长势略好于2010年，收获期也未遇明显的早霜天气。预计2011年全国玉米产量有望突破1.8亿吨，再创历史新高。

2. 市场价格持续稳步攀升，并创历史新高

2011年，国内玉米价格总体呈持续稳步上升态势，并屡创历史新高。前

三季度，除 1 月环比略有回落外，其余月份均保持小幅上涨态势，产区平均批发价格各月环比涨幅分别为 -0.1%、1.1%、2.6%、1.0%、2.2%、1.9%、1.6%、3.6%、3.4%，销区平均批发价格各月环比涨幅分别为 -0.8%、1.6%、1.6%、0.7%、2.8%、1.7%、2.1%、1.0%、3.0%。前三季度，产销区平均批发价格累计分别上涨 18.5%、14.7%。到 9 月，产区平均批发价格 2344 元/吨，同比涨 20.2%。其中，东北产区价格 2276 元/吨，同比涨 21.4%；华北黄淮产区价格 2367 元/吨，同比涨 20.4%。销区平均批发价格 2564 元/吨，同比涨 18.8%①。与上一轮波动周期的高点价格即金融危机前的高位价格相比，产销区价格分别上涨 42.4%、31.2%，均创历史新高。

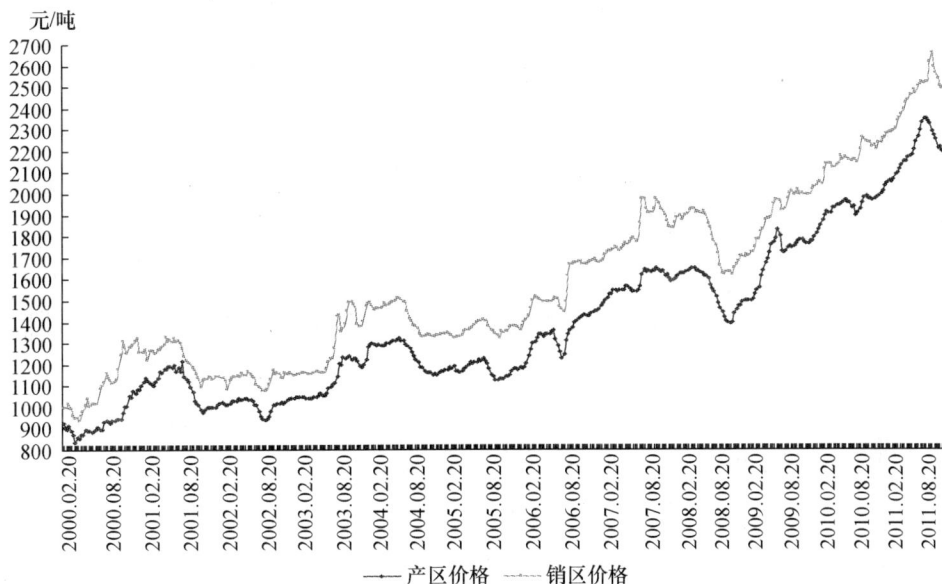

图9 2000 年以来国内产销区平均批发价格走势

数据来源：根据中华粮网数据整理。

3. 新玉米上市后价格回落，但仍明显高于 2010 年同期

2011 年 9 月底，国内玉米主产区进入收获期，华北黄淮产区玉米陆续上市，东北玉米也有零星上市。随着新粮上市量增加，国内玉米价格出现明显季节性回落。从新玉米收购市场来看，12 月底，黑龙江、吉林、辽宁深加工企业挂牌收购价分别为 0.98 ~ 1.01 元、1.01 ~ 1.04 元、1.1 ~ 1.12 元，比开

① 数据来源于中华粮网。

秤价下降 0.03 ~ 0.08 元，同比上涨 0.11 ~ 0.18 元。山东深加工企业挂牌收购价为每斤 1.16 ~ 1.24 元，比开秤价下降 0.03 元左右，同比高 0.10 ~ 0.17 元。吉林大成公司挂牌收购价为 1.02 元，比开秤价下调 0.055 元，同比高 0.09 元；山东深加工企业收购价分别为每斤 1.11 ~ 1.2 元，比开秤价下调约 0.07 元，同比高约 0.18 元。从批发市场来看，四季度以来产销区平均批发价格累计分别回落 6.0%、4.4%。到 12 月，产区平均批发价格 2203 元/吨，环比跌 1.9%，同比涨 11.4%。其中，东北产区 2111 元/吨，环比跌 3.6%，同比涨 7.6%；华北黄淮产区 2225 元/吨，环比跌 1.4%，同比涨 12.9%。销区平均批发价格 2495 元/吨，环比跌 2.6%，同比涨 11.8%。从期货市场来看，2011 年底，大连商品交易所玉米主力合约价格为 2273 元/吨，比高位时价格回落 7.0%，同比下降 2.4%。

4. 小麦和玉米价格明显倒挂，消费替代现象明显增加

玉米和小麦都可以作为饲料，消费替代关系明显。一般而言，玉米和小麦的消费比价在 1:1.1 左右较为合理。但如果玉米价格明显上升，就有可能使得两者之间的比价关系逐渐偏离合理区间，甚至出现价格倒挂。2007 ~ 2008 年，玉米与小麦价格就曾出现倒挂，且倒挂现象持续了将近 1 年。2011 年以来，玉米市场的突出特点之一是玉米价格涨幅明显快于小麦，导致玉米、小麦再次出现价格倒挂，且价差不断拉大，价格倒挂十分明显。5 月，全国玉米平均批发价格比小麦高出 2.2%，6 月高出 4.1%，到 9 月已高出 13.2%，小麦与玉米的比价已下降到 2000 年以来的最低点（见图 10）。价格倒挂使得饲料行业中小麦替代玉米现象明显增加。据调研，山东宁阳县往年小麦、玉米几乎没有替代，2011 年可能达到 1/3。东平县小麦替代玉米的比例在 10% 左右。一些饲料企业育肥猪饲料的小麦替代率更是高达 2/3，仔猪饲料的小麦替代率也超过 15%。预计 2011 年小麦替代玉米的数量将达到约 1500 万吨，比往年多 600 万吨左右。

5. 国外玉米总体不具备价格优势，玉米进出口数量不大

由于国际玉米价格总体大幅攀升，加上海运费、关税、港杂费等费用，国外玉米到达我国港口的完税价远远高于国内玉米，全年国外玉米到港完税价平均比国内玉米高 278 元/吨，其中前三季度连续 9 个月高于国内价格，四季度国际价格明显回落，国外玉米具有一定的价格优势。2011 年，我国玉米进口有所增长，但规模仍不很大。2011 年，我国累计进口玉米 175.3 万吨，进口额 5.7 亿美元，同比分别增长 11.5%、58.5%。出口玉米 13.6 万吨，出口额 4583.6 万美元，同比分别增长 6.7%、38.9%。累计净进口 161.7 万吨，

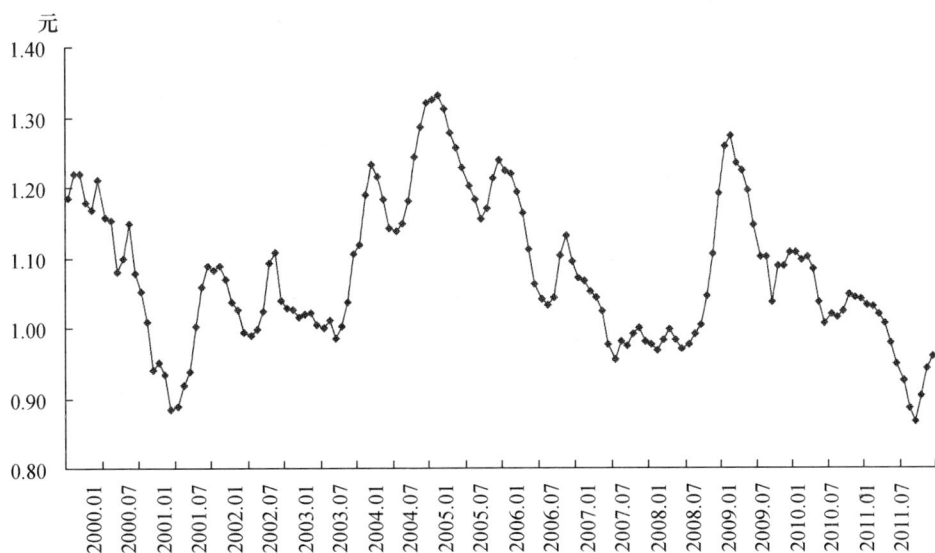

图 10　2000 年以来全国小麦、玉米平均批发价格比价关系变化

数据来源：根据中华粮网数据整理。

同比增长 11.9%。从出口来源和去向看，主要是吉林和辽宁，分别占出口总量的 91.3%、8.4%，且全部出口到朝鲜。从进口来源看，主要来自美国，占进口总量的 96.2%。进口省份比较分散，主要有广东、江苏、上海、浙江、福建、北京、辽宁、广西等，分别占进口总量的 22.5%、13.0%、12.9%、9.4%、7.7%、7.7%、7.5%、6.6%。

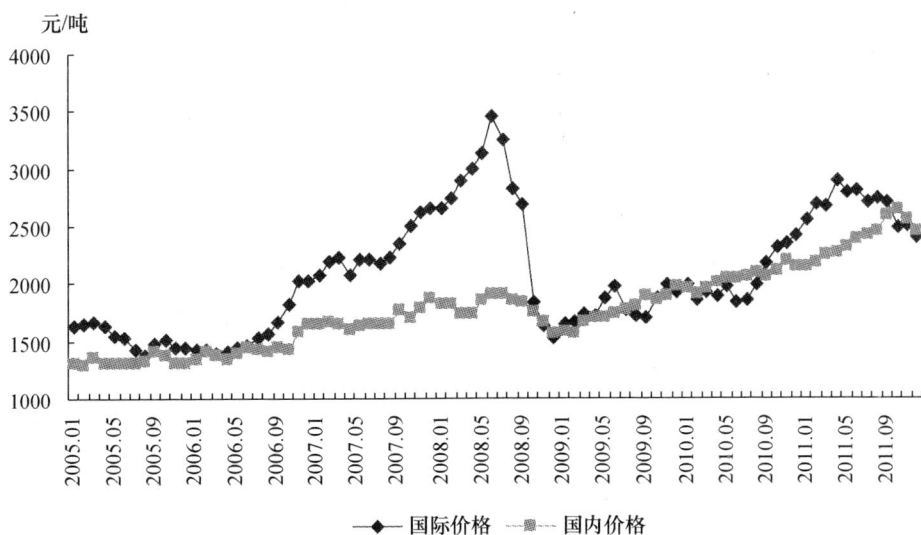

━◆━ 国际价格　━━ 国内价格

图 11　2005 年以来国内外玉米到达我国南方港口价格对比

数据来源：农业部信息中心。

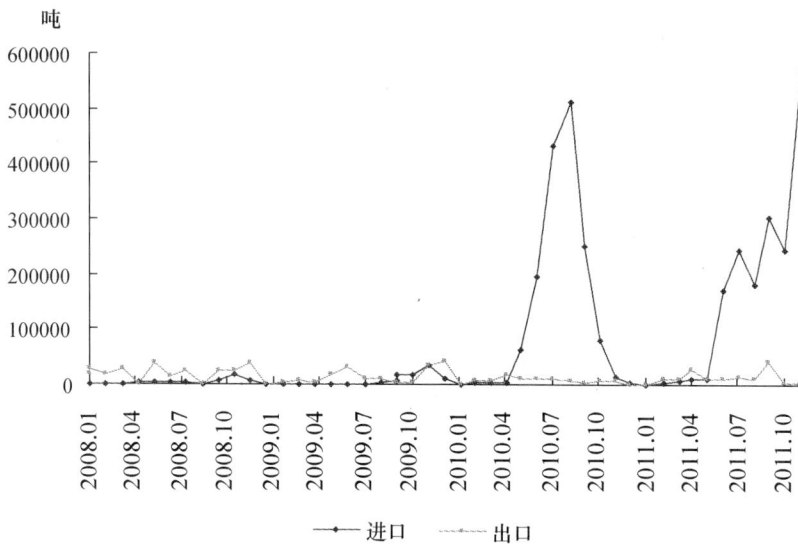

图12　2008年以来我国玉米月度进出口变化

数据来源：中国海关总署。

（二）国际玉米市场变化

1. 国际价格大幅振荡，明显高于上年水平

2010年下半年，国际玉米价格大幅攀升。2011年以来，受全球流动性充裕和通胀预期加强影响，原油等国际大宗商品价格持续走高，玉米价格也继续大幅上涨。同时，由于2011年美国玉米带低温阴雨天气频繁，玉米播种较往年大大延迟，进一步加剧了玉米价格上升趋势，4月，国际价格达到2011年以来的高点。此后，由于全球经济形势不佳，玉米价格持续振荡，并有所回落，但同比仍明显提高。1~12月，国际期货价格各月涨幅分别为8.4%、8.0%、0.2%、9.9%、-4.2%、0.1%、-10.1%、10.4%、-0.9%、-12.4%、1.3%、-5.4%，现货价格各月涨幅分别为5.1%、11.7%、-0.7%、9.5%、-3.5%、1.0%、-3.3%、2.7%、-1.3%、-11.0%、1.5%、-5.7%。到12月，美国芝加哥近月期货平均价格235.8美元/吨，同比涨2.2%，比4月回落20.7%；墨西哥湾2号黄玉米平均离岸价258.6美元/吨，同比涨3.8%，比4月回落18.8%。全年期货平均价格和现货平均价格分别同比提高55.8%、57.6%。

2. 国际供求关系仍然趋紧，库存水平降至低位

根据美国农业部12月发布的农作物供需报告，预计2010/2011年度，全球玉米产量为8.28亿吨，比上年度增产1.0%，其中除美国以外的主产国和

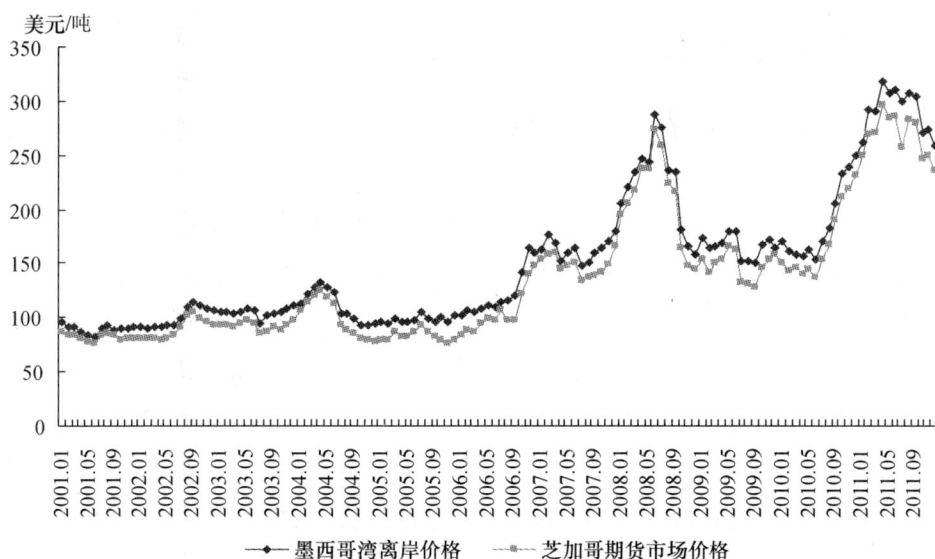

美元/吨

图13 近年来国际玉米价格走势

数据来源：农业部信息中心。

地区普遍增产；总需求将达 8.43 亿吨，较上年增长 2.5%；贸易量 9045 万吨，较上年度减少 6.6%。由于产不足需，全球玉米期末库存将继续下降到 1.28 亿吨，比上年度减少 11.0%。库存消费比 15.2%，比上年度下降 2.3 个百分点，低于国际粮农组织确定的 17% 的安全线。预计 2011/2012 年度全球玉米总产达到创纪录的 8.68 亿吨，较上年度增产约 4.8%。但总消费量将进一步增加到 8.69 亿吨，增长 3.0%。总体仍产不足需，期末库存将继续下降到 1.27 亿吨，减少 0.8%，库存消费比进一步下降到 14.6%。

表2 美国农业部 2011 年 12 月全球及美国玉米供需平衡预测   单位：百万吨

	年度	期初库存	产量	进口	消费	其中：饲料消费	出口	期末库存
全球	2009/2010	147.34	819.23	89.76	822.5	488.38	96.82	144.08
	2010/2011	144.08	827.56	90.11	843.37	493.84	90.45	128.27
	2011/2012	128.27	867.52	91.61	868.61	510.6	94.74	127.19
美国	2009/2010	42.5	332.55	0.21	281.59	130.17	50.3	43.38
	2010/2011	43.38	316.17	0.7	284.99	121.72	46.6	28.66
	2011/2012	28.66	312.69	0.38	279.54	116.85	40.64	21.55

数据来源：美国农业部网站。

二、影响玉米市场的主要因素

2011 年，影响国内玉米市场的主要因素有：

1. 消费需求拉动

从工业消费来看，金融危机后，随着下游需求快速恢复，深加工企业开工率明显上升，经营状况持续改善，带动玉米需求明显增长。2010 年，国内玉米淀粉、酒精产量分别比 2006 年增长 63.5%、53.9%，深加工业消耗玉米超过 5000 万吨，比金融危机前增长一半以上，成为推动国内玉米消费快速增长的主导力量，占玉米消费总量的比例超过 30%，远远超过 2007 年国家发改委《关于促进玉米深加工业健康发展的指导意见》中规定的将深加工用粮规模占玉米消费总量的比例控制在 26% 以内的目标。2011 年以来，深加工需求继续旺盛，淀粉、酒精价格继续上涨，根据中华粮网数据，2011 年，全国普通淀粉、酒精平均价格分别达到 3089 元/吨、6718 元/吨，比 2010 年平均上涨 10.4%、15.0%。虽然由于玉米价格较高，提高了企业加工成本，加上国家宏观调控的影响，抑制了市场需求增长，但下游需求仍然旺盛，企业加工仍有利可图。此外，近年来，尽管国家不断出台抑制玉米深加工产能的政策，但由于国家宏观调控目标与地方发展经济的动力之间存在矛盾，实际效果有限，玉米深加工产能扩张仍未得到根本遏制，一些地方仍在新建或扩建玉米深加工产能。

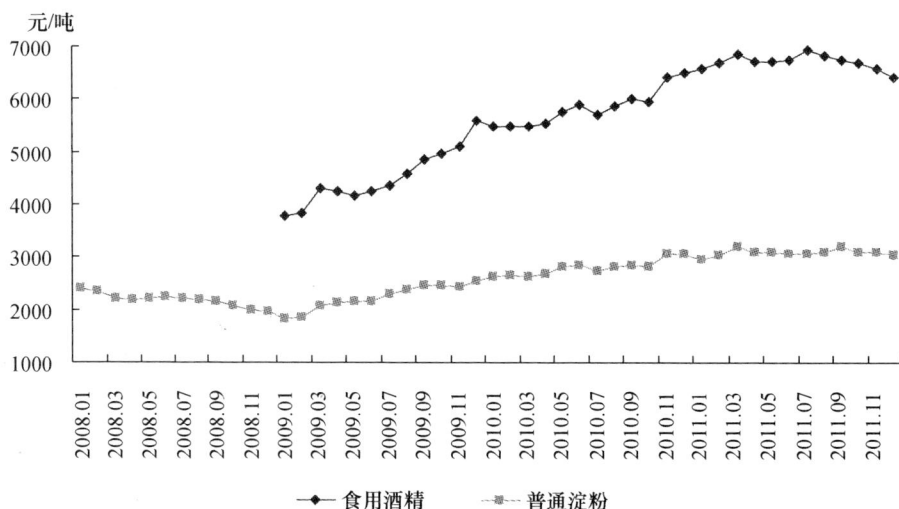

图 14　国内普通淀粉和食用酒精平均价格走势

数据来源：根据中华粮网数据整理。

从饲用消费来看，2011年以来，畜产品价格总体明显上涨。生猪和猪肉价格持续上涨，涨幅超过50%。据农业部监测，8月，全国生猪、仔猪、猪肉每公斤价格分别达到19.25元、36.12元、29.74元，同比上涨57.9%、105.1%、54.1%。禽蛋、禽肉价格也大幅上升。9月第2周，鸡蛋、活鸡、西装鸡每公斤价格分别达到11.08元、18.1元、18.31元，同比分别上涨19.1%、20.4%、20.1%。牛羊肉以往价格较为稳定，但2011年以来上涨幅度也不小，每公斤价格分别达到38.27元、42.87元，同比上涨13.0%、22.8%。9月中旬后猪肉价格回落，但同比仍明显上升。畜产品价格上升提高了养殖效益，带动了畜牧业发展。猪粮比价连续数月超过8:1，养猪利润较为可观，生猪存栏环比同比均已呈回升态势。到11月，全国生猪存栏已连续9个月增长，达到47625万头，环比增加0.23%，同比增加2.82%。其中能繁母猪存栏连续7个月增加，达到4905万头，环比增加0.51%，同比增加2.01%。12月，生猪存栏数虽有所减少，但能繁母猪数仍继续增长。养殖业的发展促进了玉米饲用消费继续呈稳步增长态势。

表3 2010年以来我国生猪存栏变化

时间	生猪存栏（万头）	环比（%）	同比（%）	能繁母猪存栏（万头）	环比（%）	同比（%）
2010年1月	45500	-2.99	-0.25	4870	-0.81	-2.79
2010年2月	44330	-2.57	-0.59	4890	0.41	-1.95
2010年3月	44130	-0.45	-1.63	4840	-1.02	-2.06
2010年4月	43600	-1.2	-4.15	4760	-1.65	-3.29
2010年5月	43370	-0.53	-4.31	4700	-1.26	-3.69
2010年6月	43670	0.695	-2.35	4680	-0.43	-3.11
2010年7月	44000	0.76	-2.24	4630	-1.07	-3.36
2010年8月	44180	0.41	-3.57	4580	-1.08	-4.9
2010年9月	45450	2.87	-2.29	4700	2.62	-2.89
2010年10月	45440	-0.02	-3.16	4690	-0.21	-3.79
2010年11月	45470	0.07	-2.4	4660	-0.64	-4.31
2010年12月	45380	-0.20	-3.24	4750	1.93	-3.26
2011年1月	44510	-1.92	-2.18	4740	-0.21	-2.67
2011年2月	44410	-0.22	0.18	4730	-0.21	-3.27

续表

时间	生猪存栏（万头）	环比（%）	同比（%）	能繁母猪存栏（万头）	环比（%）	同比（%）
2011 年 3 月	44750	0.77	1.40	4710	−0.42	−2.69
2011 年 4 月	44920	0.38	3.03	4695	−0.32	−1.37
2011 年 5 月	45280	0.80	4.40	4710	0.32	0.21
2011 年 6 月	45640	0.80	0.52	4720	0.21	0.85
2011 年 7 月	46142	1.10	0.52	4786	1.40	3.37
2011 年 8 月	46557	0.90	1.01	4815	0.61	5.13
2011 年 9 月	47158	1.29	3.76	4845	0.62	3.09
2011 年 10 月	47516	0.76	3.65	4880	0.72	1.10
2011 年 11 月	47625	0.23	2.82	4905	0.51	2.01
2011 年 12 月	47334	−0.61	5.09	4928	0.47	1.52

数据来源：农业部畜牧业司。

2. 成本上升推动

近年来，玉米生产成本持续刚性增长，不仅影响农民种植收益，而且使得玉米价格底部不断抬高，从而推动市场价格易涨难跌。2011 年以来，玉米生产成本继续上升，各地种子、化肥、机械作业等生产成本普遍出现了不同程度增长。据国家玉米产业技术体系调研，2011 年 4 月春播备耕期，玉米种子价格同比上涨 16.1%，化肥价格上涨 13.2%，其中氮肥、磷肥、钾肥、复合肥分别上涨 10.9%、13.0%、9.2%、13.7%，农药及除草剂价格上涨 7.4%，地膜上涨 5.2%。柴油价格也大幅上涨，目前各地价格每升都在 7 元以上，同比平均涨幅达到 18.5%。农资成本上升的同时，农民借贷成本也在上升，如吉林一些地方的农民 2010 年在信用社贷款年利率为 7.8%，2011 年涨到 10%。此外，土地租赁价格、劳动力成本也呈上升趋势。据中华粮网调查，吉林榆树玉米租地费 400 元/亩，比上年增加 70 元/亩，增幅 21.2%；黑龙江木兰县雇工费用比上年上涨 25%。另据大连商品交易所 2011 年 9 月的实地调查，2011 年吉林玉米生产成本普遍上涨 20% 左右。我们 9 月的实地调查也显示，山东、河北、辽宁等地的玉米生产成本也普遍增加了 15%~20%。

3. 通胀预期带动

2011 年，国内通胀预期加剧，居民消费价格指数持续保持在 5% 以上的水平，6 月后连续 4 个月超过 6%，全年 CPI 上涨达到 5.4%，超过年初 4% 的预期调控目标。尽管国家通过多次加息和调整存款准备金率等措施抑制通胀，但市场流动性仍然充裕，通胀压力依然较大。表现在玉米市场上就是市场各主体对后市价格一致看涨，农民惜售，贸易商囤货，企业增加库存，许多加工企业库存比上年增加 1 倍以上，往年库存仅能满足企业 0.5 ~ 1 个月的用量需求，2011 年增加到 1.5 ~ 2 个月。玉米期货市场交投活跃，吸引的资金明显增加。1 ~ 9 月，大连期货交易所玉米累计成交量同比增长 37%，成交额同比增长 67.5%。从国际市场来看，世界主要经济体普遍面临着通胀预期升温的局面，特别是美国新一轮量化货币政策导致市场流动性充裕，美元汇率走低，以美元计价的原油和农产品等大宗商品价格大幅上升，国际玉米价格也随之水涨船高。近来大宗商品价格有所回落，国际玉米价格也随之下降。

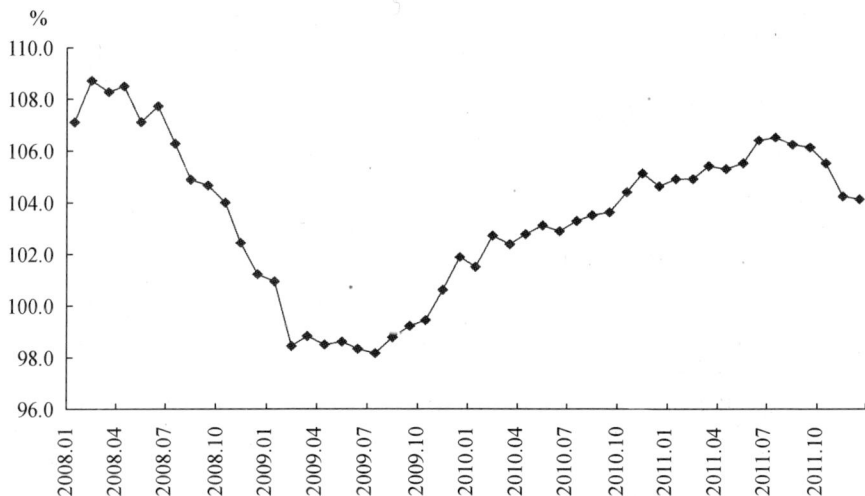

图15　2008 年以来我国居民消费价格指数逐月走势

数据来源：国家统计局。

4. 政策调控影响

2011 年，国家先后出台了暂停玉米深加工企业收购玉米增值税抵扣、启动中储粮进口、调整玉米深加工产业指导政策、继续抛售临储玉米并启动不完善粒超标小麦拍卖等措施，旨在增加供给，抑制消费，平抑价格。这些措施对抑制玉米价格上涨起到了一定效果，但鉴于国家储备下降较多的实际情况，国家启动了中央储备玉米轮换收购，以补充国家储备。轮换收购客观上形成了与市场主体抢粮的局面，减少了市场有效供应量，加剧了本来就比较紧张的市场供求关系，导致各主体竞相提价收购，在一定程度上推动了玉米价格的上升。如山东有些地方反映，2011年不仅东北玉米停止向山东移库，并且中储粮还在山东启动了补库计划，每个地级市10万吨，这不仅减少了当地玉米粮源，而且给予收储企业每斤0.09元的补贴费用，并实行顺价销售，从而推高了玉米价格，有人认为，调控政策一定程度上推动了玉米价格上涨。

三、后市展望

（一）2012年玉米生产有望继续向好

由于价格上涨，单产提高，2011年农民玉米种植收益有望继续增加。山东宁阳县农业局预计，2011年每亩玉米纯收益将达到672.75元，比2010年增加128.03元，增长23.5%。我们的个案调查也显示玉米种植收益普遍高于2010年。同时，与大豆、小麦等作物相比，玉米种植效益具有比较明显的优势。根据国家发改委成本收益资料分析，2000年以来，玉米每亩种植收益平均比大豆高28.5%，比小麦高33.4%。目前，小麦玉米价格明显倒挂，大豆与玉米的比价也只有1.68:1，玉米种植效益明显占优，有利于保持和促进农民生产积极性。2011年，东北产区扩玉米、压大豆和杂粮现象明显，华北产区也有类似趋势，预计2012年这一趋势将会延续，玉米面积有望继续扩大。

（二）市场价格有望保持高位运行

国内玉米价格经过持续上涨，已达历史高位。目前，小麦玉米仍然倒挂，饲料行业中小麦替代现象依然明显，一定程度上将抑制玉米消费。同时，2011年玉米丰收将明显改善国内供求关系，东北产区特别是黑龙江增产幅度较大，阶段性和局部性市场供给压力可能较大。随着新玉米上市量的逐步增加，玉米价格已经出现季节性回落。此外，受宏观经济环境的影响，国内酒精和淀粉价格均呈下滑趋势，玉米深加工效益下降，一些企业已处于亏损状态，预计玉米工业消费增速可能下滑，影响玉米价格走高。但国家已出台玉米临时收储政策，对市场价格形成了托底作用，并且国内玉米供求总体偏紧的格局没有发生改变，加上成本上升的支撑，价格仍将保持高位运行态势，并有可有所上涨，但涨幅将小于上年。

（三）玉米进口难以大幅增加

随着合同履约期的到来，后期我国玉米进口量将继续有所增加。由于国内玉米价格持续上涨，而国际价格波动较大，国内外玉米价差变化较大。2011年以来，国外玉米运抵我国港口的到岸税后价总体高于国内玉米价格，但呈缩小趋势，10月以来国外玉米到港完税价已连续3个月低于国内玉米价格，12月比国内玉米低99元/吨。后期还可能阶段性地出现国外玉米价格低于国内玉米的情况，国内用粮企业可能会签订新的进口订单，因此2012年我国还可能出现玉米净进口局面。不过，由于国内玉米增产，供求关系改善，产需缺口较小，加上我国玉米具有大国效应，一旦我国增加进口，就会带动国际价格上升，国外玉米难以持续性地保持对国内玉米的价格优势，进口量可能不会大幅增加。

四、政策建议

（1）加强农资市场监管，完善农资综合补贴动态调整机制。农资价格上涨推动了粮食生产成本上升，推高了粮价，降低了种粮收益，严重影响农民种粮积极性，建议加大农资市场监管力度，加强调控，稳定价格，保障供应。同时，进一步完善农资综合补贴动态调整机制，加大补贴力度，保障农民增产增收。

（2）做好玉米临时收储，防止价格异常波动。2011年年底，国家已出台东北产区玉米临时收储政策，三等标准水分玉米收储价分别为黑龙江0.98元/斤、吉林0.99元/斤、内蒙古和辽宁1.0元/斤，并实行敞开收购。建议密切关注市场动态，完善操作办法，加强监督管理，保障农民收益，防止出现"卖粮难"及价格异常波动，并引导来年玉米生产进一步发展。同时，临储拍卖、跨省移库及储备粮轮换补库应把握好时机和节奏，防止逆向操作。此外，考虑到玉米需求长期增长的趋势，建议研究制订玉米最低收购价政策。

（3）切实控制玉米深加工产能扩张。建议进一步采取措施，严格控制玉米深加工，坚决淘汰能耗、水耗和高污染的企业，把好项目审批关，防止深加工业再度过快发展，对违规建设项目和未落实环保政策淘汰落后产能的地方，可引入责任追究制度，确保政策落到实处。充分运用增值税抵扣、所得税、出口退税、关税等政策手段，合理调节深加工产品的生产和出口。严格控制利用玉米生产燃料乙醇，对已批准生产的四家企业严格控制生产规模，确保生产燃料乙醇的用粮规模不再增长。

2011年棉花市场形势分析及展望

农业部信息中心　　刘　涵
农业部农村经济研究中心　　翟雪玲

2011年以来，全球经济形势振荡反复，欧洲债务危机再次恶化，通货膨胀加剧，世界纺织用棉需求下降。2001年上半年我国货币紧缩政策进一步加强，人民币汇率加速升值，纺织业产销形势逐步走向低迷；下半年随着通胀形势好转，货币政策趋向稳定，但纺织形势整体回暖迹象不明。总的来看，前期棉花供需主要受产不足需的基本面主导，国际国内棉价双双冲上历史高位，但受棉花消费低迷拖累，棉价迅速回落并持续下跌。新棉上市后，在临时收储政策的支撑下，棉价跌势逐渐放缓。国内棉价短期内缺乏大幅反弹的基础，近期交易重心或将小幅上升，但中长期仍将保持低位振荡态势。

一、国内棉花价格走势及特点

（一）年初籽棉价格高涨，新棉上市后价格平开低走

2011年初由于上年棉花减产幅度较大，市场供给趋于紧张，加之游资炒作，籽棉价格疯狂上涨。尽管籽棉市场接近尾声，籽棉质量普遍下降，但价格仍然达到近几年的新高。3月国内3级籽棉月均价达到12.78元/公斤，同比增长73.86%。3月以后棉花市场形势急转直下，新年度棉花丰产的预期不断增强，世界经济复苏步伐放缓，国际金融市场风险加大，棉花市场需求迅速降温。9月新棉上市，在临时收储政策的支撑下，国内3级籽棉价格较为平稳，月均价8.52元/公斤，同比下降24.6%。但是由于生产成本上涨明显，加之2010年籽棉价格较高，农户对棉价的期望价位较高，惜售心理较强，购销双方形成了一定的僵持状态，籽棉销售较往年明显缓慢。随着纺织业持续低迷，市场收购主体减少，个别棉区棉花收购几乎停滞，购销双方观望情绪浓厚，籽棉价格不断下跌。国家临时收储对疲软的市场起到了重要的支撑作用，进入11月收储进度不断加快，籽棉价格下降的幅度也逐渐放缓。12月3级籽棉均价为8.06元/公斤，环比下降0.7%，同比下降26.4%。

（二）皮棉价格急涨快跌，临时收储政策作用显现

2011 年前期在世界经济复苏预期较好，棉花供给形势不明朗的情况下，棉花价格延续上年上涨格局，328 级棉花价格从 1 月初的 27953 元/吨上涨到 3 月的 30733 元/吨，上涨 9.9%。随后面对国内较为严峻的通胀形势，国家连续 3 次加息、6 次提高存款准备金率，资金紧张影响纺织品消费，纱布销售不畅，中小企业停产、限产数量增多，内需市场增速放缓。10 月，规模以上纺织业增加值同比增长 8.1%，增速比上年同期下降 2.4 个百分点；服装鞋帽、针织品零售总额同比增长 19.5%，比上年同期下降 13.1 个百分点，国内纺织市场回暖乏力。世界经济出现振荡反复，欧债危机再次蔓延并加重全球恐慌情绪，复苏前景不明朗，国际金融市场剧烈动荡，纺织等下游产品销售不畅，棉花价格快速跳水。

内外交困的局面使棉花现货价格从 2011 年 3 月的历史最高价 30733 元/吨急速跌至 8 月的 19329 元/吨，下跌幅度 37.1%。新棉上市后，国家适时启动临时收储预案，由于市场价格低于收储价，11 月后交储成为企业首选，企业交储积极性不断提高，收储进度不断加快，销售进度整体快于往年同期。国家棉花市场监测系统显示，截至 12 月 16 日，被调查企业销售率（含交储）为 43.8%，同比上升 20.5 个百分点，较过去四年里的正常年份上升 11.1 个百分点，但剔除交储因素，全国销售率仅 18.9%，同比下降 1.5 个百分点，较过去四年里的正常年份下降 13.8 个百分点。12 月 5 日，国家存款准备金率 3 年来首次下调，市场迎来近 4000 亿元的资金释放。下半年以来人民币升值势头大幅减弱、国内通胀也持续回落。以上宏观经济因素和临储政策共同作用，国内棉价止跌企稳，呈现弱势振荡格局。10～12 月，国内 328 级棉花价格每吨分别为 19716 元、19201 元、19086 元，环比分别下降 2.5% 和 0.6%。由于前期价格高企，1～12 月国内 328 级棉花平均价格为 23844 元/吨，同比仍上涨 23.1%。

（三）国内外棉价两番逆转，走势背离价差逐渐拉大

相对于国内市场，国际棉花市场波动更为剧烈。2011 年国内外价差出现两次逆转。由于 1、2 月国际棉价持续大幅飙升，2 月内外棉价差首次出现逆转。2 月 Cotlook A（相当于国内 328 级棉花）指数每吨折合人民币为 30950 元，比国内棉价高 1154 元。这种态势延续至 4 月，3、4 月 Cotlook A 指数折合人民币每吨分别比国内棉价高 2611 元和 2378 元。5 月，国内外棉花价格双双下跌，但是国际棉价下跌幅度超过国内棉价，国际棉价又重新低于国内棉价，当月国际棉价每吨比国内棉价低 1216 元。

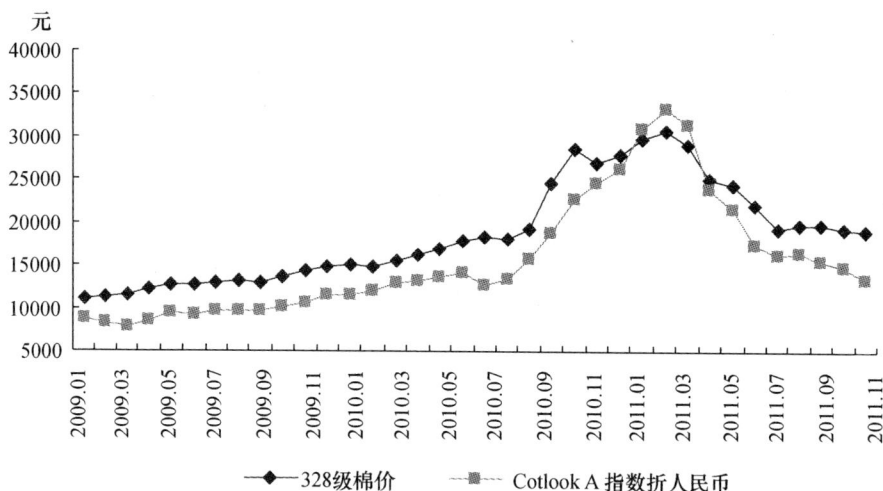

图16 2009年以来国内国际棉花价格走势比较图

注：数据来源于全国棉花交易市场、英国棉花展望委员会。图中英国棉花展望A指数按照上个月第三个星期三的汇率折算为人民币价格。

2011年下半年由于欧债危机持续恶化、世界经济复苏步伐放缓、新年度全球棉花产量预计大幅增加等因素的影响下，国际棉花价格快速下跌，Cotlook A指数8月降至114.10美分/磅，比3月下降了50.3%，跌幅过半。在全球经济持续降温的背景下，纺织品服装消费不振，外棉价格破位大跌，全球资本避险情绪增强，ICE棉花期货主力合约也不断下跌。12月15日，ICE棉花期货主力合约为86.29美分/磅，同比跌幅39.29%，国际棉花现货价格继续下调。而国内棉花市场受政策保护作用，跌幅较国际平缓许多，国内外棉价差不断扩大。12月，进口棉价格指数FCIndex M级（M级相当于我国328级棉花）月均价为102.57美分/磅，1%关税下折到岸税后价每吨为16590元，比国内价格低2496元；滑准税下折到岸税后价每吨为17072元，比国内价格低2014元，价差较上月分别扩大1260元和1246元。

二、棉花价格走势的原因分析

（一）国内外经济形势错综复杂，棉花需求深陷低迷

2011年初，全球棉花库存偏低，而经济显示复苏迹象，美元指数持续走低，棉花需求旺盛。进入4月，持续上涨的棉价抑制了需求，加之南半球新棉即将大量上市，全球货币政策持续收紧等因素，棉花需求受到抑制。5月，国际经济格局呈现诸多不利因素。全球通胀加剧，欧债危机重新显现，纺织

品市场逐渐转入"冬季"。下半年全球市场信心逐渐跌至谷底，美元指数表现强势，大宗商品走势疲软。联合国经济和社会事务部 12 月 1 日发布《2012 年世界经济形势与展望》指出，受发达国家经济增长疲弱、欧元区主权债务危机以及各国应对危机的政策缺乏协调等因素影响，未来两年世界经济将继续减速，甚至有可能再度衰退。在这种背景下，棉花外需不断下降。11 月 3 日结束的第 110 届广交会共成交 15 亿美元，较上年秋交会仅增长 6.2%，其中欧美市场成交锐减，而且短单、小单占到总单数的 88%。据中国海关统计，2011 年 1~12 月，我国纺织品服装累计出口 2479.55 亿美元，同比增长 20.05%，增幅较上年下降 3 个百分点。

国内通胀形势严峻，国家连续出台紧缩的货币政策，对于举步维艰的棉花市场而言，无疑是雪上加霜。据国家发展改革委员会预计，2011 年全年棉花消费量 1000 万吨左右。另据国家统计局数据显示，1~12 月，我国累计纺纱 2914.25 万吨，同比增长 6.4%，增长幅度较上年同期回落 7.6 个百分点。同时，纱线价格随着纱、布产品销售不畅，也快速下滑。以 32 支纯棉普梳纱为例，12 月均价为 25889 元/吨，同比下降 35.4%，较年初下降 1/3 以上。

（二）国际棉价与国内政策相互作用，影响国内棉价走势

2011 年国际棉价走势与 2008 年有众多相似之处，前期持续上涨，后期快速下滑。1~3 月，国际棉价迅速走高，3 月达到历史最高点，为 229.67 美分/磅，同比增长 167.68%。此后，随着全球经济再次陷入恐慌，棉花形势发生了大逆转。4 月开始下降。5 月进入下降的快车道。12 月 Cotlook A 指数月均价为 95.50 美分/磅，同比下降 43.9%，较 3 月最高点下降 58.24%。前期国际棉价的疯狂上涨对国内棉价产生了巨大的拉动作用；而后期价格走低时，国内却及时启动了临时收储政策，对国内不断下跌的棉价起到了托底作用，随着收储成交量的迅速增加，国内棉价走势较国际棉价相对平稳许多。截至 12 月 28 日，本年度收储交易累计成交 198.95 万吨，其中内地成交 70.5 万吨，新疆成交 128.45 万吨。

（三）棉花生产形势较好，供需矛盾有所缓解

受上年棉花价格大幅上涨、棉农收益提高和国家在播种前出台临时收储政策的影响，2011 年棉花播种面积和产量均呈恢复性增长。据农业部农情调度，预计 2011 年棉花种植面积 7780 万亩左右，同比增长 7.0%；预计产量 650 万吨左右，同比增长 9.1%。而消费量为 1000 万吨左右，产需缺口 350 万吨，较上年度缩小 50 万吨左右。

从国际来看，近两年全球棉花产量稳步回升。据国际棉花咨询委员会

（ICAC）最新预测，棉花产量将从2009～2010年度的2217万吨逐渐增长至2011～2012年度的2686万吨，全球除中国以外地区的库存消费比也从2009～2010年度39%的低点恢复至2011～2012年度的55%。目前全球棉花供给较为充足，而需求量由于欧债危机蔓延有所下降，预计2011～2012年度约为2460万吨，全球棉花供需异常宽松，在国内和国际棉花供给较为充足的背景下，国内棉价回调乏力。

（四）涤纶短纤价格大幅走低，对棉花的替代性增强

近年来化纤性价比优势明显，纺织企业不断下调配棉比。2011年涤纶短纤价格从2月的14987元/吨下降为12月的11163元/吨，而同期的328级棉花价格分别为29795元/吨和19086元/吨，每吨价差达到14808元和7923元，价格优势非常明显。据国家棉花市场监测系统对国内棉纺织企业抽样调查的数据显示，9～11月，被调查企业用棉比例同比下降1.5个百分点，较近三年同期平均值下降2.9个百分点。涤棉替代性增强也使国内纺织的进棉需求进一步萎缩。

三、棉花进口同比增长

总的来看，2011年上半年由于国际棉价连创历史新高，抑制了棉花进口，除1月外，进口量同比均有较大幅度下降；下半年全球棉花供需宽松，随着国内收储持续推进，内外棉价差不断扩大，外棉乘势大量进入我国，进口量骤增。尤其是11月进口棉花37.81万吨，环比增长49.87%，同比增长199.80%。2011年累计进口棉花336.39万吨，同比增长18.49%。其中，棉花进口方式以一般贸易为主，一般贸易进口量为186.93万吨，占同期总进口量的55.59%；进料加工、保税区仓储转口货物、保税仓库进出境货物分别进口66.50万吨、59.38万吨和22.86万吨，分别占同期总进口量的19.78%、17.66%和6.80%。美国、印度、澳大利亚是我国主要的棉花进口国家。2011年我国从美国进口棉花101.44万吨，占总进口量的30.15%；从印度和澳大利亚分别进口98.07万吨和52.95万吨，分别占总进口量的29.15%和15.74%。从以上三个国家进口的棉花占我国棉花进口总量的75.04%。2011年累计进口棉花金额为94.66亿美元，同比增长67.40%。进口金额增幅远大于进口量增幅，可见我国棉花进口成本增长迅速。

四、国内棉花市场未来展望

从需求来看，鉴于欧债危机阴霾深重，全球消费短期仍将深陷低迷，而近

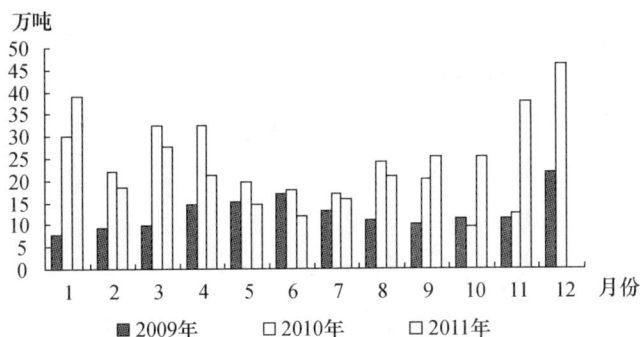

图17 2009 年以来我国棉花月度进口量

期国内纺织下游产品销售乏力，纺织业短期内回暖的可能性不大。外需不甚理想。根据第 110 届广交会情况分析，本届广交会欧美国家实际成交分别下降19% 和 24%，显示国外消费信心不足；中、短期订单比例过高，反映了国际市场预期谨慎，而国内企业担心原材料价格、汇率波动，也不敢接长单。从纺织品服装出口金额来看，虽然 2011 年 1～11 月出口额同比增长 21.2%，但其中棉制纺织服装出口额同比增幅普遍低于平均水平，棉纱同比降幅超过24%；化纤制品呈现增长态势，增幅在 30% 左右。而且欧盟、美国、日本等我国主要出口地区的市场份额同比也分别下降 1.1%、1.5% 和 2.5%。我国棉制纺织服装在国际市场上的竞争力有所下降，在全球经济不景气的大背景下，国外纺织需求明显回暖的难度较大。

内需情况堪忧。虽然 2011 年末 CPI 指数有所下降，12 月 5 日国家首次降低了存款准备金率，但未来货币政策仍以稳健为主，国家宏观调控力度短期内仍难以放松。具体到棉花需求，11 月以来，国内纱布产销率大幅下降，尤其是布的销售越发困难，成品库存积压严重，中小企业限产停产现象增多。据《中国棉花工业库存调查报告》显示，截至 2011 年 12 月 8 日，布的产销率为 81.3%，环比下降 10.6 个百分点，同比下降 14.2 个百分点，比近三年平均水平下降 16.3 个百分点；库存为 55.7 天销售量，同比增加 28.8 天，比近三年平均水平增加 25 天，是 2008 年度以来最高水平。由于国际棉价较低，纺纱成本相对低廉，而我国对棉纱进口没有政策限制，因此 2011～2012 年度棉纱进口将保持高位，总量有望超过 70 万吨，将在一定程度上对冲国内棉花消费。

从供给来看，2010～2011 年度我国棉花产量恢复性增长，供给较上年充裕，加之全球棉花丰收，配额充足，因此供需矛盾将有所缓解。另外 2011～

2012 年度国家继续实施出疆棉运费补贴政策，并将补贴标准由 400 元/吨提高到 500 元/吨，提高了企业调运新疆棉的积极性，将促进棉花资源在区域和结构上的平衡。国家棉花市场监测系统 2011 年 12 月发布的《2012 年度全国棉花意向种植面积调查报告》显示，2012 年全国植棉意向面积 7294.1 万亩，同比减少 647.6 万亩，减幅 8.2%。但若国家在春播之前发布下一年度临时收储计划，并且进一步提高收储价，则种植意向还可能有所变动。

综上所述，短期内国内棉价总体或将保持平稳运行，在收储持续推进和纺织企业春节前释放一定采购需求的推动下，棉价有望小幅上移；但从后期来看，在外需不振、内需不足、供需较为宽松的背景下，纺织企业回暖尚需时日，但在收储政策支持下，春节后维持弱势振荡格局的可能性较大。

2011年大豆市场形势分析及展望

农业部信息中心 孟 丽

农业部农村经济研究中心 徐雪高

一、我国大豆种植面积连续两年下降

由于大豆种植比较收益低，主产区农户改种玉米等效益较高的作物，2011年全国大豆种植面积继续下降。据农业部调查，预计2011年全国大豆种植面积连续第二年下降，在1.2亿亩左右，比上年减少1500万亩，降幅达11.2%。其中大豆主产区面积下降较多。黑龙江是全国最大的大豆产区，2010年大豆面积占全国的41.6%。据黑龙江省农业信息中心调查数据，预计2011年全省大豆种植面积在4800万亩左右，比上年减少530万亩左右，降幅达10%，这也是该省大豆面积连续第三年减少。

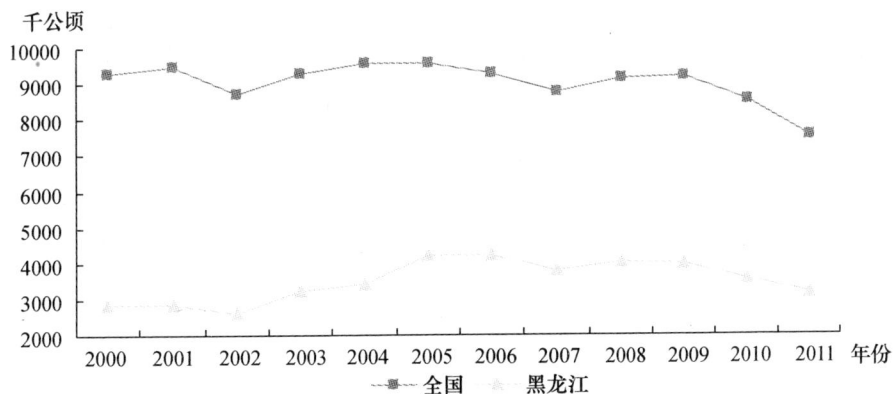

图18 2000年以来全国和黑龙江大豆种植面积变化

注：2011年面积为预计数。

从大豆生长情况来看，2011年东北主产区气候条件总体有利于大豆生长，部分地区遇干旱天气导致单产减少。具体来看，2011年春季气温回暖较上年提前 5~7 天，春耕进度明显快于上年，6 月中旬黑龙江持续低温多雨天气，大豆长势普遍缓慢，7 月黑龙江大部分地区气温相对较高，大豆长势明显好转，8~9 月灌浆期降雨偏少，干旱天气使得部分地区大豆出现青豆、虫眼和减产的现象。北部的讷河、依安及内蒙古莫旗等地单产较 2010 年下降，下降至 250~280 斤/亩，而南部地区大豆的品质较好，单产维持在 300~350 斤/亩。

二、我国大豆生产成本明显增加，种植比较效益低

2011 年大豆生产成本继续增加。据黑龙江省农业信息中心对 1250 个农户调查表明，由于 2011 年尿素、磷酸二铵、钾肥和复合肥等生产资料比 2010 年分别上涨 3%、20%、12% 和 20%，人工上涨幅度达到 30% 左右，大豆种植成本增长幅度较大，影响大豆效益，这也使农民普遍对 2011 年大豆价格预期较高。近年来我国大豆面积减少的主要原因是大豆种植比较效益低。在东北主产区，大豆和玉米是主要的争地粮食作物，两者的比较效益直接影响农户的种植结构。近年来，由于我国玉米价格快速上涨，大豆价格徘徊不前，2010 年黑龙江大豆和玉米的平均收购价分别为 1.83 元/斤和 0.89 元/斤，两者比价为 2.06:1，低于 2.5:1 的合理比价，导致玉米种植收益要远远高于大豆。当地农户总结为"一亩水稻收益 = 两亩玉米收益 = 三亩大豆收益"。据黑龙江省农业信息中心农户调研数据，2010 年该省玉米纯收益是 341 元/亩，而大豆纯收益仅 162 元/亩，两者的种植效益相差一倍多（见表 4）。

表 4　2009~2010 年黑龙江省大豆和玉米生产成本效益比较

| 品种 | 年度 | 亩产量 公斤/亩 | 亩成本 元/亩 | 其中 | | | 价格 元/公斤 | 纯收益 元/亩 |
				物质投入	人工成本	土地成本		
大豆	2009	103.74	338.19	148.4	100.94	88.85	3.64	50.37
	2010	133.5	363.57	172.77	99.80	91.00	3.84	162.01
玉米	2009	402.7	446.45	216.21	141.39	88.85	1.60	214.23
	2010	456.26	478.9	242.05	145.85	91.00	1.76	341.48

数据来源：黑龙江省农业信息中心农户调查。

三、我国大豆贸易情况

由于 2011 年上半年国内豆油价格实行限制，加上豆粕价格较低，国内大豆压榨厂开机率下降，港口的进口大豆库存较大，导致大豆进口有所减少。

前三季度，我国累计进口大豆 3770 万吨，同比减少 246 万吨，减幅为 6.1%；累计进口金额 216 亿美元，同比增 24%。预计全年大豆进口量将超过 5000 万吨。分国别来看，前三季度，我国进口大豆的 43.6% 来自巴西，41.8% 来自美国，11.1% 来自阿根廷。预计随着美国大豆大量上市，2010～2011 年度上半年度从美国进口的大豆份额将快速增加，因此，全年来看，美国仍是我国最大的大豆进口来源国。预计 2011 年我国大豆消费外贸依存度在 75% 以上。

四、全球大豆产量略减，但总体供给较为充裕

预计 2011/2012 年度全球大豆产量比上年度创纪录的产量有所减少，库存消费比低于上年的历史次高纪录，但高于近 5 年的平均水平。据美国农业部 2011 年 10 月全球农产品供需报告预测，2011/2012 年度全球大豆产量为 2.586 亿吨，比上年度减少 552 万吨，减幅为 2.09%，其中美国 8328 万吨，比上年度减产 733 万吨；巴西 7350 万吨，减产 200 万吨；阿根廷 5300 万吨，增产 400 万吨。预计本年度全球大豆消费 2.6175 亿吨，比上年度增加 1060 万吨，增幅 4.22%，产量低于消费，库存下降为 6300 万吨，降幅为 9.02%，库存消费比为 24.1%，比上年度的历史次高纪录低 3.5 个百分点，但仍高于近 5 年的平均水平，全球大豆供给还是比较充裕的。

五、国内外大豆价格变化特点

（一）国产大豆价格

2011 年，在大豆国储收购政策继续实施且收购价格提高、国际大豆价格处于历史高位等因素的支撑下，国产大豆价格保持相对高位平稳运行，全年销区大豆价格在 4000 元/吨左右的水平浮动，比上年同期高 200 元/吨左右。具体来看可以分为三个阶段：第一阶段（1～4 月），受大豆临时收储价格以及较高的国际大豆价格支撑，销区国产大豆收购价格稳定在 4000 元/吨以上，2 月最高达 4120 元/吨；第二阶段（5～8 月），由于国家临储收购结束，进口大豆价格略有降低的影响，山东地区国产大豆价格小幅走低，价格降到 4000 元/吨以下，但最低的 5 月也达到 3965 元/吨；第三阶段（9～12 月），受国产大豆减产、生产成本提高等因素的影响，销区国产大豆价格重回 4000 元/吨以上，10 月国产大豆价格 4240 元/吨，比上年同期高 245 元/吨，也是近年来同期较高水平。

（二）国际大豆价格

受全球大宗农产品价格上涨的影响，2011 年前三季度国际大豆价格在 2010

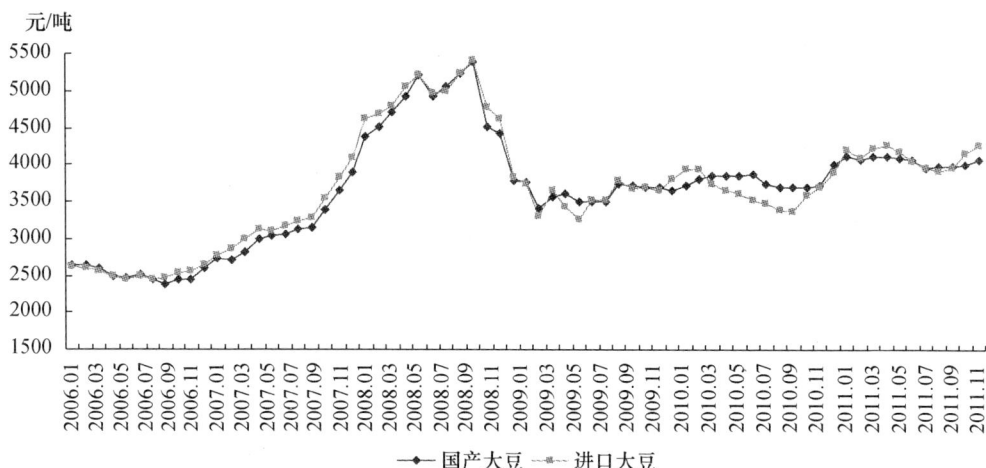

图 19   2006 年以来国产和进口大豆价格走势

注：国产和进口大豆价格均指山东地区价格。

数据来源：农业部信息中心整理。

年下半年大幅上涨后保持高位运行，10 月开始，受全球经济危机的影响，国际大豆价格较大幅度下降。具体来看，2 月年内最高，达 513.4 美元/吨，创 2008 年 8 月以来的最高值，仅低于 2008 年 7 月的 552 美元/吨的历史最高值。9 月开始国际大豆价格大幅下降。11 月，美国芝加哥期货交易所（CBOT）大豆平均价为 434.3 美元/吨，环比降 2.4%，同比低 6.0%，创 13 个月新低；豆油均价 1134 美元/吨，环比涨 0.5%，同比高 0.6%；豆粕均价 334 美元/吨，环比降 4%，同比低 11.4%。

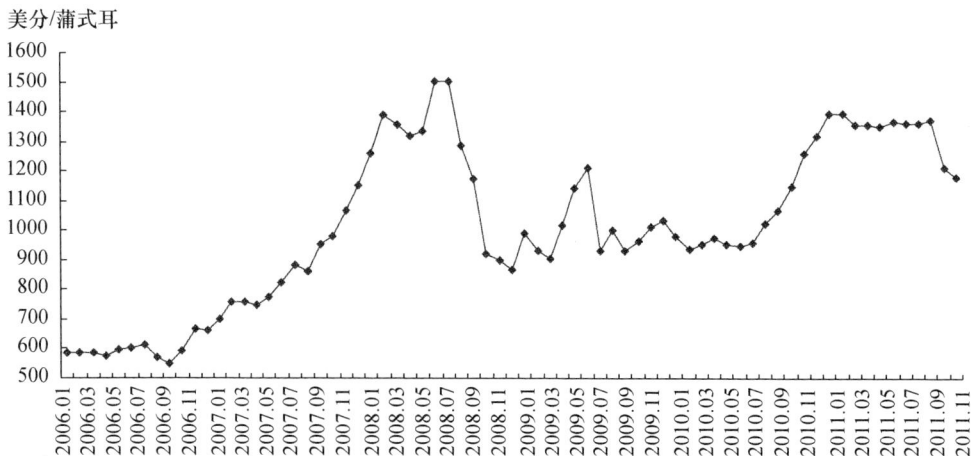

图 20   2006 年以来 CBOT 大豆价格走势

数据来源：美国芝加哥期货交易所。

（三）国产与进口大豆价格比较

2011年国产大豆销区价和进口大豆到岸税后价高低互现，但美国大豆离岸价仍要大大低于国内。一季度进口大豆到岸税后价高于国产大豆销区价格，价差在90～150元/吨之间，4～7月国产大豆价格略高，8～9月进口大豆涨幅较大，国产大豆价格基本稳定，进口大豆价格高于国产大豆，价差在160～190元/吨之间。11月，由于进口大豆价格降幅较大，而国产大豆价格与上月基本持平，进口大豆与国产大豆价差进一步扩大。山东地区进口大豆到岸税后价为2.00元/斤，比当地国产大豆价格低0.11元/斤，达到2011年以来的最大价差；美国墨西哥湾大豆离岸价456.3美元/吨，折人民币1.45元/斤，比山东地区国产大豆采购价低0.66元/斤（见表5）。

表5 2011年国产和进口大豆月度价格比较

月	国内		国际				国际比国内高
	批发价 （元/吨）	环比 （%）	离岸价 （美元/吨）	环比 （%）	折人民币 （元/吨）	到岸税后价 （元/吨）	（离岸价/批发价） （%）
1	4116		533		3522	4228	-14.43
2	4120	0.10	537	0.64	3534	4274	-14.22
3	4099	-0.51	524	-2.44	3439	4188	-16.09
4	4077	-0.54	524	0.07	3425	4050	-15.99
5	3965	-2.75	524	0.01	3408	3963	-14.05
6	3979	0.35	531	1.24	3438	3916	-13.60
7	3980	0.03	530	-0.17	3424	3970	-13.98
8	3999	0.48	515	-2.84	3301	4159	-17.45
9	4080	2.51	518	-2.19	3309	4269	-18.90
10	4240	6.03	459	-10.88	2923	4074	-31.06
11	4223	3.50	456	-11.93	2895	3999	-31.45

数据来源：农业部信息中心整理。

六、未来大豆价格走势影响因素及展望

（一）国际市场

从国际市场看，影响大豆价格走势的主要有两方面因素。第一个因素，据美国农业部初步预计，2011/2012年度全球大豆产量略减，但库存消费比仍

高于近5年的平均水平，总体供给仍比较充裕，其中北半球产量基本确定，美国和中国都减产，增产部分主要来自南半球，但南半球大豆2011年10月刚开始播种，产量还存在很大的不确定性，未来一旦天气不利于大豆生长，国际大豆供给将会趋于紧张，或者天气有利，大豆供给将趋于宽松，因此后期大豆价格将呈现振荡走势。第二个因素，由于世界原油和小麦玉米等大宗农产品价格中长期内将呈高位波动走势，受生物燃油原料需求和农产品合理比价关系的影响，预计后期大豆价格也将高位振荡。

（二）国内市场

从国内市场看，预计随着春节豆油消费旺季到来，国内养殖业效益较好，豆粕需求看好，加上受国产大豆减产和成本提高的影响，农户对大豆价格期望较高，国内大豆价格将处于高位，但是将受到国际大豆价格波动的影响。预计政策因素仍将对后期国产大豆价格走势产生较大的影响。2008年至今国家连续实施大豆收储政策，支持国产大豆价格稳定运行。目前，东北产区大豆市场的惜售和观望，主要原因都是在等待国家公布新年度的大豆收储政策，鉴于2008年的收购价格为3.70元/公斤，2009年为3.74元/公斤，2010年为3.80元/公斤，市场普遍预期，2011年的收储价格将会继续上调，在参考小麦、稻谷等农产品的收储价格变化趋势后，市场普遍期望2011年的收储价格在4.00元/公斤以上。如果2011年11月中旬国家发布国储收购价格，新年度东北产区大豆价格走势将会得到强有力的底部支撑。此外，从2010年11月开始，国家通过竞价拍卖、定向销售等措施将国储收购大豆投向市场，为新年度大豆收储预留了足够的空间。国家将启动新一轮收储，将成为稳定大豆市场价格、提高农民种豆积极性、保障国内大豆生产能力的有力支撑。

七、促进我国大豆产业发展的建议

大豆是我国最大的食用油籽消费品种，消费量正在快速增长，2010年我国大豆消费量达到6450万吨左右，其中进口高达5480万吨，占消费总量的85%，是全球最大的大豆进口国。而我国大豆生产正面临着面积和产量逐年减少的态势，如何保护我国非转基因大豆产业发展形势严峻，国家应在多个产业链环节给予扶持。

（一）加大对大豆新品种研发推广的投入

近年来，由于玉米种植效益较高，市场对新品种的研发和推广积极性很高，单产提高明显，而大豆由于效益较低，新品种研发推广力度很小，导致单产水平提高很慢，从而进一步影响大豆种植效益。以2009年为例，全国玉

米单产达到701斤/亩，比2000年增加88斤/亩，增幅达14.4%，大豆单产仅
为217斤/亩，比2000年还低3.5斤/亩，相当于1993年的单产水平，同时，
也大大低于当年世界大豆单产平均水平339斤/亩，美国等主要大豆主产国的
单产平均水平390斤/亩左右。因此，我国非转基因大豆增产仍有较大潜力，
国家要加大对大豆新品种研发推广的投入。

表6 2000年以来中国与世界大豆单产水平   单位：斤/亩

年份	中国	世界	美国	巴西	阿根廷
2000	220.8	310.6	341.5	378.0	356.4
2001	216.7	310.1	355.2	354.7	350.9
2002	252.4	322.1	340.9	375.8	375.7
2003	220.4	281.5	303.6	316.0	314.3
2004	252.4	308.8	378.7	308.4	361.1
2005	227.3	316.7	386.2	341.9	355.3
2006	229.4	334.1	384.2	380.0	399.2
2007	193.8	324.2	374.2	381.8	376.3
2008	229.4	293.3	356.2	355.1	266.7
2009	217.3	339.4	394.4	391.5	390.7

数据来源：《中国统计年鉴》、美国农业部网站。

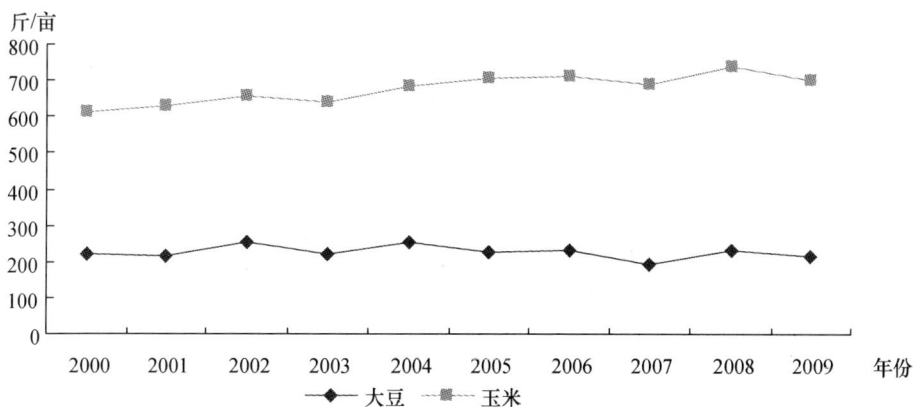

图21 2000年以来全国大豆和玉米单产水平比较

（二）提高春小麦等作物的支持力度，引导豆农合理轮作

我们在调研中了解到，黑龙江北部地区已连续种植大豆20多年，导致地力下降、产量降低和病虫害多发。但当地能与大豆进行轮作的作物主要是小麦，由于春小麦的产量和品质与黄淮海产区有较大差距，加上东北地区的小麦从20世纪90年代中期退出了国家保护价体系，所以农户种植春小麦的收益较低。如果国家能将东北的小麦也纳入最低收购价政策，可以调动农民对大豆和小麦轮作的积极性，从而增加大豆产量，实现大豆生产的可持续发展。

（三）扶持本地大豆加工企业发展

我们在调研中发现，凡是加工企业或者购销企业比较集中的地区，大豆收购价格明显高于周边地区。因此国家应在大豆产区支持一批大豆加工企业和运销企业，完善国产大豆的产业链条。同时，一些优惠政策应扩大到产区大多数企业，以提高国产大豆加工企业的竞争力，从而促进我国大豆生产发展和提高豆农收入。如2011年的国储大豆定向销售政策，销售价格低于市场价，但产地企业只有九三油脂一家企业得到政策优惠，大多数国产大豆加工企业没有享受到此政策。

（四）长期调控目标定位于豆农直接补贴

鉴于国内外大豆市场的一体化程度较高，建议国家改变通过托市收购的政策，实施豆农直接补贴政策。具体操作办法是制定大豆目标价格，根据农民出售价格和目标价格之间的差距，按照农民种植面积，对豆农实施直接补贴，实现保障豆农受益的政策目标。

2011年油料食用油市场形势分析及展望

农业部信息中心　李　楠

农业部农村经济研究中心　董彦彬

一、2011年1~11月国内油料食用油市场形势及特点

（一）生产方面

1. 2011年油料意向种植面积有所减少

由于种植油料作物收益较低，2011年油料意向种植面积有所减少。据农业部2011年3月全国农民种植意向调查显示，油料全年意向种植面积减少0.6%，大豆面积调减11.2%。2011年6月在湖北调研时，农户普遍反映虽然2011年油菜籽收购价格较高，但种植收益仍然较低，而且种植油菜费工费时，不如种植小麦等作物，有些农户打算弃油种麦，2011年我国油菜种植面积可能将有所减少。

2. 我国2011年夏收油菜籽单产略增，品质良好

2011年我国夏收油菜籽的集中收购工作已经完成，从湖北、湖南、安徽等油菜籽主产省的情况来看，2011年油菜籽单产略增，品质较好。其中湖南省平均单产109公斤/亩，比上年增长6.6%；湖北省平均单产136.4公斤/亩，比上年增长2.0%；安徽省平均单产130.6公斤/亩，比上年增长1.2%。另据国家粮食局8月22日公布的《2011年6省油菜籽收获质量调查报告》称，2011年新收获油菜籽质量总体良好，符合国家标准中等（三等）以上要求的比例为61%，含油量平均值38.3%，芥酸含量≤3.0%的比例为24%。此次质量检查共采集油菜籽样品185份，样品均为村级混合样品，涉及6省34市的76个主产县（区）。

3. 冬油菜播种已完成计划种植面积近七成

据农业部农情调度，截至2011年10月24日，全国秋粮已收获10.18亿亩，完成种植面积的87.9%。已播秋冬农作物4.6亿亩，完成计划的65%。

其中，已播冬油菜 6800 多万亩，完成 67.1%。从油菜主产省看，长江中游地区的湖南完成计划的 96.6%，进度同比快 3.6 个百分点；湖北完成 75.7%，快 6.3 个百分点；江西完成 50.8%，进度与上年持平；西南地区完成 57.3%，快 1.3 个百分点；长江下游地区因水稻生育期推迟，油菜播期相应延迟，目前完成计划的 46.6%，同比慢 2.8 个百分点。

（二）进出口贸易方面

1. 食用油籽和食用植物油进口量减少

据海关统计，2011 年 1~10 月我国累计进口食用油籽 4318.2 万吨，同比减 5.9%，进口金额 251.3 亿美元，同比增 21.8%；累计进口食用植物油 612.7 万吨，同比减 6.8%，进口金额 71.1 亿美元，同比增 29.3%。其中，大豆进口 4151.8 万吨，同比减 5.4%；油菜籽进口 87.9 万吨，同比减 37.4%；棕榈油进口 462.4 万吨，同比增 2.5%；豆油进口 97.6 万吨，同比减 9.0%；菜籽油进口 41.0 万吨，同比减 46.9%；菜籽粕进口 122.2 万吨，同比增 17.6%；豆粕进口 16.3 万吨，同比增 76.2%。

2. 食用油籽和食用植物油出口量增加

据海关统计，2011 年 1~10 月我国累计出口食用油籽 71.3 万吨，同比增 4.1%，出口金额 10.9 亿美元，同比增 22.6%；累计出口食用植物油 11.0 万吨，同比增 35.2%，出口金额 1.9 亿美元，同比增 73.1%。其中，花生出口 37.8 万吨，同比减 6.1%；大豆出口 17.2 万吨，同比增 16.3%；葵花籽出口 13.1 万吨，同比增 29.7%；玉米油出口 4.8 万吨，同比增 2.9 倍；豆油出口 4.3 万吨，同比减 14.3%；豆粕出口 36.0 万吨，同比减 62.1%。

（三）国内价格方面

在国内通货膨胀压力加大的经济背景下，2011 年 1~11 月油脂油料均价高于 2010 年和 2009 年的同期水平，但豆油、菜籽油均价仍低于 2008 年同期价格水平。油料方面，2011 年前三个月油菜籽和花生仁价格稳定，4 月开始花生仁价格逐步走高，5 月新油菜籽上市以来价格高开稳走，10 月花生价格开始下调，11 月油菜籽价格也有所下调。食用植物油方面，受前期食用植物油限价政策和国家抛储等调控政策影响，2011 年前 5 个月国内主要食用植物油价格（除花生油外）呈现出振荡下行走势，受限价政策到期和企业生产成本压力加大影响，6~9 月各主要食用植物油价格（除棕榈油外）呈上涨趋势，其中花生油和菜籽油表现较为明显。10 月受国际市场影响，国内各主要食用植物油月均价格下跌幅度较大。11 月国内各主要食用植物油月均价格继续小幅下调。

万吨

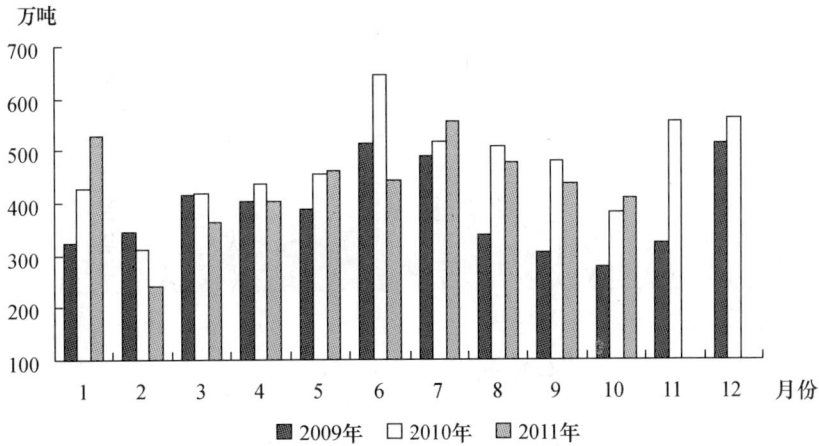

图22 2009年以来我国食用油籽进口情况

注：包括大豆、油菜籽、花生、葵花籽、棉籽等。

数据来源：根据中国海关总署资料整理。

万吨

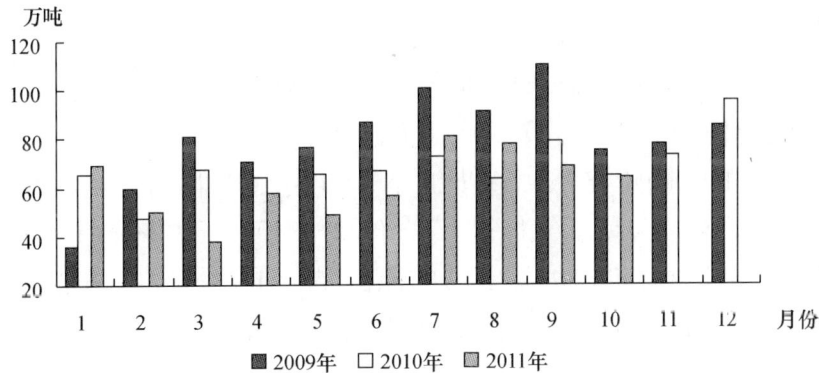

图23 2009年以来我国食用植物油进口情况

数据来源：根据中国海关总署资料整理。

万吨

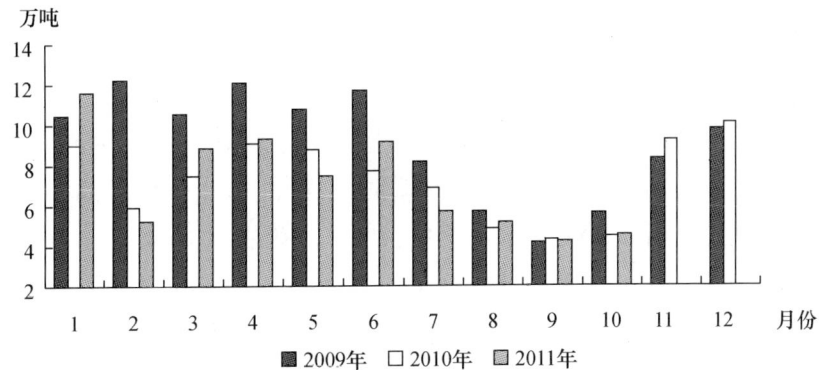

图24 2009年以来我国食用油籽出口情况

注：包括大豆、油菜籽、花生、葵花籽、棉籽等。

数据来源：根据中国海关总署资料整理。

万吨

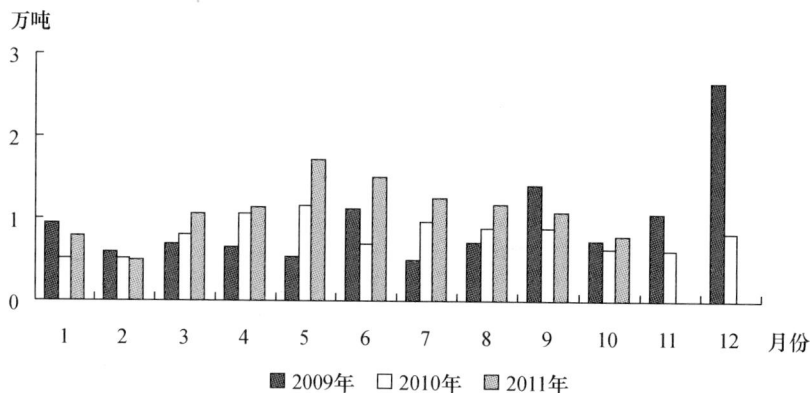

图 25 2009 年以来我国食用植物油出口情况

数据来源：根据中国海关总署资料整理。

1. 新菜籽收购价格高开稳走

2011 年 1～4 月湖北地区油菜籽收购价格一直稳定在 2.12 元/斤，存量较少，交易清淡，5 月主产区新菜籽陆续上市，收购价格较 2010 年大幅提高，6月油菜籽收购价格为 2.33 元/斤，环比上涨 8.1%，随着油菜籽大量上市，从7 月开始油菜籽的收购价格涨幅逐步缩小。10 月底夏收油菜籽的收购工作已基本结束，10 月湖北地区菜籽进厂均价 2.43 元/斤，环比持平，同比高18.2%。2011 年油菜籽价格大幅上涨的原因是：①种植成本增加推动油菜籽收购价格上涨。②油菜籽加工产能过剩需求加大，而农民惜售及进口量减少，造成油菜籽供给不足，促使油菜籽收购价格上涨。受集中收购结束和下游产品价格下跌影响，11 月湖北地区菜籽进厂均价 2.38 元/斤，环比跌 2.0%，同比高 12.8%。虽然油菜籽收购价格有所下降，但仍在临储价格之上，成交量较小，预计后期油菜籽价格或将继续回落。

2. 花生价格冲高回落

2011 年 1～3 月花生价格一直稳定在 4.15 元/斤，4 月以来由于陈花生库存不足，货源较少，而企业收购意愿强烈促使花生价格不断走高。9 月由于需求旺盛，而新花生上市量及进度低于市场预期，花生价格大幅上涨，9 月山东地区花生仁进厂价 5.40 元/斤，环比涨 9.7%，再创 2008 年以来的新高。随着新花生上市量的加大，10 月花生价格开始回落，山东地区花生仁进厂价5.19 元/斤，环比跌 3.9%，同比高 22.6%。11 月花生价格继续回落，山东地区花生仁进厂价 4.70 元/斤，环比跌 9.4%，同比高 9.8%。受前期价格大幅上涨和短期内供给大于需求影响，花生价格可能继续下调。

3. 豆油价格平稳下行

2001年1~2月山东四级豆油出厂均价延续了2010年8月以来的涨势，其中2月山东四级豆油出厂均价涨至10412元/吨，为2011年以来月均价格最高值，3~5月价格振荡走低，5月价格跌至9595元/吨，6~9月价格呈小幅上涨走势，9月山东四级豆油出厂月均价格涨至9923元/吨，受国际市场影响，10月豆油价格大幅下跌，11月豆油价格继续回落，山东四级豆油出厂月均价格为9001元/吨，环比跌2.4%，同比低5.4%。

4. 菜籽油价格振荡运行

2001年1~2月湖北地区四级菜籽油出厂月均价也呈上涨走势，其中2月均价涨至10152元/吨。3~5月价格持续回落，5月价格跌至9637元/吨，为目前年内月均价格最低值。受新菜籽收购价格同比大幅上涨影响，6~9月菜籽油价格持续上涨，9月价格涨至10631元/吨，为年内月均价格最高值。受油脂市场整体价格走弱影响，10月开始菜籽油价格开始下跌。11月价格为9942元/吨，环比跌3.3%，同比高1.0%。

5. 花生油价格冲高回落

与豆油和菜籽油价格走势不同，2011年1~9月花生油价格一直呈现出稳步上涨的趋势。山东一级花生油出厂价1月均价为16020元/吨，2~3月价格为16200元/吨；受花生价格上涨影响，从4月开始花生油价格持续上涨，9月均价已涨至18425元/吨，为年内月均价格最高值，也是2009年以来的最高价格。10月开始受花生价格大幅下跌影响，10月花生油价格开始下跌。10月山东一级花生油出厂均价为17800元/吨，环比跌3.4%。11月山东一级花生油出厂均价为17653元/吨，环比跌0.8%，同比高9.2%。

6. 棕榈油价格振荡下行

我国的棕榈油完全依赖进口，因此棕榈油的价格走势主要受国际棕榈油价格波动影响，2011年以来棕榈油价格呈现出振荡下行的趋势。棕榈油天津港交货价1~2月价格持续上涨，其中2月均价涨至10118元/吨，为年内月均价最高值，也是2009年以来的最高价格；从3月开始，受棕榈油主产国产量不断增加影响，棕榈油月均价格振荡下行，11月月均价格已跌至7623元/吨，环比跌2.0%，同比低14.4%，为年内最低值。

（四）调控政策方面

1. 定期抛售临时储备食用植物油

国家从2010年10月20日开始向市场抛售临时储备食用植物油，在增加

元/斤

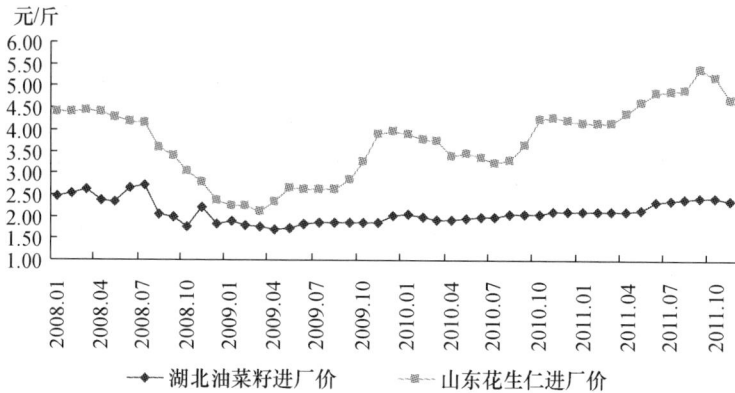

图 26 2008 年以来国内主要油料价格走势
数据来源：农业部信息中心整理。

元/吨

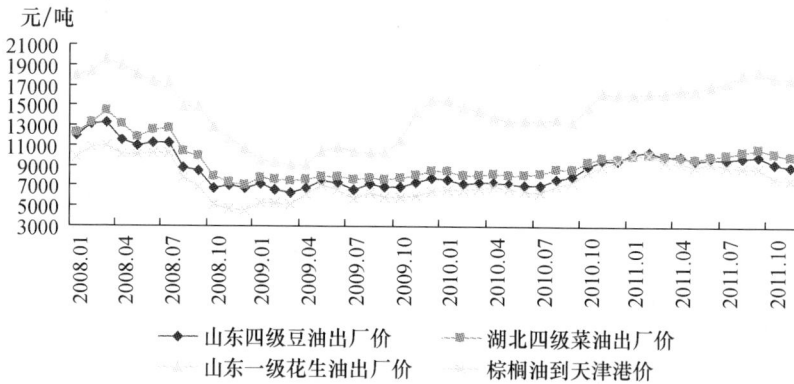

图 27 2008 年以来国内主要食用植物油价格走势
数据来源：农业部信息中心整理。

了市场供应量的同时更体现了政府稳定食用植物油市场价格的决心。从 2011
年开始国家每两周拍卖一次国家临时储备菜籽油，每次计划拍卖量均在 10 万
吨左右，成交均价一般比市场价格低 200～400 元，企业积极参与，成交率一
直较高。2011 年 6 月国家暂停了菜籽油的例行拍卖，一方面出于补充库存的
需要，另一方面国家可能将重新调整油脂调控政策。从 2010 年 10 月 20 日至
2011 年 5 月 24 日，计划拍卖国家临时储备食用植物油约为 159.5 万吨，累计
成交量约为 140.7 万吨，成交率为 88.2%，为稳定国内食用油市场发挥了积
极的作用。此外国家也多次进行大豆拍卖，但成交率较低，效果不佳。

　　2. 与大型油脂企业约谈，调控食用植物油价格

　　据互联网消息称，为了稳定食用油市场，2010 年 11 月国家相关部门与益

海嘉里、中粮集团、中纺集团和九三粮油集团等大型油脂企业进行了约谈，要求这些企业在2010年11月~2011年3月底期间不得上调食用植物油价格。另有消息称，为了弥补这些企业的损失，2011年1月下旬政府向部分压榨企业低价定向销售35万吨大豆和45万吨菜籽油。4月，有市场消息称国家相关部门再次约谈益海嘉里、中粮集团等大型油脂企业，要求在两个月内维持小包装食用油市场价格稳定。

3. 2011年继续实行油菜籽临时收储政策

2008年国家开始实行油菜籽国家临时收储政策，至今已经实行了4年。油菜籽国家临时收购政策已经成为油菜籽收购市场的风向标，对于稳定市场价格、保护农民利益、发展油料生产的积极性发挥了重要作用。2008~2010年油菜籽国家临时收购价格分别为每斤2.2元、1.85元和1.95元。2011年油菜籽国家临时收购价格为每斤2.3元，为实行油菜籽国家临时收购政策4年来的最高临时收购价格，同比上涨了17.9%，体现了国家为保护种植农户利益，稳定油菜籽生产的决心。

4. 我国首次开展全国食用植物油库存检查工作

2010年10月有关部门在湖北开展了食用植物油库存检查试点工作。2011年5月下旬国家发改委和国家粮食局等部门联合发布了《关于开展全国食用植物油库存检查工作的通知》，这是我国首次开展全国食用植物油库存检查。据悉，有关部门组成联合工作组，对上海、江苏、安徽、山东、湖北、广东、四川、陕西8个省（市）开展重点抽查。开展全国食用植物油库存检查主要是为了摸清食用油国有库存情况，为下一步宏观调控提供依据。

国家粮食局2011年9月公布消息称，2011年首次开展的全国性食用植物油库存检查工作已完成。据统计，这次检查共普查政策性储油库点1693个，摸底调查非政策性油脂企业3550家。结果表明，目前全国油脂库存充裕，各类政策性油脂库存账实基本相符，质量总体良好。国家粮食局还指出，目前我国粮油库存充裕，市场价格基本平稳。

二、2011年1~11月国际油料食用油市场形势及特点

（一）国际供求方面

据联合国粮农组织2011年11月《粮食展望》预计，2011/2012年度全球油料产量将达到4.720亿吨，比上年度增0.4%。其中，大豆产量2.607亿吨，减1.9%；油菜籽产量5920万吨，减2.5%；棉籽、花生和葵花籽产量分别为4800万吨、3720万吨和3750万吨，分别比上年增6.9%、0.5%和

13.2%。预计本年度全球油脂需求将达到1.836亿吨，比上年增长4.8%；全球饼粕需求为1.191亿吨，比上年增长4.7%。预计2011/2012年度全球油脂的库存消费比和饼粕的库存消费比分别为14.5%、15.1%，分别比上一年度低1.7个百分点和3个百分点，低于近五年的平均水平。

据美国农业部2011年11月预测，2011/2012年度，全球油籽产量为4.548亿吨，增0.4%；消费量为4.561亿吨，增3.4%；贸易量为1.133亿吨，增5.2%；期末库存为7390万吨，减6.4%；库存消费比为16.2%，比上一年度下降1.7个百分点，低于近五年的平均值。2010/2012年度，全球食用植物油产量为1.521亿吨，比上年度增3.7%；全球食用植物油消费量为1.499亿吨，增3.9%；贸易量为6247万吨，增4.4%；期末库存为1176万吨，比上年度减3.6%；库存消费比为7.8%，比上一年度下降0.7个百分点，低于近十年的平均水平。

从联合国粮农组织和美国农业部上述报告的数据来看，2011/2012年度全球油脂油料供给偏紧。

（二）国际价格方面

受欧美债务危机影响，2011年1～11月国际油脂市场价格整体呈弱势运行，其中油菜籽和豆油价格小幅振荡，棕榈油价格振荡下行。

1. 加拿大油菜籽价格2011年上半年小幅振荡，下半年振荡下行

加拿大油菜籽CNF价（离岸价+运费）2011年1月均价为656美元/吨，受国际大豆价格下跌影响，油菜籽价格逐步走低，3月价格降至644美元/吨；受天气炒作和国际大豆价格上涨等因素影响，4～6月油菜籽价格持续走高，6月月均价格涨至676美元/吨，为1～11月月均价格的最高值。7～11月月均价格呈现振荡下行走势，其中10月价格大幅下跌，月均价格为601美元/吨，环比跌7.8%；11月月均价格为588美元/吨，环比跌2.2%，同比低1.3%。

2. 2011年1～9月国际豆油价格运行较为平稳，10月价格大幅下跌

南美豆油CNF价月均价2011年1月为1323美元/吨，为本年最高月均价格，也是2009年以来的最高价格。受南美大豆丰产上市影响，南美豆油价格逐步回落，5月南美豆油价格下降至1255美元/吨，为年内最低月均价格。6月大豆价格走高，带动南美豆油价格上涨，6～9月南美豆油CNF价月均价一直在1290～1300美元/吨附近振荡运行。10月国际油脂市场大幅下跌，南美豆油CNF价月均价为1196美元/吨，环比跌7.9%；11月南美豆油CNF价月均价为1193美元/吨，环比跌0.3%，同比高0.6%。

3. 马来西亚棕榈油价格振荡下行

从 2010 年下半年开始拉尼娜天气对东南亚棕榈油主产国的产量造成不利影响,棕榈油价格开始走高,2011 年 1～2 月棕榈油价格延续了 2010 年 8 月以来的涨势,2 月马来西亚 24 度棕榈油离岸价为 1284 美元/吨,为 2011 年 1～11 月月均最高价格,也是 2009 年以来的最高月均价格。3 月因气温逐步升高,棕榈油供给明显改善,棕榈油价格也开始大幅下降,随着棕榈油主产国产量季节性增加和库存压力逐步加大影响,马来西亚 24 度棕榈油离岸价振荡下行。10 月马来西亚 24 度棕榈油离岸价为 989 美元/吨,环比跌 10.8%,为 2011 年 1～11 月月均最低价格。受市场担忧未来天气可能影响棕榈油产量影响,11 月马来西亚 24 度棕榈油离岸价为 1052 美元/吨,环比涨 6.4%,同比低 3.8%。

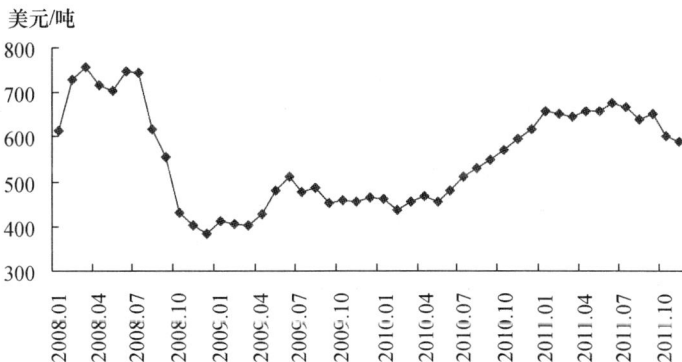

图 28　2008 年以来加拿大油菜籽 CNF 价格走势

数据来源:农业部信息中心整理。

(三) 国内外价格比较

2011 年 1～11 月国内食用油价格同比上涨幅度小于国际市场。按 1～11 月均价计算:国内油菜籽价格同比上涨 13.4%,加拿大油菜籽价格同比上涨 28.7%;国内豆油价格同比上涨 26.7%,美国墨西哥湾豆油离岸价格同比上涨 45.5%。

1. 国际油菜籽价格连续两个月低于国内

从 2010 年 3 月至 2011 年 9 月加拿大油菜籽到我国口岸的税后价格连续 19 个月高于国内油菜籽价格,2011 年 10 月和 11 月加拿大油菜籽到我国口岸的税后价连续两个月低于国内油菜籽价格。其中 2011 年 1 月国内外油菜籽价格

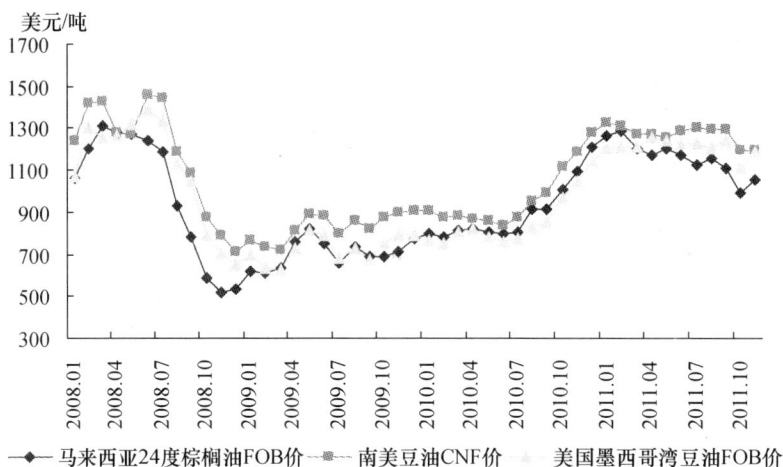

美元/吨

→— 马来西亚24度棕榈油FOB价　——— 南美豆油CNF价　　美国墨西哥湾豆油FOB价

图29　2008年以来国际食用油价格走势

数据来源：农业部信息中心整理。

差达到0.61元/斤，创2009年以来的新高，但仍低于2008年经济危机时0.77元/斤的最高水平。2011年2～9月国内外油菜籽价格差开始减小，尤其是5月我国新季油菜籽上市以来国内价格快速上涨，国内外油菜籽价格差明显缩小，8月加拿大油菜籽到我国口岸的税后均价约2.58元/斤，比国内油菜籽进厂价高0.17元/斤，9月价差为0.19元/斤。10月加拿大油菜籽到我国口岸的税后均价约2.41元/斤，比国内油菜籽进厂价低0.02元/斤；11月加拿大油菜籽到我国口岸的税后均价约2.35元/斤，比国内油菜籽进厂价低0.03元/斤。

2. 进口豆油价格与国内基本持平

国内豆油市场受国际市场影响较大，国内外市场价格走势相似，差值较小，2011年前11个月的山东进口豆油税后均价与国内豆油均价持平。其中2011年1月山东进口豆油税后价格比国内豆油价格高0.06元/斤，创2008年以来的新高，2月和3月山东进口豆油税后价格分别比国内价格低0.04元/斤和0.01元/斤，4～6月山东进口豆油税后价格高于国内价格，其中5月山东进口豆油税后价格比国内豆油价格再次高0.06元/斤。7月进口豆油价格与国内豆油价格持平，8～10月进口豆油价格连续三个月低于国内豆油价格。10月均价山东进口豆油税后价比当地国产豆油出厂价格低0.06元/斤，11月均价山东进口豆油税后价4.50元/斤，与当地国产豆油出厂价格持平。

元/斤

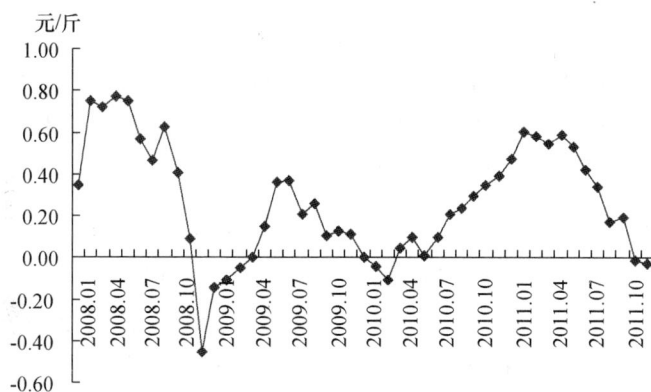

图 30   2008 年以来国际与国内油菜籽价格差

数据来源：农业部信息中心整理。

元/斤

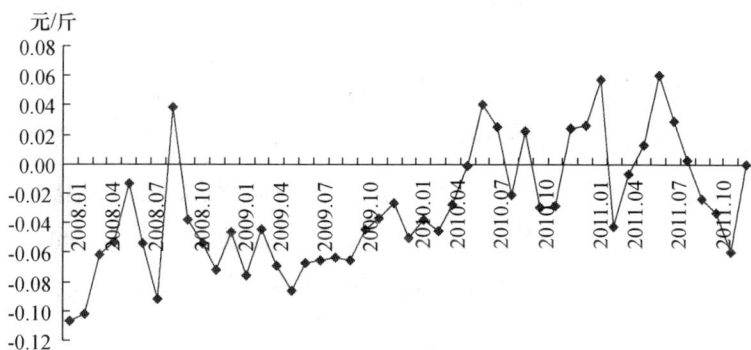

图 31   2008 年以来进口豆油与国内豆油价格差

数据来源：农业部信息中心整理。

三、展望

（一）国际市场

美国大豆已经收获，东南亚棕榈油产量和库存均处于高位，短期内国际油脂油料供给表现充裕。中国对大豆的需求、南美大豆种植面积和 2012 年棕榈油的产量及天气等因素将成为油脂市场后期炒作的焦点。目前全球经济形势成为主导商品市场的重要因素，欧美债务危机仍未见好转迹象，市场前景仍不明朗，将拖累国际油脂市场。而联合国粮农组织和美国农业部均预计 2011/2012 年度全球油脂油料供给偏紧，对国际油脂市场形成一定支撑。国际市场价格已处于两年来的高位，预计 2012 年国际市场价格将继续在高位振荡运行。

(二) 国内市场

2011 年油菜籽的收购价格大幅提高，目前油菜籽集中收购工作已经结束，预计后期油菜籽收购价格可能出现小幅回落，但总体趋于稳定。与其他作物相比，种植油菜籽收益仍然较低，2011 年油菜籽冬播种植面积可能将有所减少。随着新花生大量上市，预计花生价格短期内将继续小幅回落，但因花生需求旺盛而供给有限，花生价格持续大幅走低的可能性较小。因近两年花生价格较高，种植收益增加，预计 2012 年花生的种植面积将有所增加。受前期国内油脂限价和国储例行拍卖等政策影响，国内油脂企业一直处于亏损的边缘。元旦和春节临近，国内开始进入食用植物油消费旺季，因生产成本上涨和消费需求增加，后期油脂价格仍具有一定上涨动能。但在通货膨胀压力仍然较大的背景下，国家宏观调控不会放松。2011 年我国首次开展了全国食用植物油库存检查工作，主要是为了摸清食用油国有库存情况，为下一步宏观调控提供依据。目前国内油脂油料现货库存充裕，油脂市场大幅上涨的概率较小。同时受国际市场大幅波动影响，国内油脂价格仍将跟随国际市场振荡运行，但波动幅度将小于国际市场。综上所述，虽然进入食用植物油消费旺季，短期内国内油脂油料现货库存充裕，油脂市场价格大幅上涨的概率较小，预计 2012 年国内油脂价格仍将维持高位趋稳态势。

2011年食糖市场形势分析及展望

农业部农村经济研究中心　徐雪

农业部信息中心　马光霞

一、国内食糖连续第三年减产，产需缺口较大

2010/2011榨季已于2011年9月底结束，我国食糖总产量1045.4万吨，减产28.4万吨，减幅0.8%。其中北方甜菜糖产量79.4万吨，增长32.3%；甘蔗糖产量966万吨，减少4.7%。虽然2011年糖料面积呈小幅恢复性增长，但2010年干旱、霜冻以及2011年春旱的不利气候，对2010/2011榨季甘蔗留种及种植都造成一定影响，甘蔗单产下降，后期雨水偏多又影响了甘蔗的糖分积累，导致甘蔗糖产量下降，至此我国食糖已连续三年减产。持续走高的糖价抑制了食糖需求，淀粉糖对食糖替代量较大，食糖销售量下降到1280万吨，但产需缺口仍在240万吨左右。

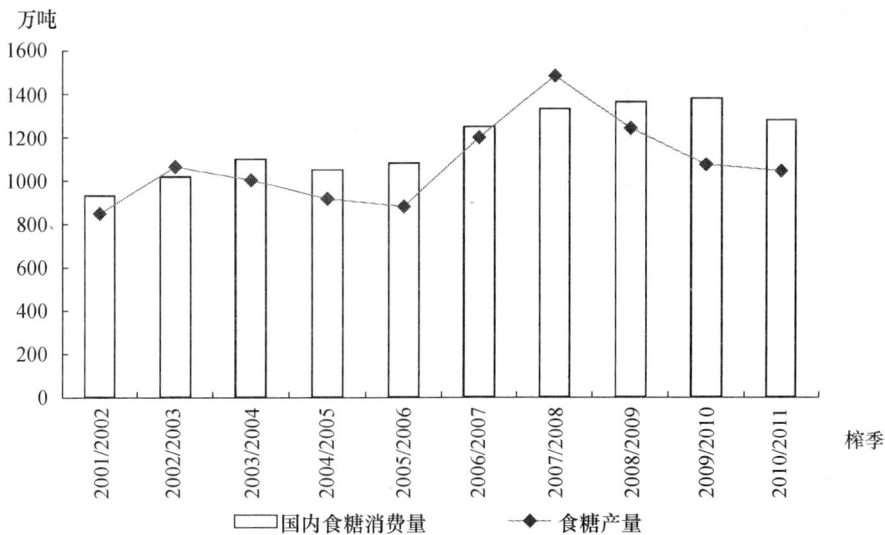

图32　我国食糖产量与消费量

数据来源：中国糖业协会简报。

二、国家宏观调控力度大，保障供给效果显著

由于 2010/2011 榨季国内食糖产需缺口较大，糖价上涨迅猛，对 CPI 影响不容小觑，国家加大了对食糖市场的宏观调控。2010/2011 榨季，国家分 9 次投放国储糖共 188 万吨，这是历史上国家抛储次数及抛储量最多的榨季，对保障国内食糖供应、稳定糖价发挥了明显的积极作用。同时，由于国内市场存在较大供需缺口，2010/2011 榨季进口量大增，加入世贸组织后首次超过配额量 194.5 万吨，共进口食糖 207.1 万吨，比上榨季增加 40.2%；2010/2011 榨季我国食糖出口萎缩，共出口食糖 7.1 万吨，下降 18.3%。2010/2011 榨季我国净进口食糖 200 万吨，是 1994/1995 榨季以来最多的年份，占我国食糖消费量的 15.6%。

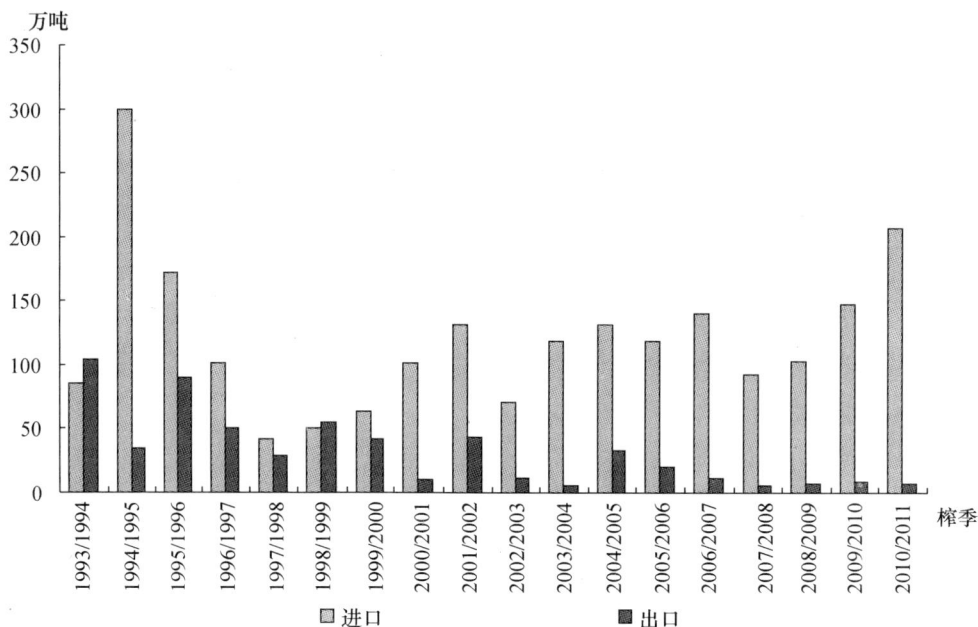

图33　1993/1994 榨季以来我国食糖进出口

数据来源：根据中国海关数据整理。

三、国内糖价在反复振荡中连创新高

受不断加大的供求缺口以及通胀因素的推动，近三个榨季我国食糖价格连续上涨，尤其是 2009/2010 榨季和 2010/2011 榨季上涨迅猛，其上涨幅度之高在我国尚属首次。2008/2009 榨季，国内甘蔗糖平均批发价为 3398 元/吨；2009/2010 榨季为 5017 元/吨，比上榨季同期涨 48%；2010/2011 榨季为 7111 元/吨，比上榨季同期涨 42%，是 2008/2009 榨季的 2.1 倍，也是历史上食糖

价格最高的年份。

2010年10月至11月上旬，受产区库存薄弱和国际糖价高涨的影响，国内糖价继续2010年6月以来的涨势，从2010年9月的每吨5743元一跃上升到10月的6253元和11月的7155元，涨幅分别达到8.9%和14.4%，其中11月中旬达到7400元以上的历史高位。11月中旬后，国家出台了一系列针对农产品期货市场的政策，食糖价格出现大幅跳水，11月底每吨回落到6800元。2010年12月至2011年1月，食糖价格基本围绕7000元/吨上下波动。

2011年1月下旬，糖价出现又一轮明显上涨，月底达到7000元/吨以上。2月初，受国际糖价迅猛上涨至历史高位的推动，国内糖价继续攀升，月中到达7300/吨上下。2月中旬后，受国际糖价大幅下跌影响，国内糖价小幅下挫，月底跌至7150元/吨。3~6月是国内糖价最为平稳的阶段，糖价基本围绕7000~7200元/吨窄幅波动。7~8月，受国际糖价再次大幅冲高影响，同时国内供应缺口导致对进口糖高度依赖，国内糖价再现第三轮涨势，7月均价上升到7252元，环比涨2.6%；8月国内糖价配合国际糖价的涨势冲击历史新高，中旬广西南宁甘蔗糖批发价格每吨冲破7800元，而北方甜菜糖价格也达到8000~8300元/吨，8月国内食糖均价每吨为7667元，环比涨5.7%，比2010年同期上涨43%，是历史上食糖价格最高的月。8月，国家连续两次投放国储糖40万吨，投放力度在我国历史上为最大，国内供需紧张局势得到明显缓解，8月底开始国内糖价明显回落，9月下旬每吨稳定在7200~7300元。9月食糖均价为7418元/吨，环比下降3.3%。

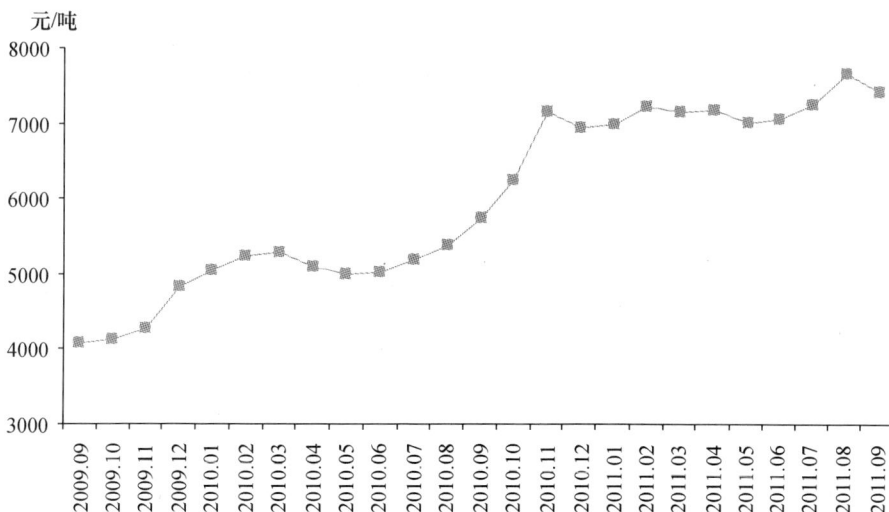

图34　近三个榨季我国甘蔗糖批发价格

数据来源：云南昆明、云南甸尾、广东湛江、广西南宁、广西柳州5大蔗糖批发市场平均价。

四、2010/2011 榨季国际糖市大起大落，2011/2012 榨季供大于求

2010/2011 榨季初期，全球各主要机构普遍预测各食糖主产国将大幅增产，但之后多个主产国遭遇灾害，食糖产量预期不断下调。受此预期影响，国际糖价从榨季初开始一路上扬，从 2010 年 10 月的 26 美分/磅一路走高，在 2011 年 2 月 2 日纽约糖 11 号主力合约价格达到历史最高点 35.3 美分/磅。之后，在巴西、印度和泰国等国家食糖增产的影响下，2011 年 2 月中旬国际糖价大幅跳水，2 月底跌到 27.8 美分/磅，与月初的历史最高价相比下跌了 21%。3~5 月，国际糖价一路狂泄，在 5 月 6 日触底 20.5 美分/磅。5 月上旬，主产国发货不畅以及巴西食糖减产预期推动国际糖价再次一路上扬，在 8 月中下旬上涨到 31 美分/磅。9 月开始，各国食糖产量和出口量增加，国际糖价又出现小幅下跌态势，榨季末基本围绕 28 美分/磅上下浮动。

总体来看，2010/2011 榨季国际糖市跌宕起伏，创出历史新高后大幅跳水，之后又卷土重来出现第二轮上涨。2010/2011 榨季国际食糖均价为 27.7 美分/磅，比上榨季涨 33.4%，是历史上糖价最高和振荡幅度最大的年度。

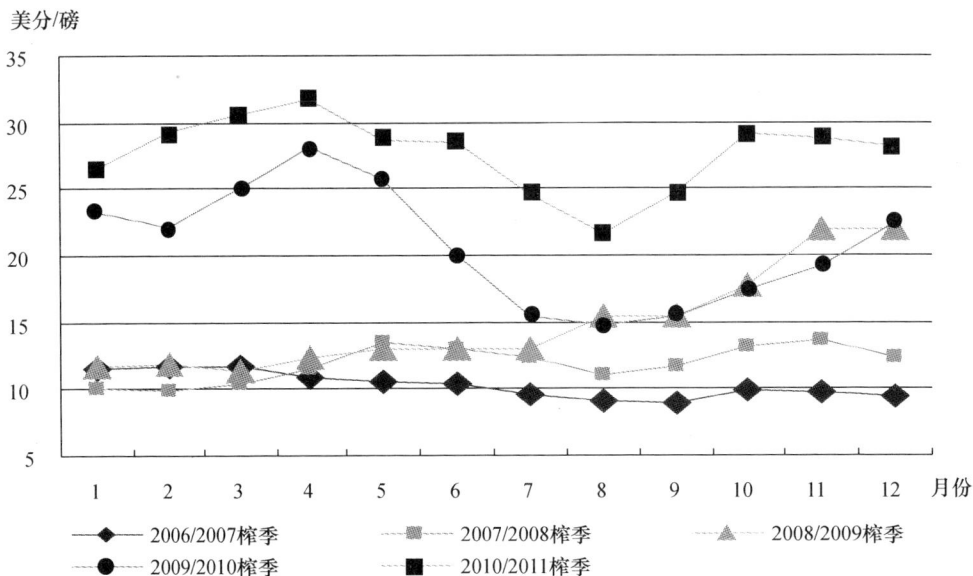

图35　国际食糖价格走势

数据来源：根据纽约 11 号原糖价格计算整理。

从全球宏观经济来看，欧洲债务危机形势依然严峻，对商品市场形成打压，食糖价格缺乏上涨动力。供给方面，多家糖业机构预测2011/2012榨季全球食糖增产。9月国际糖价组织ISO预计食糖过剩量为420万吨，10月瑞士洛桑糖业咨询机构Kingsman最新预测本榨季全球食糖过剩量达到916万吨。总体上看，全球食糖产量高于消费量，且出口量高于进口需求。受此影响新榨季国际糖价有可能回落。同时，国际糖价组织ISO预计2011/2012榨季中国将进口300万吨食糖，超过欧盟和俄罗斯，成为全球最大的食糖进口国。

五、2011/2012新榨季食糖产量增幅不大，糖价还将维持高位运行

虽然2010/2011榨季食糖年度价格最高，但糖料收购价格的上涨大部分都被不断攀升的种植成本所抵消。据广西物价公布的数据，2010/2011榨季广西最终甘蔗结算价为492元/吨，每吨比上榨季增加了134元，但由于人工成本高涨，农民种蔗每亩地利润不到1000元，种蔗比较效益低下，农民扩种积极性不高。预计2011/2012榨季糖料面积小幅增长，但食糖大幅增产的可能性不大，供需状况仍将偏紧，糖价还将在7000元/吨上下波动。另外，目前制糖企业制糖成本普遍在6500元/吨上下，成本推动使得新榨季糖价易涨难跌。

2011年10月国家发改委发布了《关于完善糖料收购价格政策的通知》，要求广西、广东、云南、海南和新疆五个糖料主产区实行糖料收购价由各省区政府统一定价，并且纳入地方政府定价目录。地方政府统一定价，可以有效保护农民的利益，同时减少跨区抢甘蔗的现象。

2011年猪肉市场形势分析及展望

中国农业科学院农业信息研究所　　聂凤英　　张学彪　　朱增勇

总体来看，2011年我国猪肉价格先涨后跌。其中，1~9月猪肉、活猪和仔猪价格持续攀升，6月时猪肉和活猪价格开始突破2008年上半年的峰值，7、8、9月屡创历史新高。进入第4季度，猪价连续下跌。随着生猪供给能力的逐渐释放，2012年春季猪肉价格将步入下行轨道。

一、市场运行特点分析

（一）猪肉、活猪价格：1~9月持续飙升，10~12月快速下滑

2011年1~9月我国猪肉市场价格持续上涨，由年初的每公斤22.17元一直涨至9月的30.35元，涨幅高达36.9%，并于6月开始超过2008年2月创造的历史最高纪录。从环比来看，6月猪肉价格环比涨幅最大，达到11.4%；其次是7月，环比上涨9.7%。进入第4季度，猪肉价格转而下滑，月度环比降幅分别为1.3%、6.2%和3.4%，12月猪肉价格为27.17元，比上年同期上涨23.8%。通过与2007~2010年四年平均水平对比来看，2011年猪肉价格上涨走势异常突出，即便在春节过后的传统消费淡季仍呈上涨势头，且远高于四年平均水平。

活猪价格波动与猪肉价格波动趋势一致，2011年1~9月呈现出较强的上涨势头，9月时已涨至19.68元，比年初上涨41.8%。其中，1~5月涨速相对较慢，环比涨幅均低于3.5%，6~7月涨速较快，环比涨幅分别高达12.9%和8.2%，8~9月上涨相对稳定，环比涨幅均为1.8%。进入第4季度，活猪价格开始下跌，环比跌幅分别为2.8%、8.7%和1.8%，跌至17.15元。

（二）白条肉周价：1~7月持续上涨，7~9月高位振荡，10~11月稳步下滑，12月略有回升

据商务部监测，2011年以来全国规模以上生猪定点屠宰企业白条肉平均出厂价格整体呈先升后降趋势。其中，1~4月上涨温和，环比涨幅多在1%以

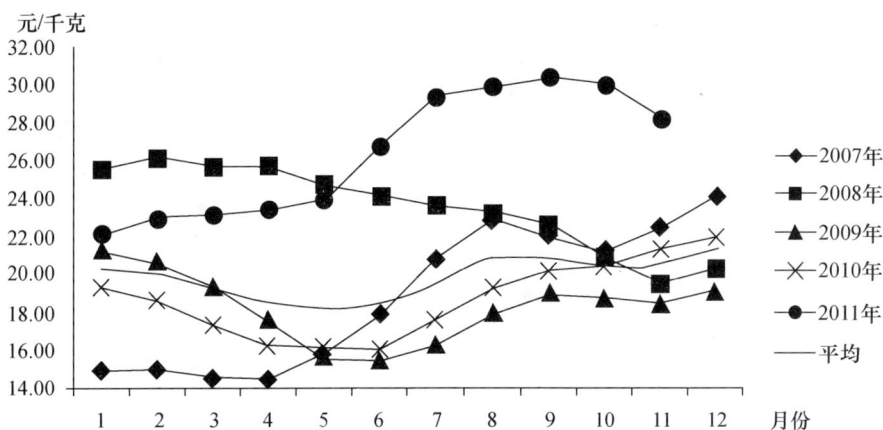

图36　1~12月我国猪肉价格波动情况

数据来源：农业部畜牧业司。

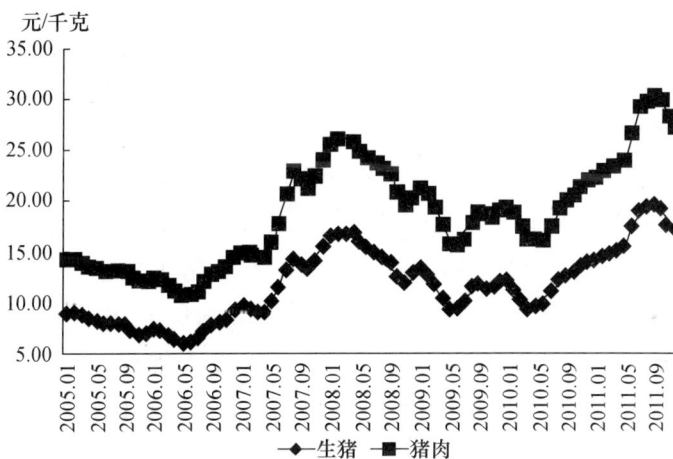

图37　2005年1月~2011年12月我国生猪产品价格

数据来源：农业部畜牧业司。

内；5~6月出现快速上扬，尤其是在5月下旬至7月初这段时间，环比涨幅均超过2%，白条肉价格迅速涨至每公斤20元之上，创历史新高；7~9月价格处在高位振荡，维持在25元之上的高水平；9月下旬开始，价格转而下滑，连续12周下跌；进入12月，受需求层面的积极影响，价格略有回升。

（三）区域变化：东北地区猪价上涨最快，猪肉价格下跌最快；华南地区活猪价格下跌最快

2011年初时西南地区猪肉价格最高，为23.04元；东北地区猪肉价格最低，为20.85元。华南地区活猪价格最高，为14.55元；东北地区活猪价格最

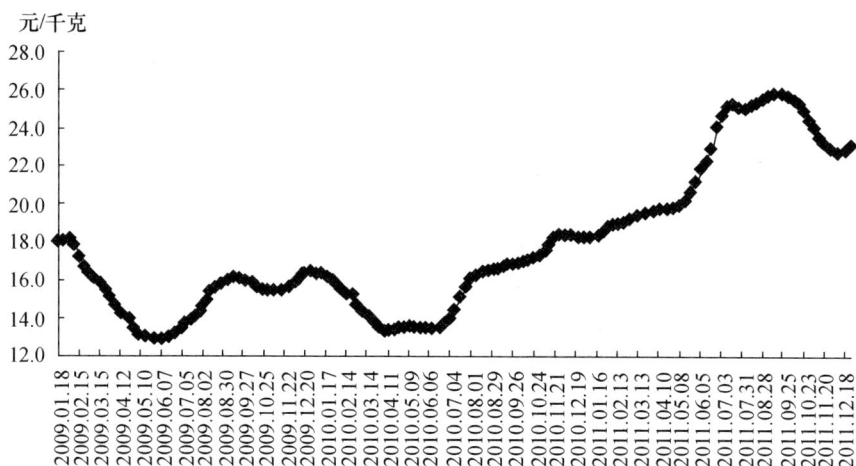

图 38　2009 年 1 月 ~ 2011 年 12 月全国规模以上生猪定点屠宰企业白条肉平均出厂价格

注：价格为横坐标中具体日期所在当周的平均价格。

数据来源：商务部市场运行调节司。

低，为 12.98 元。

在价格上涨期间，东北地区猪肉价格上涨最快，于 2011 年 7 月涨至 30.34 元，为年内最高水平，也是 7 月全国最高水平，比年初上涨 45.6%。华北、华东、华中、华南、西南和西北地区猪肉价格上涨相对较慢，均于 9 月达到年内最高水平，涨幅也低于东北地区。华南地区猪肉价格上涨最慢，9 月比年初上涨 32.6%。从活猪价格来看，东北地区上涨仍然最快，同样于 7 月涨至年内最高水平，比年初上涨 49.5%，华北地区也于 7 月涨至年内最高水平。华东、华中、华南、西南和西北地区活猪价格均于 9 月涨至年内最高水平。其中，华南地区上涨最慢，9 月比年初上涨 36.9%。

表 7　2011 年 9 月我国各地区猪肉和活猪价格及变动幅度

	猪肉			活猪		
	平均价格（元/公斤）	与 1 月相比（%）	同比（%）	平均价格（元/公斤）	与 1 月相比（%）	同比（%）
华北	30.06	39.5	53.5	19.19	38.8	51.7
东北	29.73	42.6	56.0	18.79	44.7	55.6
华东	29.92	36.7	47.6	19.63	41.9	52.7
华中	30.72	36.8	51.7	19.83	40.4	55.1
华南	29.39	32.6	52.6	19.92	36.9	57.7

续表

	猪肉			活猪		
	平均价格 （元/公斤）	与1月相比 （%）	同比 （%）	平均价格 （元/公斤）	与1月相比（%）	同比 （%）
西南	31.02	34.7	51.7	20.26	43.1	64.1
西北	31.52	38.0	50.2	20.80	46.9	64.9

数据来源：农业部畜牧业司。

在价格下跌期间，东北地区猪肉价格下跌最快，由2011年9月的29.73元迅速下跌至12月的26.18元，跌幅达11.9%；西南地区下跌相对最慢，跌幅为7.9%。华南地区活猪价格下跌最快，由9月的19.92元迅速下跌至12月的16.5元，跌幅达17.1%；西南地区下跌相对最慢，跌幅为10.2%。

二、生猪养殖收益变动趋势

（一）仔猪价格：2011年1～9月持续快速攀升，10～12月迅速下滑

2011年1～9月我国仔猪价格呈快速攀升态势，10～12月又快速下降。春节前夕，受疫情和前期效益低迷影响，仔猪价格出现短暂下降；进入2月，仔猪价格开始持续快速上涨；3月涨至22.82元，环比涨幅高达17.3%；4～7月涨势不减，环比涨幅分别为9.5%、6.9%、16.5%和13.3%，仔猪价格迅速涨至30元以上；8月开始，仔猪价格涨势放缓，8～9月环比分别上涨2.9%和2.4%；9月价格达到37.15元，仅次于2008年4月的历史峰值；10～12月仔猪价格快速下降，环比跌幅分别为2.4%、11.4%和8.4%，至29.44元，比上年同期仍上涨57.5%。

（二）饲料价格：1～10月玉米价格持续走高，猪饲料价格平稳上涨，11～12月略有下降

据农业部监测，2011年1～10月我国玉米和猪饲料价格均呈上涨态势。玉米价格由年初的2.11元涨至10月的2.46元，涨幅为16.4%，猪饲料由年初的2.82元涨至10月的3.05元，涨幅为8.2%。作为生猪产业重要的饲料原料，玉米价格的持续高涨直接提高了养殖成本，压缩了养殖利润空间，增加了市场风险，在一定程度上抑制了饲养户的补栏积极性。11～12月玉米和猪饲料价格略有下滑，分别跌至2.36元、3.02元，但同比涨幅分别为11.1%、7.4%。

（三）猪粮比价：先快速上升，随后下跌，维持在 6:1 之上

随着活猪价格的大幅快速上涨，猪粮比价也持续攀升，并于 7 月升至 8:1 之上，养猪进入高盈利阶段。据测算，2011 年 6 月出栏一头 100 公斤的肥猪盈利已超过 500 元。然而，由于玉米价格的不断上涨，养猪收益被明显压缩，9 月时活猪价格继续上扬，高于 2008 年所创下的峰值，但猪粮比价已开始下降，盈利水平明显低于 2008 年。2008 年 1~4 月出栏一头 100 公斤的肥猪盈利超过 600 元。10 月时猪粮比价跌至 8:1 之下，12 月降至 7.25:1。

三、影响因素

供求关系变化是影响我国猪肉市场的根本因素。2011 年以来的价格持续上扬主要是由前期疫情影响引致的供给不足导致的，社会通胀预期、国外农产品价格传导等因素也支撑了猪价的上涨。随着扶持政策的推行，生猪供给能力恢复，供求关系发生显著变化，猪肉价格开始持续下行，即使在岁末年初，需求层面的积极影响也没有改变价格下行的大趋势。此外，进口增加、疫情减少、政策调控等因素也对猪肉市场产生了影响。这些因素的具体影响分析如下：

（一）生猪市场供给不足是猪肉价格上扬的主要原因

2011 年我国猪肉价格持续上涨，尤其是在消费淡季 6~7 月，猪肉价格环比涨幅竟创年内最高，猪肉市场供给不足问题凸显。受春节前后低温天气及动物疫情影响，年初母猪产仔率下降，仔猪死亡率上升，导致生猪存栏下降，2 月生猪存栏 4.44 亿头，连续 3 个月减少。同时，由于 2009 年下半年至 2010 年上半年期间活猪价格低迷，部分养殖场户缩减养殖规模，能繁母猪存栏下降。2 月能繁母猪存栏 4730 万头，连续 2 个月减少，比上年同期减少 3.3%。生猪存栏和能繁母猪存栏的双双下降导致了出栏肥猪的减少。因此，虽然是猪肉消费淡季，但是生猪出栏减少的幅度超过了消费量下降幅度，这是 2011 年猪肉价格先平稳后加速上扬最根本的原因。据国家统计局公布的数据显示，前三季度，猪肉产量 3568 万吨，同比减少 0.6%。

（二）政策因素有效促进了生猪供给能力的恢复

为促进生猪生产持续健康发展，2011 年 7 月中旬国务院常务会议研究确定一系列支持生猪产业发展的政策措施。包括将中央支持大型标准化规模养殖场和小区建设的投资恢复至 25 亿元，今后视情况适当增加；对养殖户（场）按每头能繁母猪 100 元的标准给予补贴；继续落实能繁母猪保险保费补贴政策；将生猪调出大县奖励范围由 421 个县增加至 500 个县等。这些政策大都在 2007～2008 年度便已开始实施，并对当时我国生猪产业快速恢复做出了重要贡献。经过近两年的发展，生猪产业政策扶持的基础有所增强，2010 年全国年出栏 500 头以上生猪规模化养殖比重已达到 35%，畜牧业科技进步率也提高到 52%，政策操作也更有针对性，因此，这些政策的实施有效促使了我国生猪生产能力的恢复。

（三）在供给恢复背景下进口持续增加释放了政府平抑物价的强烈信号，冲击了国内市场

据中国海关统计，2011 年 4 月以来，我国猪肉进口量持续增加，尤其在 9～11 月，其中 11 月进口量创单月进口量新高，达到 7.54 万吨，环比增长 41.9%，比上年同期增长 2.13 倍。2011 年 1～11 月猪肉累计进口达 37.82 万吨，同比增长 1.21 倍。从价差来看，2011 年以来国内外猪肉价差不断扩大，7 月时国内外价差达 19.15 元/公斤，为 2005 年来最高水平。11 月进口猪肉价格为 13.37 元/公斤（未含运输成本、切割费等），相当于我国猪肉价格的 50% 左右。在生猪供给持续增长的背景下，虽然进口量相对于国内猪肉产量而言较少，但是持续增长的进口向市场释放了强烈信号，反映出国家稳定物价、抑制通胀的决心，在一定程度上冲击了国内猪肉市场。

（四）流动性释放及国际市场形势影响了社会通胀预期

2011 年以来，我国货币政策由适度宽松转为稳健，截至 6 月底，M1、M2 和人民币贷款余额同比增速分别比 2010 年末低 8.1 百分点、3.8 个百分点和 3.0 个百分点，上述指标均已下降至相对较低水平，流动性过剩问题明显缓解。但是，2008 年以来的适度宽松政策影响依然存在，部分投资资金由房地产市场、股市转向贵金属和其他投资品领域，对通货膨胀预期的影响不容忽视。同时，欧美主权债务危机等世界经济中的不确定性不稳定性因素增加，投资者纷纷转移资产进行避险，也带来流动性的增加。从国内来看，我国物价水平一直高企不下，居民消费价格指数（CPI）于 7 月创下 37 个月以来的新高，达到 6.5%。目前，虽然物价水平总体小幅回落，但物价调控形势依然严峻，国内劳动力成本上升、国际流动性充裕所带来的输入性通胀因素都存在着推高价格上行的可能性。

此外，2011 年 3 月发生的"瘦肉精事件"仅对我国局部地区的猪肉市场产生了短暂影响，3 月第 4 周河南地区活猪价格跌至全国最低水平，猪肉价格也连续两周下降。但进入 4 月，活猪、猪肉价格均呈上涨势头。其中，仔猪价格一直处于上涨态势。与往年同期相比，3 月我国猪肉价格正处于下滑轨道，但是 2011 年由于供应不足导致猪市淡季不淡，"瘦肉精事件"对猪市影响有限。

四、现存问题及后市展望

（一）现存问题

目前，我国猪肉市场平稳健康发展面临着两个突出问题：

（1）政策问题。为促进生猪产业持续健康发展，我国于 2007 年开始出台各项政策措施。事实证明，这一系列措施有效保障了我国生猪市场供给，促进了生猪产业的快速发展。但是，近五年来猪肉价格波动也有加剧趋势，严重损害了饲养户及消费者利益。目前的政策多集中在猪肉价格上涨阶段，在价格大幅下跌期间的扶持政策相对薄弱，仅出台了《预案》。2011 年底，猪肉市场在旺盛需求拉动下止跌回升，春节过后，消费淡季到来，需求层面的积极影响不复存在，供给层面的影响将占据主导。因此，2012 年必须加强对猪肉市场的监测，及时准确把握猪肉市场的苗头性变化，加强完善《预案》等政策，采取有效措施预防猪价大幅下跌。

（2）疫病问题。"十一五"期间生猪市场供应曾两度因重大疫情爆发出现供应短缺局面，引起猪肉市场大幅波动，给生猪产业带来重大损失。随着生猪养殖规模化、集约化和标准化的发展以及畜牧科技的进步，生猪市场的抗风险能力会逐步提高，对疫情的防控能力也会不断增强，但是今后国内重大动物疫情防控形势依然严峻。目前，为稳定生猪生产，必须采取各项措施加强公共防疫，并通过猪场建设提高应对气候异常的能力，避免再次出现由于疫情、天气原因致使仔猪成活率下降的现象。

（二）后市展望

在需求拉动下，岁末年初猪肉市场价格止跌回升，后期走势主要取决于以下四个因素影响：①供给因素。据农业部监测，2011 年 3～11 月我国生猪存栏连续 9 个月增长，达到 4.76 亿头，能繁母猪存栏达到 4905 万头。商务部公布 2011 年 12 月全国规模以上生猪定点屠宰企业屠宰量 2232.8 万头，连续 5 个月增加。节日效应带来的需求层面积极影响过后，持续增长的供给产能将逐步释放。②政策调控。2011 年 8 月以来，我国居民消费价格指数逐步下降，物价上涨压力明显放缓，但是中央保持物价总水平基本稳定的工作基调未变，保障农产品供应和稳定农产品价格仍是工作重点。尤其是重大节日期间猪肉调控力度加大。③贸易因素。为平抑国内物价，2008 年我国猪肉进口出现大幅增长，直到居民消费价格指数涨幅降至 5% 以下时，进口才恢复正常。2011 年 11 月居民消费价格指数降至 4.2%，但猪肉进口仍保持增长势头，猪肉进口创单月进口量新高。在供给不断增长和物价上涨压力减弱背景下，猪肉进口大幅增加将冲击国内市场。④疫情因素。据农业部报告，2011年全年未发生区域性重大动物疫情，为我国生猪市场恢复并保持增长创造了良好条件。但是，岁末年初天气寒冷，疫情风险仍然存在，防范工作十分重要。这也是影响生猪市场稳定的关键因素。此外，2011年9月下旬，农业部颁布《全国畜牧业发展第十二个五年规划（2011~2015年)》，进一步指导我国畜牧业持续健康发展、加快现代畜牧业建设，并对生猪产业提出了"到2015年年出栏500头以上生猪规模化养殖比重由目前的35%增加到50%"等具体目标，这是我国生猪产业发展的重要事件，有利于保障我国生猪产业的稳定发展。综合来看，随着生猪生产能力的逐渐释放，2012年春季猪肉价格将步入下行轨道，但受饲养成本增加及宏观经济形势等因素影响，猪肉价格可能仍维持在较高水平。

2011年奶业市场形势分析及展望

中国农业科学院农业信息研究所　李志强　吴建寨　董晓霞

2011年国内奶业价格保持平稳，消费略有恢复，贸易增幅较大；国际市场主要乳品价格"先升后降"，主要乳品出口国产量增加。预计2012年国内奶业价格仍将高位运行，乳品贸易增幅有所放缓，国际市场主要乳品价格会有所下降，第三季度将开始回升。

一、国内奶业价格形势

（一）原料奶价格保持平稳，同比涨幅明显缩小

总体来看，2011年以来全国生鲜乳收购价格环比基本维持稳定态势，同比呈现较大幅度增长。据农业部监测，2011年1~12月内蒙古、黑龙江等10个主产省份生鲜乳月度价格平均为3.20元/公斤，月度间价格波动小，12月最高，达到3.24元/公斤，1月和8月最低为3.18元/公斤。较2010年1~12月（2.89元/公斤）同比上涨了10.93%，但月度价格同比涨幅明显缩小，1月同比涨幅为18.36%，12月同比涨幅下降至3.76%（见图39）。

（二）鲜奶零售价格持续上涨，后期出现波动

根据国家发改委价格信息网的监测显示，2010年6月以来，截至2011年10月，全国监测城市鲜奶平均零售价格连续17个月上涨，累计涨幅达到11.94%。2011年1~12月，全国监测城市鲜奶平均零售价格为3.60元/500克，比2010年同期的3.37元/500克增长了6.79%。其中，10月鲜奶零售价格为3.75元/500克，环比和同比涨幅均为2011年最高，虽然11月鲜奶零售价格下跌2.13%，但总体上看，年度价格仍保持增长趋势。鲜奶零售价格的月度同比涨幅5月以来有所扩大，但在年底又缩小。1月较2010年同期上涨5.74%，最高为10月，同比涨幅达到10.29%（见图40）。

元/500克

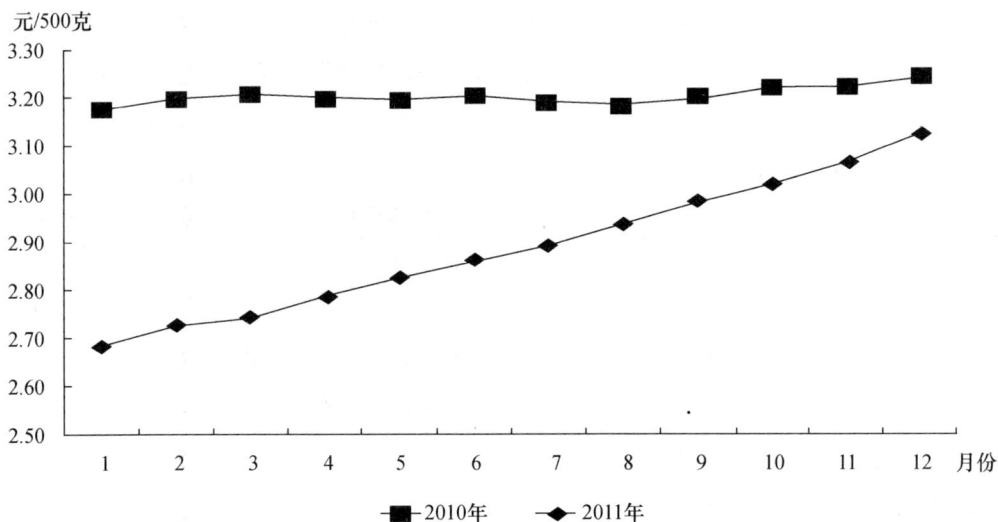

图39 2011 年 1～12 月主产省生鲜乳月度平均价格

数据来源：农业部畜牧业司。

元/500克

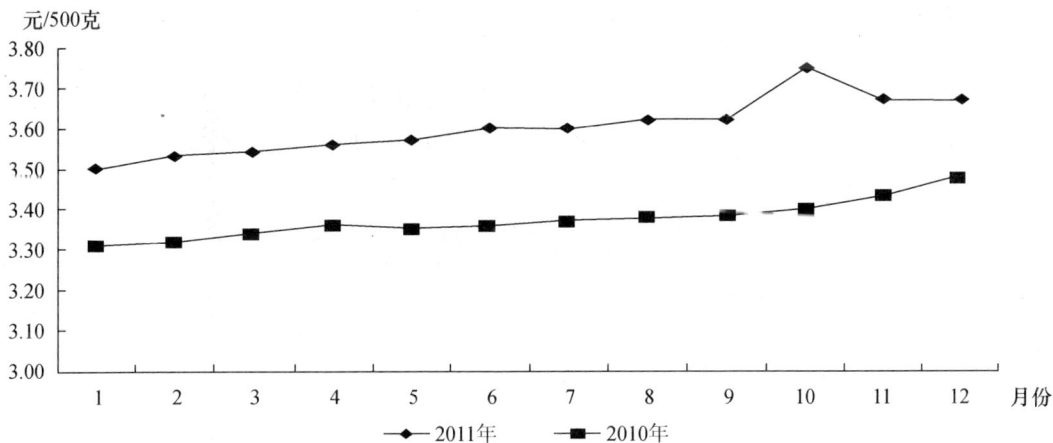

图40 2011 年 1～12 月全国鲜奶零售市场月度平均价格

数据来源：国家发改委价格信息网。

二、乳品消费形势

（一）全国城镇居民乳品消费同比小幅增加，鲜乳品消费量出现下降

总体来看，2011 年上半年我国城镇居民乳品消费数量基本与 2010 年同期持平，同比小幅增长。从表 8 可以看出，2011 年上半年全国城镇居民乳品消费数量为 10.79 公斤/人，与 2010 年上半年（10.58 公斤/人）同比略涨

1.98%。分品种看，鲜乳品消费量出现下降，奶粉和酸奶消费量增加。其中鲜乳品消费量同比下降 4.02%，奶粉与酸奶消费量同比增加 26.09% 和 4.55%。

表8　2011年上半年全国城镇居民奶制品消费　　　　　单位：公斤/人

年份	合计	鲜乳品	奶粉	酸奶
2011年上半年	10.79	6.92	0.29	1.84
2010年上半年	10.58	7.21	0.23	1.76
同比增长（%）	1.98	-4.02	26.09	4.55

注：乳品消费合计数已将奶粉按1:7折鲜。

数据来源：国家统计局。

（二）大中城市居民乳品消费总体回升，但仍明显低于往年同期水平

全国36个大中城市城镇居民奶类消费监测数据显示，经过2010年第2季度后的乳品消费低谷后，2011年以来乳品消费总量回升。从表9可以看出，2011年第1~3季度人均乳品消费量为20.39公斤，接近2010年同期水平。其中第2季度人均乳品消费量6.89公斤，同比增长2.53%。但2011年乳品消费量仍明显低于往年同期水平，为近5年来的最低水平（见图41）。

表9　2008年以来大中城市居民分季度乳品消费情况　　　　　单位：公斤/人

	2008年	2009年	2010年	2011年
第1季度	7.25	6.84	7.09	6.81
第2季度	7.90	7.35	6.72	6.89
第3季度	7.74	7.32	6.63	6.69
第4季度	6.00	7.10	6.59	—

注：乳品消费合计数已将奶粉按1:7折鲜。

数据来源：中国奶业协会。

三、乳品贸易形势

（一）乳品贸易快速增长，出口增幅高于进口

总体来看，2011年1~12月，我国乳品进出口均保持较快增长，出口金额增幅最为明显。据海关统计，截止到12月底，乳制品进出口总金额由上年同期的201355.57万美元提高至277086.80万美元，同比增加37.61%。其中，

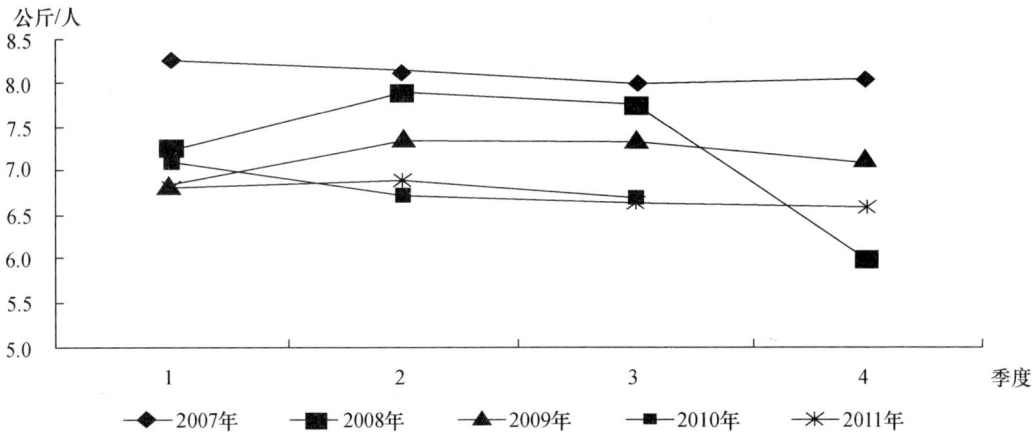

公斤/人

图41　2007年以来36个大中城市居民奶制品消费

进口金额 269123.14 万美元，同比增长 36.64%，占进出口总贸易额的 97.13%，比 2010 年同期下降了 0.69 个百分点；出口金额 7963.65 万美元，同比增长 81.23%，占进出口总贸易额的比重略增。乳制品进出口总量为 96.78 吨，同比增长 24.21%，其中进口总量 92.44 万吨，同比增长 24.02%，占进出口总量的 95.52%，与上年同期相比减少了 0.15 个百分点。同期，我国乳品出口量为 4.33 万吨，同比增长 28.32%，略高于乳品进口总量增长水平（见表 10）。

表 10　2011 年 1～12 月乳品进出口情况　　　　单位：万吨、万美元

	进口		出口	
	数量（万吨）	金额	数量	金额
2010 年 1～12 月	74.59	196961.36	3.38	4394.21
2011 年 1～12 月	92.44	269123.14	4.33	7963.65
同比增长（%）	24.02	36.64	28.32	81.23

（二）奶粉进口同比仍较快增长，新西兰进口奶粉比重增加

奶粉进口仍保持较快增长，但增幅小于乳品总体水平。据海关统计，2011 年 1～12 月，全国奶粉进口数量和金额为 44.96 万吨、164553.20 万美元，同比分别增长了 8.58% 和 18.54%，但数量和金额的同比增幅均小于乳品进口总体水平（见表 11）。

表11　2011 年 1～12 月奶粉进口情况　　　　　　　单位：万吨、万美元

	奶粉进口		从新西兰进口	
	数量	金额	数量	金额
2011 年 1～12 月	44.96	164553.20	36.71	135693.18
2010 年 1～12 月	41.41	138811.14	33.65	113577.88
同比增长（%）	8.58	18.54	9.07	19.47

　　从奶粉进口来源地看，新西兰仍是我国奶粉进口最主要的来源国，其中，2011 年全年从新西兰进口奶粉 36.71 万吨，占奶粉进口总量的 81.64%，比2010 年同期增加了 0.37 个百分点；进口金额 135693.18 万美元，占奶粉进口总额的 82.46%，比 2010 年同期降低了 0.64 个百分点（见表 12）。第 1 季度我国从新西兰进口奶粉高达 13.96 万吨，同比增长 46.33%，3 月即超过年度特保触发量（中新自贸协定中规定 2011 年特保触发水平为 109974 吨），特保触措施启动月份早于往年（2009 年 6 月启动，2010 年 4 月启动）。

表12　2011 年 1～12 月从新西兰进口奶粉情况　　　　　　单位:%

	从新西兰进口奶粉比重	
	2011 年	2010 年
1 月	82.47	82.35
2 月	84.41	86.10
3 月	87.83	86.14
4 月	89.42	87.62
5 月	85.71	87.96
6 月	86.81	86.43
7 月	80.22	75.99
8 月	73.28	65.74
9 月	54.92	63.14
10 月	62.19	76.62
11 月	75.16	78.93
12 月	77.74	83.31

四、国际市场形势

（一）主要乳品价格波动明显，2011 年 7 月以来下降明显

2011 年国际市场切达干酪、黄油、脱脂奶粉、全脂奶粉等乳品价格走势均呈现"先升后降"趋势。具体表现为 1～6 月上扬，7 月后下降，尤其第 4 季度降幅较大。

据英国环境、食物与农村事务部统计数据，自 2010 年 9 月以来国际市场乳品价格持续 7 个月上涨后，2011 年 4 月出现转折，乳品价格开始下降，虽然在 5～6 月出现小幅上升，但 7 月后再次下跌。12 月国际市场上黄油、脱脂奶粉、全脂奶粉的价格为每吨 3650 美元、3250 美元、3450 美元，与 6 月相比每吨下降了 1050 美元、550 美元、500 美元，主要乳品价格接近 2010 年年初水平，但仍高于 2009 年的价格水平（见图 42）。

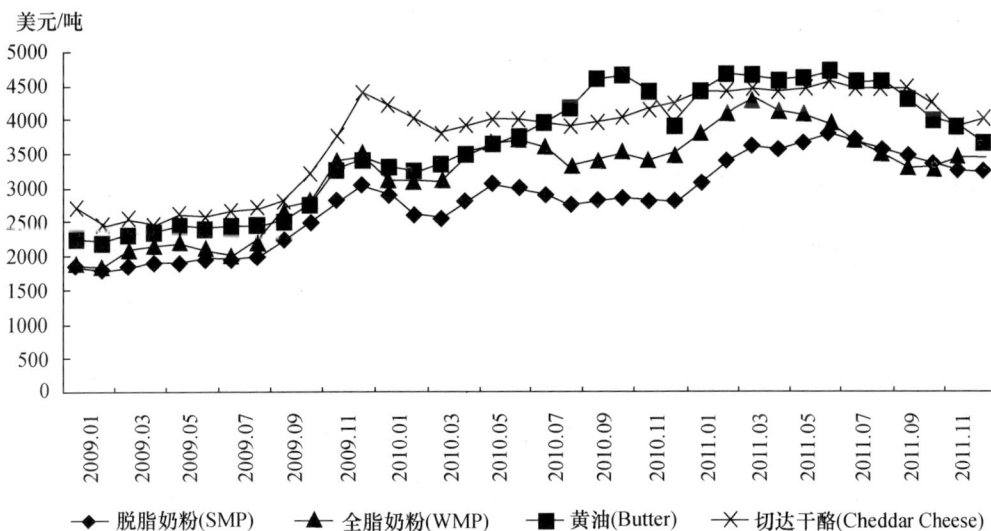

图 42 2009 年以来国际市场主要乳品月度批发价格

（二）美国奶牛存栏逐渐恢复，牛奶供应量略有增加

2011 年，美国奶牛存栏数逐月增加，牛奶供应量小幅提升。据美国农业部统计，2011 年 12 月牛奶产量 751.1 万吨，同比增长了 2.53%；全年生产牛奶 8898.6 万吨，同比增长 1.74%。

表13　2011年美国月度牛奶产量表　　　　　　　　单位：万吨

	2010 年	2011 年	同比（%）
1 月	727.00	743.20	2.23
2 月	669.10	683.30	2.12
3 月	753.60	769.90	2.16
4 月	744.60	755.00	1.40
5 月	772.90	783.20	1.33
6 月	741.80	749.50	1.04
7 月	745.50	749.00	0.47
8 月	730.00	745.40	2.11
9 月	704.90	716.80	1.69
10 月	721.20	736.20	2.08
11 月	703.00	716.00	1.85
12 月	732.60	751.10	2.53
合计	8746.20	8898.60	1.74

五、奶业发展形势展望

（一）国内市场

原料奶和鲜奶价格仍将保持高位运行。目前我国仍属于贫奶国家，人均奶品占有量仅相当于国际水平的1/8～1/10，与亚洲国家的人均占有量40公斤也相距甚远。由于社会经济的发展与人民消费水平的提高，中国奶业在未来仍将保持稳固、持续、健康的发展态势，人口大国又决定了我国具有奶业发展的广阔市场。在国外，牛奶是在农村自给自足后，供给城市，而在中国，则是城市先消费，广大待开发的农村市场的消费潜力必将促进奶业进一步发展。综合来看，2012年国内奶业市场仍将保持固有的周期性发展特征，但在国际乳品价格疲软的情况下，奶业价格大幅度提升的可能性小，但将保持高位运行。

国内进口奶粉价格可能会继续上涨。虽然国际市场全脂奶粉价格近几个月来一直呈下降趋势，且2012年1月1日后，国家实行新的进口暂定税率，进口婴幼儿奶粉的税率大幅降低，但在婴幼儿奶粉市场，尤其是高端市场，由于缺乏本土品牌的竞争，外资品牌在产品定价上有充足的话语权，产品价格与实际成本已严重脱节，近几年来，国内洋品牌奶粉每年都会集体提价

1～2次，预计 2012 年进口奶粉价格仍会有上涨的可能，具体上涨幅度需要根据后期国际市场奶粉价格走势判断。

奶粉进口增幅可能有所放缓。近年来国家对食品质量安全监管力度不断增强，企业质量安全意识有较大幅度提升，国内消费者对国产乳制品消费信心将逐步增强。加上国家对进口奶粉等的宏观调控，近几年来一直保持快速增长的乳制品进口速度可能会有所放缓。

（二）国际市场

预计在 2012 年主要原料奶生产大国的奶产量都会出现温和增长，乳制品进口需求会保持相对稳定，发展中国家，尤其是具有关键意义的亚洲市场，经济将会保持增长。不断增加的人口和可支配收入的增长将成为拉动消费的主要动力。然而，由于乳制品库存不足，尤其是缺乏足够的政府库存，使得市场对产量的变动非常敏感，价格也会跟着快速波动。预计 2012 年上半年的国际市场乳品价格会有所下降，第三季度将开始回升。根据 2012 年 2 月 1 日最近一次的恒天然乳品竞拍情况，所有合同的所有产品的平均价格目前在 3666 美元/吨，与上次交易相比下跌 0.9%。其中，2012 年 3 月交货的乳品价格平均下降了 0.9%，2012 年 4 月交货的乳品价格下降了 1.2%，2012 年 5～7 月交货的乳品价格上涨了 0.4%。

2011年牛羊肉市场形势分析及展望

中国农业科学院农业信息研究所   曲春红   司智陟

受牛羊肉供给偏紧，以及饲养成本不断增加的影响，自2011年5月第1周起，国内牛羊肉价格已连续35周回升。1~12月牛肉出口量大于进口量，羊肉长期保持净进口。美国牛肉价格上涨，羊肉价格高位略降；欧盟全年牛肉价格持续上涨，羊肉价格回升，均高于上年同期。

一、牛羊肉市场运行特点

（一）国内价格

牛羊肉价格持续上涨。从全国月度平均价格看，2011年1~12月牛羊肉价格呈上涨—下跌—上涨的态势。1~2月价格延续上年的上涨势头，2月牛羊肉价格分别为36.41元/公斤和40.76元/公斤，环比分别上涨1.9%和3.5%，同比分别上涨5.5%和16.9%；3~4月价格下跌，5月价格略有回升，6月价格涨势趋强，从7月起牛羊肉价格连创历史新高，12月价格分别为39.78元/公斤和46.50元/公斤，环比分别上涨1.6%和3.3%，同比分别上涨13.6%和23.9%。

牛羊肉价格差逐月拉大。2010年1月起至2011年12月，羊肉集市价格连续24个月高于牛肉。2010年1月牛羊肉价格差仅为0.06元/公斤，2011年12月价格差已达到6.72元/公斤，价格差呈现逐月拉大趋势。

周价连续35周上涨。从周价看，2011年2月第3周至4月第4周，牛羊肉价格连续10周下跌，价格分别跌至35.54元/公斤和39.72元/公斤，比2月第2周的36.59元/公斤和40.91元/公斤均下降了2.9%，从5月第1周起，牛羊肉价格开始回升，到12月第4周已连续35周上涨，价格分别为40.11元/公斤和47.00元/公斤，比4月第4周分别上涨了12.9%和18.3%。

从各省市区周价看，2011年12月第4周与4月第4周相比，牛肉涨幅超过10%的有22个省市区，最高的是上海（22.6%），其次是重庆（21.7%）、安徽（21.7%）、内蒙古（17.8%）、湖北（17.4%）和辽宁（17.0%），涨幅最少的是新疆（2.2%），其次是浙江（4.8%）和青海（6.2%）。

从各省市区周价看，2011年12月第4周与4月第4周相比，羊肉涨幅超过20%的有14个省市区，最高的是江苏（36.6%），其次是湖北（31.4%）、内蒙古（29.6%）和青海（28.9%），涨幅最少的是新疆（4.5%），其次是海南（8.1%）和浙江（9.2%）。

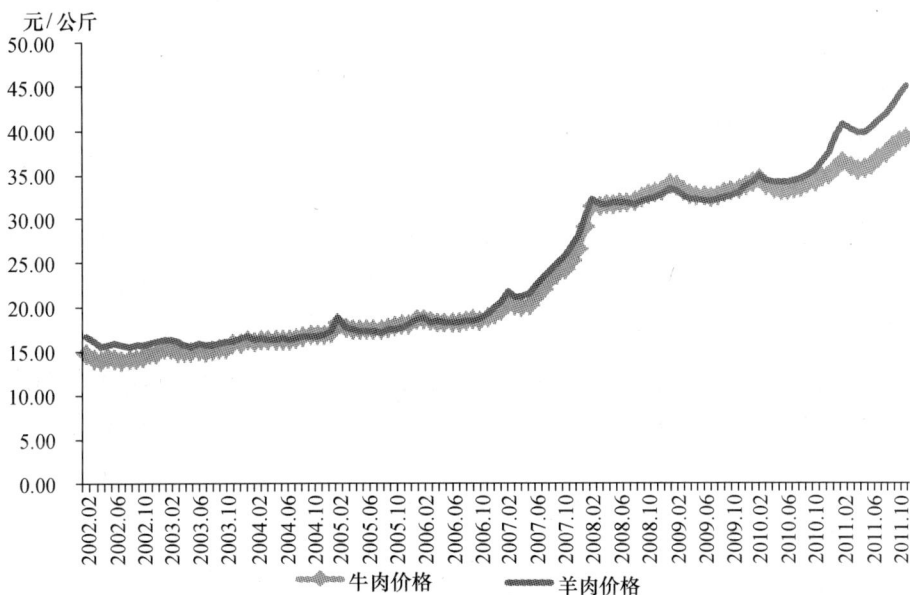

图43 2002~2011年国内牛羊肉平均集市月价
数据来源：农业部畜牧业司。

牛羊肉价格上涨，主要原因是供给不足。随着人们生活水平的提高，居民对牛羊肉的需求呈上升趋势，但牛羊肉供给量并不能满足日益增长的需求量，供求失衡造成价格大幅度上升。

另外，牛羊养殖周期长，养殖成本增加，也导致牛羊肉价格的上涨。2011年饲料价格上涨，主要是玉米的价格居高不下，人工成本上涨，养殖成本平均增长15%。

（二）国内贸易

1. 牛肉累计进出口量均减少，贸易顺差

2011年1~12月，我国牛肉出口量和出口额分别为2.20万吨和1.20亿美元，同比分别减少0.8%和增加9.6%。主要出口我国香港地区、吉尔吉斯斯坦、科威特、约旦和以色列，合计占牛肉出口总额的84.2%。

2011年1~12月，我国牛肉进口量和进口额分别为2.01万吨和9488.39万美元，同比分别减少15.2%和增加12.6%。主要从澳大利亚和乌拉圭进口，占牛肉进口总额的81.2%。

2. 加工牛肉出口增加，以出口为主

2011年1~12月，我国加工牛肉出口量和出口额分别为1.72万吨和8777.81万美元，同比分别增加21.1%和39.5%。主要出口到日本和我国香港地区，合计占加工牛肉出口总额的94.5%。

2011年1~12月，加工牛肉进口量和进口额分别为9.36吨和12.46万美元，同比分别下降83.6%和47.5%。

3. 羊肉以进口为主，贸易逆差

2011年1~12月，羊肉出口量和出口额分别为8117.98吨和5304.63万美元，同比分别减少39.8%和23.1%。羊肉主要出口地是我国香港地区、约旦和阿联酋，合计占羊肉出口总额的81.3%。

2011年1~12月，羊肉进口量和进口额分别为8.27万吨和2.74亿美元，同比分别增加45.2%和75.2%。进口来源国主要是新西兰和澳大利亚，合计占羊肉进口总额的97.3%。

（三）国际价格

1. 美国牛肉价格上涨，羊肉价格高位略降

受美国南部持续干旱以及市场对美国出口牛肉的需求增长、饲育动物成本上升的影响，美国去骨牛肉（90%新鲜）4月达价格高点（4.00美元/公斤），5~10月价格连续回落，11~12月价格上涨，12月价格上涨到3.78美元/公斤，环比上涨5.7%，同比上涨21.2%。美国东海岸精选羊羔肉批发价格继上年9月起已连续8个月上涨，4月达到最高价格7.59美元/公斤，5~6月价格略降，7月持平，8月略降，9月持平，10~12月价格持续回落，12月价格为7.19美元/公斤，环比下降1.2%，同比上涨19.4%。

2. 欧盟全年牛肉价格持续上涨，羊肉价格回升

2011年1月欧盟牛肉价格上涨，2月价格下跌，3~5月价格回升，5月欧盟牛肉价格超过2008年6月高点（3380欧元/吨），达到3393欧元/吨，环比涨1.6%，同比涨11.9%。6月牛肉价格下降，7~12月价格持续上涨，12月价格为3786欧元/吨，环比涨2.2%，同比涨18.5%。

2011年1月欧盟羊肉价格下跌，2~5月价格止跌反弹，5月羊肉价格达到5445欧元/吨，创近几年最高水平，环比涨1.8%，同比涨17.0%。6~9

月羊肉价格下跌，10～12月价格回升，12月价格涨至5079欧元/吨，环比增5.9%，同比增12.2%。

（四）国际贸易

1. 美国全年牛肉出口增加，进口减少，羊肉进口增加

据美农部预计，2011年全年美国出口牛肉和小牛肉（包括牛杂）126.05万吨，同比增加20.9%。墨西哥是美国牛肉出口第一大市场，其次是加拿大、韩国和日本，出口韩国、中国香港地区和日本的牛肉数量大幅增加。2011年全年进口牛肉和小牛肉（不包括牛杂）93.07万吨，同比减少10.7%，加拿大是美国牛肉最大进口来源国，其次是新西兰和澳大利亚，2011年从巴西、加拿大和澳大利亚进口的牛肉和小牛肉数量同比大幅减少，从墨西哥和阿根廷进口数量增加。

2011年全年进口羊肉和羊羔肉7.80万吨，同比增加3.6%，主要从澳大利亚和新西兰进口。

2. 澳大利亚牛肉、羊羔肉累计出口增加，羊肉出口减少

截至2011年11月，澳大利亚共出口牛肉和小牛肉86.7万吨，同比增加2.6%。澳大利亚牛肉主要出口日本，出口31.20万吨，同比减少4.6%；出口美国15.19万吨，同比减少13.8%；出口韩国13.40万吨，同比增加19.6%。截至11月，澳大利亚共出口羊肉7.31万吨，同比减少18.3%，出口羊羔肉14.66万吨，同比增加3.7%。

（五）国际产量

1. 全球牛肉产量减少

受2010年底天气恶劣、畜群重建、动物疫病和投入品上涨等因素影响，全球牛羊肉产量停滞不前。据FAO统计，2011年预计全球牛肉产量7760万吨，比2010年的7780万吨将减少0.3%。

2. 美国牛肉产量同比略降，羊肉产量减少

据美农业部预测，美国2011年牛肉产量1187.84万吨，同比略降。预计2012年牛肉产量1132.41万吨，同比减少4.7%。2011年羊肉产量6.71万吨，同比减少9.8%。预计2012年羊肉产量6.99万吨，同比增加2.7%。

3. 加拿大牛羊屠宰量均减少，牛肉产量下降

据加拿大农业与农业食品部数据，截至2011年12月10日，加拿大共屠宰牛274.05万头，同比减少10.3%；屠宰小牛22.50万头，同比减少1.7%。牛肉产量99.70万吨，同比减少9.1%。屠宰绵羊14.29万只，同比减少 7.9%。

二、存在问题

（1）市场有效供给不能得到保证，不具备规模优势。目前我国部分省区的牛羊出栏或存栏有所下降，比如新疆由于 2010 年冬季北疆遭受罕见的雪灾，一季度全区牛、羊出栏量呈现下滑趋势，牛出栏 62 万头，同比减少 4.0%，羊出栏 860 万只，同比减少 2.8%。另外，随着新疆、内蒙古、青海、甘肃等畜牧大省区禁牧面积的扩大，各地羊只存栏相对减少。

（2）肉类质量安全令人担忧。当前一些地区还存在非法使用瘦肉精等禁用药品、制售假冒伪劣饲料、兽药残留等问题，在生产、流通及价格等环节质量安全隐患堪忧。随着国民生活水平的逐渐提高，我国消费者对于肉类特别是高档牛羊肉的需求与日俱增。据统计，中国 2010 年高档牛肉的消耗量为 15 万吨，比 2009 年增长了 25%。不管是餐饮场所还是家庭，消费者越来越注重优质、安全、无污染的优质牛羊肉产品。

（3）生态保护和牛羊业发展之间的权衡。2011 年 5 月，财政部和农业部联合宣布，在内蒙古、新疆、西藏、青海、四川、甘肃、宁夏和云南 8 个主要草原牧区省（区）及新疆生产建设兵团，正式实施草原生态保护补助奖励机制政策。该措施的实施有利于加快草原生态的恢复，有利于加快草原畜牧业经营方式的转变。但同时，奖励机制政策导致草原禁牧和超载牧场减畜，由此引起部分省区牲畜存栏减少问题应得到足够的重视。

三、未来走势

（1）国内：牛羊肉市场价格持续攀高，有利于进一步调动养殖户补栏的积极性，增加市场供应。但是养殖户从市场价格上涨到着手补栏，会有观望，从补栏到牛羊出栏，又有一个较长的生长期，牛羊肉市场供需缺口缓和需要一定的时间，牛羊肉价格在短期内难以下降。随着天气不断转冷，肉类食品的消费需求增加，市场将进一步活跃，牛羊肉价格将继续上涨。

（2）国际：预计 2012 年全球牛肉产量没有太大变化，牛肉市场继续呈现供应偏紧而需求强劲的特点。美国牛肉产量预计大幅减少，而印度、巴西和阿根廷牛肉产量增加，欧盟和中国牛肉产量将保持稳定。

由于全球需求不断增长，特别是东南亚、中东和北非等新兴市场需求强劲，预计 2012 年世界牛肉出口将提高 5%，达到 820 万吨。印度将取代美国成为第三大牛肉出口国，印度以其价格优势继续扩大出口，预计 2012 年其牛肉出口将增加 16%，达到 128 万吨。牛肉传统进口国家日本、印尼、俄罗斯由于国内供给减少，推高全球牛肉进口，预计 2012 年世界牛肉进口将增加 3.5%。

进口需求强劲和出口供应量有限导致 2011 年 1 月以来，所有肉类国际价格一路走强。因全球牛肉主要出口国家预计库存下降，预示未来一段时间全球牛肉价格继续高位运行。

四、建议

（1）加大政策扶持力度。如国家对种粮给予补贴，能否对种草进行鼓励，国家对养猪给予补助，可否对养羊、养牛给予扶持。要在资金、技术、场地、配套设施、防疫、抗险等方面为牛羊生产提供条件，并将各项政策落到实处。要充分认识到，只有加快发展、增加供给量，才是稳定牛羊肉价格的根本途径。

（2）加快推行规模化养殖，走联合集约化道路。目前市场规模化养殖户并不多，所以中小养殖户一旦不养，市场就会出现供需失衡。近些年，一些地区加快了牧民定居、草场培育和养殖小区的建设步伐，促进了畜牧业发展。牧区推行"暖季放牧、冷季舍饲"、农区开展圈养育肥，取得明显成效。牛羊育肥规模不断扩大，效益显著。要加快牛羊肉产业的快速健康发展，必须走联合集约化的道路，整合现有资金和资源，在做好清真牛羊肉产品深加工的同时，解决肉源，也就是养殖基地的问题，从源头保证原料供给，与此同时进行下游产品的开发利用。

（3）建立牛羊稳定发展长效机制。建立牛羊发展风险基金。由于牛羊生产周期长、一次性投入大、市场风险高，应建立牛羊发展风险基金，开展牛羊保险业务，为生产者解除后顾之忧。增加贷款和贷款贴息，为养殖户扩大生产规模提供资金。应多安排一些小额贷款，并根据实际情况延长还款时限，让更多的低收入农牧民得到发展机会。建立和规范畜产品交易市场，方便边远地区农牧民交易商品，减少中间环节费用，改变商品交易中生产者收益小、中间商挣钱多的状况，促进牛羊业健康有序发展。

2011 年禽肉市场形势分析及展望

中国农业科学院农业信息研究所　　张莉　朱增勇

2011 年 1～2 月受节日拉动效应的影响，禽肉价格走高，3、4 月有小幅季节性回落。4 月底至 9 月以来，全国禽肉价格一路上涨，活鸡价格从 4 月底的每公斤 16.34 元上涨到 9 月第 2 周的年内最高值 18.10 元，西装鸡价格从 16.30 元上涨到 18.31 元，累计涨幅分别为 10.8% 和 12.3%。进入 10 月，国内玉米、豆粕的价格持续小幅走低，导致肉鸡饲料价格有所回落，在成本下降和猪肉价格下跌的带动下，禽肉价格稳步走低。2011 年我国家禽产品贸易顺差同比增加 4.86 亿美元。禽肉进口量的 61.4% 来自巴西，20.2% 来自美国，13.6% 来自阿根廷。由于实施"双反"措施，从美国进口的禽肉下降 21.2%。日本仍是我国加工家禽的主要出口市场，占总出口量的 81.9%。1～12 月我国对日的出口额和出口量分别增长 37.3% 和 21.1%。

一、市场运行特点

总的来看，2011 年我国禽肉市场的主要特点为：

价格同比上涨幅度较大。受高通胀压力和饲料价格居高不下的影响以及猪肉价格带动，2011 年我国禽肉价格高位运行，活鸡平均价格为每公斤 17.06 元，西装鸡 17.15 元，同比分别上涨 18.4% 和 17.5%。2011 年的禽肉价格是自 2007 年猛涨后的另一个 "V" 形波动周期，价格再次迈入新的水平。

价格不规则的波浪运动。2 月价格上涨，3、4 月回落，5 月回升直至 9 月，10～12 月价格又回落。2011 年我国禽肉价格共呈现两个波峰，一个波谷。总体上价格涨跌幅度比较平缓，呈温和上涨态势。12 月的活鸡平均价格为每公斤 17.16 元，环比下跌 0.9%，同比上涨 7.6%；西装鸡价格为每公斤 17.39 元，环比下跌 1.0%，同比上涨 8.6%。西装鸡和活鸡价格的同比涨幅较 11 月均有较大幅度下降，价差也有所缩小。分季度来看，前三季度价格逐步上涨，9 月禽肉价格为历史最高值，突破 18 元大关，第四季度价格呈跌势。

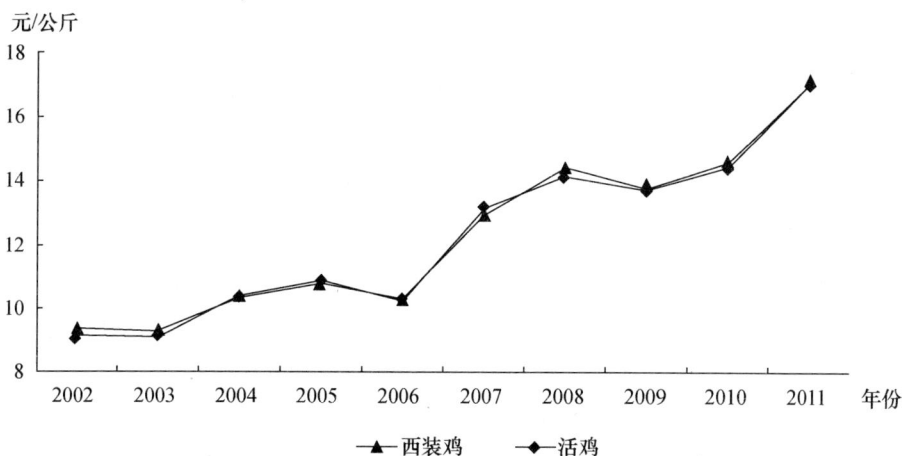

图 44 2002～2011 年我国禽肉价格变动

数据来源：农业部畜牧业司。

　　价格变动地区差异较大。分地区来看，在 4～9 月的价格上涨中，西北地区一直是价格上涨的领跑者。其他各地的价格涨跌波动较为频繁。9 月下旬的价格回落中，各地出现的时间点有所不同，下跌幅度各有差异，但截至 10 月第 3 周，全国一片跌势。其中，西北地区在 9 月第 3 周下跌幅度最大。自 11 月第 3 周起，东北地区活鸡价格止跌回升，到第 5 周华东地区活鸡价格止跌，西北地区的活鸡和西装鸡价格全部反弹回升。

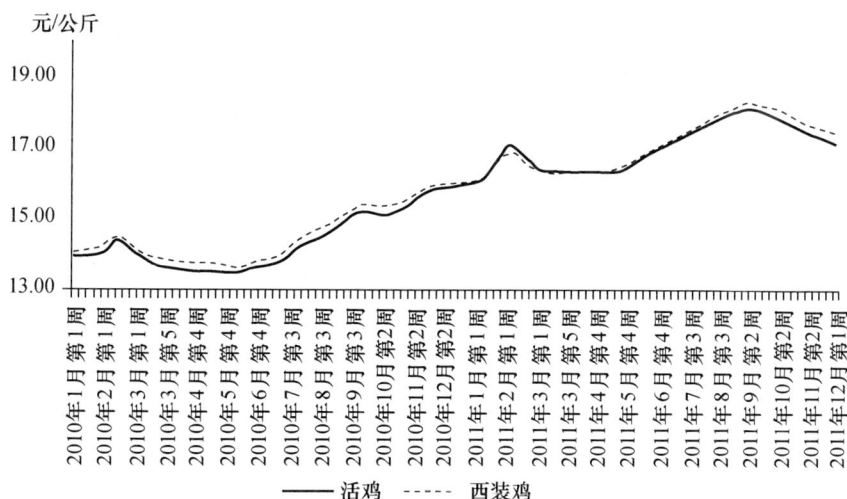

图 45 2010 年 1 月～2011 年 12 月禽肉周价格变动

数据来源：农业部畜牧业司。

行业景气度较高。由于2011年肉鸡价格总体较高，使得肉鸡养殖效益较好。2011年，活鸡价格与肉鸡饲料价格的比值一直保持在5.5:1左右。肉鸡业几家上市公司民和股份、圣农发展等的业绩报告均显示，前3季度由于肉鸡价格较高，公司盈利利润可观。此外，据农业部监测，截至9月28日，全国未发生家禽高致病性禽流感疫情，肉鸡生产情况良好，禽肉市场平稳运行。

二、贸易呈顺差格局

2011年我国家禽产品贸易顺差约为8.28亿美元，较上年增加4.86亿美元。累计出口17.47亿美元，同比增加30.6%。其中，禽肉及杂碎占家禽产品出口总额的30.1%，加工家禽占68.3%，其他活家禽占1.6%。累计进口9.19亿美元，同比下降7.7%。其中，禽肉及杂碎是家禽产品进口的主体，占总进口额的94.9%，其余为种禽5.1%。

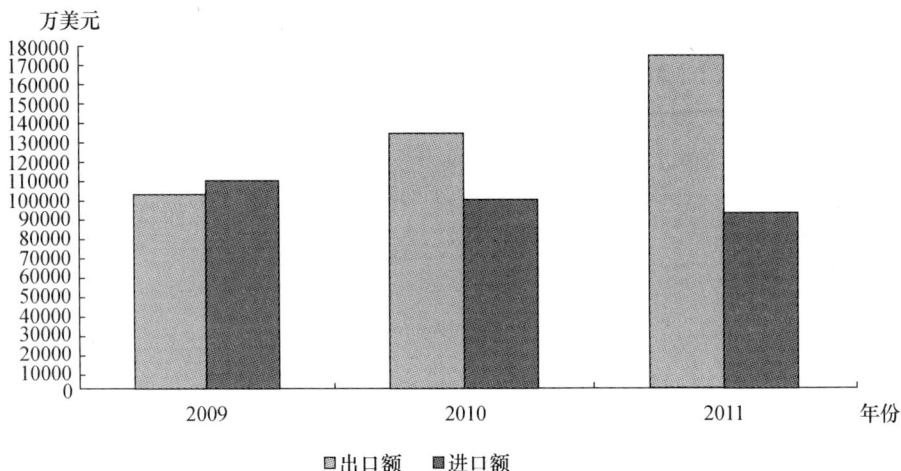

图46　2009～2011年1～12月我国家禽产品贸易额

数据来源：中国海关统计。

（一）禽肉及杂碎出口增加，进口下降

（1）出口。1～12月，我国禽肉及杂碎出口额为5.25亿美元，同比增加22.7%；出口量21.09万吨，同比增加2.4%。禽肉及杂碎主要出口到我国香港地区，占出口总额的70.3%。主要出口省份是广东和山东，占出口总额的74.6%。

（2）进口。1～12月，我国禽肉及杂碎进口额为8.72亿美元，同比下降

9.4%；进口量42.09万吨，同比下降22.3%。禽肉进口主要来自巴西，占进口总额的68.2%。主要进口省市是广东，占进口额的57.0%。

（二）加工家禽以出口为主，出口增加

2011年，加工家禽出口量27.30万吨，出口额为11.94亿美元，同比分别增加19.5%和35.1%。主要出口到日本，占出口总额的83.0%。出口省市主要是山东，占出口总额的53.6%。

（三）活家禽出口和种禽进口均增加

2011年，活家禽（种禽除外）出口量1033.4万只，同比增加8.5%，出口额2862.36万美元，同比增9.7%。活家禽主要从广东省出口，绝大部分出口我国香港和澳门地区。

种禽只有进口，1～12月进口4559.42万美元，同比增加42.1%。种禽进口主要来源于美国，主要进口省份是山东。

三、国际市场形势

（一）价格分化明显

美国价格整体疲弱。2011年，美国12个城市的鸡肉价格涨跌频繁，总体上第三季度跌势明显；佐治亚州码头的鸡肉价格总体呈上涨态势，但涨幅不大。下半年以来，12个城市的平均鸡肉价格下跌幅度较大，其中9、10月的跌幅分别达6.8%和2.6%。11月起止跌回升，12月价格升至每磅80.00美分，同比上涨2.1%，环比上涨4.6%。年内，12月价格首次扭转了同比下跌的局面。佐治亚州码头的鸡肉价格除7月有小幅下滑外，持续小幅上涨。12月价格为88.90美分，同比上涨4.9%，环比上涨0.7%。总的来看，2011年美国禽肉价格疲弱，12个城市的价格同比下跌4.8%，佐治亚州码头价格同比仅上涨1.0%。

分产品来看，2011年美国的鸡腿和鸡翅价格上涨明显，而鸡胸价格疲弱。8、9月鸡胸肉价格有所上涨，但仍低于上年同期水平。10月，去骨去皮鸡胸肉平均价格又降至每磅1.21美元，同比下跌10%；11～12月价格恢复上涨，12月涨至1.26美元，同比上涨10%。由于出口强劲，鸡腿价格明显上涨，12月价格同比上涨42%。虽然10月东北部市场的整翅价格同比下降10%，但自8月以来鸡翅价格每磅上涨了50美分，12月平均价格达到每磅1.47美元。

欧盟价格先涨后跌。总的来看，前三季度欧盟的禽肉价格呈上涨态势，同比涨幅为12.3%，第四季度价格走低。1～8月，欧盟禽肉价格逐月上涨，9月开始连续3个月回落。在上涨周期中，4月的涨幅最大3.2%，5月后涨幅

趋缓，6 月环比涨幅缩小至 0.1%，7、8 月的环比涨幅逐步扩大。8 月价格上涨到历史新高，每公斤 1.93 欧元。9 月开始价格弱势振荡，12 月价格跌至 1.86 欧元。其主要原因是欧债危机带来的系统性压力及由此引发的需求放缓打压了市场价格。

（二）贸易平稳发展

美国 2011 年出口量增长 3.3%。2011 年美国出口鸡肉 69.90 亿磅，同比增长 3.3%。1～12 月，墨西哥是美国鸡肉的最大进口国，进口总量达 10.09 亿磅，占美出口的 14.4%。中国香港位列第二，进口量达 5.18 亿磅，占美出口的 7.4%。虽然美国鸡腿肉价格高于上年，但由于低的美元汇率使其具有一定的价格竞争优势，特别是对巴西，从而促使对一些主要进口国（地区）如墨西哥、韩国、中国香港、安哥拉、日本、沙特阿拉伯和加拿大的出口增加。第三季度俄罗斯的进口大幅增加，成为美国鸡肉出口的一个重要市场。虽然受到中俄、中美贸易摩擦的影响，2011 年美国禽肉出口仍创下史上第二新高。

巴西 2011 年出口量增长 2.1%。2011 年巴西鸡肉出口量达 370.7 万吨，同比增长 2.1%，出口额 75.0 亿美元，增长 19.9%。巴西鸡肉主要出口中东（36.4%）、亚洲（28.8%）、欧盟（12.6%）、非洲（11.8%）以及美洲（7.2%）国家，主要出口省份是圣卡塔琳娜、巴拉那、南里奥格朗德、圣保罗、马托格罗索。第三季度巴西鸡肉出口受困于生产成本提高和雷亚尔对美元的贬值，出口一度下滑。第四季度出口收入增长，主要原因是得益于较高的美元汇率，但全球市场的不确定性将导致可能出现国际需求的下降，从而影响巴西的鸡肉出口。2011 年巴西鸡肉出口价为每吨 2022 美元，同比上涨 17.3%。

泰国前 7 个月出口大增。2011 年 1～7 月泰国鸡肉出口额 340 亿泰铢，同比增长 12%，出口量 25.5 万吨，增长 6.3%，主要出口国家是日本与欧盟。虽然泰国受洪灾影响，但鸡肉出口订单未受波及，预计全年出口增加 3% 左右。

（三）生产增速放缓

美国下半年生产放缓。2011 年美国肉鸡生产量为 371.76 亿磅，同比仅增长 0.7%。产量小幅增加的主要原因是平均单体重增加 1.8%。1～12 月共屠宰肉鸡 85.33 亿只，同比下降 1.3%。第三季度起美国鸡肉产量逐月下降，主要原因是屠宰量下降。第四季度美国鸡肉产量为 88.58 亿磅，比第三季度下降 7.5%，这种生产减缓的趋势将延续至 2012 年。预计 2012 年产量为 365 亿磅，同比下降 2.0%。2012 年，由于肉鸡单体重接近或略高于 2011 年的水平，肉鸡产肉量的下降主要取决于肉鸡屠宰数量的减少。玉米和豆粕价格高昂，而肉鸡产品价格相对低廉，这些因素制约着美国肉鸡饲养者扩大养殖规模。

巴西第三季度屠宰量创纪录。2011年上半年，巴西家禽屠宰数量同比增长5.8%。其中，第二季度肉鸡屠宰量创新纪录，共屠宰13.1亿只家禽，同比增长6%，环比增长0.2%。第三季度巴西屠宰量再次打破纪录，达13.5亿只。巴西南部地区的3个州是家禽屠宰量最高的地区，占全国家禽屠宰总量的58.6%。东南部地区仅居其后，占屠宰总量的23%。2011年，由于国内消费需求旺盛，巴西禽业加快整合重组，两大家禽公司Sadia和Perdigão合并。新成立的公司将占有国内禽肉市场35%的份额，占出口市场50%以上的份额。在此带动下，巴西鸡肉生产势头强劲，预计全年的产量达1280万吨，同比增长4.5%。

俄罗斯产量增长10.1%。近三年来，俄罗斯的禽肉生产表现出强劲的发展势头，保持了年均9%~10%的增长速度。2010年，俄罗斯在加大关税保护力度的影响下，禽肉产量大幅增加，进口减少。2011年，高的饲料成本对俄罗斯的家禽业盈利带来不利的影响，预计增速减缓。预计2011年俄罗斯的禽肉产量将增长10.1%，禽肉消费达到整个肉类市场的45%~50%。

四、2012年市场展望

(一) 国内市场

2011年国内肉鸡养殖产能进一步扩张，我国禽肉产量预计增长3%。年内，民和股份募资8.4亿扩产养鸡主业，商品鸡养殖建设项目拟定年出栏4500多万只；青岛九联集团投资建设肉鸡产业链项目，设计年生产加工鸡肉产品能力5万吨。此外，国内多家大型企业相继在各地投资建设了大规模的肉鸡养殖、屠宰加工等产业化项目，外资企业美国嘉吉和泰国正大也进一步开拓了国内的养鸡业。在这些项目建设的带动下，预计2012年的禽肉产量继续保持稳步增长势头。

我国经济逐年企稳向好发展，随着居民收入水平的不断提高，禽肉消费增长势头明显。据研究，亚洲正成为全球鸡肉的主要消费市场。此外，我国禽肉出口具有一定的优势，因此旺盛的需求给2012年的禽肉价格带来一定的上行空间。

由于目前国际粮食不足的问题依然突出，农产品价格坚挺的态势可能延续到2012年，预计对明年我国畜产品的价格具有一定的传导作用。受通胀、成本增加等因素影响，2011年国内粮价稳步上涨。玉米价格受供求紧张等因素影响，在2010年上涨15%的基础上，2011年又上涨11.8%，虽然10月以来玉米价格呈走低之势，但仅是受短期的季节性压力影响，后市仍有一定上涨空间。因此，受玉米价格较为坚挺的预期影响，2012年我国禽肉市场仍将较高位平稳运行。

从禽肉价格波动周期来看，当前禽肉价格正处在另一个波峰期，如果明年的通胀压力有所缓解，饲料原料价格涨幅趋缓的话，禽肉价格可能会在下半年有一个比较明显的回调。

（二）国际市场

2011年全球禽肉产量和贸易量预计分别增长3.1%和3.7%，禽肉价格高位运行，1~10月平均价格上涨16%。由于2011年以来禽肉价格高涨，7月马来西亚和泰国先后采取了限价措施。此外，斯里兰卡也实施了最高限价政策。受高饲料价格的影响，预计2012年国际禽肉价格仍将高位运行。

受第四季度美国禽肉生产下降和年末库存水平较低的影响，预计会对价格有提振作用。但是，疲软的国内经济可能会阻碍价格的明显上涨。高饲料价格和国内经济对需求的影响是美国禽肉市场的两大制约因素，预计2012年美国的禽肉产量会下降。由于美韩、美哥和美巴自贸协定的签订，禽肉贸易量有小幅增加，价格上涨的幅度不会太大。

巴西尽管本国货币汇率疲软，但由于预期经济继续保持良好的增长势头以及国内新兴中产阶级对禽肉的强劲需求，预计2012年产量增长5%，达到1360万吨。巴西禽肉生产者预计能保持较高的利润，主要是因为政府给予粮食和油料作物种植高额补贴，预计2012年巴西的饲料价格保持基本稳定。尽管由于欧洲、美国债务危机导致国际经济具有很大的不确定性，预计巴西的禽肉仍将高出口，增幅在5%，主要出口中东地区以及其他一些新兴市场。

欧盟委员会最新的短期预测展望显示，2012年欧盟的禽肉产量将温和增长。其原因是，虽然国内需求比较旺盛，但高饲料价格和燃油价格下挫了生产者的积极性。受国内需求增加的驱动，预计2011年欧盟禽肉产量增长2.4%，2012年产量继续增长。同时，受世界禽肉需求增加的影响，预计2011年欧盟禽肉出口增长18.8%，2012年的出口增幅将下降1.6个百分点，增长17.2%。

俄罗斯由于国内生产的不断扩张，禽肉进口将进一步下降。俄政府已于2011年7月宣布：2012年禽肉进口配额缩减至33万吨，其中去骨禽肉8万吨，带骨分割禽肉 25 万吨。对于进口配额内禽肉进口将征收 15% 的关税，配额外的征收 75% 的关税。

五、问题与建议

高饲料成本是当今全球家禽业面临的一大挑战，国内肉禽养殖户的成本风险不断加大。目前，禽肉市场与国内宏观经济形势的联系日益紧密，我国的经济发展势头将影响禽业市场的运行。此外，行业相关政策具有很大的影响力。在国外，比如巴西，政府对种植粮食作物给予高额补贴，保障了饲料粮的供应，使国内饲料价格维稳，从而使禽业生产者的利润得到保障，巴西家禽业生产和贸易前景光明。因此，我国应为保障肉禽业的健康稳定发展，重视相关配套政策的制定。

另外，猪肉作为我国居民的一大主要肉类消费产品，猪肉市场的平稳运行对肉禽业具有积极的正效应。这主要是因为禽肉对猪肉具有较大的替代性。因此，要从畜牧业全产业链的角度来考量禽肉市场的平稳运行，建议政府出台"一揽子"的畜产品政策措施。

2011年禽蛋市场形势分析及展望

中国农业科学院农业信息研究所　李哲敏　李干琼

王玉庭　刘　宏　崔利国

国内市场，2011年我国禽蛋市场总体形势良好。生产总体平稳，全年产量为2811万吨，同比增长1.8%；全年鸡蛋零售价格呈现屡创历史新高、波动幅度大和节假日效应明显三大特征；玉米等蛋鸡饲料价格持续高位徘徊，养殖成本上涨，但是蛋鸡养殖效益处于历史较好时期；禽蛋进出口正常，1～11月进口数量和金额同比均下降，出口数量略降而出口金额却大幅增加。国际市场，美国鸡蛋批发价格持续高位运行，同比大幅上涨，1～12月鸡蛋产量同比略有增长，1～10月鸡蛋出口同比明显增加；加拿大鸡蛋批发价格高位平稳运行，同比大幅上涨。

一、国内禽蛋市场价格走势及原因分析

（一）鸡蛋零售价格走势及特点

1. 鸡蛋零售价格创新高，同比大幅上涨

从全年平均价格看，2011年全国鸡蛋平均零售价格创下了2000年以来的历史新高。根据农业部470个集贸市场畜禽产品价格定点监测数据，1～12月全国鸡蛋平均零售价格为10.06元/公斤，与2010年的8.38元/公斤相比大幅上涨了20.1%，与2003年的历史低点5.28元/公斤相比大幅上涨了90.5%（见图47）。

从月度价格来看，全年鸡蛋价格均明显高于往年同期，鸡蛋零售价格走势呈波浪形态，具有三个明显拐点。第一个拐点是2011年2月，春节期间鸡蛋价格小幅上涨；第二个拐点是4月，春节过后价格连续2个月回落，价格跌至全年最低点9.20元/公斤；第三个拐点是9月，鸡蛋价格创下历史新高，随后连续3个月下降，至12月鸡蛋平均价格降为9.88元/公斤，同比小幅上涨2.5%，环比明显下降2.8%（见图48）。

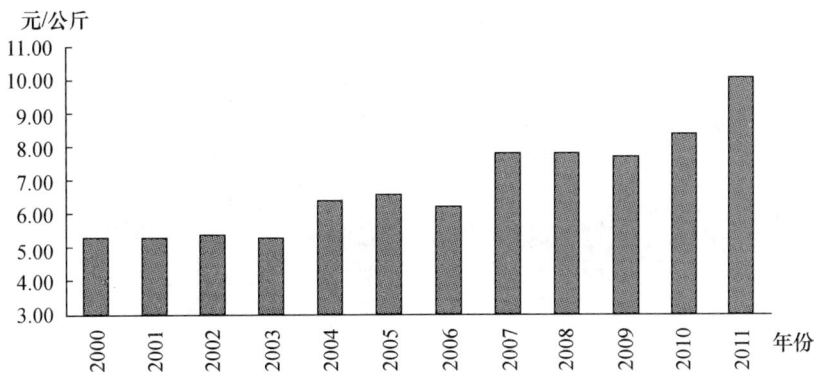

图47　2000年以来全国鸡蛋年度零售价格

数据来源：农业部畜牧业司。

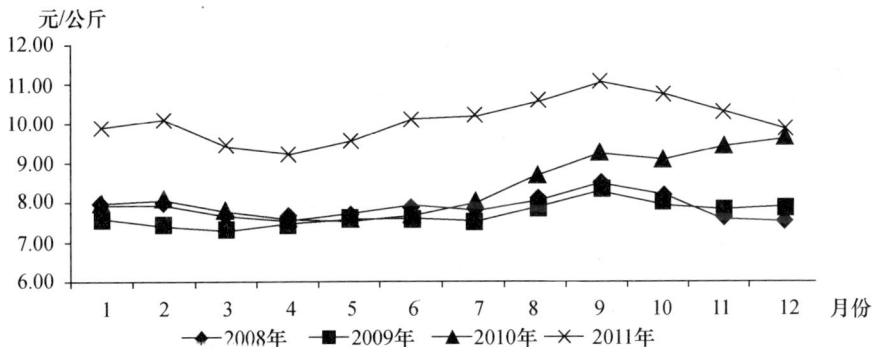

图48　2008年以来全国鸡蛋月度零售价格数据

数据来源：农业部畜牧业司。

从周价格看，2011年的波峰分别出现在2月第1周、6月第3周和9月第2周，其中9月第2周创下历史最高价格，为11.08元/公斤。波谷出现在4月第2周、6月第5周和12月的第2周，其中4月第2周是本年度最低价格，为9.19元/公斤（见图49）。

2. 鸡蛋价格走势特点：屡创新高、波幅大和节假日效应明显

从月度价格变化看，2011年鸡蛋价格变化呈现三个特点：①屡创新高。2011年5月以来，鸡蛋价格一路上涨，连续4个月刷新历史新高，9月一度涨至11.03元/公斤。②价格波动幅度大。2011年全年平均波动幅度为3.57%，其中月度间价格有11个月波动幅度超过2%，有9个月超过2.5%，4个月超过4%，其中3月和6月波动幅度超过6.0%（见图50）。③节假日效应明显。2011年鸡蛋价格分别在2月春节之前和9月国庆之前涨至波峰，节日过后鸡

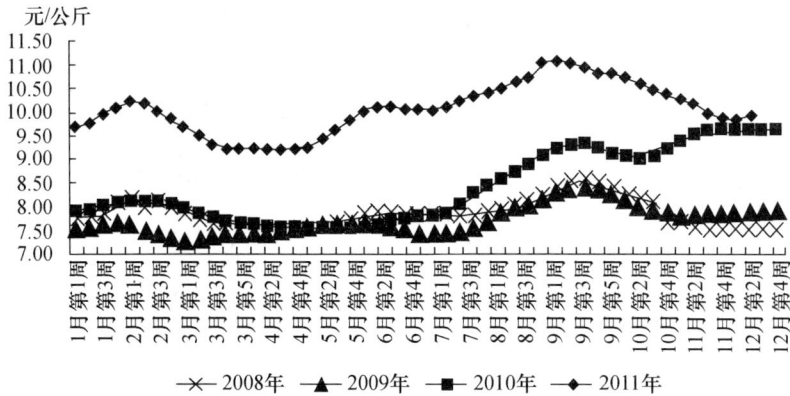

图49　2008年以来全国鸡蛋周价格数据

数据来源：农业部畜牧业司。

蛋价格明显回落，节假日效应明显。

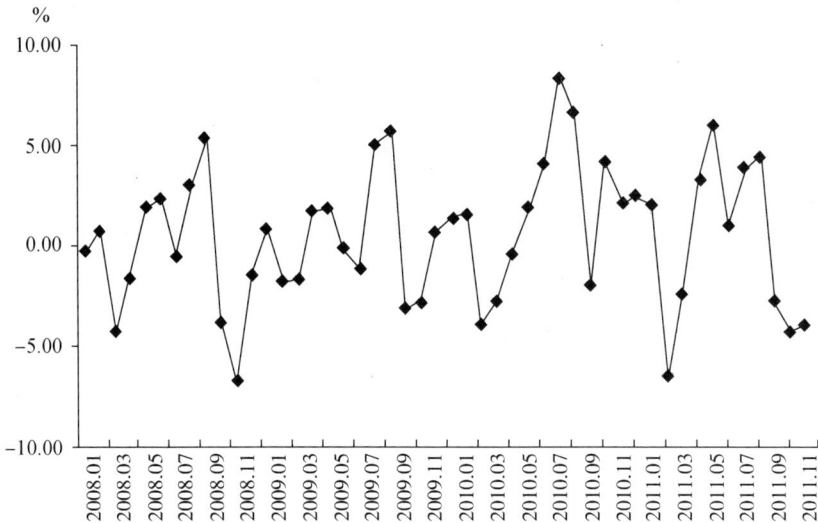

图50　2008年以来全国鸡蛋零售价格波动情况

数据来源：农业部畜牧业司。

（二）原因分析

影响2011年鸡蛋价格波动的因素是多方面的，其中饲料、人工和运输等成本上升是推动蛋价走高的直接原因；市场供需基本平衡是维持蛋价高位运行的根本因素；农产品价格的普遍上扬是蛋价上涨的助推因素；节假日和季节性变化对蛋价的影响长期存在。

1. 养殖成本上升是推动蛋价走高的直接原因

2009年初以来，玉米价格持续上涨，导致以玉米为主要原料的蛋鸡配合饲料价格也跟着上涨，养殖饲料成本上升，推动蛋价高位运行。据农业部定点监测，截至2011年12月，全国玉米平均价格为2.29元/公斤，同比大幅上涨12.3%；蛋鸡配合饲料的平均价格为2.81元/公斤，同比大幅上涨7.3%。除了养殖饲料成本上升，其他成本包括人工费用、运输费用和土地租金等也在上涨，成为推动高蛋价的重要因素（见图51）。

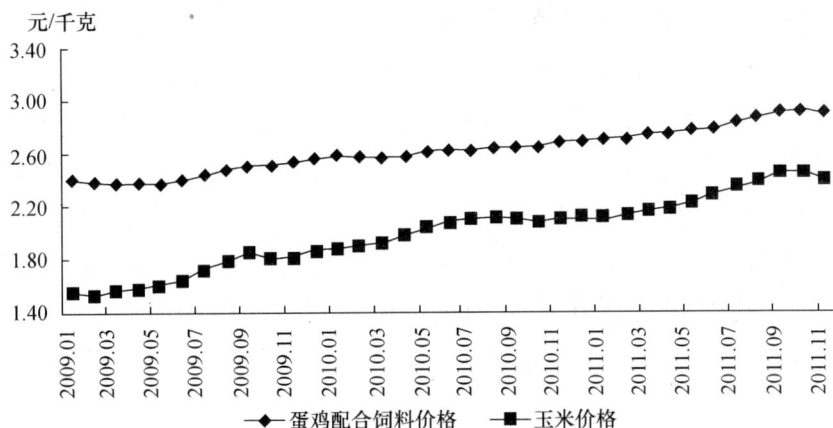

图51　2009年以来玉米、蛋鸡配合饲料价格情况

数据来源：农业部畜牧业司。

2. 市场供需基本平衡是维持蛋价高位运行的根本因素

2008年至2010年上半年，鸡蛋价格持续低迷，蛋鸡存栏量大幅下降。2010年下半年以来，鸡蛋价格大涨，养殖场（户）补栏较积极，但比往年更趋谨慎。2011年3、4月鸡蛋价格大幅回落，蛋鸡集中淘汰数量大，下半年虽然蛋鸡存栏量增加，但许多蛋鸡的生产高峰期在下一年，因此，总体供给处于偏紧状态。

从需求看，2011年初以来猪肉价格一直居高不下，使得鸡蛋对猪肉的替代性不断增强。加上中秋和国庆节日因素推动，居民对禽蛋的需求量增加，使得9月鸡蛋零售价格达到历史最高水平11.03元/公斤。两节过后，市场需求减少，鸡蛋价格逐渐回落。

3. 农产品价格的普遍上扬是蛋价上涨的助推因素

2011年年初以来，我国整体农产品价格涨幅较大，食品类商品价格尤其是部分蔬菜以及肉制品价格的快速上涨间接推高了鸡蛋的价格水平。据农业部畜牧业司监测,2011 年猪肉月度平均价格为 26.26 元/公斤,同比大幅上涨 40.6%;2011 年鸡蛋的月度平均价格为 10.06 元/公斤,同比大幅上涨 20.1%,可见其他农产品价格的上涨对鸡蛋价格的助推作用。

此外,受通胀预期影响,整个社会的物价水平普遍上涨。专家预测,短期内食品价格仍将保持高位,这也成为鸡蛋价格高位运行的重要影响因素。

二、国际禽蛋价格走势及特点

(一)美国鸡蛋批发价格持续高位运行

2011 年美国鸡蛋平均批发价格高于往年,月度间波动趋于平稳。美国 12 个大中城市的全年鸡蛋批发价格为 106.89 美分/磅,与 2010 年的 97.72 美分/磅相比大幅上涨 9.38%。其中,纽约市场批发价格平均为 114.23 美分/磅,较 2010 年的 106.67 美分/磅大幅上涨 7.09%。从月度价格变化趋势看,2011 年上半年鸡蛋月度价格波动显著,下半年鸡蛋价格持续攀升,月度间波动幅度平稳。截止到 12 月,美国 12 个大中城市的鸡蛋价格和纽约市场的鸡蛋价格均达到了全年的最高点,分别为 123.70 美分/磅和 138.75 美分/磅(见图 52)。

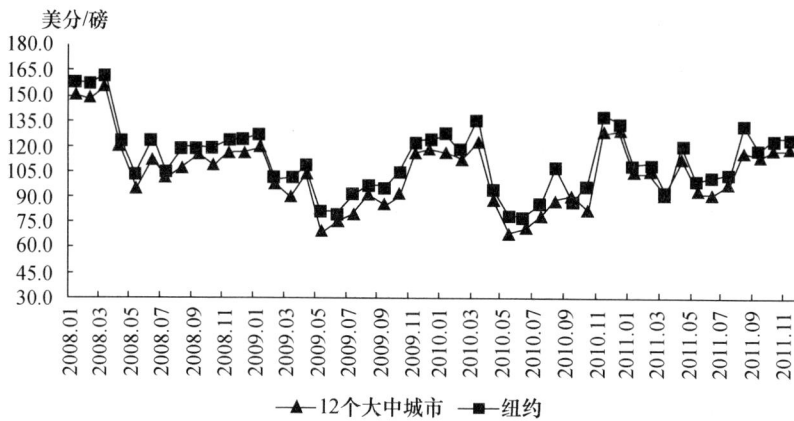

图 52　2008 年以来美国鸡蛋(A 等级)批发价格

数据来源:美国农业部。

(二)加拿大鸡蛋批发价格高位平稳运行,同比大幅上涨

根据加拿大农业部价格监测,2011 年加拿大 4 类 A 等级鸡蛋的平均批发价格为 2.12 美元/打,与 2010 年同期相比大幅上涨了 7.1%。从变化情况看,

1～7月4类A等级的鸡蛋批发价格均处于上升通道中，呈现出有规律的稳步上涨态势，8月价格出现回落，9月又重新进入上升通道中，截至12月4类A等级鸡蛋的月度价格均达到历史最高点（见图53）。

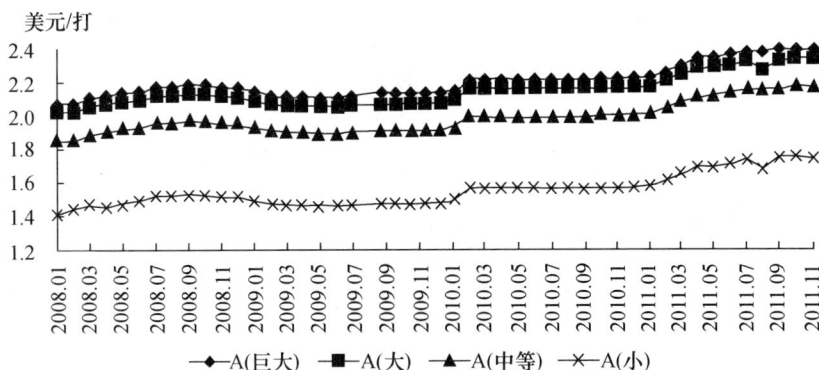

图53　2008年以来加拿大鸡蛋（A等级）批发价格

数据来源：加拿大农业部。

　　从不同等级鸡蛋看，2011年4类A等级鸡蛋的平均批发价格同比均大幅增长，幅度在6%～9%之间。其中A（小）等级鸡蛋的增幅最大，较2010年大幅上涨9.0%；A（巨大）等级鸡蛋增幅相对最小，但也较2010年大幅增长了6.3%（见表14）。

表14　2011年加拿大4类A等级批发价格　　　　　单位：美元/打

	A（巨大）	A（大）	A（中等）	A（小）
2010年	2.21	2.15	1.99	1.56
2011年	2.35	2.30	2.13	1.70
同比（%）	6.3	7.0	7.0	9.0

数据来源：加拿大农业部。

三、禽蛋生产形势

（一）国内禽蛋生产形势与养殖效益情况

1. 全国禽蛋产量相对平稳

　　2011年，我国禽蛋生产形势良好，根据农业部畜牧业司的数据，上半年我国禽蛋产量为1290万吨，同比增长0.8%；全年禽蛋产量为2811万吨，较上年增长1.8%。从上半年禽蛋主产省产量来看，湖北省的增幅最大，与2010

年同期相比增长 18.2% , 达到 77 万吨；其次是黑龙江省和河北省，分别增长
5.5% 和 6.7% ；禽蛋产量最大的山东省，上半年产量为 185.5 万吨，同比增
长 0.5% （见表 15）。从实地调研看，2011 年 1~6 月，养殖户补栏较多，大
批新鸡正在进入产蛋期和产蛋高峰期，目前蛋鸡存栏已处于历史较高水平，
可以预计 2012 年禽蛋市场的供给是有保障的。

表 15 2011 年上半年部分主产省禽蛋产量   单位：万吨

主产区	2011 年上半年	2010 年上半年	同比
湖北	77.0	65.2	18.2%
黑龙江	58	55.0	5.5%
山东	185.5	184.6	0.5%
安徽	49.2	49.2	0.1%
河北	146.9	137.7	6.7%

数据来源：各省畜牧业工作总结报告。

2. 蛋鸡养殖效益高于往年，处于历史较好时期

2011 年禽蛋养殖效益良好，尽管由于饲料、人工费用、运输费用和土地
租金等成本持续攀升，大大压缩了鸡蛋价格上涨所带来的利润空间，但与往
年相比，2011 年我国禽蛋养殖效益仍处于同期较高盈利水平。根据农业部畜
牧业司的统计数据，2011 年全国蛋料价格比为 3.58，明显高于 2010 年的
3.20，表明 2011 年养殖效益明显好于 2010 年（见图 54）。

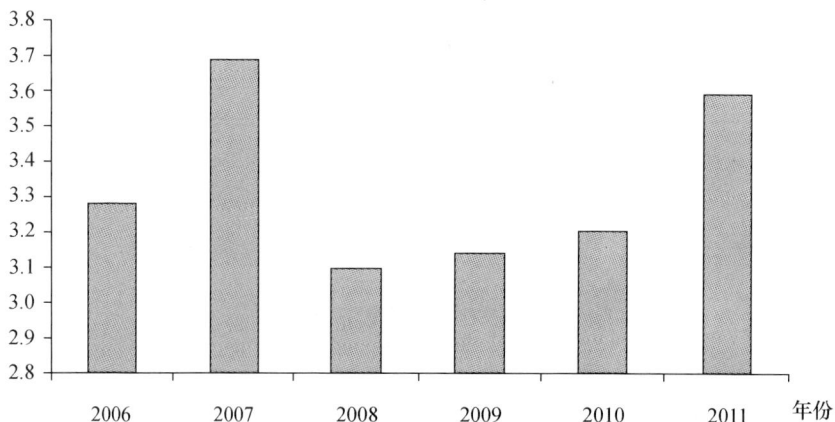

图 54 2006~2011 年全国平均蛋料比情况

数据来源：农业部畜牧业司。

（二）国际禽蛋生产形势

2011 年美国鸡蛋生产形势平稳，鸡蛋产量略增。2011 年 1～12 月美国鸡蛋产量为 918.9 亿个，同比略增 0.5%。其中鲜鸡蛋产量为 792.6 亿个，同比增加 0.8%；种用鸡蛋产量为 126.3 亿个，同比下降 1.8%（见表 16）。

表 16　2010 年 1 月～2011 年 11 月美国鸡蛋产量　　　　单位：亿个

	鸡蛋总量			食用鸡蛋			种用鸡蛋		
	2010 年	2011 年	同比（%）	2010 年	2011 年	同比（%）	2010 年	2011 年	同比（%）
1 月	77.2	78.2	1.3	66.4	67.4	1.5	10.9	10.8	-0.4
2 月	69.4	70.1	1.0	59.5	60.3	1.3	9.9	9.8	-0.9
3 月	78.4	78.4	0.0	67.4	67.5	0.2	11.0	10.8	-1.4
4 月	75.8	76.1	0.4	65.0	65.6	0.8	10.8	10.6	-1.7
5 月	77.2	77.8	0.8	66.1	66.7	0.9	11.1	11.1	0.0
6 月	74.8	75.0	0.3	64.2	64.4	0.3	10.7	10.7	0.0
7 月	77.2	77.4	0.3	66.1	66.5	0.6	11.1	10.9	-1.7
8 月	77.7	77.4	-0.3	66.7	66.7	0.0	11.0	10.7	-2.4
9 月	75.1	75.1	0.0	64.6	64.9	0.4	10.5	10.2	-2.9
10 月	77.0	77.9	1.2	66.2	67.5	2.0	10.8	10.4	-3.9
11 月	75.7	76.1	0.5	65.4	66.2	1.2	10.4	10.0	-3.6
12 月	79.2	79.3	0.1	68.5	68.9	0.6	10.7	10.4	2.8
全年	914.7	918.9	0.5	786.0	792.6	0.8	128.6	126.3	1.8

数据来源：美国农业部。

四、进出口贸易形势分析

（一）国内进出口情况

2011 年 1～11 月，我国禽蛋进口数量和金额同比均下降；出口数量略降，出口金额同比却大幅增加，主要原因是 2011 年鸡蛋价格上涨较快（见表 17）。

表 17   2011 年 1~11 月我国禽蛋进出口情况   单位：万美元、吨

项目	进口		出口	
	金额	数量	金额	数量
2010 年 1~11 月	128.3	69.4	12946.8	96477.6
2011 年 1~11 月	120.3	68.3	15778.5	95411.9
同比（%）	-6.3	-1.7	21.9	-1.1

数据来源：中国海关。

种用禽蛋和干去壳禽蛋出口大幅增长，干蛋黄和鲜鸭蛋出口大幅下降。根据中国海关统计，2011 年 1~11 月鲜鸡蛋出口总额为 10937.8 万美元，同比大幅增加 24.1%；出口总量为 71138.7 吨，同比略降 0.8%。种用禽蛋出口增长最多，出口总额为 39.9 万美元，同比大幅增长 63.3%；出口总量为 21.0 吨，同比大幅增长 29.9%。干蛋黄出口下降最为显著，出口总额为 203.5 万美元，同比大幅下降 41.7%，出口总量为 305.8 吨，同比大幅下降 62.4%（见表 18）。

表 18   2011 年 1~11 月我国禽蛋分品种出口情况

项目	出口额		出口量	
	数值（万美元）	同比增（%）	数量（吨）	同比（%）
鲜鸡蛋	10937.8	24.1	71138.7	-0.8
咸蛋	2093.5	28.7	13721.4	-1.0
皮蛋	1249.3	19.1	6217.0	-0.3
种用禽蛋	39.9	63.3	21.0	29.9
鲜鸭蛋	0.7	-55.2	7.6	-63.7
干去壳禽蛋	439.3	18.8	707.2	13.9
干蛋黄	203.5	-41.7	305.8	-62.4

数据来源：中国海关。

从主要出口国家和地区来看，2011 年 1~11 月我国对中国香港、澳门地区和日本的出口占全国总出口的 90% 以上。从出口金额变化来看，对马来西亚和澳大利亚的出口金额有所下降，其他国家和地区的出口金额均有增长。从出口数量来看，对韩国的出口数量下降最快，而对马来西亚的出口数量增长最快（见表 19）。

表19 2011年1～11月我国禽蛋主要出口国家或地区

国家或地区	出口额（万美元）			出口量（吨）		
	2011年 1～11月	2010年 1～11月	同比 （%）	2011年 1～11月	2010年 1～11月	同比 （%）
中国香港	11505.8	9238.3	24.5	75705.7	76861.9	-1.5
中国澳门	1149.5	860.3	33.6	7851.5	7205.6	9.0
日本	1000.2	911.3	9.8	3650.9	3589.4	1.7
美国	473.6	365.9	29.4	1514.2	1390.4	8.9
新加坡	458.2	348.9	31.4	2186.1	1988.7	9.9
加拿大	260.4	238.5	9.2	952.1	1095.0	-13.0
韩国	214.5	131.1	63.7	544.3	943.6	-42.3
印度尼西亚	164.8	157.8	4.5	1145.4	1306.8	-12.4
马来西亚	125.9	197.3	-36.2	804.3	537.3	49.7
澳大利亚	95.5	97.2	-1.7	241.6	229.1	5.4

数据来源：中国海关。

主要出口海关出口金额同比明显增加。根据中国海关统计，2010年1～11月深圳海关出口金额高达6505.8万美元，同比大幅增长21.3%；出口数量高达42623.2吨，同比下降6.0%（见表20）。大连海关、青岛海关和拱北海关等出口金额都有明显增长。

表20 2011年1～11月我国禽蛋主要出口海关

海关	出口额（万美元）			出口量（吨）		
	2011年 1～11月	2010年 1～11月	同比 （%）	2011年 1～11月	2010年 1～11月	同比 （%）
深圳海关	6505.8	5365.1	21.3	42623.2	45336.2	-6.0
大连海关	4203.0	3170.5	32.6	24560.7	21897.2	12.2
青岛海关	1590.1	1434.5	10.8	9415.1	10551.0	-10.8
拱北海关	1247.8	960.8	29.9	8662.2	8274.9	4.7
福州海关	698.8	589.3	18.6	2443.4	2597.9	-5.9

续表

海关	出口额（万美元）			出口量（吨）		
	2011 年 1~11 月	2010 年 1~11 月	同比 (%)	2011 年 1~11 月	2010 年 1~11 月	同比 (%)
江门海关	560.0	433.1	29.3	3875.9	3681.2	5.3
天津海关	340.5	301.3	13.0	1338.0	950.2	40.8
厦门海关	338.7	212.6	59.3	1263.4	920.1	37.3
上海海关	127.4	162.5	-21.6	419.5	513.8	-18.4
武汉海关	107.1	117.0	-8.4	342.4	463.1	-26.1

数据来源：中国海关。

（二）国际市场进出口情况

美国鸡蛋出口明显增加。根据美国农业部公布的数据显示，1~10 月美国鸡蛋出口总量为 23230 万打，同比明显增加 6.9%。其中，带壳鸡蛋出口 11376 万打，同比增加 11.2%；去壳鸡蛋出口 11854 万打，同比增加 3.0%（见图 55）。

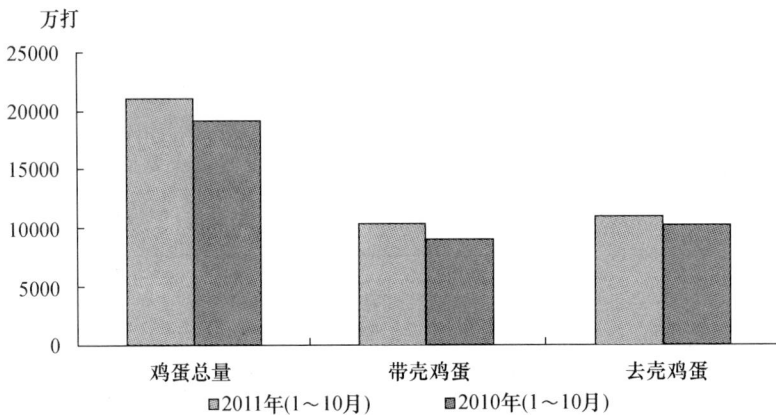

图 55　美国鸡蛋出口品种情况

数据来源：美国农业部。

从出口国家和地区看，2011 年 1~10 月美国对加拿大、日本和中国香港地区的出口比重占总出口的 50%。其中，对日本的出口规模最大，1~10 月出口数量为4069.8万打，占总出口的17.5%，同比大幅增加64.6%。对德国的出口下降最为明显，出口数量为1527.2万打，同比大幅下降29.2%（见图56）

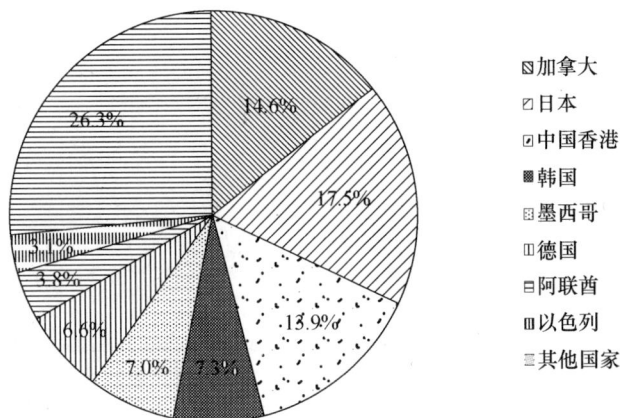

图56　美国鸡蛋2011年1～10月出口地区情况

数据来源：美国农业部。

五、2012年禽蛋市场形势展望

（一）国内市场

2011年我国禽蛋市场形势总体稳定，养殖户经营效益良好。展望后市，随着天气转冷，鸡蛋产量会有小幅增加。从实地调研数据看，2011年1～6月，养殖户补栏较多，大批新鸡正在进入产蛋期和产蛋高峰期，加上2011年市场行情较好，养殖户推迟淘汰部分蛋鸡，蛋鸡存栏处于历史较高水平。鸡蛋价格自2011年10月以来连续3个月明显下跌，预计2012年上半年鸡蛋价格将会持续低迷。

（二）国际市场

根据美国农业部2011年12月发布的《世界农产品供需预测报告》，2012年美国禽蛋产量预计为76.9亿打，与2011年76.54亿打持平略增0.5%；禽蛋出口数量为2.5亿打，较2011年2.8亿打下降10.7%，禽蛋进口数量为2400万打，较2011年2320万打增加3.45%；种用蛋消费数量为9.25亿打，与2011年的9.46亿打相比下降2.2%；食用蛋消费数量为65.39亿打，与2011年的64.46亿打相比略增1.4%。

附图:

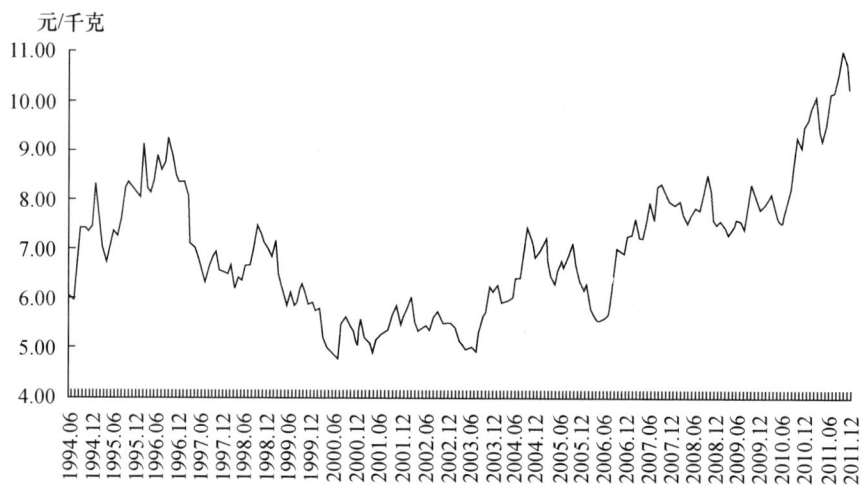

图 57　1994 年 6 月～2011 年 12 月全国鸡蛋零售市场价格

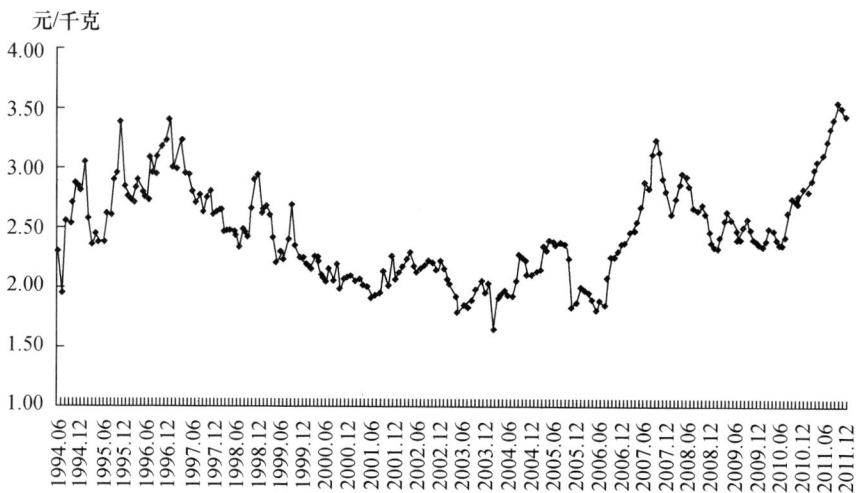

图 58　1994 年 6 月～2011 年 12 月全国商品代蛋雏鸡价格

元/千克

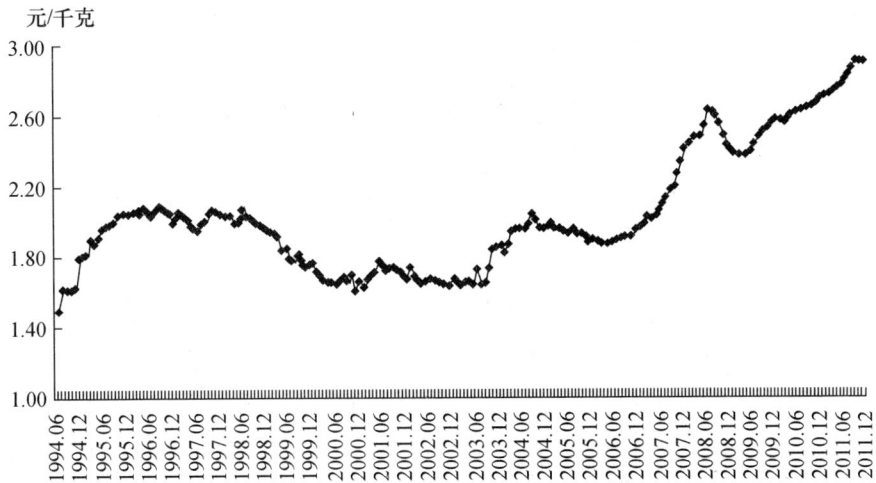

图59　1994年6月~2011年12月全国蛋鸡配合饲料价格

元/千克

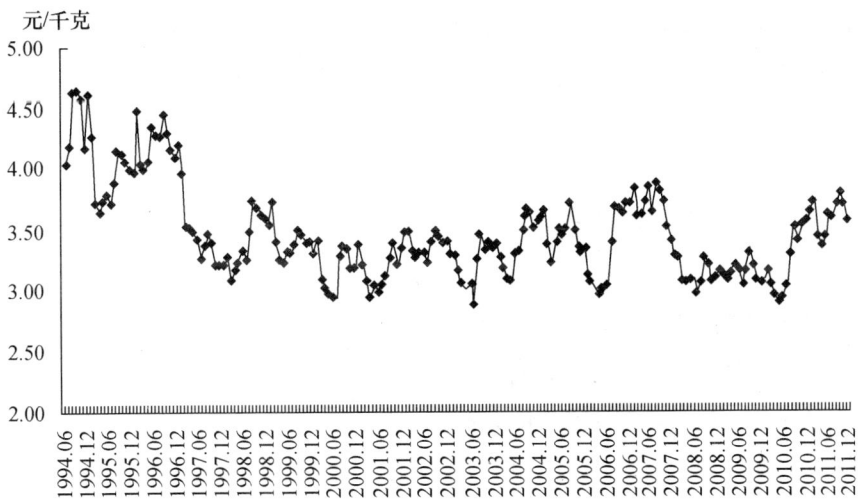

图60　1994年6月~2011年12月全国蛋料价格比

2011 年农资市场形势分析及展望

农业部农村经济研究中心　龙文军　姜　楠　苏　祯

2011 年，我国化肥产量增长明显，供给总体充足，市场运行比较平稳，价格有所上升，但波动不大，为全年粮食丰收奠定了良好的基础。农用柴油价格明显上涨，在一定程度上提高了农业生产成本。进入 9 月以后，化肥等农资产品价格基本稳定或略有下跌，有效地保证了秋冬季农业生产的顺利开展。2012 年，受生产成本持续上涨的影响，农资产品价格上涨的压力较大，建议进一步提高农资综合补贴金额，控制生产成本，加强农资市场监管。

一、2011 年农资市场运行特点

2011 年以来，我国化肥产量继续保持较快的增长势头，达到 6027 万吨，同比增长 12.1%。其中，氮肥、磷肥和钾肥产量分别为 4178.9 万吨、1462.4 万吨和 385.6 万吨，同比增长 8.6%、24.3% 和 10.8%。全年化肥供给充足，需求基本稳定，奠定了化肥市场稳定的基础，为国家粮食安全作出了重要贡献。

（一）总体上涨，略有波动

1. 尿素产品

农业部监测数据显示，2011 年国产尿素价格平均为 2268.3 元/吨，同比上涨 17.7%。2011 年以来，受国际尿素价格大幅上涨、企业煤电气等生产成本增加等因素影响，国内尿素价格持续上涨，10 月涨至 2409.1 元/吨，环比上涨 0.1%，同比上涨 23.9%。11 月以后，随着需求减少，尿素价格有所回落，12 月降至 2347.4 元/吨。

2. 磷酸二铵

2011 年国内磷酸二铵价格稳步上涨，全年平均价格为 3464.6 元/吨，同比上涨 16.6%。2011 年以来，受硫磺等主要原料供应短缺以及企业生产成本增加等因素影响，磷酸二铵价格呈逐月小幅上涨态势，9 月涨至 3575.7 元/吨，环比上涨 0.7%，同比上涨 20.9%。10 月后随着需求减少，价格明显回落，12月已跌至3513.3元/吨。

3. 氯化钾

2011年国内氯化钾市场价格呈先涨后跌态势，全年平均价格为3390.9元/吨，同比上涨4.7%。从1月开始，氯化钾价格持续上升，至7月涨至3501.5元/吨，环比上涨3.2%，同比上涨12.2%，之后价格有所回落，12月已跌至3443.1元/吨。

4. 复合肥

2011年国内复合肥价格稳步上涨，全年平均价格为2946.1元/吨，同比上涨17.3%。2011年前期复合肥价格相对稳定，进入5月之后，复合肥价格上涨明显，主要原因是原材料价格上涨。其中10月复合肥价格涨至3083.9元/吨，环比上涨1.5%，同比上涨20.1%。受后期企业生产成本增加、国际化肥市场价格上涨等因素的影响，复合肥价格仍将上涨。

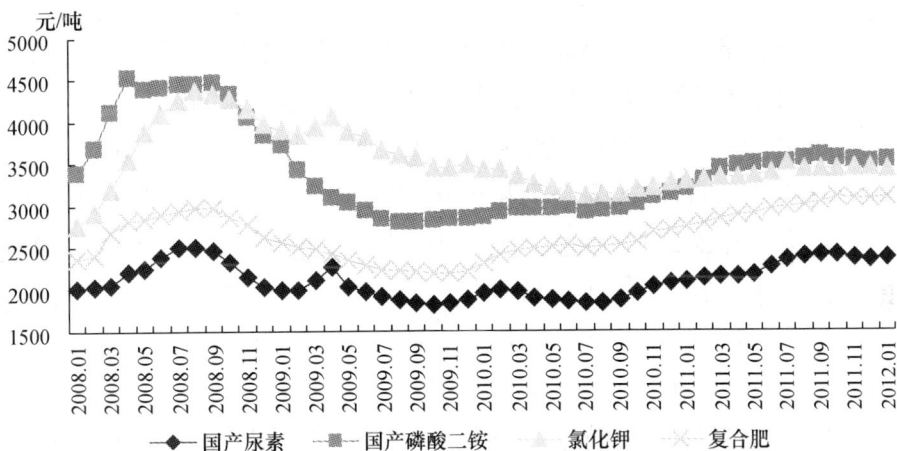

图61 2008年～2012年1月国内化肥市场价格走势

数据来源：农业部监测数据。

5. 农用柴油

随着我国农业机械发展形势趋好，农业用油显著增长，2011年我国农用柴油的价格呈现明显上涨态势，全年平均价格为8547.6元/吨，同比上涨14.2%。综合来看，农用柴油上涨的原因：①由于国际原油价格不断走高，柴油采购和加工成本明显提高。②为完成节能减排任务，一些高耗能企业被拉闸限电，转而增加自发电，柴油需求明显增加。③民间游资炒作，影响柴油供应。

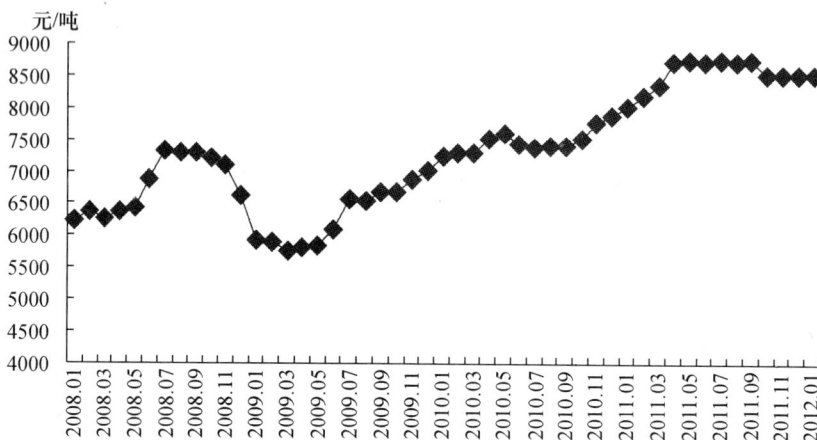

图62 2008年~2012年1月国内农用柴油市场价格走势

数据来源：农业部监测数据。

（二）贸易增长，出大于进

2011年，我国累计出口化肥约2000万吨，同比增长21.5%；出口金额85.78亿美元，同比增长57.7%。其中，尿素出口量大幅减少，全年出口尿素355.9万吨，同比减少49.3%；磷酸二铵出口略有增长，出口磷酸二铵401.8万吨，同比增长0.74%，这两个品种的出口量占我国化肥出口总量的37.9%。出口增加主要集中在氮磷二元肥、10公斤以下小包装化肥、重钙、氯化铵等小品种化肥，其中，2011年1~11月，国内氮磷二元肥出口高达295万吨，同比增长4.9倍；重钙出口155.8万吨，比2010年全年的出口总量121.3万吨还多34.5万吨；小包装化肥出口也同比增长4倍以上。

2011年，我国累计进口化肥795万吨，进口额34.65亿美元，同比分别增长10.7%和33.5%。氯化钾仍为第一大进口品种，2011年我国进口氯化钾640.2万吨，同比增长22.1%，占同期我国化肥进口总量的80.5%；此外，进口氮、磷、钾复合肥101.8万吨，同比下降6.4%。

（三）国际上涨，国内跟进

2011年全球经济复苏的基础渐趋牢固，国际化肥价格呈现上涨态势。分品种来看，国际尿素价格大幅上涨。根据中国资讯网的数据，2011年波罗的海地区小颗粒散装尿素离岸价格平均为414.9美元/吨，同比上涨45.2%；尤日内小颗粒散装尿素离岸价格平均为423.2美元/吨，同比上涨45%。其中，9月价格最高，波罗的海地区小颗粒散装离岸价格达到499美元/吨，环比上涨5.1%，同比上涨55.0%；尤日内小颗粒散装离岸价格为506美元/吨，环比上涨 5.2%，同比上涨 55.7%。

国际磷酸二铵价格大幅上涨。2011 年美国海湾地区磷酸二铵离岸平均价格为 620.5 美元/吨，同比上涨 23.9%；波罗的海磷酸二铵离岸平均价格为 632.6 美元/吨，同比上涨 28.6%。其中，8 月价格最高，美国海湾地区磷酸二铵离岸价格达到 655 美元/吨，环比上涨 0.2%，同比上涨 31.0%；波罗的海磷酸二铵离岸价格为 690 美元/吨，环比上涨 0.1%，同比上涨 35.3%。

国际氯化钾价格大幅上涨。2011 年以色列氯化钾离岸平均价格为 440 美元/吨，同比上涨 26.3%。其中，12 月以色列氯化钾离岸价格为 480 美元/吨，环比持平，同比上涨 26.3%。

国际复合肥价格大幅上涨。2011 年独联体 48% 含量离岸价格为 450.3 美元/吨，同比上涨 37.1%；东南亚 48% 含量到岸价格为 488.1 美元/吨，同比上涨 26%。

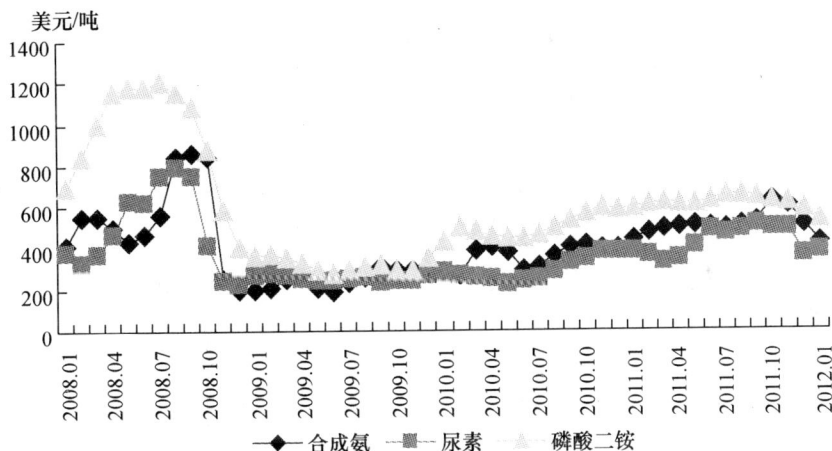

图 63 2008 年 ~ 2012 年 1 月年国际化肥市场价格走势

注：以上价格分别为合成氨尤日内离岸价（美元/吨）、尿素尤日内离岸价（美元/吨）、磷酸二铵美国离岸价（美元/吨）。

数据来源：中国咨询网。

二、国家相关政策对农资市场的影响分析

2011 年，国家继续加大农业生产资料综合补贴力度，针对农资价格波动，及时制定并出台了化肥进出口调节政策，同时进一步完善化肥淡储政策，推广测土配方施肥。这些政策的实施，对于保持农资市场稳定，维护国家粮食

安全，促进国民经济持续健康发展起到了重要作用。

（一）农资综合直补政策

2011 年国家继续实施化肥等农资价格上涨与提高农资综合直补的联动机制，即定时测算市场化肥价格上涨幅度，及时按相应的幅度给予农户农资综合直补。2011 年中央进一步完善农资综合补贴动态调整制度，根据化肥、柴油等农资价格变动，遵循"价补统筹、动态调整、只增不减"的原则，2011 年农业"四补贴"资金规模达到 1406 亿元，比 2010 年增加 61 亿元，其中农资综合补贴资金 860 亿元，比 2010 年增加 25 亿元。自 2006 年我国农资综合补贴政策实施以来，补贴力度逐年加大，从 2006 年的 120 亿元增长为 2011 年的 860 亿元，增加了 740 亿元，并且农资补贴在四补贴中的比重从 39% 增长为 61%。农资补贴资金的不断增加，对减轻因柴油、化肥等农资价格变动对农民种粮收益的影响，确保我国粮食增产起到了十分重要的作用。

表 21　我国农业四补贴资金规模及结构　　　　　　　　　单位：亿元

年份	四补贴	农资	良种	直补	农机
2011	1406	860	220	151	175
2010	1345	835	204	151	155
2009	1275	756	199	190	130
2008	1030	716	123	151	40
2007	514	276	67	151	20
2006	310	120	42	142	6

（二）化肥进出口调节政策

为满足国内需求，近年来国家多次调整化肥出口关税政策。2011 年我国化肥关税政策是：确定尿素淡季关税时间为 2011 年 7～10 月，税率为 7%，尿素基准价为 2100 元/吨，其余时间执行旺季出口关税，税率为 110%；磷酸二铵淡季关税时间为 2011 年 6～9 月，税率为 7%，其余时间执行旺季出口关税，税率为 110%。在这一关税政策下，2011 年我国尿素出口量大幅减少，全年累计出口尿素 355.9 万吨，同比减少 49.3%，而磷酸二铵随着旺季关税时间延长，出口量略有增长，全年累计出口磷酸二铵 401.8 万吨，同比增长 0.74%。这一出口关税政策的调整，有助于减少尿素出口，稳定国内市场价格。

（三） 化肥淡储政策

化肥产品旺季时间短，淡季时间长，淡储制度的落实有效缓解了化肥供需淡旺季的矛盾，培养了一批稳定成熟的经营企业，支持了化肥生产企业健康的发展，为我国粮食安全提供了有力保障。从 2004 年淡储政策实施以来，化肥淡储规模不断扩大，从最初的 600 万吨增加到 2011 年的 1600 万吨，承储企业也从最初的 20 余家扩展到 90 余家。

（四） 推广测土配方施肥技术

从 2005 年开始，我国全面推广应用测土配方施肥技术，通过测土了解和掌握土壤供肥性能、土壤肥力的变化状况，合理配置肥料资源，提高肥料利用率，促进农民节本增效。中央和地方财政给予补贴，免费为农民提供测土配方施肥的技术服务。2011 年，中央财政投入资金 8 亿元，在全国 2489 个项目县（场、单位）实施，覆盖面积 6000 万公顷，超过粮食播种面积的 50%，推广配方施肥使单位面积粮食产量提高 6% ~ 10%，肥料利用率提高 3% ~ 7%。各地以推动农民 "按方施肥" 和 "施用配方肥" 为路径，探索示范了 "政府主导、合作社带动、配方肥直供、定点供销服务、统测统配统供、现场混配供肥" 六大典型模式，带动技术推广面积达到 12 亿亩以上，为 1.7 亿农户提供测土配方施肥技术服务，为粮食 "八连增" 做出了重要贡献。

综合来看，国家出台的这些政策对稳定国内农资价格、维护农民利益、调动农民生产积极性和促进粮食生产起到了积极作用，使国家一系列强农惠农政策的作用得到了较好发挥。

三、目前存在的主要问题

（一） 铁路运输瓶颈可能导致局部地区供应紧张

随着我国肥料产业结构调整，全国区域性化肥产能差异越来越大，化肥产能逐渐向新疆、内蒙古、山西、云南、贵州、四川等产地集中，华东、华南、东北等地肥料都需从区外调入，由于运距远，公路运输成本较高，因而对铁路运力需求明显增加。尽管国家对化肥运输有优惠政策，但是从铁道部门争取车皮却十分困难。特别是 2012 年春节较早，一旦春运来临，铁路运力将显得更加紧张，很可能导致部分地区化肥供应紧张。

（二） 天然气、煤炭价高量紧

化肥用天然气价格从 2011 年 6 月起普遍上调 40% 左右，供应持续紧张，导致西南地区一些企业停产 3 ~ 5 个月，开工率严重不足；煤炭价格也明显上涨，2011 年 10 月氮肥企业原料煤平均到厂价为 1474 元/吨，同比上涨 38.5%。而以天然气、煤炭为原料的肥料生产企业受到价高量紧的影响，一些企业不能满负荷生产，有的小企业甚至不得不停产。进入第四季度后天气寒冷，居民取暖用气用煤将大幅增加，天然气和煤炭价格还将继续上涨，这不仅将提高化肥生产成本，还可能导致化肥产量下降。

（三）电价上涨导致企业生产成本明显增加

12 月 1 日，国家发改委宣布上调销售电价和上网电价，平均分别上调 0.03 元/千瓦时和 0.025 元/千瓦时，各地区上调幅度不同。据调查，山东省氮肥企业用电上涨 0.058 元，导致尿素生产成本增加 65 元/吨；河南省氮肥企业用电上涨 0.043 元，企业生产成本增加 45 元/吨；山西省氮肥企业用电上涨 0.04~0.06 元，企业生产成本增加 50~70 元/吨。电价上涨导致生产成本明显增加，企业经营压力进一步加大。

（四）氮肥企业停产较多

受天然气供不应求、煤炭价格上涨以及原材料价格上涨等因素的影响，2011 年以来，全国氮肥企业开工率持续走低，从中国氮肥工业协会反映的情况看，目前年产 15 万吨合成氨以下的中小氮肥企业的开工率仅 30%，大中型氮肥企业装置平均负荷率也只有 70% 左右。11 月底全国停产或大幅减产的企业已有 59 家，影响尿素日产能 4.8 万吨（约 1600 万吨/年）。

（五）肥料市场质量问题依然严重

由于肥料价格上涨，受利益的驱使，部分生产企业在产品的有效成分含量上大做文章，以次充好，以假乱真等现象又有所抬头，严重侵害了农民群众的合法权益。

四、2012 年农资市场形势展望和政策建议

（一）2012 年农资市场形势展望

2011 年农资市场虽然后期市场价格有所上升，但是整体稳定，对国家粮食稳定增产、促进农民稳定增收、维护农村稳定发展起到了十分重要的作用。2012 年，农资市场形势不容乐观，价格上涨压力很大，需要密切关注，提前做好应对工作。分品种来看，尿素供应充足，但是价格将可能略有上升；磷酸二铵能够保证基本供应，价格会有一定幅度的上涨；氯化钾仍然需要大量进口，受国际市场影响，价格也将上涨；复合肥的供应可能出现局部缺口，价格会出现较大的涨幅。对 2012 年农资市场形势判断主要是基于以下原因：

1. 化肥等农资生产成本明显增加

化肥生产利用的是资源性产品。没有煤炭和天然气，尿素生产就无从谈起；没有磷矿和钾矿，磷复肥和钾肥就只能受制于人。2011年，煤炭、天然气、用电价格均大幅上涨，2012年随着国家对天然气资源调控力度的加大，对煤、电价格的调整，硫磺、磷矿石等价格的上涨，化肥企业的生产成本大幅上涨，开工率逐步降低，国内化肥供应量必然受到影响。

2. 农产品价格上涨带动农资价格上涨

近几年随着国家强农惠农政策力度的加大，农业生产取得了长足发展，农作物种植面积进一步增加，养殖业的发展也较快，农民对农业投入的积极性也有所增加。在国内通货膨胀、肉禽蛋等产品价格出现上涨的情况下，农民对农产品存在涨价预期，因而各类农业生产资料的使用量可能会增加，购销旺盛，无形中将会拉动了农资价格的上涨。

3. 国际市场不确定引发国内价格上涨

国际市场的不确定性因素将使化肥市场更加复杂，国际农产品价格上涨拉动化肥价格上涨。印度和巴西等化肥进口大国国内粮食需求增长，在化肥价格不断上涨的情况下，农民依然抢购肥料。国际不确定因素都是诱发国内化肥涨价的导火索。

（二）政策建议

1. 提高农资综合直接补贴额度

充分考虑2012年化肥、柴油等农资全年的价格变动可能对农民种粮增支的影响，增加农资综合补贴额，并适当留有余地。即使柴油、化肥等农资相关政策发生调整，新增补贴资金也应该能弥补农资价格变动增加的支出。在发放过程中，各地要严格操作行为，不准擅自更改已确定的补贴数额，不准截留、挤占和挪用补贴资金，不准集中代领存折或补贴，不准无故拖延补贴资金兑付时间，不准以任何理由扣押农民存折和增加农民负担，确保农资综合直接补贴资金及时到位。

2. 严格控制化肥企业生产成本

加大资源整合、兼并重组力度，通过宏观调控，不断淘汰落后产能，限制盲目重复建设行为，逐步使资源需求回到正常增长的轨道上来。鼓励化肥企业或扩大自身规模，或参股上、下游企业，只有向上游资源延伸，才能从根本上突破目前的成本困局。

对采取节能技术的化肥企业给予适当的财政补贴，鼓励企业进行流程改造、技术更新和产业升级，使生产管理过程的标准化、专业化和简单化，促进企业提高资源的使用效率，增强企业的核心竞争力。

铁路部门要确保化肥运输车皮的供应，对农用化肥，不分企业的所有制性质，一律执行运价优惠政策，切实降低化肥运输费用，严肃查处各种乱收费、乱加价的行为，严厉打击以车谋私的违法行为。

3. 加大农资市场监控监管力度

要及时把涨价的原因向全社会公开，取得消费者的信任。及时监测国内外农资市场动态、原材料价格动向，特别是煤、天然气等价格的波动，整体物价指数等，通过分析，把涨价的真相公布出来，严厉打击恶意炒作行为。在关注化肥价格上涨的同时，一定要高度关注市场可能出现假劣农资的行为。要规范农资市场经营行为，围绕肥料、农药等大宗农资商品质量，农业、质监、工商、供销等相关部门要联合行动，强化市场专项整治行动，构筑一道阻断假劣农资流入市场的坚实"防火墙"，严厉打击制售假冒伪劣农资的农害农行为，切实维护广大农民的合法权益。

4. 认真执行年度化肥淡储政策

化肥淡储在平抑市场价格、保障农民利益等方面起到了不可忽视的作用。化肥承储企业应在认真完成淡储任务的同时，从淡储化肥协议、购进、付款、运输、入库等每一个环节入手，加强自律、自查，做到账账相符、账表相符、账实相符，切实做好化肥淡季商业储备工作。有关部门要加强监督，建立退出机制，对不认真执行淡储任务的企业，按照《化肥淡季商业储备管理办法》和《化肥淡季商业储备管理办法补充规定》和化肥淡储承储协议书的要求进行处理。

2011年水产品市场形势分析及展望

农业部农村经济研究中心 刘景景

2011年我国长江中下游地区遭遇罕见干旱和洪涝灾害，影响了部分地区渔业生产。由于救灾工作开展及时，非受灾地区渔业生产稳定，水产品仍实现稳定增产，但增速有所放缓。在生产成本的推动下，水产品价格处于历史高位，进出口贸易继续保持较快增长，价格拉动效应增强，全年出口贸易额预计在180亿美元左右，增幅近三成。

一、水产品市场价格走势

（一）批发价高位运行，淡水产品走势强于海水产品，月度价格先扬后抑

农业部统计数据显示，2011年我国渔民人均纯收入首次突破万元大关，达到10012元，比上年增加1049元，增长11.7%。1~11月全国水产品产量4773.2万吨，同比增长4.3%，预计全年水产品总产量5611万吨，增长4.4%。中国农业信息网批发市场价格监测数据显示，2011年重点监测的31种水产品[①]成交总量108.12万吨，平均价14.16元/公斤，分别较上年同期增长7.66%和17.64%。其中，海水产品平均批发价21.4元/公斤，淡水产品12.66元/公斤，同比分别增长14.06%和23.36%。与2010年相比，水产品批发市场价格整体高位运行。分产品类别看，淡水产品走势强于海水产品。

在生产成本推动下，2010年以来水产品价格不断走高（见图64），2011年受长江中下游旱涝灾害和季节性供需缺口加大的影响，水产品批发价4~9月出现连续上升。与上年同期相比，跟踪监测的31个产品中，罗非鱼和基围虾价格下降，其他29个品种价格均同比上涨，其中22个品种涨幅超过10%。

---

① 现包括鱼类23种、虾蟹类3种、贝类3种，以及人工甲鱼和海参。

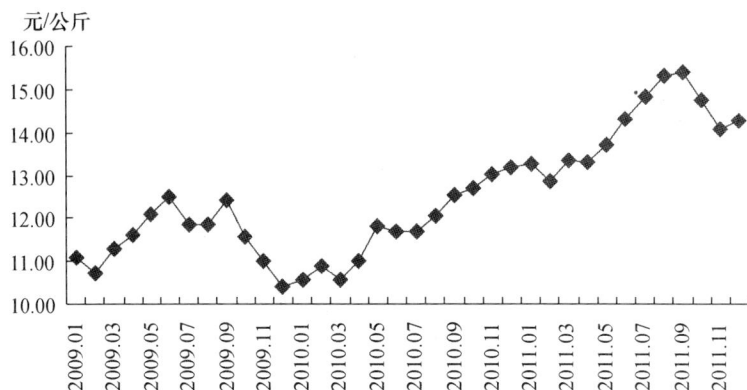

图64　2009年以来水产品批发市场平均价

注：数据来源于中国农业信息网批发市场监测系统，根据31个水产品种的加权平均价计算所得。

（二）城乡居民水产品消费价格平稳上升，涨幅与食品类总水平基本一致

国家统计局数据显示，2011年1~11月水产品居民消费价格同比上涨12.3%，与食品类涨幅基本持平。其中城市增长12.5%，农村增长11.4%。从图65可以看出，水产品居民消费价格指数高于鲜菜，低于肉禽、蛋类等其他食品，2011年1月价格指数开始攀升，7月增幅达到全年最高。从全年走势来看，水产品消费价格走势与食品类总水平基本一致，每月上升幅度均在10%左右，但与肉禽、蛋、鲜菜等产品相比，水产品无论在价格变化的速度还是范围上，都明显偏弱，基本维持比较平缓的状态。

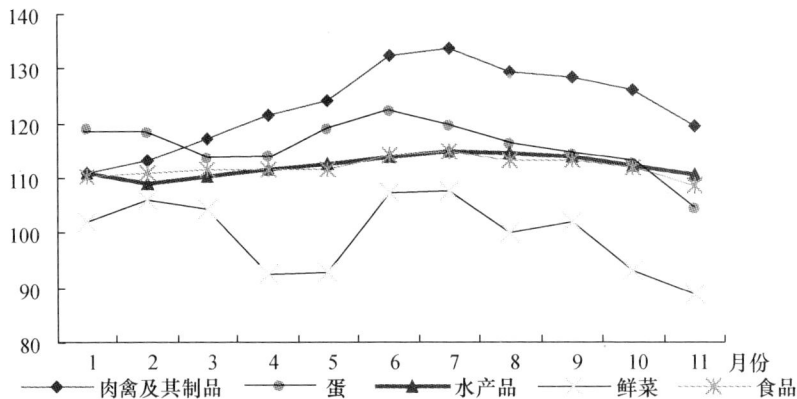

图65　2011年1~11月各类食品消费价格指数变化

数据来源：国家统计局（上年同月=100）。

（三）淡水鱼价格涨幅创历史新高，大宗淡水鱼价格全面上扬

淡水鱼特别是大宗淡水鱼历来需求量大，价格平稳。2011年长江中下游

地区的干旱灾害正值鱼苗投放时节，灾后补苗也未能挽回大规格鱼种损失，导致淡水鱼价格涨幅尤其突出，领涨于各类水产品。中国农业信息网批发市场监测数据显示，2011年淡水鱼成交量89.08万吨，同比增长12.28%，平均价12.4元/公斤，同比上涨21.89%，年度涨幅创历史新高。8月价格为近几年来最高值，达到13.85元/公斤（见图66）。

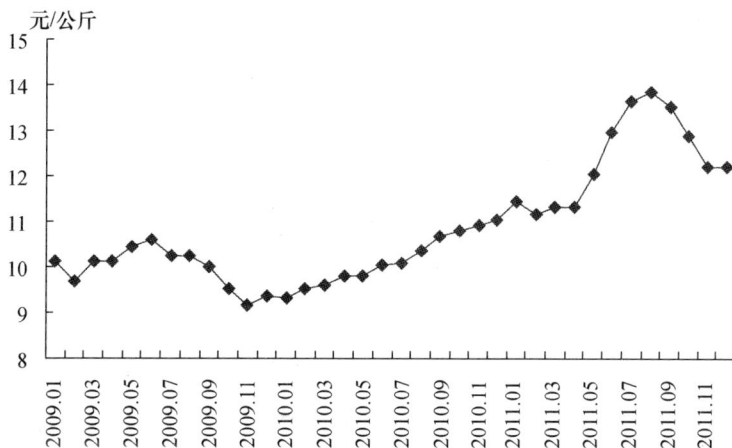

图66　2009～2011年淡水鱼批发价走势

数据来源：中国农业信息网。

14个淡水鱼监测品种中，除罗非鱼价格下降4.99%外，其他淡水鱼价格均同比上升，其中6个大宗淡水鱼品种①价格全部上扬，平均价为11.14元/公斤，同比增长16.18%（见表22）。从月度价格变化看，活鲤鱼和活鲫鱼价格走势相似，均在4～7月上涨，8月起价格回落；活草鱼和白鲢活鱼的价格波幅最小，4月以后价格平稳上升，9月开始逐步回落；花鲢活鱼价格的环比波动幅度小于往年，但同比涨幅达24.84%；武昌鱼价格2011年4～9月持续攀升，直至10月开始下降（见图67）。

表22　2011年大宗淡水鱼批发市场交易情况

品种	平均价（元/公斤）	同比（%）	成交量（吨）	同比（%）
活鲤鱼	12.12	21.67	126367.76	17.34
活草鱼	12.69	5.60	247650.94	27.53

①　大宗淡水鱼包括活鲤鱼、活草鱼、活鲫鱼、白鲢活鱼、花鲢活鱼和武昌鱼。

续表

品种	平均价（元/公斤）	同比（%）	成交量（吨）	同比（%）
活鲫鱼	13.04	15.15	161114.58	-0.38
白鲢活鱼	7.56	18.52	238051.13	-1.28
花鲢活鱼	11.50	24.84	62961.81	2.52
武昌鱼	15.57	11.63	4175.50	148.11

数据来源：中国农业信息网。

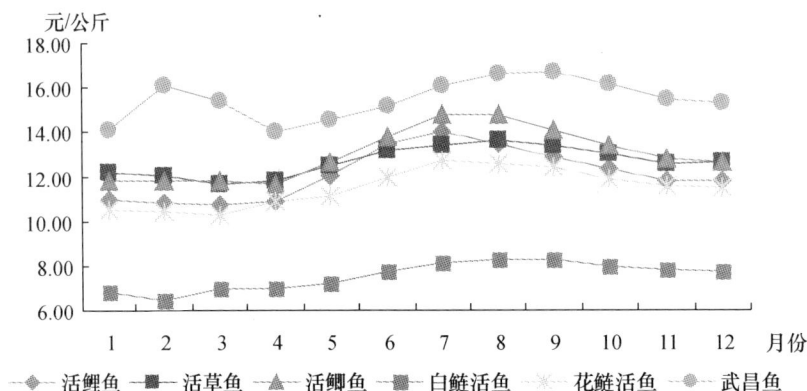

图67　2011年大宗淡水鱼批发价走势

数据来源：中国农业信息网。

（四）海洋渔业发展面临资源与成本双重压力，利润率严重下滑，海水鱼价格振荡上行

日本福岛核泄漏危机、渤海湾溢油事故等突发事件的发生，加剧了海洋渔业资源衰退。据山东省海洋捕捞生产管理站资料，2011年捕捞渔获物个体小型化、低龄化和性早熟现象普遍，传统经济鱼类比例下降，优质鱼类仅占渔获物30%左右，鳀鱼等低值鱼类已成为近海捕捞的主要对象。由于大型渔船所占比重逐渐增加，单位马力产值降低，捕捞业效益下滑。江苏省海洋渔业指挥部2011年5月开展的一项调查显示，生产成本增加导致海洋捕捞业利润率下滑，大约63%的渔船能够保本，亏本渔船占到5%，只有约3成渔船盈利。

中国农业信息网批发市场监测数据显示，2011年大小带鱼、大小黄花鱼、大小平鱼、鲈鱼、鲅鱼和石斑鱼的总成交量9.66万吨，同比下降6.61个百分点，平均价28.36元/公斤，同比提总高18.92%。从月度走势看，海水鱼价格自2009年底振荡上行，2011年7月达到历史最高值29.95元/公斤（见图68）。

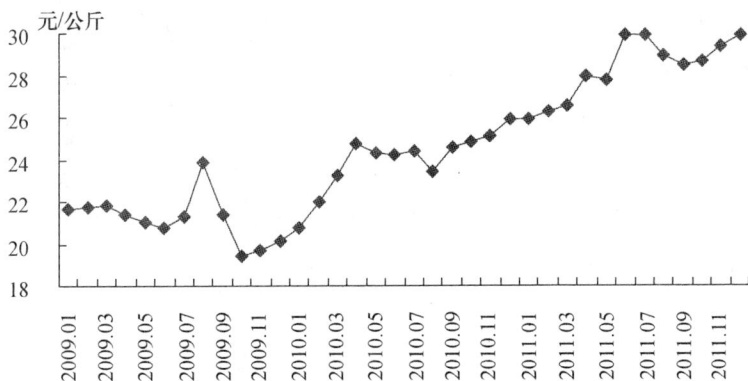

图68 2009~2011年海水鱼批发价走势

数据来源：中国农业信息网。

（五）虾蟹类价格波动与往年趋同，批发价先抑后扬；贝类批发价同比大幅增长，环比走势平稳

2011年对虾、基围虾和梭子蟹总成交量达到5287.67吨，同比下降38.39%，平均价96.08元/公斤，提高9.51%。其中，基围虾价格下降22.69个百分点，对虾和梭子蟹价格分别较上年同期增长24.16%和18.58%。从图69可以看出，虾蟹类价格波动与往年趋同，基本呈现出先抑后扬的走势，2011年价格水平明显高于往年。

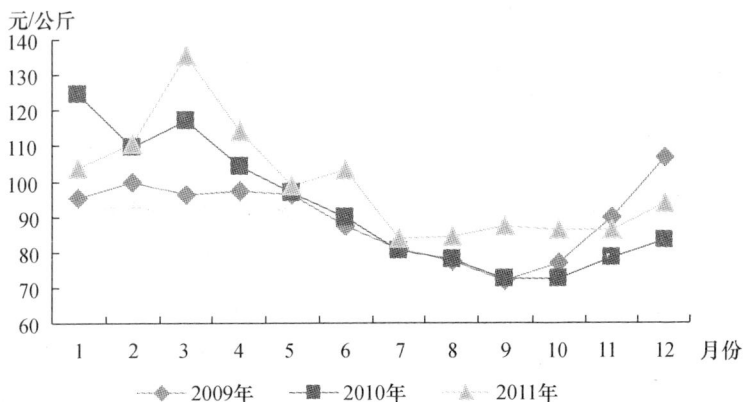

图69 2009~2011年虾蟹类平均价走势

数据来源：中国农业信息网。

2011 年初黄渤海海区再次发生海冰灾害，由于主要集中在近海，且部分地区开始了温棚养殖，贝类市场受影响较小，价格走势平稳[①]。3 月日本发生的地震、海啸及核泄漏事故造成渔业基础设施大量损毁，贝类产量下降，日本增加了对我国贝类产品需求，一定程度上拉高了贝类价格。2011 年贝类平均价为 7.73 元/公斤，同比增长 19.03%，成交量 8.21 万吨，下降 14.51%。监测的 3 种贝类产品蛏子、蛤蜊和海蛎的平均价格分别较上年同期增长 8.5%、18.11% 和 38.16%（见图 70）。

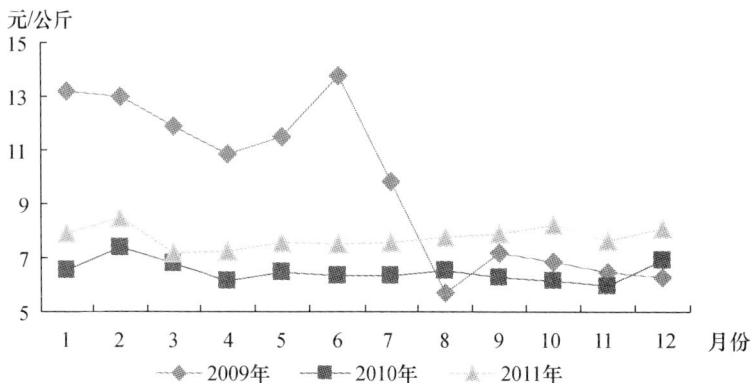

图 70　2009～2011 年贝类平均价走势

数据来源：中国农业信息网。

二、影响水产品价格的因素分析

2011 年我国水产品价格涨幅大、涨价品种多，但与粮食、肉禽等产品相比，涨势相对平稳。影响水产品价格波动的因素多而复杂，具体来看，主要包括以下几个方面：

（1）从供给层面看，自然灾害频发导致的季节性供需缺口变大一定程度上加剧了阶段性价格攀升。自然灾害频繁且破坏性较大，凸显了水产品生长周期所致的供需矛盾，也影响着水产品价格波动。2011 年上半年我国淡水养殖面积减少 156.54 公顷，同比降幅达 2.67%，水产养殖产量增幅明显放缓，较上年同期减少 4.68%。受此影响，4 月以来水产品价格持续上升。往年 8 月以后随着商品鱼大规模上市，水产品价格会逐步回落。2011 年受灾的淡水渔

---

① 张志强、朱亚平：《上半年水产品批发行情稳定看好》，《中国渔业报》，2011 年 8 月 2 日。

业主产区苗种投放时间普遍推后，一些大规格苗种受损严重，养殖户存在惜售心理，直至9月上市高峰后，价格才出现回落。

（2）从市场需求看，2011年肉禽、蛋类等替代品价格对水产品需求影响有限。从图65可以看出，水产品价格波幅小于肉禽、蛋类等产品，价格走势与之也没有趋同性，可见替代品价格对水产品需求虽有影响，但影响力有限，2011年没有出现以往"同涨同跌"的情况。

（3）从生产和流通环节看，基础性成本上升推动价格上扬。根据国家统计局数据，2011年上半年我国渔业产品总体生产价格同比上涨9.8%，涨幅较2010年同期扩大2.41个百分点。各类渔业产品中，海水养殖、海水捕捞、淡水养殖和淡水捕捞产品生产价格同比分别上涨11.99%、10.13%、9.3%和4.19%。从图71可以看出，渔业生产成本自2009年底持续上升。

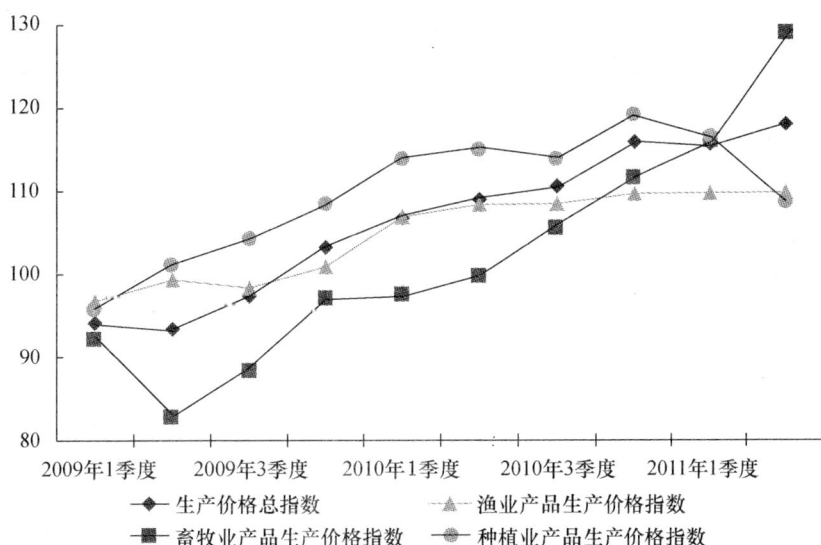

图71　2009～2011年农产品生产价格指数变化

数据来源：国家统计局。

以淡水养殖为例，生产经营费用主要集中于饲料、苗种、承包租赁费和人工费用。2011年上半年，我国淡水鱼苗产量因灾减少55亿尾，苗种价格大幅上涨，灾后养殖户补苗情况普遍。国家大宗淡水鱼产业技术体系2011年对监测户的调查显示，1～10月养殖户饲料、苗种、承包租赁费和人工费用支出占总成本的比例分别为48%、21%、11%和6%，与以往统计数据相比，饲料支出占比显著下降，苗种支出大幅提高。

　　从捕捞业成本构成看，柴油支出和雇工成本是主要支出项，其中，柴油费用占总成本65%以上。2010年初，我国0号柴油批发价为6592元/吨，截至2011年11月中旬，价格已上涨至8076元/吨，在4~9月渔业生产的关键时期，柴油价格还曾一度飙升至8343元/吨水平，同比涨幅达到22%。在用工成本方面，以山东省为例，大副以下的普通船员年薪已由2010年的3.5万~4万元，提高到5万~6万元，更有甚者达到7万元，平均涨幅在40%~50%。除了雇工成本提高外，部分地区捕捞生产还出现了用工荒问题，个别渔船只能雇用短期渔工，日工资200~400元，并需要当日现金结算。

　　在流通环节中，我国水产品以鲜活流通为主，油价、用工成本及车辆通行费是影响流通成本的关键要素。目前车辆通行费的问题已通过鲜活农产品绿色通道政策得到一定程度缓解，而油价及用工成本上升已成为生产、流通环节的共性问题。

　　（4）水产品价格的相对稳定表明其市场开放程度高，受国际市场影响小。农产品价格波动经验显示，各种农副产品的价格涨落幅度和涨落时间虽不完全相同，却通常与市场开放程度有关。水产品是我国最早进行商品化改革的产品，经过30多年的发展，市场开放程度很高，产量、需求也较为稳定，政府干预程度低。与种植业、畜牧业等政府调控力度大的产品相比，水产品价格波幅明显较小。对外贸易方面，虽然水产品多年位居农产品出口额首位，但因消费习惯不同（国外消费者多食用无肌间刺的鱼类），国内市场和国际市场的关联性并不强，国内价格受国际市场的影响较小。

　　总之，水产品市场具有政府干预程度低、受国际价格影响弱等特点，这是其他农产品所不具备的，因而保证了水产品市场的稳定发展。

三、水产品进出口贸易形势

（一）总体贸易形势

1. 进出口贸易全面增长，价格拉动效应增强，进口价格增长快于出口

　　据海关统计，2011年1~11月我国水产品进出口总量742.47万吨，进出口总额232.15亿美元。其中，出口量354.07万吨，出口额159亿美元，同比分别增长20.07%和30.19%；进口量388.4万吨，进口额73.15亿美元，同比分别增长11.41%和22.31%。贸易顺差85.85亿美元，较上年同期提高37.76%。预计全年水产品出口额将接近180亿美元，增幅近三成。根据贸易数据测算，2011年1~11月水产品出口平均价格上涨8.43%，进口平均价格上涨9.78%，价格拉动效应明显增强，进口价格增长快于出口。

从月度变化看（见图72），由于2010年1月包含春节假日，基数效应明显，加之短期外需增长，2011年1月水产品出口贸易同比增幅超过50%；春节前集中报关对进出口造成分流，2月水产品贸易额呈现季节性下滑；3月日本发生强震和海啸，福岛两座核电站放射性原料泄漏，因担心核泄漏对水产品造成污染，日、韩及欧美国家加大了对我国水产品进口，山东、辽宁、江苏、湖南等省企业出口订单量急剧上升，我国对日本、美国和欧盟出口额同比分别增长46.83%、42.5%和77.83%，3月成为2011年以来出口增幅最大的月份，出口额同比增速达到63.79%；4、5月以后出口增速逐步放缓并保持平稳递增。从进口贸易来看，除2月春节因素进口额短暂下滑外，其他月份水产品进口增速稳步提高，11月进口增速明显下滑。

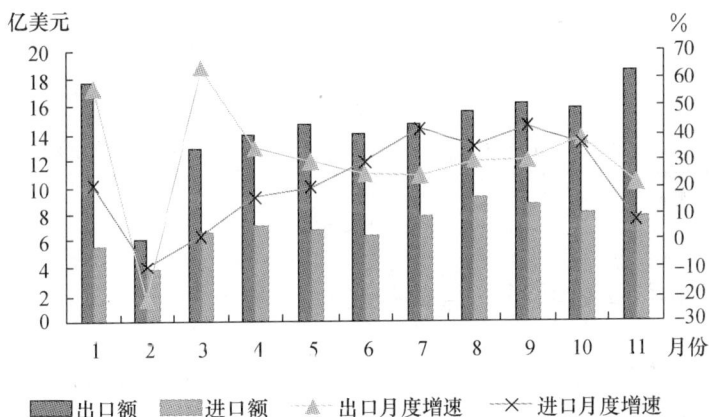

图72　2011年1~11月水产品进出口总体情况

数据来源：中国农业信息网。

2. 市场多元化战略积极推进，新兴市场份额稳步提升

2011年以来，我国与传统市场贸易增速有所放缓，与新兴市场贸易快速发展。1~11月我国向167个国家和地区出口水产品，其中出口额增幅超过50%的国家和地区数达到69个。我国对日本、美国、欧盟三大市场出口额合计增长19.55%，低于整体增幅10.64个百分点。与新兴市场和发展中国家的贸易继续显示较大增长潜力。近年来，我国与新兴市场和发展中国家不断加强沟通交流，扩大贸易互补性，妥善处理贸易摩擦，纾缓了贸易结构不平衡压力，为我国企业开拓新市场创造了良好环境[①]。1~11月，我国对东盟、巴

---

①　商务部：《中国对外贸易形势报告》。

西以及非洲等国（地区）的出口增速均超过了平均值。其中，对东盟出口额增幅达到 71.97%，高于整体增幅 41.78 个百分点，东盟已跻身我国水产品出口市场前四位。

表 23　2011 年 1～11 月水产品出口市场结构（按国家和地区）

出口市场	出口量（万吨）	同比变化（%）	占总出口量的比重（%）	出口额（亿美元）	同比变化（%）	占总出口额的比重（%）
国家和地区总计	354.07	20.07		159.00	30.19	
其中：日本	64.64	13.98	18.26	36.46	25.33	22.93
美国	48.44	−1.89	13.68	25.65	13.22	16.13
欧盟	52.50	5.21	14.83	22.24	18.23	13.99
东盟	44.94	46.43	12.69	15.27	71.97	9.60
韩国	45.51	15.80	12.85	14.43	23.64	9.08
中国香港	16.03	17.24	4.53	13.80	59.01	8.68

数据来源：中国海关。

3. 水产品进口量额双增，自秘鲁进口恢复性增长，日本跌出进口市场前十位

主要进口国家和地区中，俄罗斯、秘鲁和美国是我国水产品进口的三大市场，2011 年 1～11 月我国从上述三国进口量、进口额分别达到 233.44 万吨和 40.09 亿美元，占水产品进口总量和进口总额的 60.1% 和 54.81%。由于鱼粉生产形势较好，2011 年 1～11 月我国自秘鲁水产品进口呈现恢复性增长，进口量、进口额同比分别提高 17.69% 和 16.78%。自东盟的进口量略有下降，自挪威进口量、额均有所下滑。日本地震以后，我国进口日本水产品数量锐减，同比降幅达 44.87%，日本跌出我国水产品进口市场前十位。

表 24　2011 年 1～11 月水产品进口市场结构（按国家和地区）

进口市场	进口量（万吨）	同比变化（%）	占总进口量的比重（%）	进口额（亿美元）	同比变化（%）	占总进口额的比重（%）
国家和地区总计	388.40	11.41		73.15	22.31	
其中：俄罗斯	94.13	12.43	24.24	15.32	20.79	20.95
秘鲁	81.93	17.69	21.09	12.42	16.78	16.98

续表

进口市场	进口量 (万吨)	同比变化 (%)	占总进口量的 比重 (%)	进口额 (亿美元)	同比变化 (%)	占总进口额的 比重 (%)
美国	57.38	49.30	14.77	12.35	59.70	16.88
东盟	33.24	-1.69	8.56	5.30	0.02	7.25
智利	19.72	0.39	5.08	4.01	0.58	5.48
挪威	15.16	-5.48	3.90	3.57	-0.01	4.88

数据来源：中国海关。

(二) 出口结构与重点品种出口情况

1. 鲜、冷冻鱼片、冻鱼和制作保藏的鱼是主要出口大类，冻鱼出口增长迅速

从出口商品结构看，2011 年 1~11 月海关统计的 9 大类出口水产品中，鲜、冷冻鱼片、冻鱼和制作保藏的鱼是主要大类，三者出口量占我国水产品出口总量的 65.37%。与上年同期相比，9 大类产品中活鱼和鲜、冷鱼出口量有所下降，其他 7 类产品的出口量均同比增长，其中冻鱼出口增长迅速，同比增幅达 65.38%。由于出口价格提高，除鲜、冷鱼出口额下滑外，其他产品出口额均有大幅提升。

表 25　2011 年 1~11 月水产品出口结构（按 HS 编码前四位统计）

品种	出口数量 (万吨)	同比变化 (%)	出口金额 (亿美元)	同比变化 (%)
活鱼 (0301)	7.84	-9.79	4.51	8.78
鲜、冷鱼 (0302)	3.12	-10.25	1.36	-10.07
冻鱼 (0303)	87.49	65.38	19.08	59.55
鲜、冷冻鱼片 (0304)	98.03	8.87	39.39	20.74
干、盐腌的鱼 (0305)	6.78	11.26	3.59	12.35
甲壳动物 (0306)	19.38	8.90	12.10	18.85
软体动物 (0307)	38.33	12.34	18.37	35.24
制作保藏的鱼 (1604)	45.93	12.42	23.29	27.96
制作或保藏的甲壳动物 (1605)	34.20	11.58	29.90	41.46

数据来源：中国海关。

2. 主要品种出口单价提高，贝类成为第一大出口品种

贝类、对虾、鳗鱼、罗非鱼和黄鱼等主要品种出口额、出口单价较上年同期大幅提升。其中贝类出口额增幅达 54.48%，超过对虾成为第一大出口品种。由于产区干旱，2011 年小龙虾和斑点叉尾鲴产量下降，出口降幅明显，其中小龙虾出口量 1.4 万吨，出口额 1.61 亿美元，同比分别减少 53.02% 和15.55%；斑点叉尾鲴出口量 0.51 万吨，出口额 0.38 亿美元，同比分别减少32.56% 和 15.84%（见表 26）。其他产品情况如下：

表26 2011 年 1~11 月主要水产品种出口情况

品种	出口量（万吨）	同比变化（%）	出口额（亿美元）	同比变化（%）
贝类	31.61	21.37	18.22	54.48
对虾	20.69	7.36	16.69	22.15
罗非鱼	29.13	3.46	9.68	13.40
鳗鱼	3.86	-10.05	9.59	30.75
黄鱼	4.06	-11.64	2.15	14.04
淡水小龙虾	1.40	-53.02	1.61	-15.55
斑点叉尾鲴	0.51	-32.56	0.38	15.84

数据来源：中国海关。

（1）对虾市场以内销为主，价格高位企稳。近年来，受人民币大幅升值以及人工成本上涨等因素影响，我国对虾在出口市场竞争力下降，但内销市场得到长足发展。2010 年我国国内消费对虾产品折合原料约 115 万吨（不含其他虾类），占总产量的 85%，仅有不足 15% 出口。目前对虾销售模式已由原来的"出口为主，内销为辅"转变为"出口为辅，内销为主"。伴随着市场需求量的大幅增长，对虾价格也一路高涨。2011 年早春华南地区天气多变，2010 年虾病暴发使养殖户心有余悸，清明前养殖户投苗积极性较低，对虾投苗时间较 2010 年推迟 15~20 天左右，4 月伴随着病虾集中上市，大规格虾出塘量减少，对虾价格开始陆续下降，直至 7 月底企稳回升。

（2）罗非鱼对美出口严重下滑，出口价跌破成本，短期内无反弹希望，加工厂恶性竞争再度上演。在我国大宗出口水产品中，罗非鱼是唯一高度依赖出口的养殖品种，其最大的竞争对手是越南巴沙鱼。2011 年我国罗非鱼出口

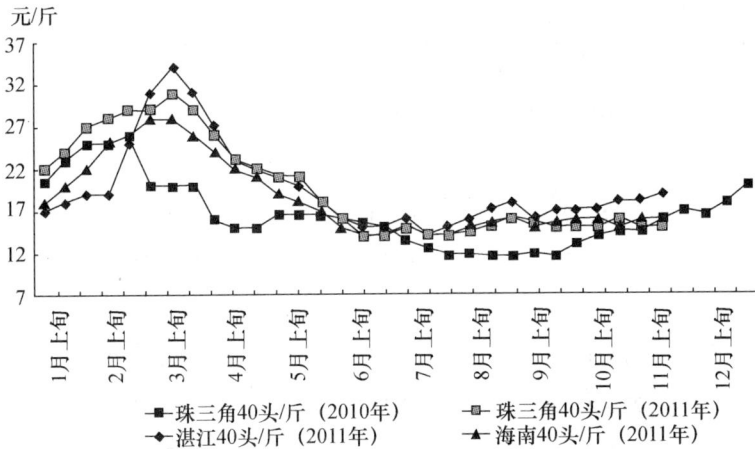

元/斤

珠三角40头/斤（2010年）　　　珠三角40头/斤（2011年）
湛江40头/斤（2011年）　　　海南40头/斤（2011年）

图73　2010～2011年南美白对虾塘头价变化[1]

可谓乱象丛生，主要表现在三个方面：

1）对美出口份额不断下降。2011年1～7月，美国从我国进口罗非鱼下降0.73万吨，同比降幅为14%，从越南进口巴沙鱼增长1.92万吨，增幅达到81%。与罗非鱼相比，越南巴沙鱼具有产量高、出肉率高等优势，以此推断，越南巴沙鱼将和我国罗非鱼长期分享美国低端鱼类食品市场[2]。

2）月度出口波动大，近期出口价跌破成本。2011年1～11月，我国罗非鱼出口总量达到29.13万吨，同比增长3.46%。而从月度变化来看，罗非鱼出口大起大落，出口量曾出现一个月内下降73.69%的剧烈波动。就出口价格而言，5～8月罗非鱼价格反常下跌，9月后恢复性增长，近期价格再度低迷。与上年相比，罗非鱼出口价格虽有明显上升，但这主要由通胀因素所致，与实际成本相比，出口价已跌破成本。

3）加工厂恶性竞争再度上演。2011年5～8月，由于贸易环境恶化，个别企业为了生存，拼命压低罗非鱼出口价格，扰乱了市场和出口秩序，出口底线突破，迫使大企业也相应降低价格。

2011年底，养殖户普遍面临资金回收压力，加之12月水温逐渐下降，鱼的摄食量减少，并面临冻死冻伤威胁，部分养殖户会被迫出鱼，鱼价短期内回升力度有限，高价或待来年。

---

① 《上市虾少　虾价平稳》，《水产前沿》，2011年第12期。
② 崔和：《第八届罗非鱼产业发展论坛》。

表 27　2011 年 1～11 月罗非鱼出口情况

	出口量（吨）	环比（%）	出口额（万美元）	环比（%）
1 月	41025.63	−0.58	14069.61	−7.71
2 月	10794.30	−73.69	3445.64	−75.51
3 月	20380.94	88.81	6403.22	85.84
4 月	22115.35	8.51	6954.55	8.61
5 月	24778.73	12.04	8743.75	25.73
6 月	21224.91	−14.34	6912.77	−20.94
7 月	25642.12	20.81	8290.91	19.94
8 月	30250.08	17.97	9799.65	18.20
9 月	31141.40	2.95	9957.23	1.61
10 月	28909.14	−7.17	9934.51	−0.23
11 月	34998.30	−0.80	12244.53	−0.28
1～11 月累计	291291.96	3.46	96764.90	13.40

数据来源：中国海关。

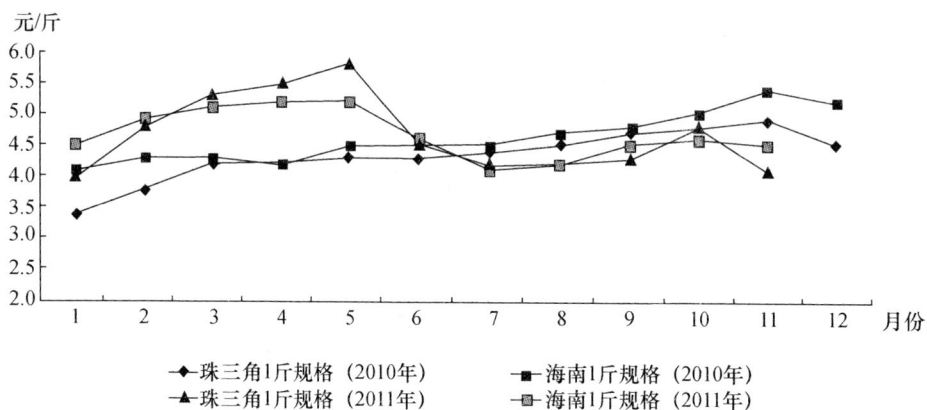

图 74　2010～2011 年华南地区罗非鱼塘头价变化[①]

（3）鳗苗供应危机致鳗鱼价格屡创新高，日本鳗鱼市场萎缩。我国鳗鱼出口价格在 2008 年毒饺子事件后有所下降，2010 年以来价格开始回升，迄今为止，这种上涨势头仍在延续。由于 2011 年捕捞鳗苗数量锐减，国内鳗鱼收购价和出口价飙升，出口量一路下滑。1～11 月我国鳗鱼出口量同比下降

---

① 《鱼价提前入冬　回升恐乏力》，《市场前沿》，2011 年第 12 期。

10.05%，出口额却同比上升30.75%。广东鳗鱼协会公布的数据显示，出口鳗鱼价格创下50年来新高。除养殖成本上升刺激价格提高外，鳗苗供应危机造成的养殖产量下降是鳗价高企的主要原因。2011年日本鳗苗实际捕获量只有35吨左右（2010年捕获40多吨），比原来预测的70~80吨减少一半[1]，鳗苗价格由2010年12月的11~12元/尾，涨至4月的18.5元/尾。受此影响，鳗鱼养殖面积不断减少，鳗鱼饲料需求也随之锐减，大批鳗料企业与加工企业被迫关停并转。

　　由于鳗苗已连续两年歉收，鳗苗入池量减少，活鳗存塘量下降，2012年春天活鳗很可能紧缺，未来价格将持续高位。居高不下的鳗价早已超过了日本业界认为的3000日元/公斤的极限值（业界称为活鳗价格的"死线"），鳗鱼正逐渐离开普通大众的餐桌，从全年性商品转变为季节性商品，市场不断萎缩。东京淡水鱼协会的东京地区活鳗流通量数据显示，2011年9月和10月的活鳗消费数量较上年同期连续下降了10%[2]。

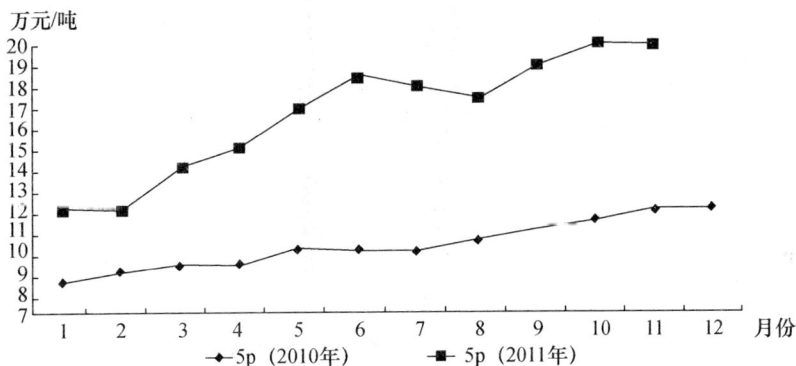

图75　2010~2011年广东省5p规格鳗鱼塘头价变化[3]

四、2012年水产品市场与贸易形势展望

　　当前，我国经济发展面临的内外环境日趋复杂，不确定、不稳定因素增加。近期世界经济复苏放缓势头更加明显，下行风险增大，主权债务危机仍在蔓延，全球金融市场波动加剧，国际大宗商品高位波动，很多国家通胀仍

① 《鳗苗供应紧张　鳗鱼产业面临考验》，《水产前沿》，2011年第6期。
② 《高鳗价导致日本鳗鱼市场不断萎缩》，《中国鳗鱼网》，www.chinaell.cn.
③ 《鳗鱼价格小幅波动　后市趋稳　养殖户应适时销售》，《水产前沿》，2011年第12期。

然维持高位，这给我国水产市场稳定发展带来诸多风险和挑战。综合考虑各种因素，预计2012年我国水产市场将呈现出以下几个特点：

（1）未来水产价格高位运行或常态化。目前，国内水产品生产秩序已恢复正常，但要素成本上升、CPI指数走高以及中高档鱼类货源偏紧都增强了未来水产价格持续高位运行的预期。一方面，饲料、柴油等渔业投入品价格难以出现大幅回落。另一方面，劳动力成本上升压力不断加大。2011年全国共有24个省份年内调整了最低工资标准，平均增幅22%。根据《人力资源和社会保障事业发展"十二五"规划纲要》，未来五年，我国最低工资标准将年均增长13%以上。在成本压力的作用下，未来水产价格的高位运行很可能常态化。

（2）水产品出口贸易发展面临外需不振和成本集中上升的双重压力。从目前情况看，世界经济复苏动力比国际金融危机爆发时有所恢复，但总体呈现政策支撑效应减弱、传统增长动力仍较疲弱、新增长动力尚未形成的格局。加之欧洲主权债务风险上升，全球流动性严重过剩，通胀压力持续加大，国外消费者信心下降，水产品国际贸易也因此受到影响。一些大型进口商、批发商和零售商目前非常谨慎，基本只购买短期所需产品而不愿签订长期合约。为改善贸易失衡状况，发达国家还推出了扩大出口战略，推广产业回归，制造业再造，加速了全球生产要素重组和产业调整步伐[①]。例如，美国出台了关于水产品出口战略方案，2011年10月日本也专门来中国召开了关于核污染区水产品的推介会。对水产品出口加工企业而言，劳动力工资、原材料价格、人民币汇率、贷款利息、厂房租金等生产经营成本上升，一定程度上削弱了其价格优势，挤占了企业利润，致使部分外贸企业有单不敢接、不愿接，经营风险上升。外部需求下降与成本上升叠加在一起，导致外贸企业特别是中小企业经营压力明显增加。

（3）非经济因素可能对水产市场发展带来难以预料的冲击。近年来全球重大自然灾害频发，不排除个别国家发生重大的自然灾害，从而影响其与我国的双边贸易，如2011年日本发生强震、海啸及核污染事故后，出口贸易受到较大影响。此外，国际金融危机阴霾不散也会进一步影响相关国家社会稳定，对世界经济产生难以预料的冲击。

综上所述，我国水产品市场与贸易发展面临的风险主要来自于成本上升压力和日趋复杂的外部环境，2012年国内市场价格或将高位企稳，对外贸易继续保持增长态势，但增速可能放缓，进口增速预计也会有所回调。

---

① 崔和：《2011年罗非鱼国内外市场贸易现状及未来发展》，《水产前沿》，2011年第11期。

2011年蔬菜市场形势分析及展望

中国农业科学院农业信息研究所 张玉梅 李辉尚

2011年蔬菜价格持续上涨势头有所收敛，但是，蔬菜价格仍然处于比较高的价位，蔬菜居民消费价格指数显示基本与2010年价位持平。然而，不同蔬菜品种的价格涨跌差异大。其中，根茎类菜价格大幅下跌，总体低于2010年同期价格水平，主要表现在生姜和大蒜价格的大幅跳水；而果类菜则依然坚挺，保持了较强的增长势头，价格再创新高。蔬菜供需的结构性矛盾较为突出，部分蔬菜出现滞销，菜农受损。在蔬菜出口方面，蔬菜出口额虽然保持了一定的增长，但增长势头明显减弱，尤其是第三季度，出口甚至同比下降。据目前的蔬菜生产形势和蔬菜价格走势来看，未来蔬菜价格总体稳定。

一、2011年蔬菜价格涨势总体减弱，对CPI的拉动作用缩小

与2009年和2010年相比，2011年的蔬菜价格涨势明显趋缓。据2011年国家统计局公布的居民消费价格指数来看，在2009年2月至2010年11月，蔬菜价格一直持续高涨，其中，2009年比2008年上涨15%，2010年又在此基础上上涨了约20%，两年累计上涨了约40%。2011年，蔬菜价格涨幅较小，在2月、6月和7月期间同比上涨幅度最大，也仅为7%左右，其他月份基本与2010年持平，并且在4月和5月还跌破了2010年的价格，下降了约8%。在整个食品价格上涨的情况下，特别是猪肉价格上涨幅度较大，相对来说，蔬菜对居民消费价格指数的拉动作用变小。然而，由于前两年的价格高涨，蔬菜价格已经处于一个比较高的价位，居民仍感觉到菜价并不便宜。

二、国内蔬菜批发价格特点

（一）蔬菜价格涨跌互现，总体低于2010年同期价格水平

从商务部重点监测的全国18种蔬菜平均批发价格来看，2011年蔬菜批发

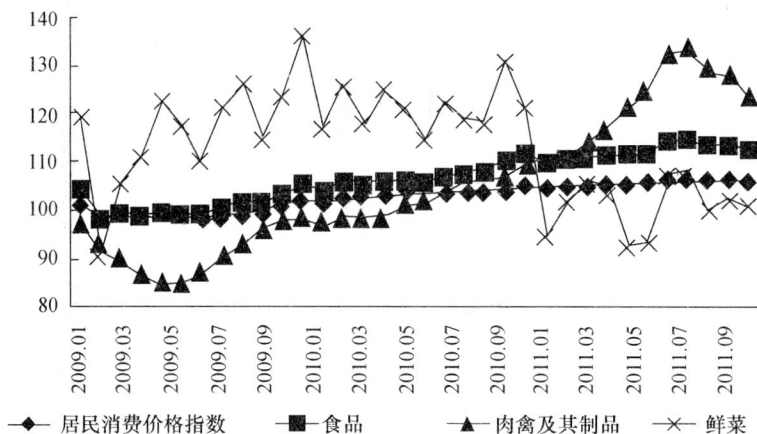

图76　居民消费价格分类指数

数据来源：国家统计局网站。

价格的总体走势呈倒"S形"，这与蔬菜的季节性特点有关，即蔬菜价格在第一季度较高，而在第二和第三季度，蔬菜价格出现一定的季节性回落，第四季度蔬菜价格又会出现季节性回涨。其中，在1～3月，18种蔬菜的平均批发价格略有上涨，从3.9元/公斤上涨至在4.2元/公斤，高于2010年同期价格水平为10%～16%；4月以后，由于天气较好，同时受到2010年高蔬菜价格的影响，不少菜农扩大蔬菜种植面积，蔬菜供应量增加；4～5月，蔬菜价格出现下降，平均价格为3.4元/公斤，这种价格下降趋势一直持续至8月，跌至2.5元/公斤；9月，蔬菜价格开始回涨，维持在2.8元/公斤的水平；但进入11月，随着大量蔬菜上市，价格又略有回落，为2.7元/公斤。然而，在12月，随着天气的寒冷，蔬菜价格却迅速升温，回到2010年的价位，蔬菜平均批发价格约为3.2元/公斤。

　　然而，与2010年同期价格水平相比来看，除在2011年第一季度蔬菜价格高于2010年同期外，其余月份价格均不同程度地低于2010年同期水平，尤其是在8月，蔬菜价格低于2010年20%。同时发现，蔬菜价格下降的趋势似乎比2010年延长了两个月，2010年蔬菜价格在夏季降到7月后就开始回涨，而2011年季节性回涨从9月才开始。

（二）不同种类蔬菜价格涨跌差异大

　　虽然蔬菜价格总体呈下降的趋势，但是由于蔬菜生产和消费的结构性不均问题，不同品种蔬菜的价格表现差异较大。其中，根茎类菜价格以跌为主，而果类菜价格仍涨势未减，由于受季节性因素影响，叶类菜价格的波动较大。

元/公斤

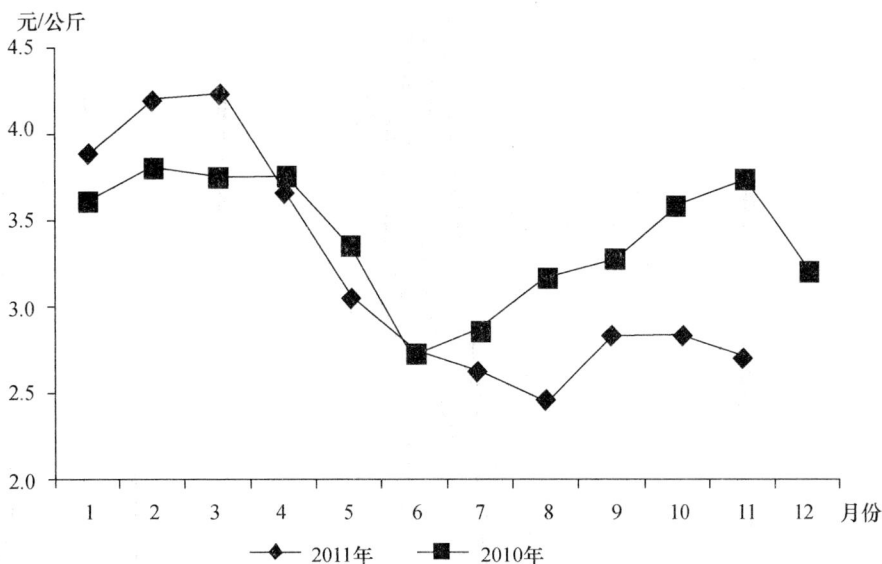

图77 18种蔬菜平均价格

数据来源：根据商务部网站数据整理得到。

首先，叶类菜价格波动明显，涨跌互现。叶类菜在2011年1~5月，价格总体呈季节性的回落；6月以后，叶类菜价格又出现季节性的回涨，但总体上相对平稳；9月，环比上涨了22%，批发价达到2.7元/公斤；10月又下调了15%，为2.3元/公斤。与2010年同期相比，其中，1~5月和10~11月，叶类菜价格下降幅度较大，尤其是4月，同比降幅达到36%，1月和3月的同比降幅也均超过20%，11月叶类菜批发价格同比下降近1/4。但是，在6月、7月、9月和12月，叶类菜价格均同比上涨了15%左右。

其次，根茎类蔬菜价格总体跌幅明显。在2011年1~4月，根茎类蔬菜价格还依然坚挺，均高于2010年同期的价格水平，但进入5月后，形势发生逆转，一路下跌，与2010年的同期高价格水平相比，基本上是价格跌半。例如，大蒜价格在1~4月，保持在11.0元/公斤左右，但从5月后，大蒜价格不再"狠"了，价格一直走低，尤其6月以后，随着大量的新蒜上市后，大蒜价格急剧下降，在7月和8月，跌至4.0元/公斤以下，同比下降幅度超过60%。与大蒜类似，生姜价格也不再继2010年的"姜军"风光，从2010年12月开始下降，批发价格从2010年11月的10元/公斤下降到2011年8月的低于5.0元/公斤，降幅达到50%，11月又再次跌破4元/公斤。与此类似的还有土豆，由于2010年土豆减产，土豆价格创历史新高，在2010年末，批发价格接近3.0元/公斤。2011年，农民受到高价格的刺激，产量激增，导致价格下降约20%。

果类菜则与根茎菜不同，价格再创历史新高。与2010年同期价格相比，除在 2011 年 5 月，果类菜价格同比下降约 4% 外，其他月份均有不同程度的上涨，除 12 月，同比上涨近 50% 外，其他月份的果类菜价格涨幅大都在 10%～20%。其中，西红柿、黄瓜和茄子价格涨幅相对较小，大体与 2010 年价格水平相当，但豆角、苦瓜、青椒和辣椒的涨势较为明显，平均涨幅超过 20%。以青椒和辣椒为例，在 2～4 月价格比较高，尤其在 3 月，批发价格均接近 7.0 元/公斤，比 2010 年同期高出七成。

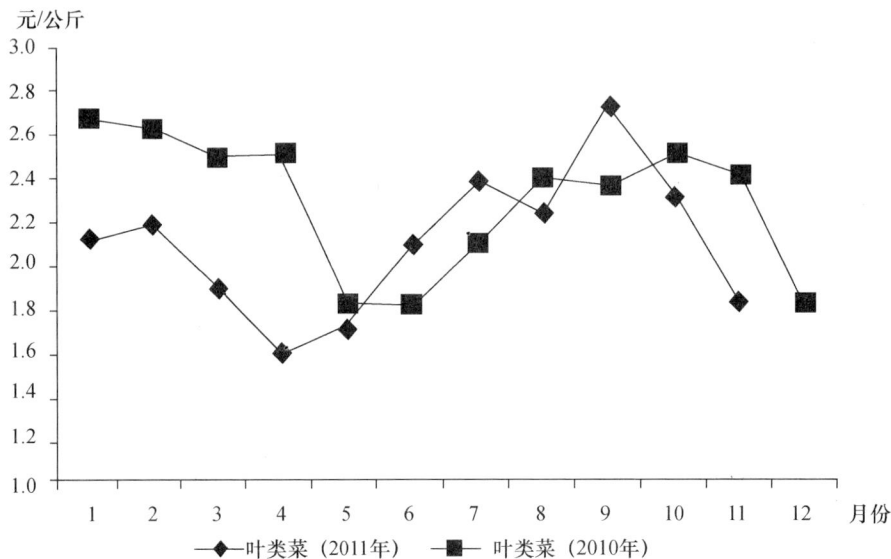

图 78　叶类菜平均批发价格

数据来源：根据商务部网站数据整理。

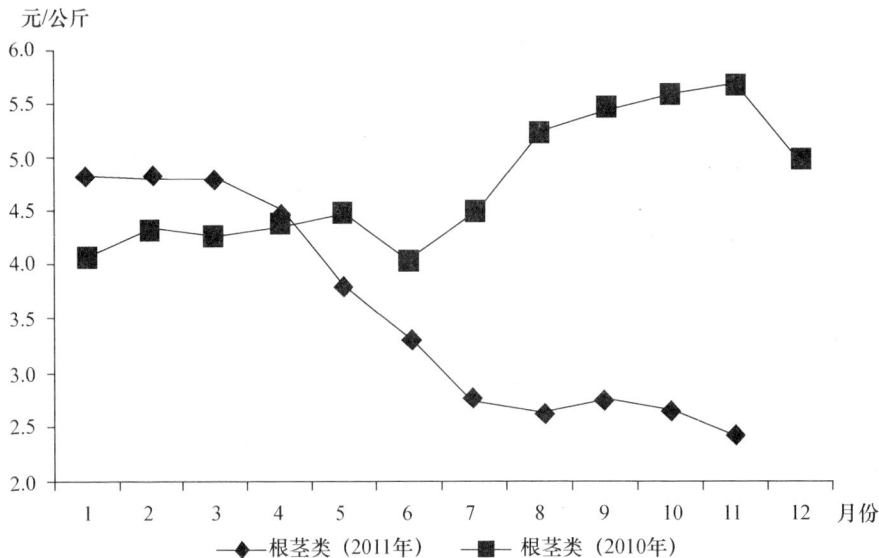

图 79　根茎类菜平均批发价格

数据来源：根据商务部网站数据整理。

元/公斤

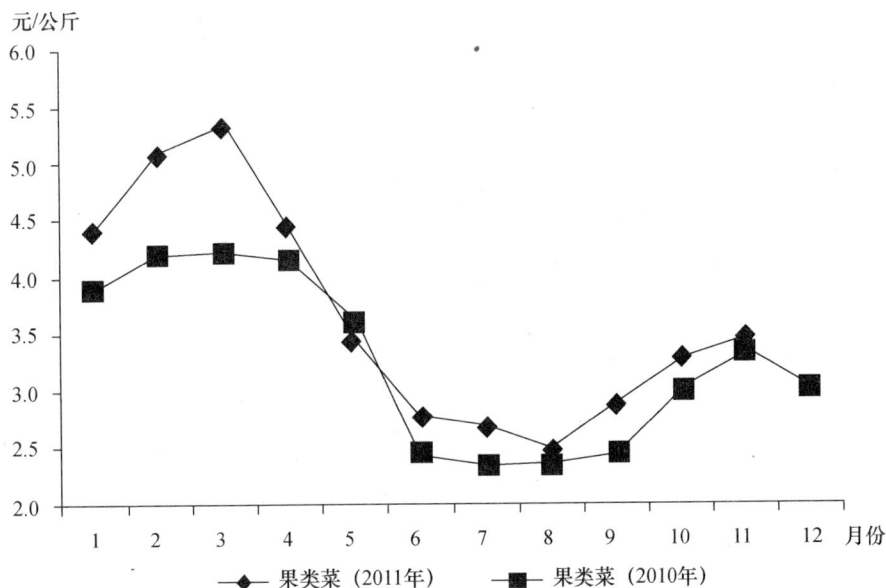

图80　果类菜平均批发价格

数据来源：根据商务部网站数据整理。

元/公斤

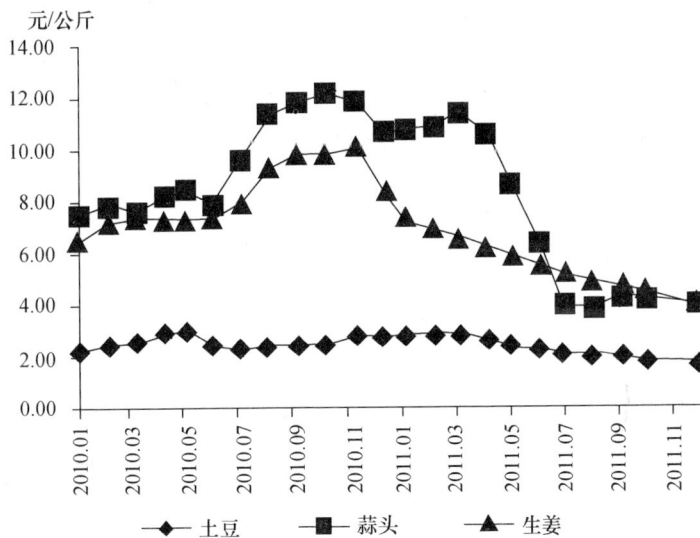

图81　蒜头、生姜和土豆的平均批发价格

数据来源：根据商务部网站数据整理。

（三）蔬菜品种的结构性问题更加突出，部分蔬菜出现严重滞销

与2010年蔬菜价格形势不同的是，2011年个别地区部分蔬菜品种收购价

元/公斤

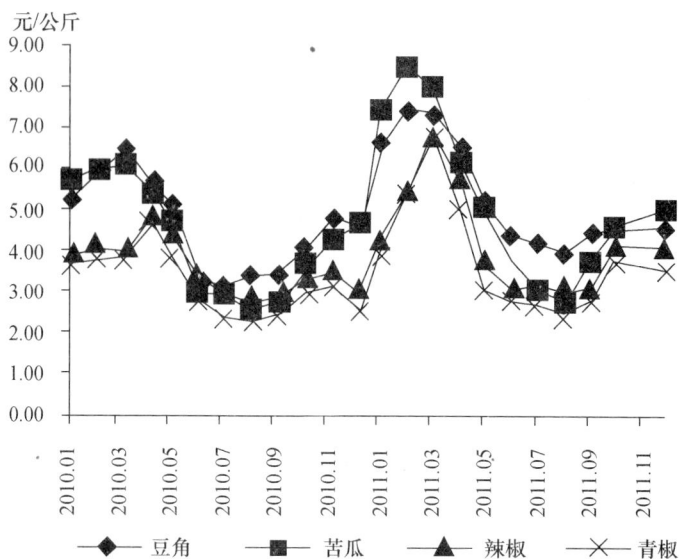

图82　豆角、苦瓜、辣椒和青椒的平均批发价格
数据来源：根据商务部网站数据整理。

格出现暴跌和严重滞销，损害了菜农利益。4 月和 5 月 、11 月和 12 月，山东、河南、浙江等多个地区部分品种的蔬菜两次出现滞销。例如，在 4 月，山东济南的洋白菜和大葱、河南中牟的芹菜、陕西洋县的菜花价格都跌到几分钱一斤。冬储的蔬菜如白菜、土豆、萝卜和大葱等其价格均低于 2010 年平均水平，而销量却不尽如人意。

三、蔬菜出口情况

2011 年，我国蔬菜出口量累计达 943.47 万吨，同比增加了 13.36%，出口额为 110.64 亿美元，同比增长 13.33%。其中，鲜冷冻蔬菜出口额占蔬菜出口总额的 44.39%，出口金额为 49.12 亿美元，出口量为 584.14 万吨，出口额和出口量分别同比上涨约 16.49% 和 7.46%；加工蔬菜出口额占蔬菜出口总额的 32.57%，出口金额为 36.04 亿美元，同比上涨 16.42%；干蔬菜出口份额较小，约占蔬菜出口总额的 23%，干蔬菜的出口量为 43.32 万吨，同比下降 3.26%，但出口额为 25.48 亿美元，同比提高 21.55%。

从蔬菜出口的同比增长速度来看，2011 年比 2010 年的蔬菜出口增长速度有所下降，2010 年蔬菜出口总额比 2009 年同比上涨了 44%，而 2011 年只同比增长了 13.36%。从 2011 年各个月份来看，在 1 月、3 月和 4 月的蔬菜出口额都保持了 40% 以上的增长速度，而在 2 月的蔬菜出口额只增长了 15%，5

月和 6 月的增长速度都约为 20%，但 7 月和 8 月只有小幅增长，增幅仅分别为 3.29% 和 0.58%，9 月以后，都出现不同程度的同比下降，尤其是 11 月，同比下降 10.75%。最主要是鲜冷冻蔬菜出口额在第三季度均出现了下降，降幅均超过了 20%。干蔬菜出口在 9 月也同比下降 14%。

从品种来看，2011 年，出口增长最快的是蘑菇，蘑菇出口额占蔬菜出口总额的 11.27%，与 2010 年同期相比，出口量和出口额分别增长约 50% 和 60%。对于出口量较大的大蒜，占蔬菜出口总额的 15.43%，出口量和出口额分别为 131 万吨和 17 亿美元，分别同比下降 9.32% 和 15.43%。马铃薯和洋葱的出口增长相对较快。马铃薯出口量为 38 万吨，同比增长 45%，出口额为 1.77 亿美元，同比增长 67%。洋葱的出口量较大，出口量达 64 万吨，出口金额为 2.5 亿元，占蔬菜出口总额的 2.26%，分别同比上涨 15% 和 17%（见表 28）。

表 28　2011 年 1～12 月蔬菜出口情况

	2011 年 1～12 月		2010 年 1～12 月		同比增长（%）	
	数量（万吨）	金额（亿美元）	数量（万吨）	金额（万美元）	数量	金额
鲜冷冻蔬菜	584.14	49.12	501.45	45.71	16.49	7.46
加工蔬菜	316.01	36.04	286.04	30.96	10.48	16.42
干蔬菜	43.32	25.48	44.78	20.96	-3.26	21.55
合计	943.47	110.64	832.27	97.63	13.36	13.33

数据来源：中国海关统计数据。

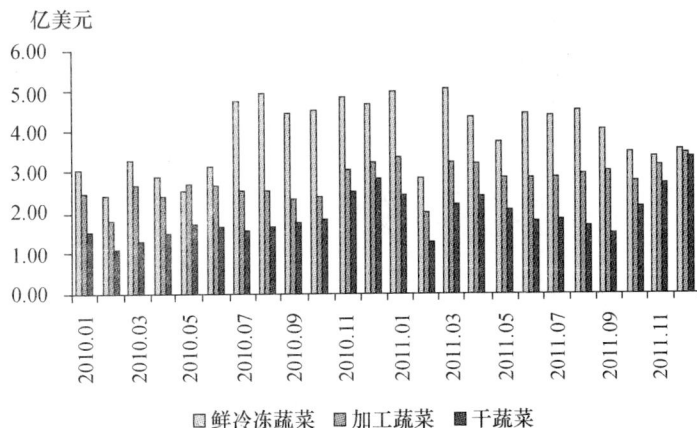

图 83　2010 年～2011 年各大类蔬菜出口额

数据来源：中国海关统计数据。

表29　各种蔬菜品种的出口情况

品种	2011 年		2010 年		同期增长（%）		出口金额比重（%）
	数量（吨）	金额（万美元）	数量（吨）	金额（万美元）	数量	金额	
鲜或冷藏的洋葱	640790	25037	556869	21410	15.07	16.94	2.26
鲜或冷藏的番茄	130260	6035	104110	4657	25.12	29.60	0.55
鲜或冷藏的辣椒	85909	4603	71275	3156	20.53	45.82	0.42
鲜或冷藏的芦笋	71	12	178	31	−59.95	−60.93	0.00
鲜或冷藏的芹菜	14179	1010	13393	917	5.87	10.14	0.09
鲜或冷藏的青葱	23008	2389	27437	1804	−16.15	32.46	0.22
鲜或冷藏的胡萝卜及萝卜	570504	25655	497269	19791	14.73	29.63	2.32
冷冻菠菜	47697	4910	40495	3490	17.78	40.69	0.44
冷冻甜玉米	29013	2494	26893	1906	7.88	30.83	0.23
蘑菇	76601	124701	50212	77818	52.55	60.25	11.27
木耳	17422	26748	15693	21858	11.01	22.38	2.42
其他干蔬菜	339185	103372	382090	110062	−11.23	−6.08	9.34
其他加工蔬菜	1097832	134403	935995	118681	17.29	13.25	12.15
蔬菜罐头	1567338	151306	1474082	130888	6.33	15.60	13.67
蔬菜汁	13131	2451	13165	2101	−0.25	16.68	0.22
暂时加工保藏蔬菜	481817	72279	435953	57804	10.52	25.04	6.53
莲藕	24120	3054	22293	2384	8.20	28.13	0.28
其他鲜蔬菜	2545523	220783	2161648	190712	17.76	15.77	19.95
鲜冷冻大蒜头	1314449	170772	1128548	188328	16.47	−9.32	15.43
鲜冷冻马铃薯	379931	17712	261689	10608	45.18	66.97	1.60
鲜冷冻豌豆	35917	6715	42002	5988	−14.49	12.13	0.61

数据来源：中国海关统计数据。

从贸易流向看，亚洲国家和地区是我国蔬菜的出口主要销区。2011 年，出口额位居前 10 位的国家和地区中有 7 位在亚洲，占蔬菜出口总额的 54.41%，其中前 4 位均是亚洲国家和地区，分别是日本，出口额达 20.35 亿美元，占 18.40%。对越南的出口增长非常快，出口额同比增加了六成，出口额达到8.58亿美元，为我国的第二大蔬菜出口国。马来西亚和韩国各约占7%，约为7.6亿美元。美国是第五大出口国，出口额为7.29亿美元，占6.59%。但很明显，受到美国经济萧条的影响，出口量同比下降了3.29%，出口额同比增加了1.34%。另外，对德国的蔬菜出口也有所下降，出口量和出口额分别减少11.30%和3.66%。另外，蔬菜出口额增长较快的还有中国香港，出口额增长也接近60%，占出口总额的4.08%。

表30 2011年我国蔬菜出口前十位国家（地区）

| 国别 | 2011年 | | 2010年 | | 同期增长（%） | | 出口额 |
	数量（万吨）	金额（亿美元）	数量（万吨）	金额（亿美元）	数量	金额	（%）
世界	943.47	110.64	826.13	97.44	14.20	13.55	100.00
日本	134.26	20.35	124.63	18.44	7.72	10.38	18.40
越南	56.55	8.58	46.41	5.35	21.83	60.25	7.75
马来西亚	67.00	7.69	57.63	6.30	16.26	22.12	6.95
韩国	91.47	7.61	82.44	7.12	10.95	6.89	6.88
美国	44.02	7.29	45.52	7.19	-3.29	1.34	6.59
印度尼西亚	54.57	6.05	40.75	6.16	33.89	-1.80	5.47
泰国	34.56	5.41	28.02	4.17	23.33	29.80	4.89
俄罗斯	70.03	4.85	57.39	3.96	22.03	22.39	4.38
中国香港	70.72	4.51	62.98	2.82	12.29	59.91	4.08
德国	12.98	2.41	14.64	2.50	-11.30	-3.66	2.18
合计	636.15	74.75	560.42	64.01	13.51	16.77	67.56

数据来源：中国海关统计数据。

四、蔬菜进口情况

蔬菜进口尽管增长较快，但进口蔬菜还是很少。2011年，蔬菜进口总额为2亿美元，同比增长21.33%，其中，以进口干蔬菜和加工蔬菜为主，分别占蔬菜进口额的68%和19%，并且增长迅速，均同比增加26%，而鲜冷冻蔬菜约占13%，且呈同比下降2.52%。其中，超过一半的蔬菜进口来自美国，约8%来自印度，5%来自加拿大。

表31　2011年1~10月蔬菜进口情况

	2011年		2010年		同比增长（%）	
	数量（吨）	金额（万美元）	数量（吨）	金额（万美元）	数量	金额
鲜冷冻蔬菜	26463	2691	35095	2761	-24.60	-2.52
加工蔬菜	118043	13656	94928	10836	24.35	26.03
干蔬菜	11088	3845	11106	3046	-0.16	26.21
合计	155593	20193	141129	16643	10.25	21.33

数据来源：中国海关统计数据。

五、后市展望和建议

由于受到2009~2010年蔬菜价格持续走高的影响，国家采取了一系列的稳定"菜篮子"的政策措施，农业部也积极引导发展蔬菜生产，支持设施蔬菜的生产。2011年，蔬菜生产形势较好，产量增加，蔬菜价格涨势得到一定的控制。但是，蔬菜生产的结构性问题又凸显出来，部分蔬菜出现价格暴跌，而有些蔬菜的价格却再创历史新高。因此，政府在关注生产的同时，也要关注蔬菜生产的结构性平衡问题。在出口方面，受到国内外因素的共同影响，蔬菜出口虽然保持了一定的增长，但增长势头有所减弱，尤其是第三季度，出口甚至同比下降，应引起重视。目前蔬菜出口形势并不容乐观，需要密切关注国际市场蔬菜消费需求和价格的变化。

根据2011年的蔬菜市场形势和政府对蔬菜的重视，如果天气比较正常，我们预计2012年，蔬菜生产总量有保障。但是，由于受到蔬菜生产成本不断上涨，另外，整个物价上涨的推动，蔬菜价格难以下行，蔬菜价格仍以稳为主。

2011年水果市场形势分析及展望

中国农业科学院农业信息研究所 赵俊晔 王川

2011年1~11月，国内市场水果价格总体在较高价位运行，1~4月基本延续了2010年第四季度的价格攀升，之后价格快速回落，7~9月价格相对稳定，10月以后价格大幅回升。由于受到天气、质量安全事件、流通运输、投机抢购等因素影响，上半年大宗水果品种中香蕉、西瓜和苹果价格波动较大，第三季度葡萄价格波动剧烈。但整体上水果市场供给充足，产购销较为有序稳定。受国际经济形势及国内供需形势影响，我国水果及制品出口量与上年相比缩减，出口价格显著提高，其中浓缩苹果汁出口价格提高近一倍；鲜果进口量和进口价格均表现为显著提高，鲜果总体呈现净进口态势。

一、国内市场走势与运行特点

（一）水果价格高开低走，同比提高

2011年以来，我国水果市场批发价格整体处于较高价位运行，除2011年7月水果平均批发价格低于2010年7月7.59%，及6月和8月价格同比基本持平外，其余月均显著高于上年同期，其中2011年1~4月水果价格同比涨幅均超过50%，5月和10月价格同比涨幅接近或超过20%。

从价格走势来看，2011年价格变化基本可分为四个阶段，1~4月延续2010年第四季度的上涨态势，水果价格在波动中小幅上扬；5~7月迅速回落；7~9月价格相对平稳；10月以后水果价格重启走高。

（二）苹果价格急涨缓落

从2010年1月起，苹果批发价格就在波动中不断上涨，2010年10月价格达到6.30元/公斤左右；11月初，在苹果大量上市之际价格开始快速上涨，到2011年1月底达到7.61元/公斤，之后苹果价格逐渐回落，9~10月基本稳定在6.20元/公斤左右。

2010年11月至2011年1月苹果价格的快速上涨与众多商家的投机抢购囤积不无关系，也正是由于有大量库存待销，使得2011年第二、三季度苹果

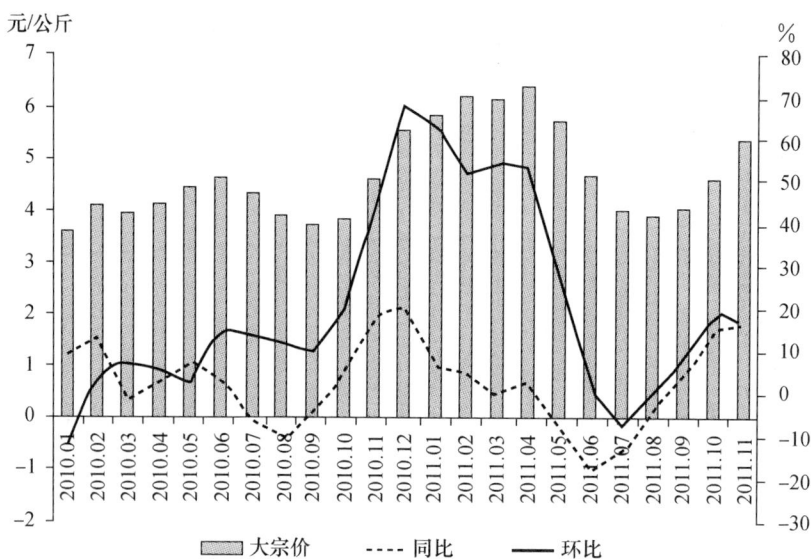

图84　2010年1月至2011年11月全国水果批发价格走势

价格逐渐回归。进入10月后，富士苹果大量上市，苹果平均价格又逐渐抬升，11月价格基本在6.4~6.5元/公斤（见图85）。

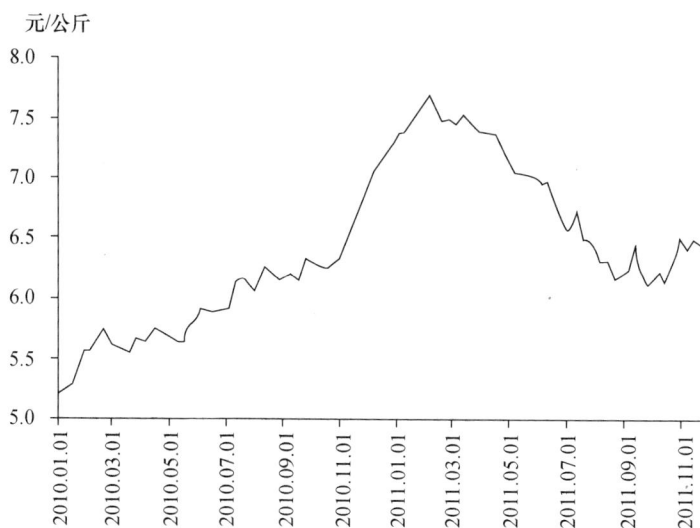

图85　2010年1月至2011年11月苹果批发价格走势

（三）香蕉价格大起大落

2010年10月末至2011年4月末，我国香蕉价格一路攀高，由3.69元/公斤增至 5.85 元/公斤，提高了 61.52%；进入 5 月后香蕉价格急转直下，到 7 月中旬降至 3.43 元/公斤；8 月以后，香蕉价格又逐渐攀升，到 11 月下旬达到 4.76 元/公斤。

香蕉价格的大起大落受到供求、质量安全事件、生产成本等多种因素的影响。2010 年年末和 2011 年春季香蕉价格大幅上涨的原因主要是国内香蕉普遍减产，且不同产区供应出现空当。广东、广西香蕉由于遭遇霜冻重创，减产严重，海南香蕉由于 2010 年干旱种植期普遍推迟，苗期少雨和抽蕾期低温又影响了产量与品质；至 2011 年 3 月底广西香蕉已经下市，云南香蕉后劲不足，海南香蕉未到上市高峰，香蕉主产区对市场的供应存在空当期。另外冬春季节其他大宗水果品种的上市量较少，拉动了对香蕉的旺盛需求。5 月后，国产香蕉价格快速下滑，这一方面由于泰国、缅甸以及海南、雷州半岛等地香蕉上市量逐渐增大，另一方面受到乙烯利催熟负面报道的影响。8 月以后，香蕉又出现上市空当期，价格快速回升（见图 86）。

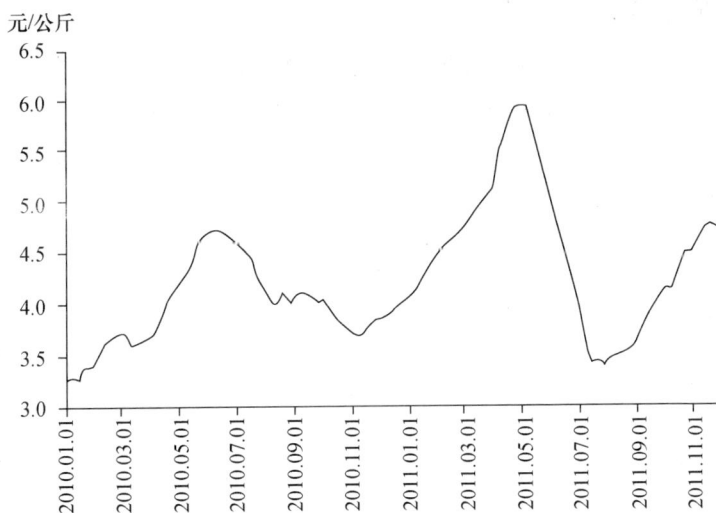

图 86　2010 年 1 月至 2011 年 11 月香蕉批发价格走势

（四）鸭梨价格渐行渐高

2010 年 9 月初至 2011 年 7 月初，鸭梨价格一直呈走高趋势，到 7 月初批发价格达到 4.63 元/公斤，7 月至 9 月批发价格在波动中下调至 3.7 元/公斤左右，之后又在波动中呈上涨趋势，11 月价格基本在 4 元/公斤左右（见图 87）。

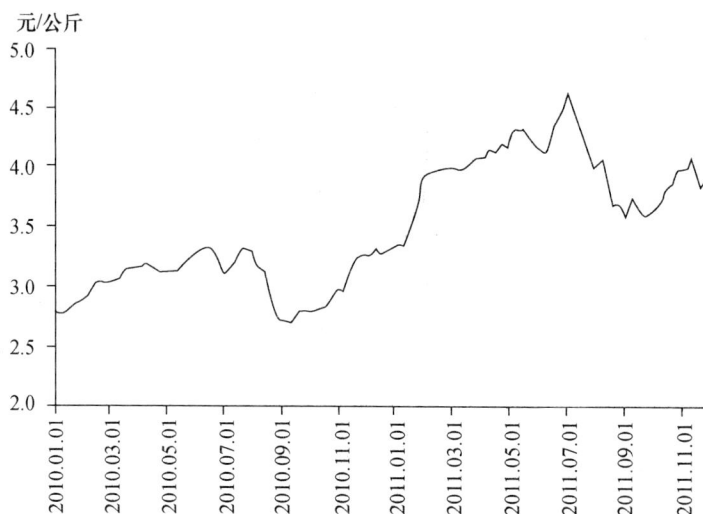

图 87 2010 年 1 月至 2011 年 11 月鸭梨批发价格走势

（五）葡萄价格急涨急落

2011 年 1~5 月葡萄价格相对稳定在 6.6 元/公斤左右，5 月以后葡萄价格大幅上涨，到 7 月末达到 8.45 元/公斤，同比提高 20% 以上，进入 8 月后，随着国产葡萄大量上市价格迅速回落，9 月中旬降至 6.23 元/公斤，上市高峰期过后，价格又快速回升。

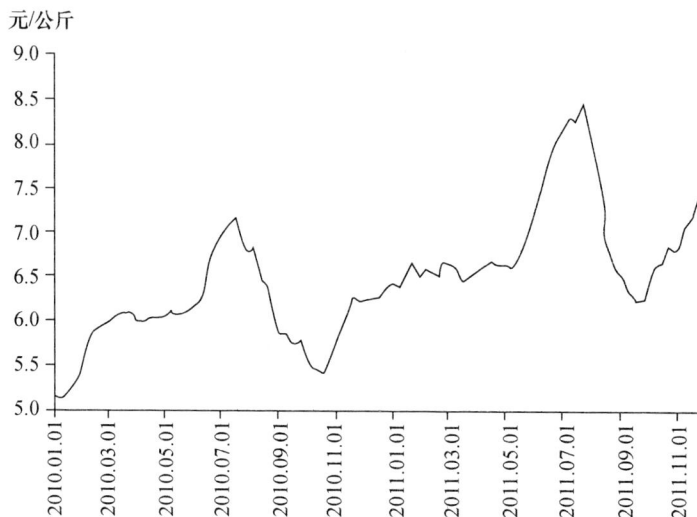

图 88 2010 年 1 月至 2011 年 11 月葡萄批发价格走势

（六）西瓜价格提前跳水

2010年年末至2011年1月下旬受节假日影响西瓜价格快速上涨，之后到2011年4月中旬基本维持在4.6~5.0元/公斤；4月中旬，受季节性因素以及江苏"西瓜开裂"事件引发的对膨大剂过量使用的食用安全性质疑等影响，西瓜价格急转直下，价格拐点早于往年，降价幅度也大于往年。之后在7~9月，由于各地入夏时间较晚，气温偏低，导致西瓜消费需求不旺，西瓜批发价格一直稳定在不足2.0元/公斤，成为拉动水果整体价格较低位运行的主要因素。9月后西瓜价格快速攀升。

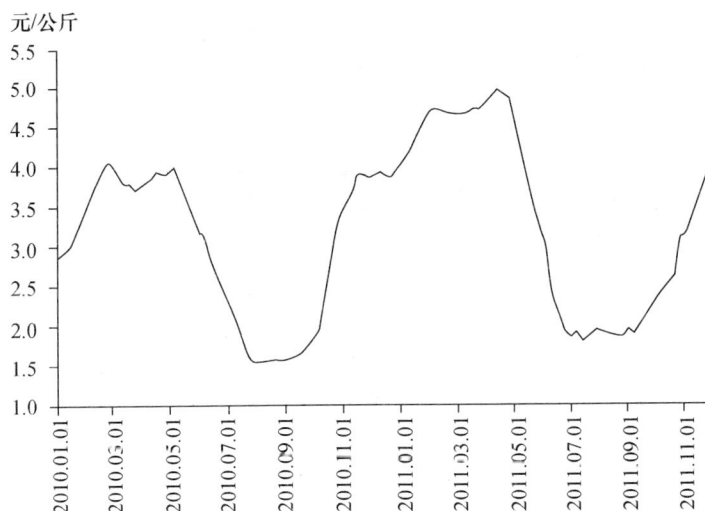

图89　2010年1月至2011年11月西瓜批发价格走势

二、进出口市场走势与运行特点

（一）水果及制品净出口量减额增，鲜果呈现净进口

2011年1~10月，我国水果及制品累计净出口量71.64万吨，净出口额13.42亿美元。果汁和水果罐头净出口量分别为48.97万吨和47.73万吨，净出口额分别为7.86亿美元和5.40亿美元。鲜果为净进口，净进口量为44.25万吨，净进口额3.29亿美元。

与2010年前10个月相比，我国水果及制品净出口量减少53.60%，净出口额增加10.71%。其中果汁净出口量减少12.84%，净出口额增加76.89%，水果罐头净出口量增加4.27%，净出口额增加37.99%；2010年1~10月我国净出口鲜果 36.81 万吨，净出口额 1.37 亿美元，2011 年则逆转为净进口。

（二）水果及制品出口量减价增

2011 年 1~10 月，我国水果及其制品出口量总计 339.84 万吨，同比降低 8.89%。鲜果出口量 190.48 万吨，同比降低 9.66%；果汁出口量 57.93 万吨，同比降低 17.60%；水果罐头出口量 49.53 万吨，同比降低 5.66%。主要出口产品中，浓缩苹果汁出口量 53.07 万吨，同比降低 5.89%；鲜苹果出口量 79.95 万吨，同比降低 7.28%；鲜梨出口量 32.76 万吨，同比降低 7.57%；柑橘属水果出口量 43.88 万吨，同比降低 23.63%。鲜果、果汁、水果罐头等出口大类品种的出口量均同比上年缩减，在出口的主要品种中，鲜苹果、鲜梨、柑橘属水果、浓缩苹果汁的出口量也不同程度缩减。

2011 年 1~10 月，水果及制品出口额总计 38.12 亿美元，同比增长 29.44%。鲜果、果汁和水果罐头出口额同比均增长，增长幅度分别为 18.07%、57.42% 和 23.46%。主要产品中，浓缩苹果汁出口额 8.86 亿美元，同比增长 82.40%。鲜苹果、鲜梨和柑橘属水果出口额分别增长 13.33%、20.98% 和 5.84%。

从价格来看，我国水果及制品出口平均价格同比提高 42.08%，其中鲜果出口价格提高 30.71%，果汁出口价格提高 91.05%，水果罐头出口价格提高 30.86%。主要产品中浓缩苹果汁出口平均价格提高 93.82%，鲜苹果、鲜梨和柑橘属水果出口平均价格分别提高 22.22%、30.89% 和 38.58%。

（三）鲜果进口量价均增，果汁罐头进口量减价增

2011 年 1~10 月，我国水果及制品共进口 268.21 万吨，同比提高 22.67%，其中鲜果进口量达 234.73 万吨，同比提高 34.87%，果汁和水果罐头分别进口 8.96 万吨和 1.80 万吨，同比分别减少 36.53% 和 73.21%。进口水果中，香蕉进口量 65.77 万吨，同比提高 71.54%。

水果及制品进口额 24.70 亿美元，同比提高 42.54%，其中鲜果进口额 19.55 亿美元，同比提高 57.64%，水果品种中，香蕉进口额增长近一倍；果汁进口额同比提高 8.00%，而水果罐头进口额同比降低 71.60%。

从价格来看，水果及制品进口平均价格同比提高 16.20%，其中鲜果、果汁、水果罐头平均进口价格同比分别提高 16.89%、70.17% 和 5.99%。

三、后市展望

（一）国内市场

从水果市场的季节性波动规律来看，年末水果整体价格会出现不同程度

的持续上涨。2011 年也不例外。支撑水果价格持续高价位运行的因素主要有：山东苹果、河北鸭梨、新疆库尔勒香梨等不同程度减产，香蕉上市旺季未到；元旦和春节两节催生的水果消费需求增加；人工、农资等成本普遍上涨；较高通胀压力。但抑制水果价格大幅上涨的因素也同时存在，主要是：全国苹果、柑橘等水果整体丰产；全球经济形势不景气影响部分鲜果及制品出口扩大。

由于不同产区不同品种丰歉不均，加之 2010 年苹果高价抢购阴影犹在，经商上在水果收贮上较为谨慎，不排除部分水果品种会发生结构性供需失衡，所以需要持续关注主产区主要水果品种的收购与销售，加强优质果品特别是柑橘类水果的市场推介，防范突发性天气因素和质量安全事件的发生与消极影响。

生产方面，近期香蕉种植需要密切关注，作为周年产水果品种，不同主产区的错峰上市非常重要，2011 年香蕉价格的剧烈波动就与海南香蕉与两广香蕉上市"撞车"不无关系。而按照传统种植习惯，香蕉采收后一般下茬会在 11 至 12 个月后上市，即如不采取措施，2012 年夏初香蕉还有可能集中上市。因此需要加强指导培训，科学管理生产，调整不同主产区香蕉错开上市高峰。

（二）出口市场

第四季度是我国水果及制品出口量季节性扩大的时期。苹果、梨、柑橘属水果及浓缩苹果汁、柑橘属水果罐头的出口量将季节性增加，但苹果、柑橘等水果的全球普遍增产，抑制了我国鲜果出口量和出口价格的大幅度提高。2011 年我国水果及制品进出口价格同比都显著增长，除了受到国际供求形势影响外，还部分源于美元的持续贬值，这也导致部分出口商的利益受损，基于此果品出口贸易中如何降低汇率风险需加强关注。

分地区来看，东盟与我国在水果产出上具有天然的互补性，东盟也是近期我国政府着力开拓的重点市场，随着中国—东盟自由贸易区建成发展，相关口岸设施的日趋完善及通关环境的不断优化，预计我国与东盟的水果进出口贸易有望继续加大。欧美是我国水果制品出口主要目的市场，受到美国经济衰退和欧洲国家债务危机影响，预计我国水果及制品对欧美市场的出口或将继续缩减。相比于对欧美等传统出口市场缩减，我国对澳大利亚的水果及制品出口形势出现好转，苹果等鲜果出口量翻了一番，虽然出口量相比其他市场而言还很小，但澳大利亚作为高端水果市场的代表之一，对澳出口的增多将为我国水果进一步提高国际高端市场占有率、提升国际市场竞争力产生积极影响。

2011年饲料市场形势分析及展望

中国农业科学院农业信息研究所　　张　峭　徐　磊

一、2011年饲料市场形势分析

(一) 饲料原料价格走势及特点

(1) 豆粕价格振荡整理。2011年，国内豆粕市场呈现出振荡整理的基本态势：豆粕平均价格为3.58元/公斤，与2010年价格基本持平。具体而言，国内豆粕市场全年价格走势大致可以分为以下两个阶段：①振荡下跌阶段。1~6月，受国际豆粕市场利空因素的打压（南美大豆增产前景乐观等），以及国内油厂去库存化压力的拖累，国内豆粕市场观望气氛浓厚，导致其价格重心不断振荡下移。②振荡盘整阶段。7~12月，猪肉、鸡肉、鸡蛋价格呈现高位运行态势从而奠定国内豆粕市场反弹基调，与此同时，天气因素使得外围市场价格波动频繁，并对国内市场产生影响，豆粕价格在振荡中反复盘整，截至12月，国内豆粕市场平均价格为3.42元/公斤，较年初累计下跌7.07%（见图90）。

(2) 玉米价格高位运行。2011年国内玉米市场总体上延续了2010年以来的强势行情，呈现高位运行的基本态势：国内玉米平均价格为2.29元/公斤，较2010年同期价格（2.04元/公斤）同比大幅上涨12.53%。具体而言，国内玉米市场全年价格走势大致可以分为以下两个阶段：①持续上涨阶段。1~9月，随着我国饲料和玉米深加工产业对玉米需求量的不断增加，国内玉米供求趋紧的格局进一步明显，基本奠定玉米价格底部；而国内部分地区极端性灾害性天气的频发则导致市场普遍产生涨价的预期效应，从而为玉米价格的上涨提供了强大动力。与此同时，国家为抑制国内玉米价格过快上涨，采取一系列调控和打压措施，不过最终从市场与政策博弈的结果来看，政策的效果似乎并不明显，国内玉米市场价格在调控声中一路上扬，并在9月达到创纪录的2.45元/公斤。②止稳趋跌阶段。10~12月，此阶段是新作玉米集中

元/公斤

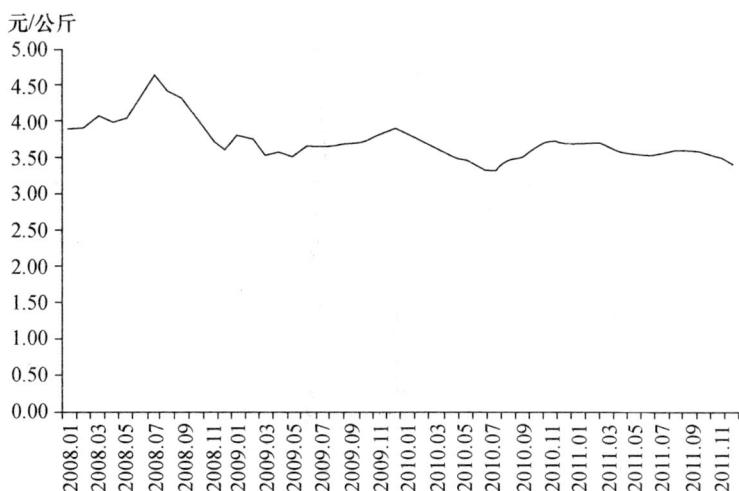

图 90　2008 年以来国内豆粕价格走势

数据来源：农业部畜牧业司。

上市期，市场价格受阶段性供给加大影响出现回落，加之近期全国生猪出栏价格连续下滑及猪病严重，迫使部分养殖户加紧出栏，缩减饲料需求，多重利空因素导致国内玉米市场 2011 年价格开始小幅下跌，截至 12 月，国内玉米市场平均价格为 2.36 元/公斤，较 9 月历史高位累计下跌 3.67%。

元/公斤

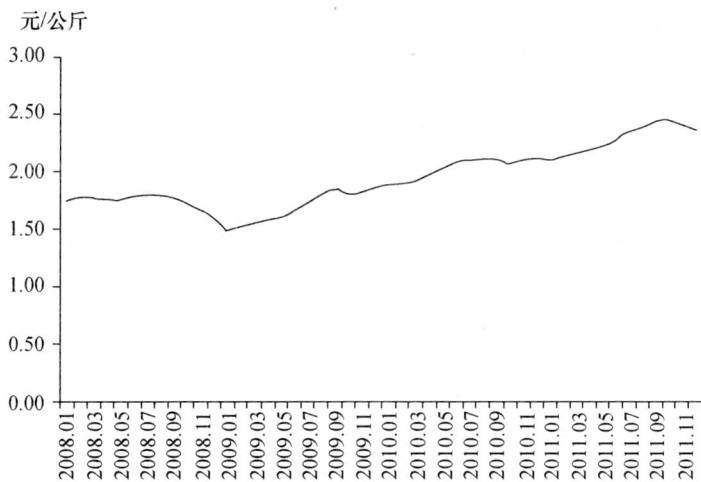

图 91　2008 年以来国内玉米价格走势

数据来源：农业部畜牧业司。

（3）鱼粉价格冲高回落。2011 年 1~11 月，国内鱼粉市场总体上"先扬后抑"，呈抛物线运行态势：进口鱼粉平均报价为 10.96 元/公斤，尽管较 2010 年同期价格（10.43 元/公斤）同比上涨 5.12%，但大幅飙升的势头已经结束。具体而言，国内鱼粉市场前 11 个月价格走势大致可以分为以下两个阶段：①高位运行阶段。1~3 月，尽管国际鱼粉市场价格相对疲软，并对国内市场产生一定程度的利空作用，但国内部分低库存饲料企业"未雨绸缪"的心态给国内鱼粉市场带来了一定支撑，特别是国内市场普遍对终端养殖业效益保持乐观，从而提振国内鱼粉价格，多方角力共同作用导致国内鱼粉价格不跌反升，并在 3 月创下历史新高（11.22 元/公斤）。②不断下滑阶段。4~12 月，长江中下游地区的大旱重创水产养殖，从而在很大程度上拖累鱼粉消费，导致国内鱼粉市场信心普遍不足，而更为严重的是，国际经济持续疲软导致大宗商品受到冲击，使得外盘鱼粉价格进一步走弱，并对国内市场产生很大程度的利空，多重因素迫使国内鱼粉市场价格高位运行的行情被终止，呈现不断下跌走势，截至 12 月，国内鱼粉市场平均价格为 10.67 元/公斤，较 3 月的历史高位累计下跌 4.90%（见图 92）。

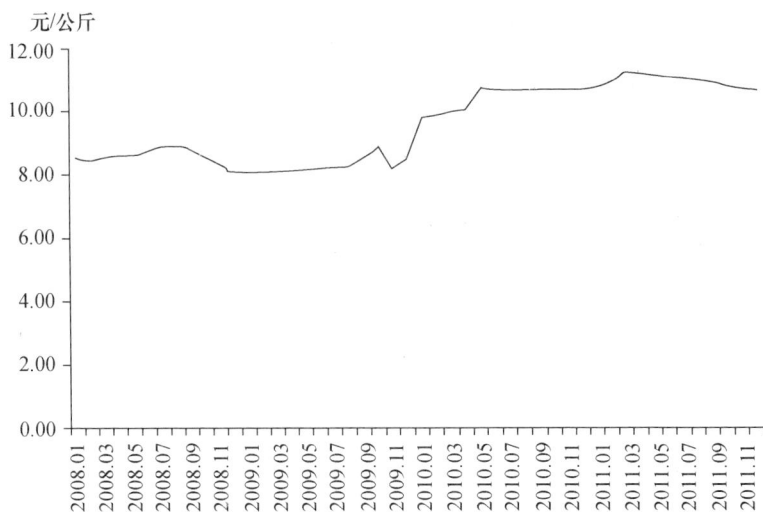

图 92　2008 年以来国内鱼粉价格走势

数据来源：农业部畜牧业司。

（二）饲料产品价格走势及特点

（1）育肥猪配合饲料价格不断上升。2011 年国内育肥猪配合饲料市场基本上延续了 2010 年以来的上升势头，其平均价格为 2.94 元/公斤，较 2010 年同期价格（2.73 元/公斤）同比上涨 7.50%。具体而言，国内育肥猪配合饲料市场全年价格走势大致可以分为以下两个阶段：①持续上涨阶段。1～10月，2010年猪肉价格偏低导致养殖户养殖意愿下降，引发生猪存栏量的大幅下降，最终导致育肥猪上市出现阶段性偏紧，受此影响上半年国内猪肉价格开始不断上涨，从而极大地提振了上游育肥猪配合饲料市场信心，基本奠定育肥猪配合饲料市场价格底部；此外，重要原料玉米市场价格的大幅上涨对其价格产生重要的推动作用。在多重利好因素的共同作用之下，国内育肥猪配合饲料价格开始屡屡发力，呈现持续上扬的基本走势，并在10月达到创纪录的3.05元/公斤。②止稳趋跌阶段。11～12月，生猪价格显现疲软，价格一路走弱，从而对上游饲料价格形成较大压力，加之重要原料玉米价格开始小幅下跌，多重利空因素导致国内育肥猪配合饲料价格持续上涨的势头被终结。截至12月，国内育肥猪配合饲料市场平均价格为3.02元/公斤，但较年初仍累计上涨7.09%。

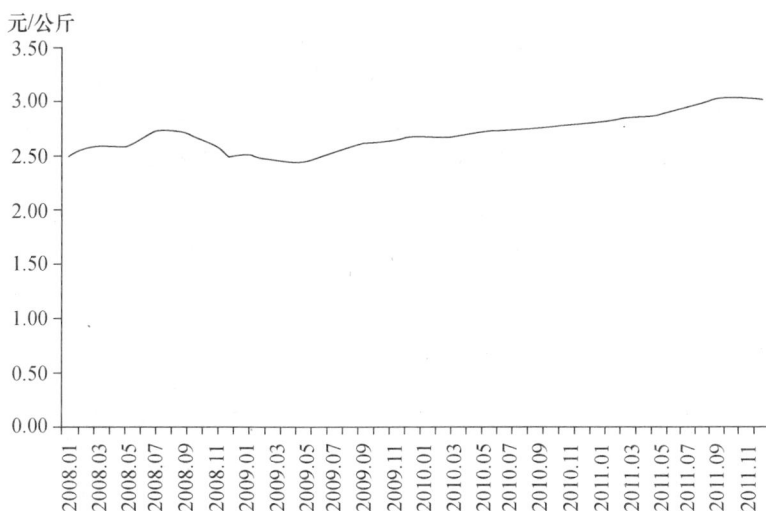

图93　2008年以来国内育肥猪配合饲料价格走势

数据来源：农业部畜牧司。

（2）肉鸡配合饲料价格稳步上扬。2011年国内肉鸡配合饲料市场基本上延续了2010年以来的上升势头，国内平均报价约为3.07元/公斤，与2010年同期价格（2.88元/公斤）同比上涨6.71%。具体而言，国内肉鸡配合饲料市场全年价格走势大致可以分为以下两个阶段：①持续上扬阶段。1～9月，国内活鸡、西装鸡等终端市场价格呈高位运行的态势，从而基本奠定上游肉鸡配合饲料价格底部，加之重要饲料原料玉米价格上涨的提振推动，多重利好因素推动国内肉鸡配合饲料市场价格只涨不跌，并在9月达到创纪录的3.18元/公斤。②止稳趋跌阶段。10～12月，活鸡、西装鸡等下游畜产品市场价格呈相对弱势运行的态势，从而基本奠定上游肉鸡配合饲料市场基调，加之重要原料玉米、豆粕、鱼粉等市场价格下跌的拖累，全国肉鸡配合饲料市场价格开始小幅下滑，截至12月，国内肉鸡配合饲料市场平均价格为3.14元/公斤，但较年初仍累计大幅上涨6.08%。

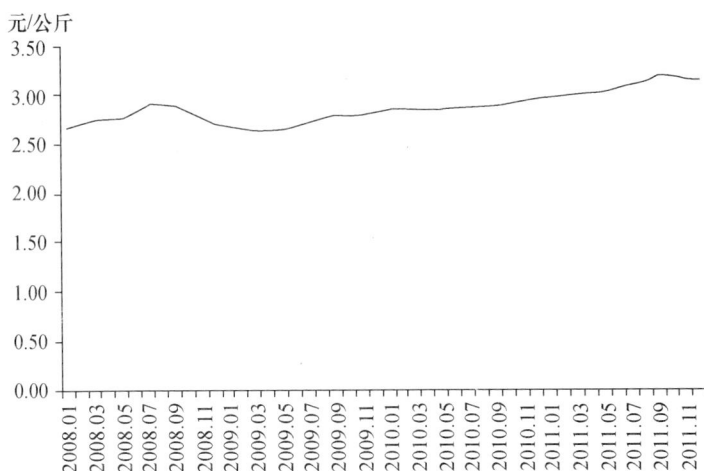

图94　2008年以来国内肉鸡配合饲料价格走势

数据来源：农业部畜牧司。

（3）蛋鸡配合饲料价格呈上行趋势。2011年国内蛋鸡配合饲料市场基本上延续了2010年以来的上升势头，国内平均报价为2.81元/公斤，与2010年同期价格（2.62元/公斤）同比上涨7.25%。具体而言，国内蛋鸡配合饲料市场全年价格走势大致可以分为以下两个阶段：①持续上扬阶段。1～10月，全国鸡蛋价格长时间处高位运行态势，从而为蛋鸡配合饲料价格奠定基调，加之玉米等原料价格上涨的提振支撑，共同推动蛋鸡配合饲料价格只涨不跌，并屡创历史新高，并在10月达到创纪录的2.91元/公斤。②止稳趋跌阶段。11～12月，蛋鸡配合饲料下游鸡蛋市场价格继续回落，从而基本奠定上游蛋鸡配合饲料价格看跌基调，加之重要原料玉米、豆粕、鱼粉等市场价格下跌的拖累，多重利空因素导致蛋鸡配合饲料价格持续上涨的势头被终结，截至12月，国内蛋鸡配合饲料市场平均价格为2.88元/公斤，但较年初仍累计大幅上涨6.67%（见图95）。

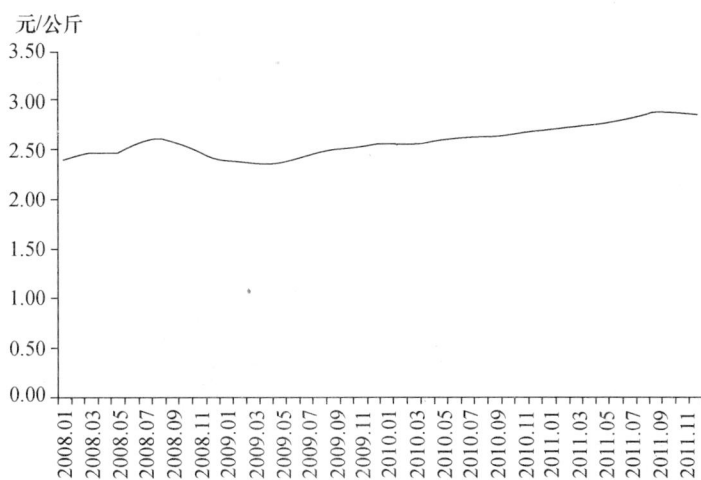

图 95　2008 年以来国内蛋鸡配合饲料价格走势

数据来源：农业部畜牧司。

二、2012 年国内饲料市场展望

（一）饲料原料价格上涨约束增强，振荡整理态势日趋明显

（1）就豆粕价格走势而言，预计将呈振荡偏弱的基本态势。作为外向型市场，国内豆粕市场价格一向对国际豆粕市场价格极为敏感。由于主要经济体债务问题严重（欧洲债务、美国债务），阻碍全球经济复苏，打击大宗农产品市场看涨热情，围绕在国际豆粕市场上空的阴霾短期内将难以散去，同时从国内供需来看，目前港口大豆积压较为严重，尽管养殖业需求旺盛，但总需求量还是不足以消耗庞大的库存，多重利空因素基本奠定 2012 年国内豆粕市场看跌基调。不过考虑到天气因素仍存在很大的不确定性，国际豆粕仍有可能成为炒作的题材，从而提振国内豆粕价格。因此，在国际因素影响日趋明显的情况下，2012 年国内豆粕市场价格将以振荡偏弱为主。

（2）就玉米价格走势而言，预计将呈止稳趋跌的基本态势。从国内供需基本面来看，2011 年国内玉米丰产已成定局，将有力缓解前两年玉米供应相对紧张的局面，伴随着玉米工业消费增幅的回落，玉米供需态势的变化总体上将对 2012 年国内玉米价格走势产生抑制作用。不过以下几方面对玉米价格仍有支撑作用：一是种植成本逐年提升，部分农民仍有惜售心理，售粮节奏将影响玉米价格；二是国家收储仍有补库的可能，毕竟前几年拍卖过多以及 2010 年收储计划未能完成；三是国家政策仍以保护农民利益为主，小麦、水稻托市价格都在逐年提高。综合上述多种因素，2012 年国内玉米继续大幅上涨的可能性已不复存在，但大幅下跌的空间也相对有限，总体上将呈现止稳趋跌的基本态势。

（3）就鱼粉价格走势而言，预计将呈振荡下滑的基本态势。与豆粕市场相类似，国内鱼粉市场价格一向对国际豆粕市场亦步亦趋，在外围经济不景气的前提下，国际大宗商品走势受到冲击，导致外盘鱼粉进一步走弱，并对国内市场产生很大程度的利空作用，未来国内鱼粉市场价格一时难以获得很大的突破。不过 2012 年国内水产养殖情况仍是未知数，参照以往情况，只要不出现极端性干旱天气，鱼粉市场大幅向下修正的可能性不会太大。因此，2012 年国内鱼粉市场价格维持箱体振荡格局的可能性较高。

（二）饲料产品价格上涨有所透支，阶段性调整态势日趋明朗

饲料产品价格对于下游畜产品价格的变动一向极为敏感，2011 年前 3 季度国内畜产品价格全面上涨是饲料产品价格持续上涨进而屡创新高的重要原因。从目前情况来看，2011 年度猪肉等畜产品价格已创历史新高，继续上涨的空间基本不存在，来年势必呈回落状态。畜产品价格上涨受到抑制会快速压低猪粮比，进而抑制饲料需求，最终对上游饲料产品价格形成打压。不过考虑到目前国家宏观层面政策预微调窗口已经开启（GDP 和 CPI 双降，央行近三年来首次下调存款准备金率），在此大背景下，2012 年国内饲料价格大幅度下跌的可能性也不大。总而言之，本年度国内饲料产品价格上涨已经完全透支，预计向下有限修正将是 2012 年的主基调，国内饲料产品市场将迎来一波阶段性调整的行情。

2011 年农产品贸易形势分析及展望

农业部贸促中心　　庞玉良

2011 年，全球经济增长放缓，发达国家受主权债务危机影响经济复苏乏力，而我国经济下行压力和物价上涨压力并存，我国农产品出口面临发达国家经济不振需求不强和贸易摩擦加剧，进口则面对主要农产品国际价格波动加剧和宏观调控难度加大。2011 年农产品贸易额突破 1500 亿美元，进口增速快于出口，贸易逆差 340 多亿美元。预计 2012 年我国农产品出口进一步增长的难度加大，进口增速仍将高于出口增速。

一、2011 年我国农产品贸易的特点

(一) 农产品贸易增势不减，进口增速明显高于出口

2011 年我国农产品贸易增势强劲，农产品贸易额达到 1556.6 亿美元，比 2001 年入世时增长 4.6 倍，同比增速 27.6%，为入世以来的第四高，占当年我国货物贸易总额的 4.3%，比 2001 年下降 1.2 个百分点。

农产品进口增速明显高于出口。2011 年我国农产品出口 607.7 亿美元，同比增长 23.0%，出口增速为 2001 年入世以来的第二高，仅次于 2010 年的 24.7%；进口 948.9 亿美元，同比增长 30.8%。贸易逆差为 341.2 亿美元，同比扩大 47.4%。

(二) 劳动密集型农产品出口形势良好，资源型农产品进口增势强劲

2011 年我国水产品和果蔬等劳动密集型的优势农产品出口形势良好，全年水产品和果蔬产品出口额共计 350.6 亿美元，比 2010 年提高了 24.4%。优势农产品的出口效益明显提高，水产品出口的单位价值由 1 月的 4000 美元/吨升至 12 月的 5000 美元/吨，增长 24.5%，水产品来料加工装配贸易更是扭转连续 4 年出口量下跌的颓势，首次出现两位数增长。蔬菜出口的整体效益提高，全年蔬菜出口额超过 100 亿美元，为历史首次，同比增长 17.6%。由于大蒜等主要产品的出口价格变化较大，蔬菜出口呈现出波动特征，如大蒜的出口均价由年初的 2000 美元/吨降至 2011 年末的 800 美元/吨，跌幅达 60%。

水果出口延续上年量减额增的局面,全年水果出口量下降 5.5%,降幅超过 2010 年的 3.5%;出口额同比增长 26.8%,增幅为 2010 年的 1 倍。出口额增长主要得益于苹果、柑橘和苹果汁等产品出口均价的大幅提高,其中苹果汁的出口均价由上年的 900 多美元/吨增至 1700 多美元/吨,涨幅超过 80%。

2011 年食用油籽、食用植物油、畜产品和棉花等资源集约型产品进口增势强劲,上述产品全年进口额共计 636 亿美元,比 2010 年增长 29%。2011 年畜产品进口额同比增长近 40%,其中猪肉进口增长非常突出,进口量同比增长 134%,进口额同比增长 307%。棉花进口低开高走,2~9 月棉花进口量同比一直保持负增长,但 10 月和 11 月强势反弹,进口量同比分别增长 144.2% 和 175.9%。

(三) 主要农产品国际价格涨势明显,成为拉动贸易额增长的主要因素

2011 年农产品国际价格涨势明显,我国主要农产品进出口数量下降或增长有限,而进出口额却大幅增长,价格上涨成为拉动贸易额增长的主要因素。

就进口而言,2011 年我国粮食和油料进口量减额增,进口均价大幅上涨。谷物进口量同比下降 4.6%,进口额同比增长 33.7%,其中玉米和小麦的进口均价同比上涨分别为 42.2% 和 31.9%;食用油籽进口量同比下降 3.9%,进口额同比增长 18.6%,其中大豆和菜籽的进口均价同比分别上涨 23.8% 和 30.7%;食用植物油进口量同比下降 5.6%,进口额同比增长 25.8%,其中棕榈油和豆油的进口均价同比分别上涨 35.7% 和 29.1%。我国棉花进口数量增长有限,但进口额大幅增长,全年棉花进口量同比增长 14%,进口额同比增长 67.5%,其中原棉进口均价同比上涨 41.2%。

就出口而言,由于主要产品的出口均价普遍上涨,我国水产品和蔬菜产品出口的数量增速不及金额增长,水果出口更是量减额增。2011 年,我国水产品出口量同比增长 17.1%,出口额同比增长 28.6%,其中加工河鳗、鱿鱼和加工罗非鱼的出口均价涨幅在 20%~40%;蔬菜出口量同比增长 15.2%,出口额同比增长 17.6%,其中一季度的鲜冷冻大蒜的出口均价同比上涨 67.5%;水果出口量同比下降 5.5%,出口额同比增长 26.8%,其中主要出口产品苹果和苹果汁的出口均价同比涨幅分别为 19.3% 和 85.9%。

(四) 出口主要靠亚洲市场拉动,进口来源地高度集中

2008 年以来我国农产品出口市场最显著的变化是对欧美国家的农产品出口下降,而对亚洲国家的农产品出口增长。亚洲成为拉动我国农产品出口增长的重要引擎,主要表现在以下几个方面:

(1) 亚洲市场在我国农产品出口市场中所占的比重显著提高。2011 年,

我国对亚洲国家的农产品出口额为 367.1 亿美元，占我国同期农产品出口额的 60.4%，比 2008 年提高了 4 个百分点；而对欧洲和北美洲国家的出口额为 164.3 亿美元，占同期我国农产品出口额的 30.2%，比 2008 年下降 4.6%。 2011 年我国前十大农产品出口国中除美国、德国和俄罗斯等 3 国外，其余国家全部在亚洲。

（2）农产品出口增速大大提高。2011 年我国对亚洲国家农产品出口额同比增长 24.1%，而 2008～2009 年我国对亚洲国家的农产品出口额同比增速只有 2%～3%。我国对亚洲国家农产品出口额同比增速大大提高主要是由于对东盟出口的快速增长。2011 年，我国对东盟的农产品出口额为 98.9 亿美元，同比增长 32.3%，占同期我国对亚洲国家农产品出口额的 26.9%，与 2005 年的 13.4% 相比几乎翻了一番。

就进口市场结构而言，我国农产品进口集中化的趋势显著。主要体现在：

（1）进口来源地高度集中。2011 年，我国自美国、巴西、东盟、欧盟和澳大利亚等前五大农产品进口来源地的农产品进口额共计 675 亿美元，占同期我国农产品进口额的 71.1%，比 2005 年的 62.1% 提高 9 个百分点。其中自美国的农产品进口额首次超过 200 亿美元（233.4 亿美元），自巴西和东盟的农产品进口额均首次超过 150 亿美元。

（2）大宗产品进口高度集中于少数国家。2011 年，我国 97% 的大豆进口量来自巴西、美国和阿根廷，89% 的猪肉进口量来自美国和欧盟，81% 的奶粉进口量来自新西兰，82% 的食糖进口量来自巴西和古巴，75% 的谷物进口量来自澳大利亚和美国，73% 的棉花进口量来自美国、印度和澳大利亚。

二、主要农产品贸易形势分析

谷物产品。受国际谷物价格持续上涨和进口动力减弱的影响，2011 年 1～10 月我国谷物进口量基本保持负增长。但是，随着下半年国际谷物价格回落，国内产品价格优势消失，加之国内畜牧业对饲料粮需求增加等因素的影响，谷物进口大幅增加，11 月、12 月谷物进口量同比分别增长 171% 和 388%，其中 12 月单月进口量将近 100 万吨。2011 年我国共进口谷物 544.7 万吨，同比下降 4.6%；出口 121.5 万吨，同比下降 2.3%；净进口 423.2 万吨，比 2010 年略有下降。其中，小麦产品进口 125.8 万吨，同比增长 2.2%；出口 32.8 万吨，同比增长 18.4%；净进口 93.0 万吨，同比下降 2.5%。玉米产品进口 175.4 万吨，同比增长 11.5%；出口 13.6 万吨，同比增长 6.9%；净进口 161.8 万吨，同比增长 11.9%。大米进口 56.9 万吨，同比增长 58.9%；出口

49.0万吨，同比下降17.7%；净进口7.9万吨。入世10年来大米首次出现净进口。尽管2011年内我国谷物，尤其是玉米进口量下降，但是国内玉米供给偏紧的局面并没有得到有效缓解，饲料中小麦替代玉米量显著增加。据国家粮油信息中心预测2011～2012年度小麦替代量将达到1800万吨，比上一年度增加450万吨。

棉花产品。2011年2～8月原棉进口价格一直保持在3000美元/吨以上的高位，与上年同期相比涨幅达到50%～80%，国际棉价高企遏制了棉花进口需求，2～8月我国棉花进口量一直保持负增长。随着9月以来，原棉进口价格持续回落，10～11月跌至2600美元/吨，进口量开始大幅增加，同比分别增长162.5%和200%。12月进一步下跌至2476美元/吨。2011年，我国共进口棉花356.6万吨，同比增长14.0%；进口额96.8亿美元，同比增长65.5%。

食用油籽和食用油。2011年国际市场大豆价格持续上涨，国内大豆进口效益处于微利甚至亏损状态，加之国家采取了多项措施保证市场供应，临储大豆定期竞价销售、临储大豆定向销售等措施在一定程度上增加了市场供应，稳定了市场预期及市场价格，进而抑制了进口需求。在此情形下，不少贸易商推迟了已采购大豆的船期，或进行洗船，导致年内大部分时间大豆到港量出现下降。2011年我国共进口食用油籽5481.3万吨，为2001年以来的第二高，仅次于2010年的5703.5万吨，同比下降3.9%，为2005年以来的首次下降；进口额314.8亿美元，同比增长18.9%。其中，大豆进口5263.4万吨，同比下降3.9%，进口额298.4亿美元，同比增长18.9%，在我国农产品进口额所占比重连续四年下降，由2008年的37.1%下降至2011年的31.4%。2011年国际食用植物油价格延续上年持续上涨的态势，豆油的进口均价由上年的897美元/吨涨至2011年的1158美元/吨，上涨29.1%；棕榈油的进口均价由上年的827美元/吨涨至1122美元/吨，上涨35.7%。受此影响，食用植物油的进口效益处于亏损局面，导致2011年我国食用植物油进口量下降。2011年，共进口食用植物油779.8万吨，同比下降5.6%；进口额90.1亿美元，同比增长25.8%。其中，棕榈油进口591.2万吨，同比增长3.8%。豆油进口114.3万吨，同比下降14.7%。菜油进口55.1万吨，同比下降44.1%。

食糖。本榨季国内食糖供给相应减少，2011年全国食糖产量预计1050万吨，食糖供应缺口在100万吨以上，食糖进口增加，尤其是8月以来每月的进口量保持在30万～45万吨。2011年，我国食糖进口创历史新高，食糖进口量由2001～2010年的80万～170万吨增至291.9万吨，同比增长65.3%；进口额19.4亿美元，同比增长114.6%。甘蔗原糖进口均价为655美元/吨，同比上涨31.3%。

畜产品。2011年羊毛、生牛马皮、猪肉及猪杂碎等主要进口产品的进口价格大幅上涨，羊毛进口均价由2010年的6173.4美元/吨涨至8876.1美元/吨，上涨43.8%；生牛马皮进口均价由2010年的1695美元/吨涨至2219美元/吨，上涨30.9%；猪杂碎的进口均价由上年的1112.4美元/吨涨至1433.9美元/吨，上涨28.9%。2011年猪肉进口量额创新高，进口量46.7万吨，同比增长1.3倍；进口额8.5亿美元，同比增长3.1倍。奶粉进口45.4万吨，同比增长8.9%；进口额16.6亿美元，同比增长18.7%。

水产品。2011年我国水产品出口呈现持续快速增长态势，主要原因包括日本地震后自身水产品生产、加工和供应短期内难以满足需求，增加了水产品进口，同时部分之前从日本进口水产品的国家也将订单转向我国；我国与东盟建立自由贸易区、与中国台湾地区建立ECFA的效应逐渐显现，我国对东盟和中国台湾地区的水产品双边贸易大幅增长。2011年我国水产品出口创历史新高。出口额首次超过150亿美元，达178.0亿美元，同比增长28.6%，为入世10年来的最高增速；进口额80.2亿美元，同比增长22.7%；贸易顺差为97.8亿美元，同比增长34.0%，为入世10年来之最高增速。

果蔬产品。2011年一季度，鲜冷冻大蒜出口形势大好，出口价格一直保持在2010年下半年2000美元/吨的高位，在大蒜出口的带动下，一季度山东的蔬菜出口额首次超过水产品出口额。但下半年鲜冷冻大蒜出口价格大幅下跌，12月跌至750美元/吨，蔬菜出口效益也有所下降。2011年我国蔬菜出口创新高，出口973.4万吨，同比增长15.2%，为自2004年以来的最高出口增速；出口额首次超过100亿美元，达117.5亿美元，同比增长17.6%。贸易顺差114.2亿美元，同比扩大17.6%。2011年我国水果出口保持2010年量减额增的势头，出口479.5万吨，同比下降5.5%；出口额首次超过50亿美元，达55.2亿美元，同比增长26.8%，为近4年来之最高增速。进口341.8万吨，同比增长24.1%；进口额31.1亿美元，同比增长53.1%，为入世10年来之最高增速。贸易顺差24.1亿美元，同比扩大3.7%。其中，苹果汁出口效益明显改善，出口61.3万吨，同比下降22.3%；出口额10.8亿美元，同比增长44.4%，为近4年来之最高增速。

三、2012年农产品贸易形势展望

2012年受全球和我国经济预期增长放缓，我国农产品贸易面临更加复杂的内部外环境，出口难度将进一步加大，保障国内市场农产品价格稳定和农产品有效供给的任务艰巨。

（一）全球经济增长放缓，亚洲出口受影响

根据联合国《世界经济形势和展望》（World Economic Situation and Prospects, WESP）2011 年 12 月的最新预测，自 2011 年年中全球经济增长全面放缓的趋势会持续到 2012 年和 2013 年。2012 年经济增长率预计为 2.6%，比 2011 年下降 0.2 个百分点，2013 年将会提高到 3.2%。受财政赤字、失业率居高不下以及主权债务危机的影响，2012 年主要发达国家面临经济二次探底的风险，新兴国家的经济增长也将会放缓。据国际货币基金组织（IMF）2012 年 1 月 5 日预测，对经济增长高度依赖贸易的亚洲国家来言，2012 年将是极其艰难的一年。欧洲经济下行将对亚洲经济产生重要的溢出效应，银行信贷将会进一步收紧，同时还会造成外部需求减弱。事实上由于外部需求减弱亚洲经济增长已开始出现放缓，未来亚洲的出口需求可能来自亚洲国家之间的贸易增长。

（二）预计我国经济增速放缓，农产品贸易的内外部环境将更加复杂

受欧债危机等环境因素影响，2012 年中国经济增速将有所放缓，全年 GDP 同比增速预计在 8% ～ 9%，或创 2002 年以来的新低。但在投资结构改善、外贸顺差减小、消费稳中趋旺等因素带动下，我国经济增长的可持续性正在巩固，新一轮经济上升周期进一步孕育。2012 年我国农产品贸易面临的国内外环境将更加复杂，新问题和新挑战将继续出现，保持贸易平稳较快增长的难度较大。从国内来看，国内企业经营成本上升压力仍较大。劳动力供求的结构性短缺成为常态，工资上涨不可逆转，中小企业融资难、人民币继续面临升值压力。从国际来看，各国对全球贸易市场的争夺加剧，保护主义升温。国外主要经济体复苏乏力，欧洲主权债务危机尚未得到根治，全球可能面临无序性的宏观政策，侵蚀全球经济复苏基础。同时，区域性政治冲突频发，偶发事件有可能对全球经济贸易造成巨大冲击。美国、法国和俄罗斯等多个重要国家面临选举，短期不确定性增大。

（三）保持农产品价格稳定的难度加大，保障农产品供给的任务依然艰巨

2011 年 12 月中央经济工作会议确定了 2012 年经济工作的总基调为稳中求进，并把"坚持不懈抓好三农工作，增强农产品供给保障能力"列为 2012 年经济工作的一项主要任务。近年来国际农产品市场价格的波动加剧，对国内市场的传导和信号作用增强，这对我国在 CPI 高涨的情况下保持农产品价格稳定是个不小的挑战。另一方面，尽管我国粮食喜获"八连增"为保障农产品供给奠定了良好的基础，但是粮食产品的结构供给矛盾依然突出，特别是玉米供给吃紧的局面并没有从根本上得到缓解，加之国际市场上玉米供给整体偏紧，在此国内外大背景下，保障国内粮食供给依然面临诸多挑战和变数。

第三部分

区域篇

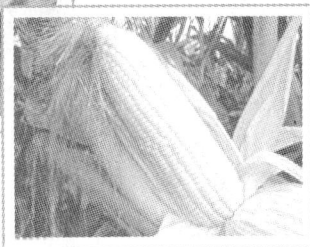

中国农产品市场报告.2012

2011年重庆市粮油和农资市场运行情况

重庆市农业信息中心 孙凤青
重庆市巴南区农业委员会 陈力平
云南农业职业技术学院 胡小九
重庆市农业委员会市场与经济信息处 于丹

据重庆市农业信息中心对全市30个区县农贸市场10种粮油（小麦、玉米、中稻、大豆、油菜籽、菜籽油、色拉油、粳米、籼米、标准粉）及8种农资零售价格的统计分析，2011年重庆市主要粮油统计品种全部上涨，总体均价为5.82元/公斤，同比涨0.71元，涨13.94%。从全年粮油价格走势看，2011年重庆粮油价格前低后高，总体呈"斜线形"上涨走势（见图96）。即2月价格出现上涨后，一路下滑，5月触底，6～10月一路上涨，之后又迅速回落到2月水平。农资价格总体呈波动上扬，均价5.55元/公斤，同比上涨0.47元，涨幅9.22%。其中一季度价格上涨明显，二季度小幅波动，三季度又一次上涨，四季度平稳运行，全年价格明显上涨（见图97）。

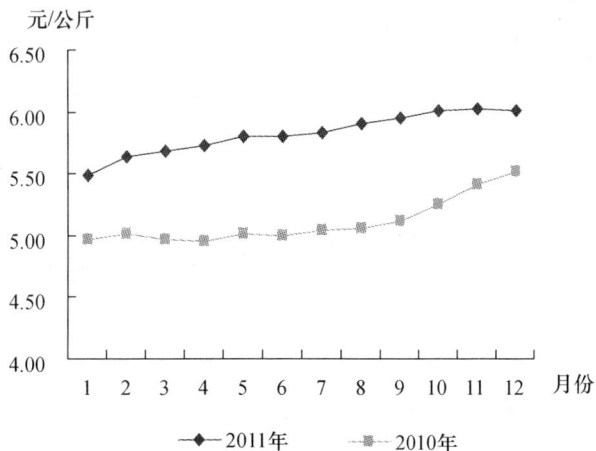

图96 重庆市粮油价格走势

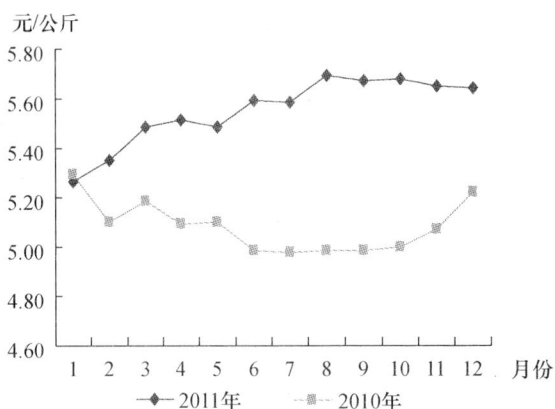

图97　重庆农资价格走势

一、2011年重庆粮油运行走势分析

（一）粮油价格总体运行情况

2011年全年月价格均高于2010年同期，表现出同比价格大幅上涨态势。2011年价格最低时出现在1月，最高时出现在11月，最高点和最低点差0.53元，波动幅度达9.78%，年底价格已恢复到2008年末水平。据分析，主要原因有以下方面：

（1）受国际原油价格上涨，农资生产成本和运输成本上涨。以0号柴油为例，2011年平均为7.24元/升，同比上涨了10.39%。

（2）国内油料作物种植面积下降。根据从第八届国际油脂油料高级研讨会消息，2011年中国油料作物种植面积下降0.6%。

（3）由于欧洲国债危机纵深发展，部分资金涌入大宗农产品，国际粮油价格走高，输入型通货膨胀带动了国内物价上涨。以大豆和食用油为例，1~11月，我国大豆和食用油进口量分别减少4.4%、4%，但是进口金额却分别上涨了21.4%、31%。

（4）我国为提高种粮积极性，稳步提高了主要粮食作物的最低收购价。根据国家政策，2011年早籼稻、中晚籼稻、粳稻最低收购价格分别提高到每50公斤102元、107元、128元，比2010年分别提高9元、10元、23元。

（二）重庆市重点品种粮油价格走高

从分品种看，稻谷、食用油、油料、粮食价格上涨幅度都较大。

中稻涨幅最大，2011年零售均价2.51元/公斤，同比涨26.70%。1月价格最低，为 2.21 元/公斤，11 月最高，为 2.71 元/公斤，全年价格极差 0.50 元/公斤，波动幅度为 22.62%。

其次为粳米，2011 年零售均价为 5.70 元/公斤，同比涨 25.69%。1 月价格最低，为 5.06 元/公斤，11 月最高，为 6.11 元/公斤，价格极差 1.05 元/公斤，波动幅度为 20.75%。

再次是籼米，2011 年零售均价 4.81 元/公斤，同比涨 19.21%。1 月价格最低，为 4.43 元/公斤，11 月最高，为 5.04 元/公斤，全年价格极差 0.61 元/公斤，波动幅度为 13.77%（见图 98）。

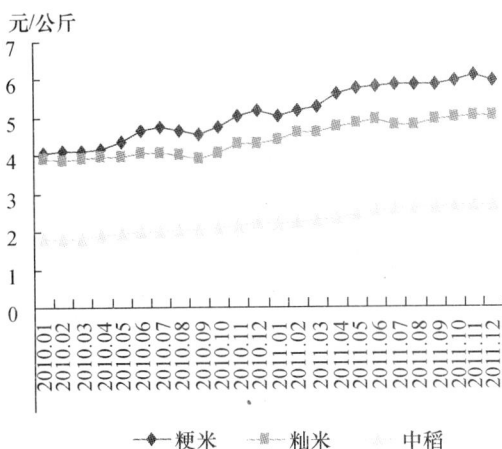

图 98 2010～2011 年重庆粮食价格走势

2011 年散装色拉油零售均价为 11.71 元/公斤，同比涨 14.26%。1 月价格最低，为 11.09 元/公斤，10 月最高，为 12.14 元/公斤，价格极差 1.05 元/公斤，波动幅度为 9.47%。散装菜油零售均价为 12.52 元/公斤，同比涨 10.03%。全年价格最低月份出现在 4 月、6 月，为 12.11 元/公斤，最高月份出现在 12 月，为 13.11 元/公斤，价格极差 1.00 元/公斤，波动幅度为 8.26%（见图 99）。

2011 年重庆市油菜收购价平均价为 4.52 元/公斤，同比涨 0.43 元/公斤、涨幅 10.55%。全年价格最低月份出现在 1 月，为 4.10 元/公斤，最高月份出现在 12 月，为 4.87 元/公斤，价格极差 0.77 元/公斤，最大波动幅度为 18.78%。其中 20 各个油菜重点发展县中，均价为 4.53 元/公斤，同比涨 0.33 元/公斤，涨 7.84%。

元/公斤

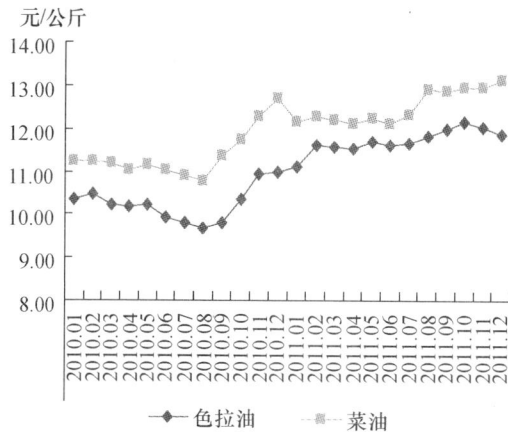

图99 2010～2011年重庆食用油价格走势

小麦全年市场零售均价 2.51 元/公斤，同比涨 0.35 元/公斤，涨幅 16.10%，全年价格最低月出现在 2 月，为 2.40 元/公斤，最高月出现在 12 月，为 2.60 元/公斤，价格极差 0.20 元/公斤，全年最大波动幅度为 8.33%。

玉米全市零售均价 2.59 元/公斤，同比涨 0.33 元/公斤，涨幅 14.76%。零售价最低在 1 月，为 2.46 元/公斤，最高月为 5～7 月，为 2.65 元/公斤，年度价格极差 0.19 元/公斤，全年最大波动幅度为 7.72%。

标准面粉均价 3.91 元/公斤，同比涨 0.34 元/公斤，涨幅 9.67%。价格最低时出现在 2 月，为 3.73 元/公斤，最高时出现在 10 月，为 4.06 元/公斤，全年价格极差 0.33 元/公斤，全年最大波动幅度为 8.85%。

大豆全年市场零售均价 7.45 元/公斤，同比涨 8.72%，全年价格最低月出现在 1 月，为 7.23 元/公斤，最高月出现在 3 月、5 月，为 7.67 元/公斤，价格极差 0.44 元/公斤，全年最大波动幅度为 6.09%。

（三）国内粮油供应形势分析

1. 国内粮食生产形势

从国家统计局发布公告看，2011 年全国粮食总产量达到 57121 万吨，比 2010 年增产 2473 万吨，增长 4.5%，连续八年增产（见图100）。全国夏粮总产量 12627 万吨，比 2010 年增产 312 万吨，增长 2.5%；早稻总产量 3276 万吨，比 2010 年增产 143 万吨，增长 4.5%；秋粮总产量 41218 万吨，比 2010 年增产 2018 万吨，增长 5.1%。2011 年，全国三大粮食作物总产量超过 5 亿吨，达到 51045 万吨。稻谷总产量突破 2 亿吨大关，达到 20078 万吨，比 2010

年增产 503 万吨，增长 2.6%；小麦总产量 11792 万吨，比 2010 年增产 274 万吨，增长 2.4%；玉米总产量 19175 万吨，比 2010 年增加 1450 万吨，增长 8.2%。玉米大幅度增产使我国粮食生产结构得到进一步改善。根据国家粮油中心预测 2011 年中国大豆产量 1350 万吨，同比减少 10.5%，油菜籽产量 1250 万吨，同比减少 4.45%。

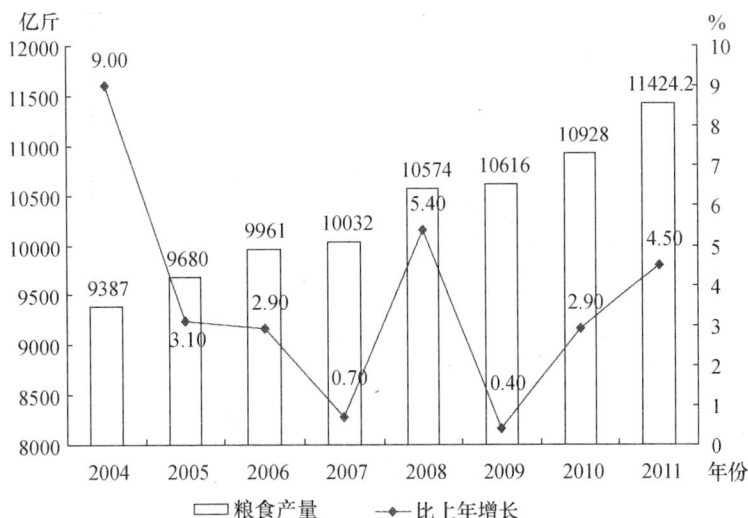

图 100　2004～2011 年全国粮食产量及增长速度

2. 粮油进出口

根据海关数据，1～11 月我国出口粮食 252.53 万吨，同比增加 8.53 万吨，增加 3.50%；进口粮食 5696.9 万吨，同比减少 402.1 万吨，同比减少 6.59%；1～11 月纯进口粮食 5444.37 万吨，同比减少 410.63 万吨，减少 7.01%。1～11 月我国累计进口大豆 4937 万吨，同比减少 4.4%；累计进口食用油 584 万吨，同比减少 4%。出口微量。

（四）重庆多灾之年粮食未大幅减产

1. 重庆市粮油生产形势

据国家统计局公布，受气候影响，重庆全年粮食总产量 1127 万吨左右，减产 29 万吨，下降 2.5%（见图 101）。其中秋粮产量重庆减产 30 万吨，下降 3%。据重庆市农情监测，2011 年重庆市夏粮总产量 156.3 万吨，比 2010 年增加 0.7 万吨，增 0.4%；夏收油菜籽实现连续第四年增产，总产量 35.1 万吨，比上年增加 0.9 万吨，增 2.6%。

亿斤

```
250 ┤                                                         ┌ 40
240 ┤                          34.59                          │
    │             233.638                                      │ 30
230 ┤  228.914  ┌──┐        ┌─┐         230.64        231.226  │
    │   ┌──┐    │  │        │ │         ┌──┐  227.44   ┌──┐     │ 20
220 ┤   │  │    │  │        │ │217.6    │  │  ┌──┐     │  │  225.44
    │   │  │    │  │        ├─┤         │  │  │  │     │  │  ┌──┐│ 10
210 ┤   5.28    │  │        │ │         5.99 │  │     1.66 │  ││
    │   ●───────●2.06       │ │         ●────│  │     ●────│  ││ 0
200 ┤   │  │    │  │        │ │         │  │ ●-1.39  ┌─┘  │  ││
    │   │  │    │  │        │ │         │  │  │  │         ●-2.50
190 ┤   │  │    │  │        │ │         │  │  │  │     │  │  │  ││ -10
    │   │  │    │  │        │ │         │  │  │  │     │  │  │  ││
180 ┤   │  │    │  │        │ │         │  │  │  │     │  │  │  ││ -20
    │   │  │    │  │ -30.80 │ │         │  │  │  │     │  │  │  ││
170 ┤   │  │    │  │   ●    │ │         │  │  │  │     │  │  │  ││
    │   │  │    │  │  161.68│ │         │  │  │  │     │  │  │  ││ -30
160 ┤   │  │    │  │  ┌──┐  │ │         │  │  │  │     │  │  │  ││
    │   │  │    │  │  │  │  │ │         │  │  │  │     │  │  │  ││
150 ┴───┴──┴────┴──┴──┴──┴──┴─┴─────────┴──┴──┴──┴─────┴──┴──┴──┴─ -40
     2004    2005   2006   2007   2008   2009   2010   2011  年份
```

%

□ 粮食产量　◆ 比上年增长

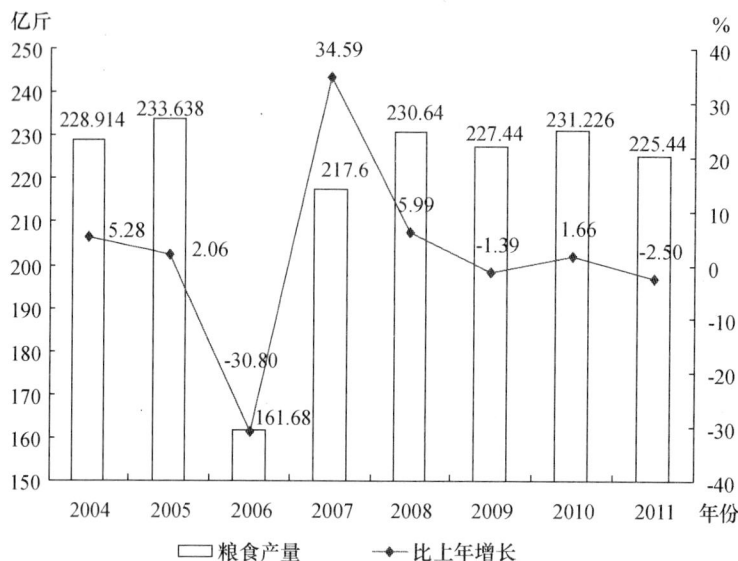

图101　2004～2011年重庆粮食产量及增长速度

2．灾害发生情况

2011年度农作物受灾主要以气象灾害为主，病虫害较上一年程度轻。1月全市持续低温阴雨雪天气，高海拔地区小春作物遭受一定程度的冻害；3月下旬大部地区出现了一次低温过程，对油菜开花授粉、小麦抽穗扬花造成了一定的不利影响。但由于隆冬重庆市气温持续偏低，有利于杀死在土壤中越冬的病菌虫卵，油菜菌核病、小麦蚜虫等主要病虫害发生程度轻。2011年5～8月期间重庆市又经历了史上最热高温天气。据气象局资料，全市共出现了57天的高温天数，超过2006年的51天，也是自1951年有气象记录以来最热的一年，对秋粮影响较大。

3．粮食生产基本稳定原因分析

重庆市2011年气象灾害重于2006年，但并未出现2006年那样的粮食大幅减产，全年粮食保持在1100万吨以上。这主要得益于以下几方面：

（1）病虫害减少，主产区的玉米、水稻生产气象条件总体较好，光温水匹配较好。

（2）早期预警到重庆市将有较重的干旱灾害发生，农业部门紧紧围绕防洪抗旱和田间管理两大主题，采取多样措施，做足了抗灾夺丰收的准备。

（3）2006年大旱后，重庆市强化了农田水利设施建设，这些设置在抗灾中发挥了重要作用。

（4）国家和市内抗灾资金下达及时，保证了抗灾工作有序开展。

（5）灾害发生后农业部门采取多种行之有效的补救措施，实现了粮食生产的基本稳定。

二、重庆市农资价格走势分析

重庆市农资价格经历两年波动沉寂后，2011 年又回到上涨的轨道上，其中有 11 个月高于 2010 年同期，目前已经恢复到 2008 年 6 月高位水平。

国产尿素涨幅最大，2011 年零售均价 2.38 元/公斤，同比涨 0.33 元，涨幅 16.35%。全年价格最低月出现在 1 月，为 2.17 元/公斤，最高月份出现在 11 月，为 2.57 元/公斤，全年价格极差 0.40 元/公斤，全年最大波动幅度为 18.43%。

其次为碳酸氢铵，2011 年零售均价为每公斤 0.88 元，同比涨 0.12 元/公斤，涨幅 15.09%。全年价格最低月出现在 1 月，为 0.82 元/公斤，最高月出现在 12 月，为 0.94 元/公斤，价格极差 0.12 元/公斤，全年最大波动幅度为 14.63%。

再次是 25%复合肥，2011 年零售均价 1.67 元/公斤、同比涨 0.18 元/公斤、涨幅 12.02%。全年价格最低月出现在 1 月，为 1.59 元/公斤，最高月出现在 11 月，为 1.74 元/公斤，全年价格极差 0.15 元/公斤，全年最大波动幅度为 9.43%。

普通棚膜 2011 年零售均价为每公斤 14.55 元，同比涨 1.17 元，涨幅 8.75%。全年价格最低月出现在 1 月，为 13.85 元/公斤，最高月出现在 10 月，为 14.85 元/公斤，价格极差 1.00 元/公斤，全年最大波动幅度为 7.22%。

普通地膜 2011 年零售均价为每公斤 13.81 元，同比涨 1.07 元，涨幅 8.40%。全年价格最低月出现在 1 月，为 13.35 元/公斤，最高月份出现在 8 月，为 14.09 元/公斤，价格极差 0.74 元/公斤，全年最大波动幅度为 5.54%。

高浓度复合肥平均价为 3.17 元/公斤，同比涨 0.35 元/公斤，涨幅 12.61%。全年价格最低月出现在 1 月，为 2.89 元/公斤，最高月出现在 12 月，为 3.38 元/公斤，价格极差 0.49 元/公斤，最大波动幅度为 16.96%。

0 号柴油均价 7.24 元/公斤，同比涨 0.68 元/公斤，涨 10.39%。价格最低时出现在 1 月，为 6.75 元/公斤，最高时出现在 8 月，为 7.61 元/公斤，全年价格极差 0.86 元，全年最大波动幅度为 12.74%。

过磷酸钙全年市场零售均价 0.72 元/公斤，同比涨 0.05 元/公斤，涨 7.44%，全年价格最低月出现在 1、5 月，为 0.70 元/公斤，最高月出现在 10 月、11 月，为 0.74 元/公斤，价格极差 0.04 元/公斤，全年最大波动幅度为 5.71%。

三、粮食和油料生产成本上涨，效益略增

据农情调查，2011 年重庆市水稻单产因干旱较 2010 年减少 10～15 公斤/亩，减幅在 2.6% 左右。但在稻谷最低收购价政策的托底和物价普遍上涨带动下，稻谷平均出售价格大幅提高，稻谷平均出售价格比 2010 年同期增加了 0.53 元，增幅达到了 26.70%。稻谷每亩产值达到了 1285 元，比 2010 年增加了 233 元，增幅达到了 22%。水稻生产总成本在 840 元左右，比 2010 年增加了 100 元，增幅在 14%；物质和服务费用在 225 元，比 2010 年增加 25 元，增幅在 12.8%，其中化肥和种子增加最多，达到了 132 元和 45 元每亩；人工成本在 520 元左右，占总成本中 62% 左右，与 2010 年持平。其中，雇工费用出现明显增长，为 122 元，比 2010 年增加了 18.7 元，增幅在 14% 左右。2011 年农民种植水稻每亩纯收益 446 元，比 2010 年增加了 132 元，增幅达到了 42%。

2011 年重庆市小麦亩均生产成本为 472.3 元，同比增加了 49.3 元，增幅为 11.6%。其中种子、化肥和农药的费用分别为 35.4 元、70.7 元和 9.3 元，与 2010 年相比分别增 3.9 元、7.6 元和减 0.3 元。2011 年亩均机械费用为 24.7 元，由于劳动日工价的提高，2011 年小麦亩均人工成本 311.7 元，比上年增加了 36.7 元。2011 年重庆市小麦收购价格为每公斤 2.3 元，同比增加了 0.2 元，在单产保持稳定略增的情况下，小麦亩均产值 532.0 元，同比增加了 60.5 元，增幅为 12.8%。由于生产成本的提高，亩均纯收益只有 59.7 元，只比 2010 年增加了 11.3 元。

2011 年重庆市油菜籽亩均生产成本为 444.6 元，比 2010 年增加了 52.0 元，增幅 13.2%。2011 年由于很多区县使用了优良品种，亩均种子费为 13.4 元，较 2010 年增加 3.1 元。虽然低温天气影响了油菜籽的生长，但同时也存在有利的一面，油菜籽受冻后病虫害发生明显低于 2010 年，用药量相对减少。亩均化肥费 86.5 元，与 2010 年同期相比增加了 9.0 元。由于人工成本的增加再加上油料价格的上涨导致租借机耕的费用增加，2011 年亩均机械费用为 27.7 元，比 2010 年增加了 3.2 元。由于劳动日工价的提高，2011 年油菜籽亩均人工成本 304.4 元，比上年增加了 35.1 元，增幅为 13.0%。其他费用与 2010 年同期相比基本持平。在单产保持稳定略增的情况下重庆市油菜籽亩均

产值达到了 591.4 元，同比增加了 62.0 元，增幅为 11.7% 。由于生产成本的增加，亩均纯收益为 146.8 元，比 2010 年增加了 10.0 元，增幅为 7.3% 。

四、2012 年粮油市场预测

总体来看，不利于粮价调控的因素很多：

（1）重庆市粮食略有减产；

（2）欧洲债务危机持续发酵，输入型通货膨胀仍在继续；

（3）海湾地区危机四伏，对燃油不确定性增加。

但仍有许多有利的调控的方面：

（1）尽管气象原因重庆市粮食生产比 2010 年减少，但是在国家粮食产量 8 连增的情况下，开放的粮食市场将有效弥补重庆市粮食减产带来的影响；

（2）粮食价格本身就处于高位，在国家物价调控政策作用下，粮食价格继续上涨的空间已非常有限；

（3）2011 年四季度猪肉价格回落可能影响饲料用粮消费；

（4）国家一直对粮食生产高度重视，农田水利、整治、补贴持续增加。如无恶劣天气和病虫害发生，预计粮食价格保持高位小幅波动运行。

对于油料市场，在全国油料减产，进口油料和食用油减少的情况下，重庆市油料种植逆市而上，实现了增产，但是由于国内及市内油料生产均不能满足需要，对外依存度大。食用油价格调控至少有以下几个方面压力：

（1）2011 年国产量下降；

（2）进口量减少，进口价格高涨；

（3）2011 年国内油籽收购价格走高；

（4）食用油压榨企业面临压榨成本压力大、市场消费饱和的局面；

（5）油料种植效益不高，而粮食价格高涨，农民种植油料作物积极性降低，油料种植面积减少，压力持续增大。预计食用油价格继续走高的可能性较大。

值得注意的是，由于农资价格又进入新一轮高位运行期，农资成本居高不下，但同时农产品价格上涨空间有限，农民利润空间进一步压缩。建议政府在制定物价控制政策的同时，从种植者角度考虑，以防由于积极性持续下降造成油料作物总产量明显降低，国内食用油价格随国际市场而频繁大幅波动。

2011 年河北省主要农产品
生产及市场运行情况

河北省农业厅市场与经济信息处　刘　霞

2011 年，受中间环节成本上升、燃油、人工及国际农产品市场等因素影响，国内农产品市场价格呈高位运行态势。总体来看，2011 年河北省主要"菜篮子"产品除大白菜供大于求外，其他农产品发展较为平稳，没有出现大的市场波动。农产品市场价格走势的主要特征是"先涨后跌"，部分品种如棉花、叶类蔬菜下跌幅度远超预期。

一、2011 年主要农产品生产情况

（一）粮食

2011 年河北省粮食播种面积 6266.67 千公顷，比上年减少 15.53 千公顷。预计粮食总产有望达到 3115 万吨，实现连续 8 年增产丰收。

（1）小麦。2011 年河北省小麦在严重冬春连旱等自然灾害的影响下，连续八年增产。河北省小麦面积为 2396.9 千公顷，比上年减少 23.43 千公顷，减少 0.97%。单产 5316.07 公斤/公顷，比上年增加 231.56 公斤/公顷，增长 4.36%；总产 1274.21 万吨，比上年增加 43.59 万吨，增长 3.54%。

（2）玉米。由于 2011 年气候偏暖，适合玉米生长，河北省玉米种植面积 3010.6 千公顷，较上年增幅 0.07%；总产达 1583.4 万吨，较上年增加 74.7 万吨，增幅 4.95%。

（二）棉花

2011 年河北省棉花生产总体来讲，面积稳中有增，播期适当推迟，棉田病害轻，部分地区虫害相对较重，前中期长势稳健，生长发育正常，三桃分布均匀，比例适中，长势好于往年。据统计，2011 年河北省棉花播种面积 880 万亩，较 2010 年增长 0.88%，预计总产达 60 万吨，较 2010 年增长 5.36%。

（三）油料

2011 年，河北省油料面积为 462. 67 千公顷，预计总产达 140. 6 万吨。其中，花生种植面积为 376. 53 千公顷，产量达 1325000 吨，较 2010 年增长 2. 55%。

（四）蔬菜

预计河北省蔬菜播种面积突破 1266. 7 千公顷，同比增加 24 千公顷，增长 1. 9%；总产量可达到 7800 万吨，同比增加 226 万吨，增长 3%；亩产 4105 公斤，同比增加 41. 9 公斤，增长 1%。

（五）畜禽

预计 2011 年底，河北省肉类、禽蛋、奶类产量将分别达到 445 万吨、367 万吨和 570 万吨，同比比分别增长 6. 77%、8. 22% 和 26. 9%。

二、主要农产品市场运行情况

（一）小麦

2011 年河北省新麦出售价呈现高开稳走态势。6～9 月平均出售价格为 103. 83 元/50 公斤，较 2010 年 96 元/50 公斤上涨 8. 16%。

（二）玉米

2011 年以来，受需求因素拉动，河北省玉米价格持续上涨，且涨幅较大，后期更是赶超小麦价格。陈玉米价格由 2010 年同期的 0. 9 元/斤上涨到 2010 年的 8 月最高时候的 1. 3 元/斤。据我省 9 个物价基点县上报数据显示，9 月玉米市场价格最高达到 1. 17 元/斤，环比下降 1. 78%，但同比增长 20. 3%。

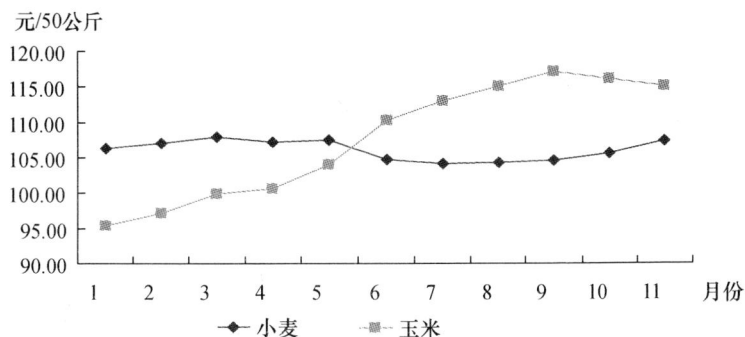

图 102　2011 年河北主要原粮品种价格

（三）棉花

2011 年 9 月初开始，河北省大部出现持续半个月左右的低温阴雨天气，严重影响棉花后期生长、品级和价格。据省发改委统计，2011 年河北省新棉市场呈现出价格回落、棉农惜售、棉企谨慎、皮棉有价无市的一种僵持状态，市场观望气氛浓厚。籽棉市场价格大多 4.1～4.2 元/斤开售，后期 3.7～3.9 元/斤徘徊，且市场反映品级多为四级棉，销售进度缓慢。

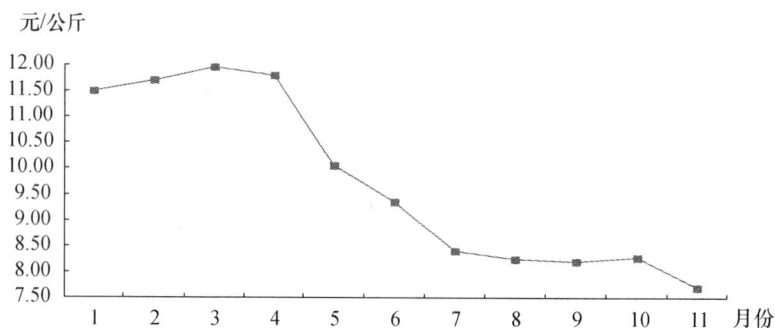

图 103　2011 年河北省籽棉价格

（四）蔬菜

2011 年河北省蔬菜价格呈现出先涨后跌的整体态势。1～2 月，春节期间，市场需求旺盛，价格呈上涨趋势。3 月后，随着气候转暖，供应充足及季节性等因素影响，蔬菜价格下降较大，6～9 月为一年中的低谷期，尤其是叶类蔬菜跌幅较大，随后蔬菜价格逐步企稳止跌，预计在元旦春节前，还将出现小幅上涨。

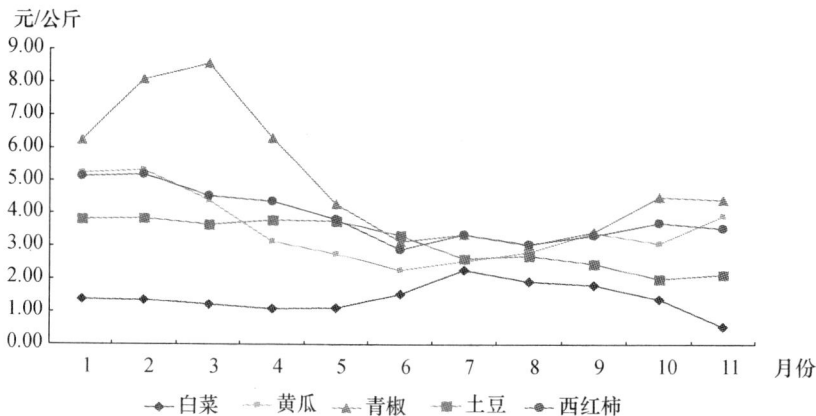

图 104　2011 年河北省主要蔬菜品种价格

（五）主要生产资料

2011年，河北省农用生产资料价格继续稳步增长。导致当前化肥价格上涨的主要原因：一是受货币环境影响，成品油价格随之上涨。二是除油品外资源价格、原材料价格普遍上涨。三是需求拉动。春耕备肥及用肥时期，加之华北、黄淮地区抗旱对柴油的需求增加，化肥市场活跃；同时，各地库存量较低，给市场提供了一定的支撑。

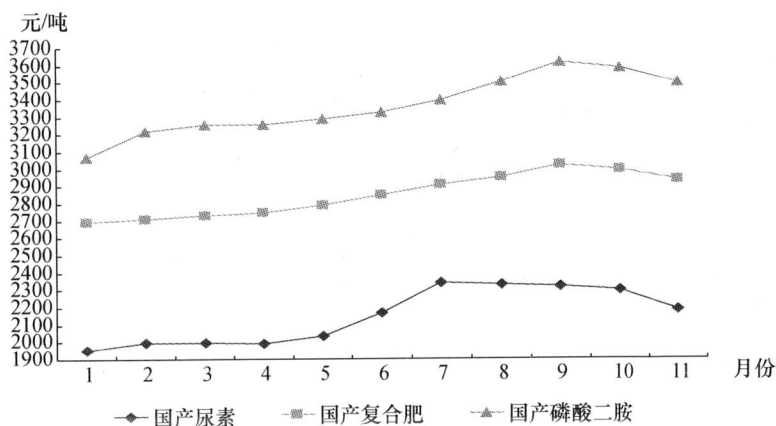

图 105　2011年河北省主要农用生产资料价格

（六）主要畜产品市场运行情况

1. 猪肉

2011年以来，受存栏量降低，饲料价格高等因素影响，猪肉价格涨势迅猛，8月达到年最高价格，据9个物价基点县上报数据，8月河北省猪肉价格平均为30.34元/公斤，与2010年同期比上涨59.19%。受疫病影响猪肉价格出现下行趋势，但由于存栏缺口的持续存在，且猪肉消费旺季即将来临，春节之前猪价迎来一波反弹。

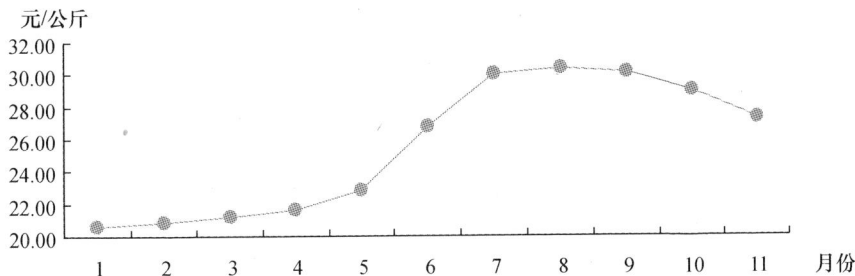

图 106　2011年河北猪肉价格

2. 鸡蛋

中秋、十一期间，河北省鸡蛋价格已突破 10 元/公斤。市场供应偏紧、养殖成本上升和肉类产品价格持续走高是鸡蛋价格上涨的主要原因，节后，随着供应量增加和通货膨胀的日渐缓解，价格逐步企稳止跌。

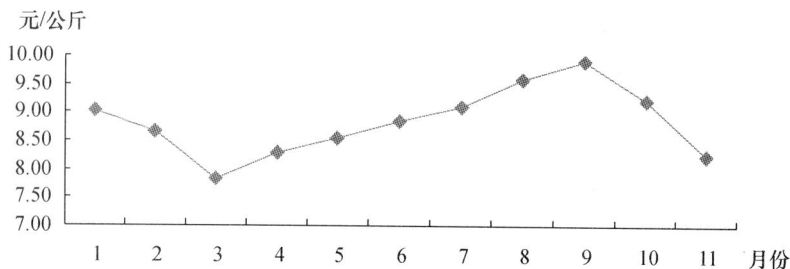

图 107　2011 年河北鸡蛋价格

三、保障蔬菜供应和稳定价格的措施

（1）抓生产保供应。为推动蔬菜产业发展，保障蔬菜市场供应，河北省农业厅以建设 240 个蔬菜标准园为目标，以设施蔬菜生产为重点，通过扩规模上设施，提单产增总产等措施，充分挖掘生产潜力，指导菜农充分利用闲置棚室，抢种适宜品种，合理安排种植茬口，提高复种指数，增加蔬菜供应总量。指导中南部地区利用冬闲白地，发展大中小拱棚，生产周期短见效快的速生叶菜类蔬菜，千方百计搞好蔬菜生产，保障蔬菜供应，稳定市场价格。

（2）搭桥梁促对接。

1）为北京蔬菜商贸企业到河北投资提供服务，督导和协调物美超市"河北供京蔬菜配送中心"建设项目开工建设。帮助北京新发地农产品股份有限公司在涿州、高碑店、定兴和安次建设蔬菜加工基地和批发市场。

2）驻京办、省农业厅和北京市商委密切合作，组织河北省 15 个蔬菜大县的农业局负责同志，与首都 12 家大型超市采购人员进行对接，促进超市在河北省的采购量。

3）组织 6 个设区市、14 个蔬菜大县的农民专业合作社参与"七省市保障首都春节市场供应联合行动"，保障了首都春节和"两会"期间市场供应。

4）组建了省级蔬菜行业发展联合总社，吸纳 124 个示范村标准园合作社为会员单位，促成了多家蔬菜专业合作社与京津超市对接。

（3）搞服务提科技。一是安排 24 名处级干部负责督导联系 24 个蔬菜产业示范县，深入蔬菜产业示范县开展调研、督导和指导工作。二是安排专家进县指导，从省农科院、河北农大选派 30 多名专家，参加到示范县专家指导组，参与示范县的建设和技术指导工作，确保早建快用及时见效。三是组织多次大规模培训，开展了合作社管理、"三品一标"认证、无公害技术等培训，提高了农民蔬菜专业合作社的组织能力和服务能力，调动了申请"三品一标"认证的积极性，菜农的科技水平得到了有效提升，河北省共组织培训班 1800 多场次，培训农民 20 万人次，为蔬菜产业升级提供了技术支撑。

（4）建组织强合作。一是要求所有蔬菜示范村组建农民蔬菜专业合作社，通过加强服务、政策引导，推动农民入社，到 2012 年底，示范村标准园农户入社率达到 100%；二是对 24 个示范县的示范村农民蔬菜专业合作社，每社安排扶持资金 20 万元，用于服务设施和条件的建设完善；三是省财政安排专项资金，为每个示范村合作社购置了检测仪器，推动"产地准出"制度的落实；四是推行"辅导员联系社"活动，安排专业人员指导合作社规范管理和运作，提高服务能力。

2011 年山西省农产品市场运行情况

山西省农业厅市场信息处　李　固

2011 年，山西省粮食产量进一步提高，主要原粮价格一路小幅上扬，蔬菜面积进一步扩大，价格运行整体高于 2010 年水平，畜牧养殖效益整体良好，有力促进了农业增效、农民增收。

一、2011 年山西省主要农产品生产情况

（一）粮食生产情况

2011 年，山西省粮食播种面积为 4931.9 万亩，比 2010 年增加 73 万亩，增长 1.5%，创历史新高。全年粮食总产量达到 119.3 亿公斤，比 2010 年增产 10.79 亿公斤。2011 年，山西省粮食单产达 241.9 公斤/亩，比 2010 年增长 8.3%。玉米单产达 346 公斤/亩，比 2010 年增长 4.8%，对山西省粮食总量的贡献率达 82%，有效带动了山西省粮食的增产。成为山西省历史上第 8 个粮食产量超过百亿公斤的年份。

（二）蔬菜生产情况

据山西省农业厅统计，预计山西省全年蔬菜播种面积将稳定在 670 万亩左右，产量预计可达 1998 万吨。山西省设施蔬菜总面积达到 170 万亩以上，产量预计可达 834 万吨左右。比 2010 年底 150.42 万亩增加 20 万亩。蔬菜平均单价约 1.80 元/公斤，比 2010 年同期上涨 30% 左右，山西省蔬菜生产总值约达 270 亿元。

（三）水果生产情况

2011 年前三季度气候稳定，除 6～8 月晋中、晋南部分地区受冰雹和大风灾害影响以外，山西省水果生产总体形势良好。

（1）水果面积稳中有增。据统计，山西省新发展面积 26.34 万亩，预计全年水果总面积达 845 万亩，同口径比增加 3%。

（2）水果产量稳步提高。2011 年春季无较大冻害发生，小水果杏、桃等产量比 2010 年大幅增加；预计水果总产量达 652.4 万吨，同比增加 6%。

（3）水果总产值增幅可观，达189.2亿元，同比增加16%。2011年山西省果品均价可达2.9元/公斤，同比增加7%。预计山西省农民人均果品收入可达788元。

（四）畜产品生产情况

2011年前三季度，山西省猪存栏为412.3万头，同比减0.3%，出栏494.4万头，同比减2.5%；牛存栏92.7万头，同比减2.61%，出栏24.8万头，同比增2.06%；羊存栏814.4万只，同比减4.76%，出栏262.9万只，同比增9.1%；禽存栏5640.3万只，同比减9.06%，出栏4315.1万只，同比减3.67%；肉、蛋、奶产量分别为5.5万吨、50.3万吨、55.4万吨。养殖效益总体较好。

二、主要农产品及农资市场运行情况

（一）山西省农产品市场运行情况

（1）原粮价格持续小幅上涨，后期有回落迹象。2011年，以玉米为引领的主要原粮价格一路飙升，整体高位运行。主要原因：一是由于化肥、农药等农资价格和人工成本的上涨提高了农业生产成本，导致农产品价格上涨；二是畜禽产品价格持续走高，饲料用粮增加，推动玉米价格上扬。

玉米价格涨幅较大。2011年9月涨至最高点，山西省市场出售价平均为2.31元/公斤，比1月1.95元/公斤高0.36元/公斤，涨幅为18.46%；农民出售价平均为2.20元/公斤，比1月1.88元/公斤高0.32元/公斤，涨幅为17.02%。10月以来，随着秋粮丰收，玉米逐渐进仓，价格有所回落。

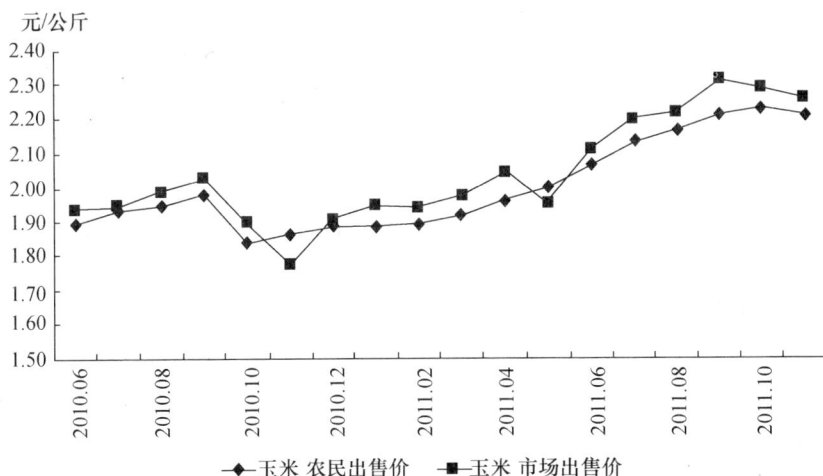

图108　2010年6月～2011年11月山西玉米价格走势

小麦价格持续小幅上扬，以稳为主。小麦价格以 2011 年 11 月最高，市场出售价平均为 2.317 元/公斤，比 1 月 2.2814 元涨 0.04 元/公斤，涨幅为 1.56%；农民出售价平均为 2.149 元/公斤，比 1 月 2.08 元/公斤涨 0.07 元/公斤，涨幅为 3.31%。

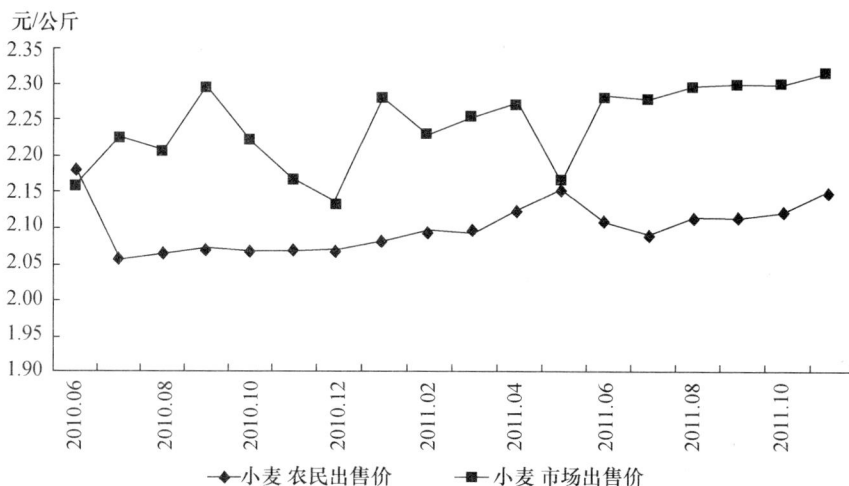

图 109　2010 年 6 月~2011 年 11 月山西小麦价格走势

大豆价格小幅持续上涨，以稳为主。大豆价格以 2011 年 9 月最高，市场出售价平均为 5.66 元/公斤，比 1 月 5.43 元/公斤高 0.23 元/公斤，涨幅为 4.23%；农民出售价平均 5.04 元/公斤，比 1 月 4.7 元/公斤高 0.34 元/公斤，涨幅为 7.23 元/公斤。

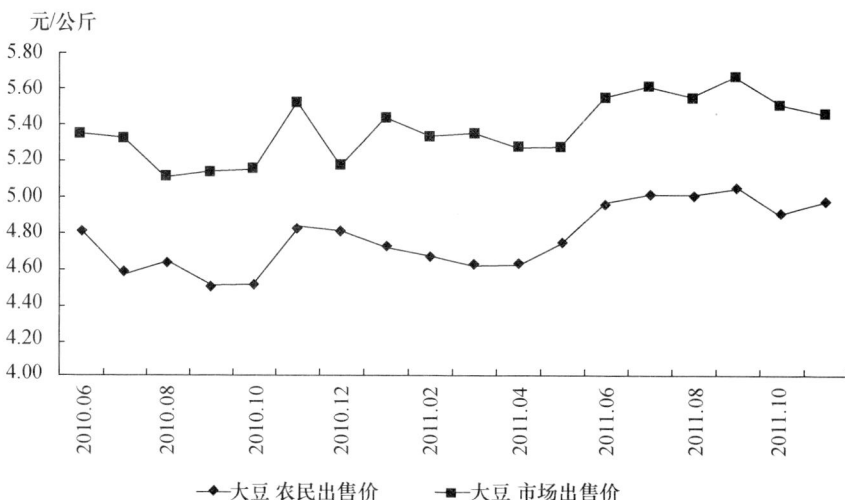

图 110　2010 年 6 月~2011 年 11 月山西大豆价格走势

（2）蔬菜价格波动较大，整体高位运行。2011年蔬菜价格整体高于2010年，但在5、10月，白菜、土豆、萝卜等出现卖难现象，主要原因是农户经营模式过度分散，面对大市场、大流通，缺乏有效的科学规划和生产指导，难以摆脱丰则卖难、欠则价高的怪圈。

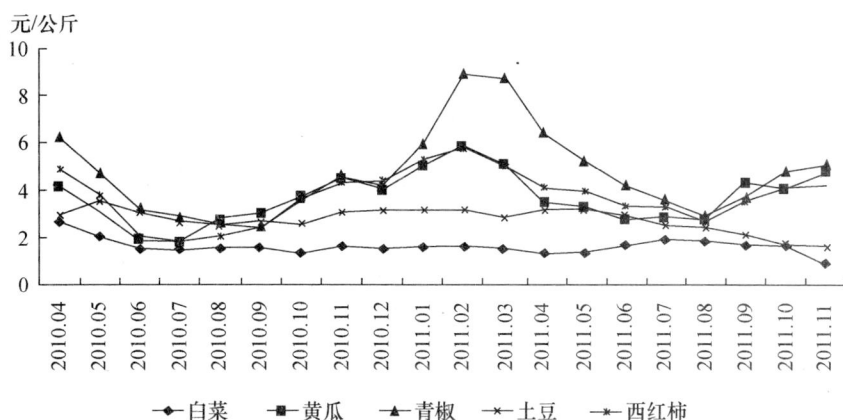

图111　2010年4月~2011年11月主要蔬菜价格走势

（二）山西省畜产品市场运行情况

2011年，山西省畜牧养殖效益整体好于2010年，整个畜产品市场价格呈高位运行态势，主要原因：

（1）猪源紧张导致供求关系失衡引发价格上涨；

（2）周边省区鸡瘟严重，外地经销商高价收购太谷、祁县、平遥、文水等地的鸡蛋，在一定程度上抬高了鸡蛋的价格；

（3）玉米、饲料价格连续上涨、人工费用、运输成本的增加，导致养殖成本不断提高，推动鸡蛋和猪价的上涨。

仔猪价格以涨为主，后半年小幅回落。农民出售价以10月为最高，山西省平均为29.85元/公斤，市场出售价以9月为最高，山西省平均为38.07元/公斤，11月仔猪农民出售价平均为26.49元/公斤，市场出售价平均为33.23元/公斤。预计2012年春节前后，仔猪价格有所回落，但仍将高于2010年同期水平。

生猪价格持续上涨，2011年8月首次回落。农民出售价以10月为最高，达19.83元/公斤，市场出售价以7月为最高，达19.45元/公斤。全年猪粮比价均大于6∶1的盈亏平衡点，1月为最低，为6.98∶1，其余11个月均超过7∶1，

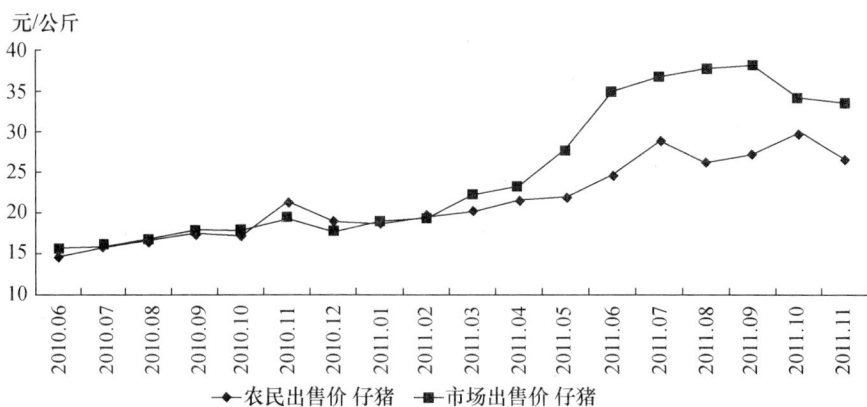

图 112　2010 年 6 月~2011 年 11 月山西省仔猪价格走势

8 月为最高，为 8.66∶1。目前生猪和猪肉价格仍处于高位，不少养殖户害怕有风险，不敢大量购入仔猪，生猪补栏不积极，预计 2012 春节前后仍将高位运行。

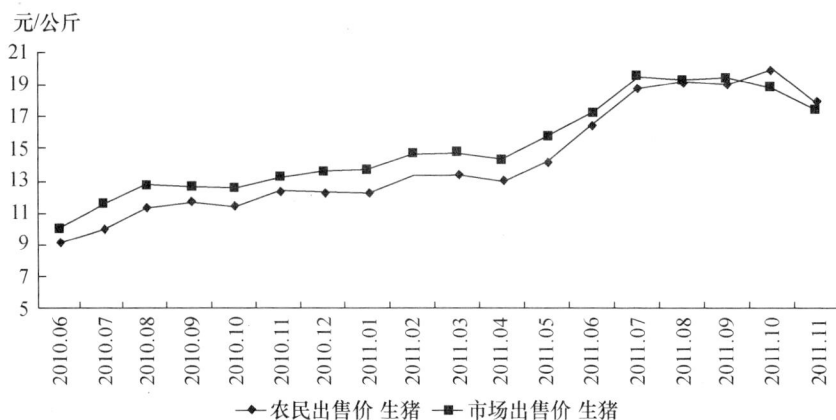

图 113　2010 年 6 月~2011 年 11 月山西省生猪价格走势

猪肉价格以涨为主，2011 年后半年开始小幅回落。2011 年生猪价格高位运行，以 7 月为最高点，农民出售价达到 28.19 元/公斤，市场价为 31.35 元/公斤，8 月开始小幅回落，11 月农民出售价为 25.65 元/公斤，市场价为 26.74 元/公斤。预计 2012 年春节前后，猪肉价格仍将高位运行。

元/公斤

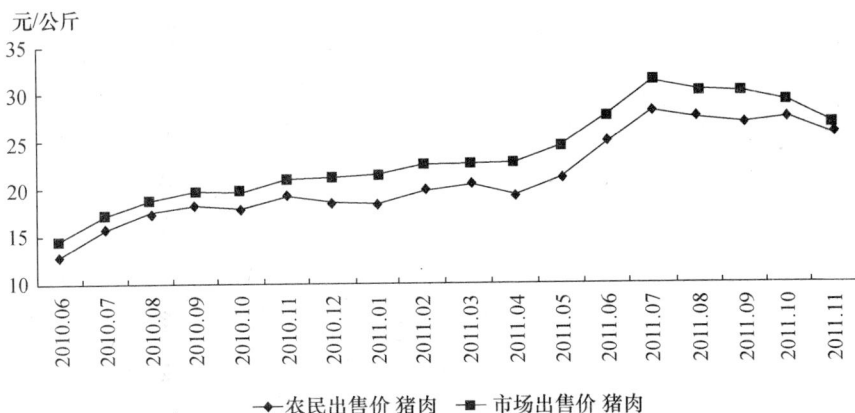

图114 2010 年 6 月~2011 年 11 月山西省猪肉价格走势

2011 年原料奶价格有涨有落，前三季度以涨为主，第四季度持续回落，接近年初水平。

元/公斤

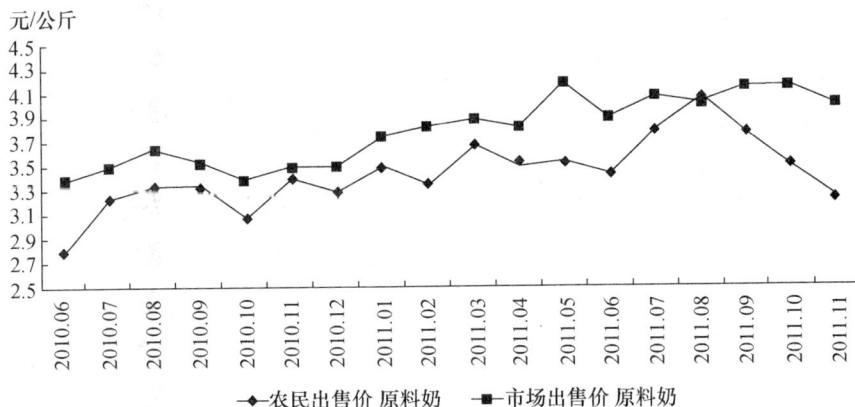

图115 2010 年 6 月~2011 年 11 月山西省原料奶价格走势

2011 年鸡肉价格以涨为主，特别是农民出售价涨幅相对明显，10 月为最高，山西省平均价为 15. 63 元/公斤；鸡蛋价格波动较大，以 2011 年春节、国庆节、中秋节前后涨幅明显，9 月农民出售价平均为 9. 29 元/公斤，市场价平均为 9. 85 元/公斤。

羊肉价格有涨有落，高位运行。2011 年羊肉价格高于 2010 年水平，4 ~ 8 月羊肉价格相对平稳，主要是因为天气热，消费量下降；1 ~ 3 月及 9 月后，由于天气较凉，消费量相对增加，价格走高。

元/公斤

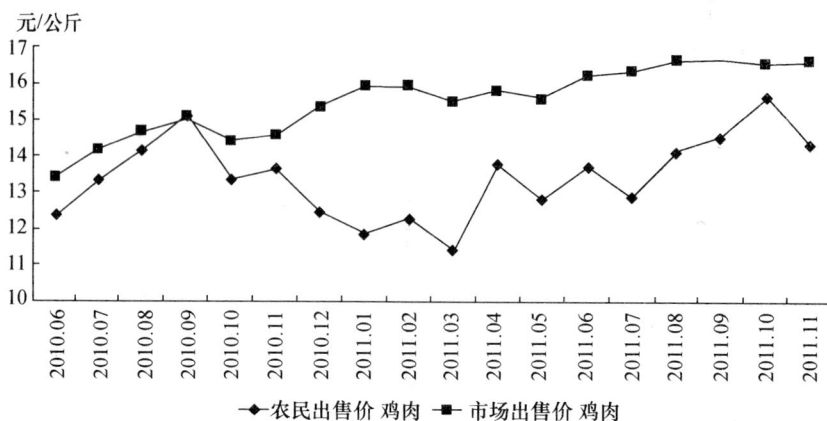

图116　2010 年 6 月～2011 年 11 月山西省鸡肉价格走势

元/公斤

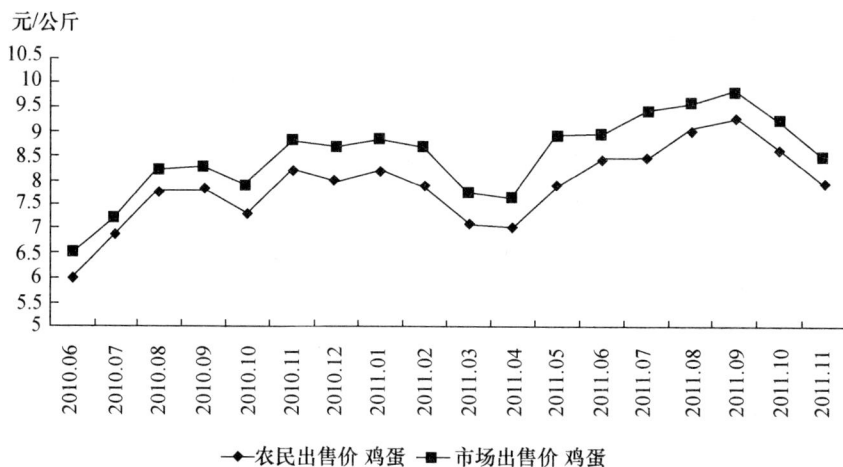

图117　2010 年 6 月～2011 年 11 月山西省鸡蛋价格走势

元/公斤

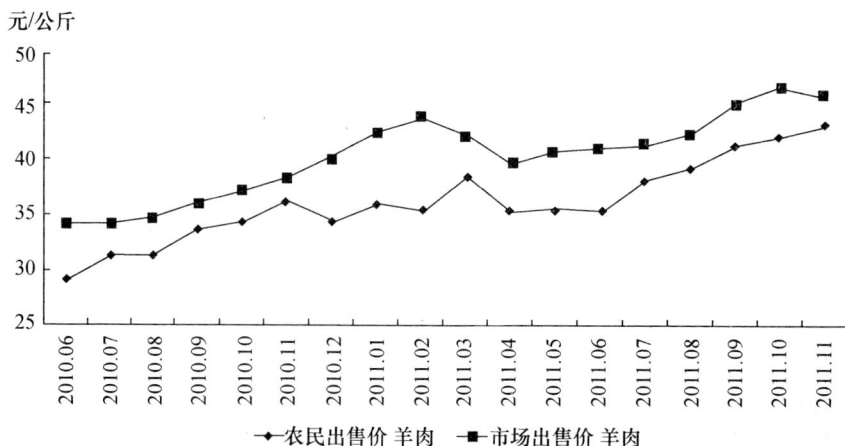

图118　2010 年 6 月～2011 年 11 月山西省羊肉价格走势

2011年，牛肉市场行情较好，价格有涨有跌，整体高于2010年水平，养殖户效益较好。

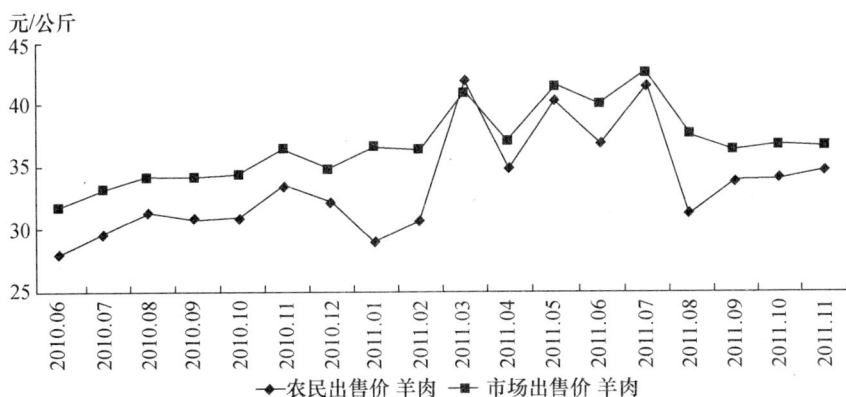

图119 2010年6月~2011年11月山西省牛肉价格走势

（三）山西省农资市场运行情况

由于农资原材料涨价及人工生产成本增加等因素影响，以农用化肥为主的主要农资价格不断小幅攀升。受生产成本增加及通货膨胀的因素的影响，预计近期农资价格仍将高位运行。

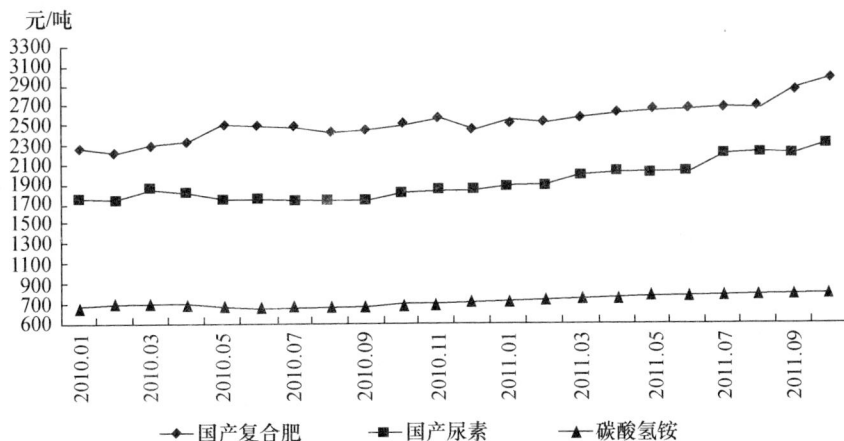

图120 2010年1月~2011年10月山西主要农资价格走势

元/升

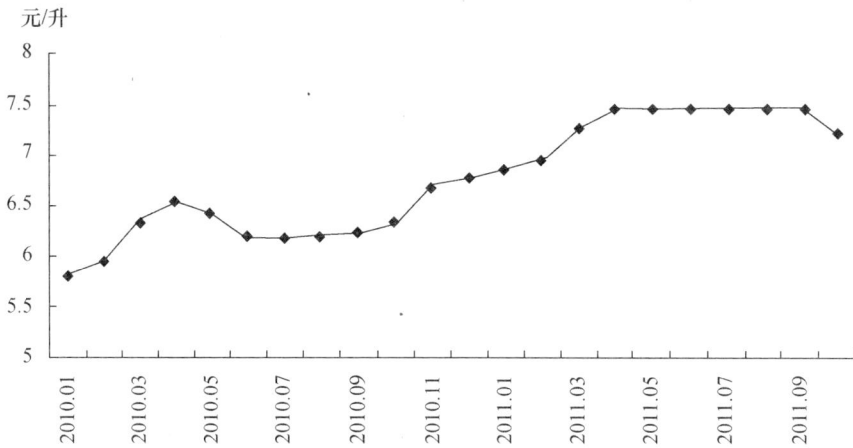

图121　2010年1月～2011年10月山西0号农用柴油价格走势

（四）饲料价格有涨有落，同比高于2010年

山西省玉米平均价格2.33元/公斤，环比下降1.39%，同比上涨20.63%。豆粕平均价格3.4元/公斤，环比下降2.05%，同比下降7.42%。进口鱼粉平均价格为9.39元/公斤，环比下降1.74%，同比下降3.12%。育肥猪配合饲料平均价格为2.95元/公斤，环比下降0.61%，同比上涨10.27%。肉鸡配合饲料和蛋鸡配合饲料平均价格分别为2.86元/公斤和2.63元/公斤，环比分别下降0.11%、0.06%，同比分别上涨4.95%和11.76%。

元/公斤

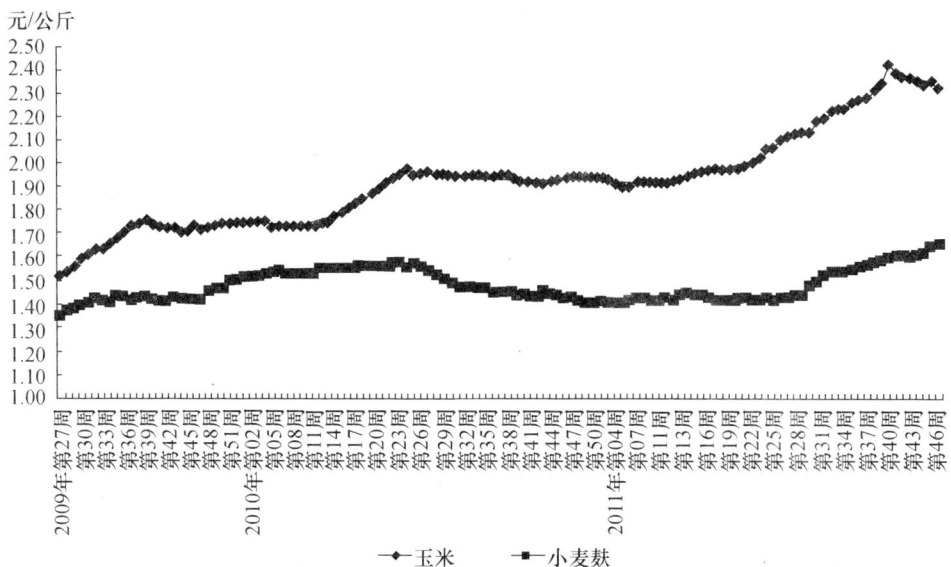

图122　玉米、小麦麸价格曲线图

元/公斤

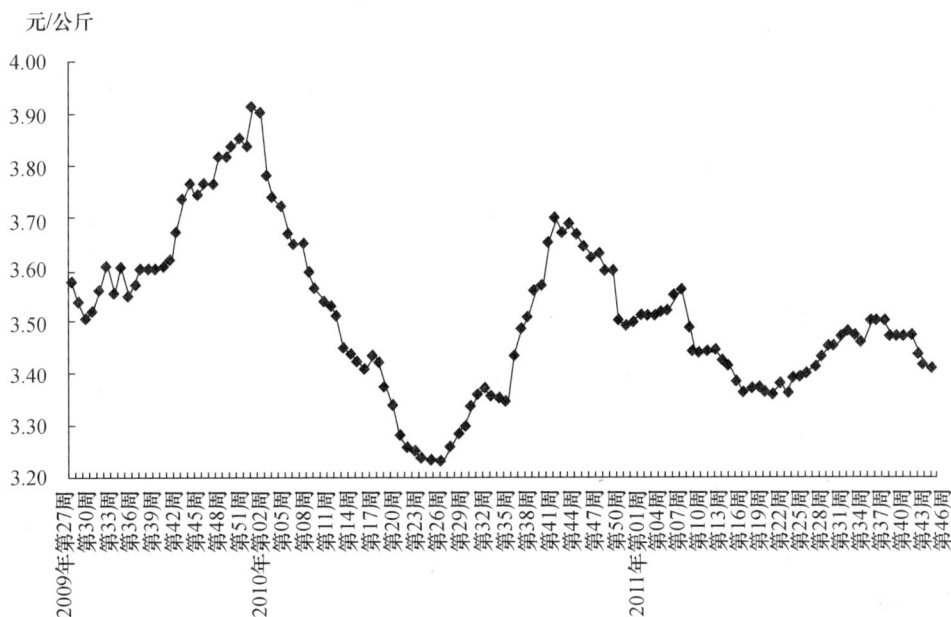

图123 豆粕价格曲线图

三、2012年山西省农产品市场运行展望

当前，我国农业已进入一个较好的发展期，促进农业增效、增加农民收入是大方向，农产品价格稳步上涨是一个大趋势。预计2012年山西省农产品生产价格总水平将趋于稳中有升态势。主要表现在：

（1）粮食价格相对平稳或略升。2011年山西省粮食增产明显，粮食价格大幅上涨的概率不大。但化肥、农药等生产成本的继续上升在一定程度上推动粮价上涨。另外，国家为保护农民种粮积极性，确保农民增收，适度提高粮食收购价格的政策趋向对粮价构成支撑。综合以上因素，后期粮食价格不会出现大起大落，将处于稳中有升态势。

（2）猪价将在高位振荡运行。目前生猪和猪肉价格仍处于高位，不少养殖户害怕有风险，不敢大量购入仔猪，生猪补栏不积极，加之生猪养殖周期较长，从母猪补栏到商品猪出栏需要约半年的时间，猪肉供给相对不足的局面仍将延续，而需求的刚性不减，对猪价高位运行或某个时期内的上升构成一定的支撑。

（3）禽、蛋价格仍有上涨空间。原料价格的上涨，人工费用的增加，直接增加了养殖成本，预计禽、蛋价格稳中趋高的态势仍将持续。各级农业部门要强化信息发布，加强生产指导，科学组织生产，避免出现农产品上市

"碰头"及大的"卖难"问题。

四、山西省人民政府在平抑物价方面所做的主要工作

（1）山西省政府高度重视，出台多项保障措施。为确保物价平稳，省政府召开常务会议，出台了包括确保市场供应、强化价格监管调控、完善应急预案、建立市场价格调控联席会议制度等12项措施在内的一系列政策，以努力稳定消费价格总水平，保障群众基本生活。

（2）建立问责制，把稳定物价纳入领导干部考核评价。山西省政府要求把保障市场供应、稳定市场物价纳入对各市、各有关部门及领导干部考核评价体系。实行严格的问责制，凡不落实、不执行中央及山西省政府出台的各项政策措施及有关工作要求的，或组织不力、政策落实不到位造成严重后果的，要严肃追究有关负责人的领导责任。

（3）落实"米袋子"、"菜篮子"行政首长负责制。2011年，山西省新增20万亩设施蔬菜生产能力，山西省设施蔬菜面积规模已达170万亩，全年设施蔬菜产量可达760万吨。2011年，山西省粮食产量达119.3亿公斤，增加一成多，创历史之最。

（4）加大储备力度，确保市场供应。山西省政府要求各地要做好粮、油、肉等物资储备工作，把握好储备物资投放力度，提前做好小包装成品粮油和越冬蔬菜等农副产品储备工作。

五、2012年确保农产品市场价格稳定主要工作着力点

（1）继续推进"菜篮子"工程建设。重点抓好"一村一品"、"一县一业"的建设，打造优势蔬菜区域板块，提高优势蔬菜的聚集度，形成若干个以千亩村、万亩乡、十万亩县为片区的设施蔬菜生产基地。2012年末，山西省新增设施蔬菜面积20万亩。

（2）继续推进"米袋子"工程建设。继续实施中低产田改造和大同盆地盐碱地改良项目和新增20亿斤粮食生产能力工程。完成中低产田改造任务200万亩，盐碱地改造10万亩。通过加强水利工程、基本农田建设、粮食科研创新能力建设等，稳步提高粮食综合生产能力。

（3）扎实推进五大产业提升工程。围绕打造具有山西省特色的农产品产业链，深入推进农产品加工"513"工程，继续实施粮食高产创建工程、千园万场规模健康养殖工程、百万棚设施蔬菜建设工程、水果双增工程，全面推进山西省现代农业建设，确保供应充足。

（4）加大农产品市场监测预警力度。充分发挥山西省40个县、46个集贸市场和超市、14个农产品批发市场价格采集点的作用，继续做好农产品市场价格运行监测工作，加强分析研判，强化信息发布，加大对农业生产指导力度；及时了解市场供求，切实减少买难、卖难问题。

2011 年辽宁省粮食市场运行情况

辽宁省农委信息中心　张　帅　姜　淼

一、2011 年玉米市场行情回顾

2011 年辽宁省玉米价格走势主要分为两个阶段：1～8 月，市场交易主体以 2010 季玉米为主，随着含水量的下降及存量的不断减少，玉米价格呈上涨走势。其中，6 月下旬至 8 月下旬，由于陈玉米的数量有限和新玉米尚未上市，玉米市场处于青黄不接阶段，玉米价格保持在高位运行。另一阶段，2011 年 9 月至年底，陈玉米逐渐退出交易市场，交易主体转变为 2011 季新玉米，受新玉米上市影响，玉米价格回落。

（一）玉米生产情况

2011 年春季，辽宁平均气温为 6.3～10.9℃，大部地区气温偏高 1℃ 或持平，日照时数为 638～874 小时，偏多 1～159 小时，光照条件充足。虽然降水偏少，但 4 月 16～18 日大部地区普降喜雨，第一场透雨及时，为春播顺利进行提供了较好的土壤墒情条件。辽宁省玉米播种从 4 月 5 日开始，比 2010 年提前 15 天，4 月下旬掀起高潮，5 月 10 日播种基本结束，比 2010 年提前了 6 天。2011 年辽宁省玉米播种面积 3163.2 万亩，增加 47.2 万亩。

进入 5 月中旬后，辽宁省气候条件总体有利，为大田作物出苗、生长提供了有利条件。辽宁省粮食作物苗情较好，长势正常。9 月中旬以后，辽宁省内多数地区天气秋高气爽，对后期的玉米生产丰收奠定了较好基础，玉米顺利收割并陆续上市。

（二）玉米进出口情况

据海关统计数据显示，2011 年 1～10 月，辽宁省累计出口玉米 11122.88 吨，同比下降 8.33%；出口金额 359.67 万美元，同比增长 14.65%。累计进口玉米 65536.42 吨，同比增长 38317.50%；进口金额 2219.31 万美元，同比增长 11806.17%。

（三）玉米收购价格情况

据辽宁省农委信息中心 100 个价格监测点数据显示：2011 年前 7 个月，辽宁省玉米收购均价保持上涨趋势，7 月开始价格高位平稳运行。进入 9 月，受春季播种新季玉米上市影响价格逐渐回落。整体来看，全年玉米收购均价为 98.50 元/50 公斤，同比大幅上涨，涨幅约为 15.88%。其中，干玉米收购均价为 104.50 元/50 公斤，同比大幅上涨，涨幅约为 18.35%（注：干玉米为含水量≤20%，以下同）；湿玉米收购均价为 84.50 元/50 公斤，同比大幅上涨，涨幅约为 14.19%（注：湿玉米为含水量＞20%，以下同）。另外，湿玉米市场交易分为两部分，一部分是 2010~2011 年陈季湿玉米。4 月起，天气逐步转暖，湿玉米含水量逐渐降低至干玉米水平，2010 季湿玉米交易逐步停止。另一部分是 2011 年 10 月收获后上市的新季湿玉米。

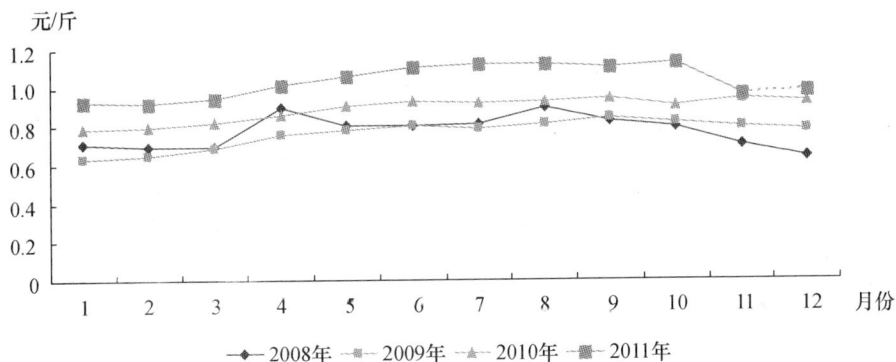

图 124　2008 年以来辽宁玉米产地收购价格走势图

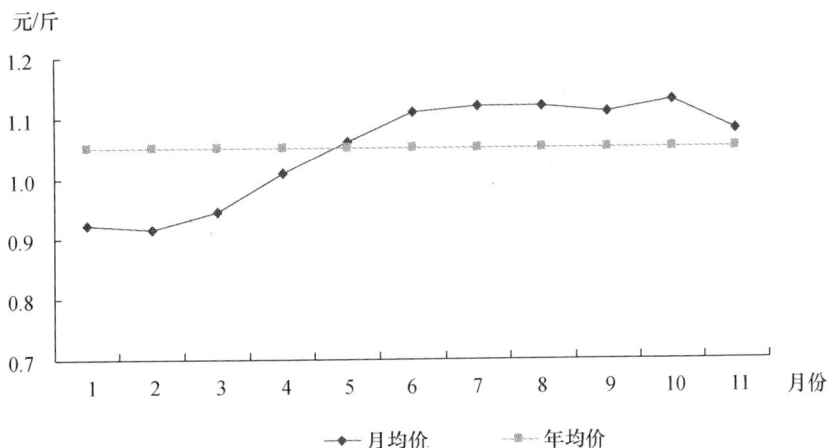

图 125　2011 年辽宁干玉米产地收购价格走势图

元/斤

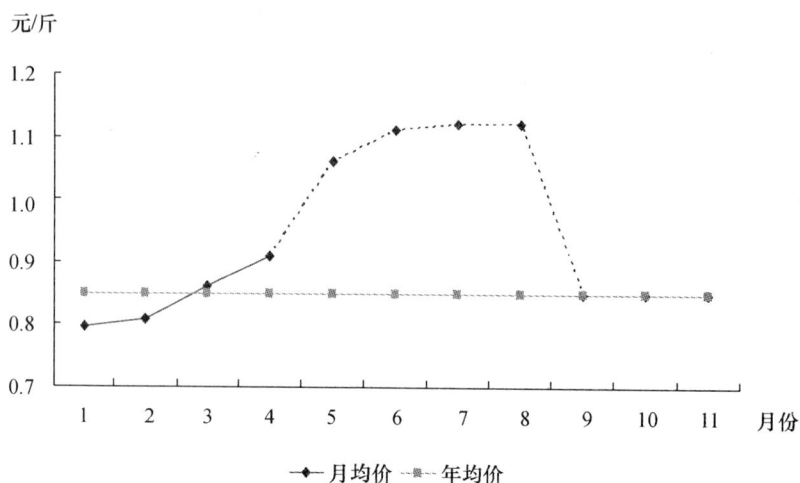

图126　2011年辽宁湿玉米产地收购价格走势图

元/公斤

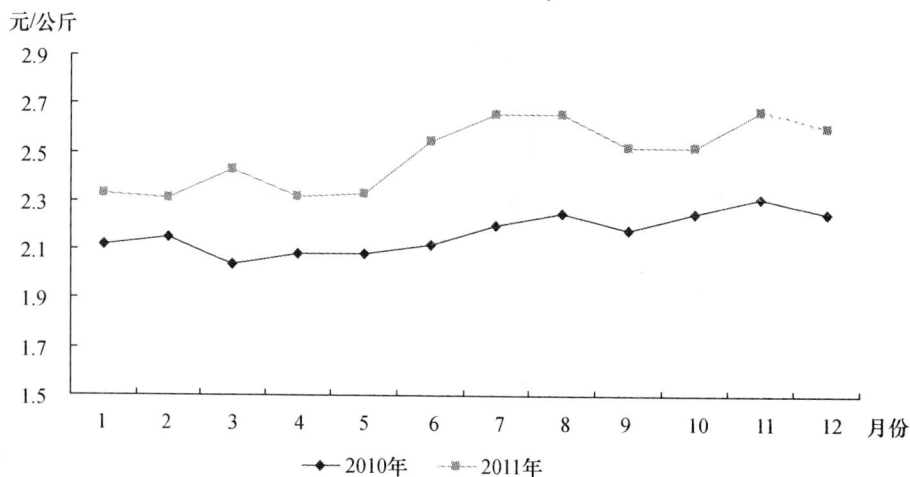

图127　玉米批发价格走势图

（四）玉米批发、零售价格情况

据辽宁省农委信息中心16个批发价格监测点数据显示：2011年，辽宁省玉米批发均价为2.48元/公斤，同比大幅上涨，涨幅约为15.28%。从省内65个零售价格（超市）监测点数据显示：全年玉米零售均价为3.69元/公斤，同比上涨8.85%。

（五）2011年价格行情变化因素分析

1. 支撑玉米价格上涨因素

（1）供应紧张，需求增加。从2011年3月起，养殖业行情逐步好转，畜禽价格持续上涨，饲用玉米需求不断增加，在市场供应小于需求的格局下，推动了玉米价格继续上涨的态势。

元/公斤

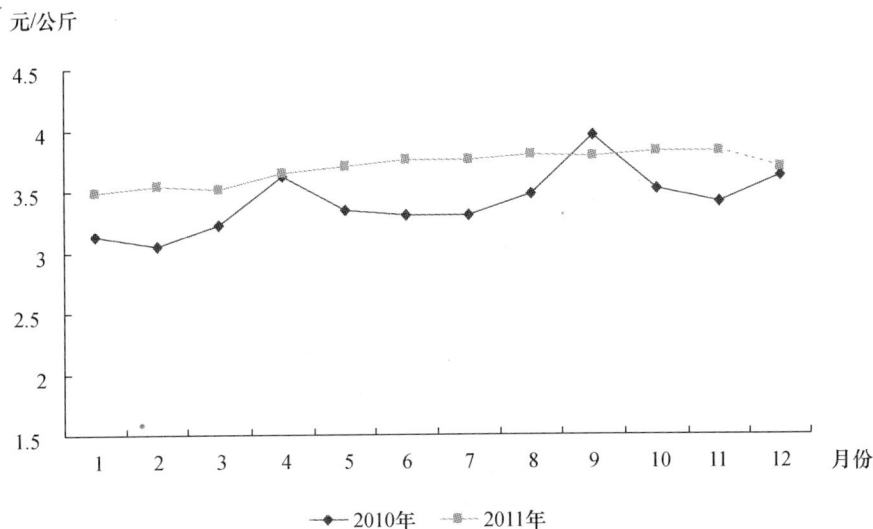

图128　玉米零售价格走势图

（2）养殖效益处于高位，刺激饲料消费。受成本大幅上涨、前期能繁母猪存栏下降等因素影响，2011年以来生猪价格延续2010年下半年的上涨态势，市区猪肉价格保持高位运行。用于衡量生猪养殖利润的指标猪粮比价目前已突破8∶1，远远高出盈亏平衡点。直接刺激国内生猪养殖需求，间接拉动玉米、豆粕等饲料产品的消费。

（3）国内玉米库存处于低位。由于全国玉米消费量增加，国内玉米连续出现产不足消情况，导致结转库存出现较大幅度消耗。预计2010/2011年度国内玉米期末库存水平约为近年来的最低水平，而相应的结转库存对消费比为27%左右。在玉米库存下降的同时，国内玉米库存结构也出现了较大的变化，一方面，伴随着仓库建设的发展，企业玉米库存水平得到提升；另一方面，由于持续的政策性玉米拍卖，国家掌握的库存出现较大幅度的消耗，低库存对国内玉米价格的支持作用增强。

（4）玉米消费增速较快。数据显示，2000/2001年度，国内玉米消费总量约为11189万吨，经过10年的发展，预计2010/2011年度国内玉米消费量将增加到16700万吨。辽宁国内玉米消费量的快速增长与我国饲料及养殖业迅速发展密切相关。伴随着我国经济的快速发展，居民收入水平有了较大幅度的提高，对蛋奶肉的需求量开始增加，有力地推动了我国饲料养殖业的发展。除了饲用玉米消费之外，近年来，深加工的快速发展成为国内玉米消费加速增长的重要推动力量。

（5）玉米深加工成本持续上升。前期玉米淀粉企业因压榨利润微薄停产、限产，导致玉米胚芽货紧价高，玉米油油厂停产率居高不下，玉米胚芽粕供应量有所下滑。玉米油市场供应量的减少使得底部支撑加固，厂家挺价心理较强。短期内国内玉米深加工企业面临的原料加工成本压力将难以有效缓解。

2. 抑制玉米价格上涨因素

（1）新玉米上市，含水量较大。国家粮油信息中心2010年10月预计，2011年全国玉米种植面积预计在3315万公顷，较2010年度增加65万公顷，玉米产量预计在1.845亿吨，较上年度增加725万吨，属于历史上产量最高的年份。加上进口量增加200万吨，总供应量将达到1.875亿吨，较2010年共增加925万吨。新玉米大量上市，缓解了前期玉米供应紧张的状况，使得玉米供大于求，同时含水量相对较大，玉米价格大幅下降。

（2）雨雪天气造成玉米外运困难。进入冬季，东北地区出现雨雪降温天气，造成铁路运力紧张，粮食外运困难。除了个别较远省份能够下少量车之外，大部分地区车皮都很难下，即便支付高额费用也无济于事，只能通过短途倒运外销，但汽运所及的区域玉米价格又不够理想，贸易商销售难度大。

（3）饲用及深加工玉米需求下降。饲用玉米呈现供大于求的形势。因猪病严重，农户抛售意愿增强，致使生猪价格走低，进而缩减饲料需求，加之产区玉米价格不断下滑，使得饲料企业采购玉米态度谨慎。而深加工企业受淀粉和副产品价格全面走低影响，加工效益不佳，抑制对玉米原料的采购积极性。

二、2012年玉米市场前景展望

面对目前国内玉米增产大局已定的形势，预计2012年玉米市场供需前景要好于2011年，加之国家高调轮出储备玉米以及进口玉米的潜在冲击，预计2012年玉米价格将以平稳为主。

（一）产量预增，供给充足

自2009年以来，我国玉米市场一直呈现偏紧的供需格局。然而2011/2012年度国内玉米丰产形势明朗，玉米市场供应充足。据国家相关部门10月预计，2011年全国玉米种植面积预计在3315万公顷，较2010年度增加65万公顷；玉米产量预计在1.845亿吨，较上年度增加725万吨，非官方预测2011

年增产也在 600 万吨左右。

(二) 饲料需求增长，拉动玉米消费

近年来我国饲料需求稳步增长，当前生猪养殖利润高企，2011 年 9 月生猪养殖利润又有所增加，每头生猪养殖利润高达 600～700 元，因此猪饲料对玉米的需求非常旺盛。预计到 2012 年 2～3 月，生猪价格或因供求关系改变而出现回调，养殖利润将下滑，届时饲料生产将难以承受过高的玉米价格，小麦替代玉米量会增加，玉米饲料消费需求可能会有所减缓。

(三) 当前玉米加工行业利润不高，企业采购相对谨慎

当前，大部分贸易商暂停陈玉米收购，采购新玉米态度谨慎，港口玉米库存增加速度缓慢。与此同时，相较往年不同的是，本年度种植户售粮节奏偏快。由于初期上市的新玉米水分含量高，农民的销售意愿较强，另外国内外期货价格的下跌也使市场之前的看涨情绪开始转变。目前多地新粮价格尚未形成主流报价。

(四) 成本上涨拉动玉米价格

2011 年玉米种植成本较 2010 年相比涨幅明显，其中以种子、化肥、人工成本最为明显。基于种植成本上涨幅度较大的考虑，加之 2011 年内玉米价格不断走高的推动，农户多对新季玉米开秤价格存在较高预期。

三、2011 年水稻市场行情回顾

2011 年辽宁省稻谷产地收购价格整体高于 2010 年，但行情走势恰好相反，呈缓慢下行的态势。辽宁全年稻谷市场走势主要分为以下几个重要阶段：1 月稻谷价格小幅滑落之后迅速回升，在 3 月价格达到全年顶峰，之后逐渐振荡下行，至 10 月稻谷价格达到全年最低，新粮上市之后在全国粳稻市场持续低迷的状态下，稻谷价格逐渐回升。

(一) 水稻生产情况

2011 年，辽宁省水稻种植面积为 964.7 万亩，增加 14.7 万亩。水稻插秧从 5 月 10 日开始，5 月 20 日后掀起高潮，日进度在 80 万亩，6 月 5 日基本结束。辽宁省水稻种植全部在丰产期内，为夺取全年粮食丰收奠定了坚实基础。6 月上旬，各地光、温、水匹配较好，对旱田作物苗期生长和水稻返青有利。虽然中、下旬，部分地区温度略低，光照不足，但没有对作物生长造成严重影响。

(二) 大米进出口情况

据海关统计，2011 年 1～10 月，辽宁省累计出口大米 18012.50 吨，同比下

降 65.54%；出口金额为 1195.27 万美元，同比下降 72.84%。累计进口大米 1255.80 吨，同比增长 192.05%；进口金额为 78.53 万美元，同比增长 70.31%。

（三）水稻收购价格情况

据辽宁省农委信息中心监测：2011 年，辽宁省水稻收购价格总体平稳运行，9 月受新粮上市的影响，价格下滑至全年最低点，10 月出现小幅反弹接近上年同期水平。整体来看，2011 年，辽宁省长粒水稻收购均价为 147 元/50 公斤，同比上涨 8.9%；短粒水稻收购均价为 144 元/50 公斤，同比上涨 9.9%。

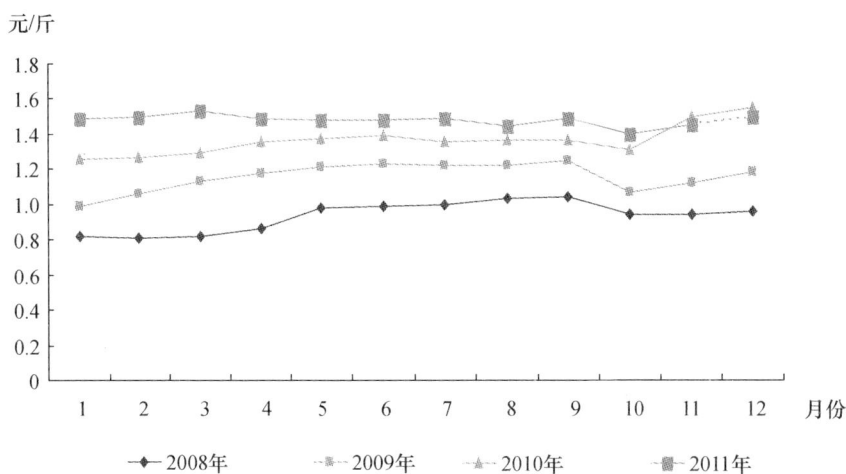

图 129　2008 年以来辽宁长粒水稻产地收购价格走势图

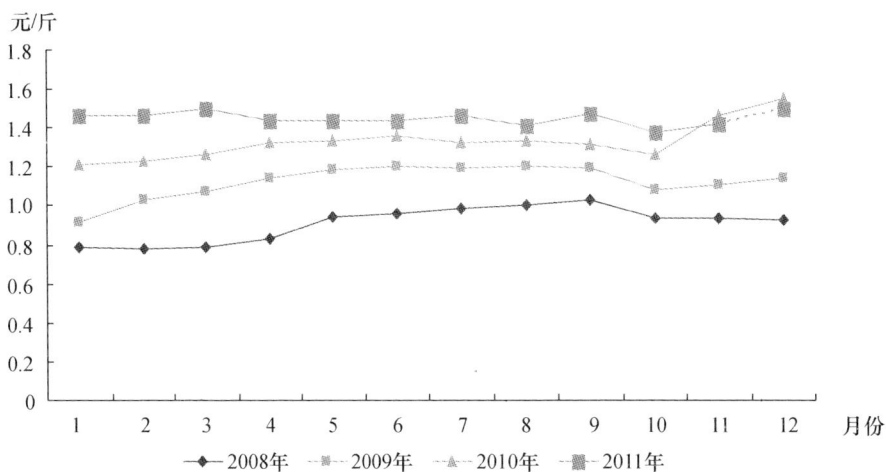

图 130　2008 年以来辽宁短粒水稻产地收购价格走势图

（四）大米批发、零售价格情况

2011 年，辽宁省大米批发均价为 232 元/50 公斤，同比大幅上涨，涨幅达 16.58%；辽宁省大米零售均价为 241 元/50 公斤，同比大幅上涨，涨幅达 14.49%。

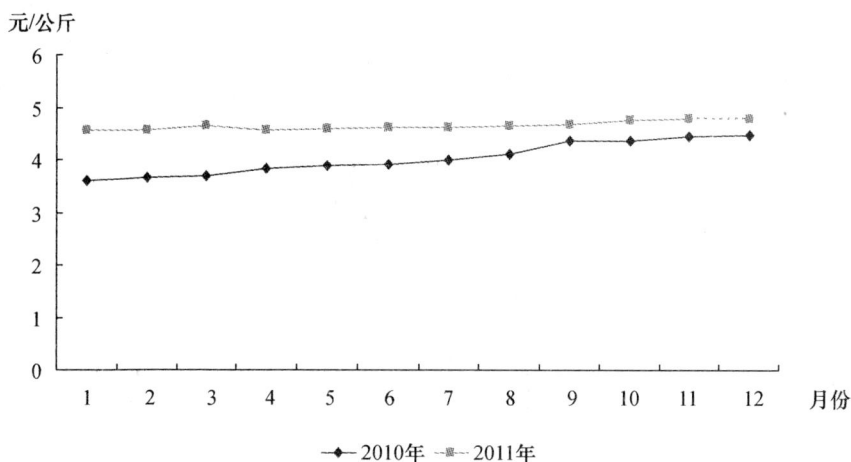

图 131　2010～2011 年辽宁大米批发价格走势图

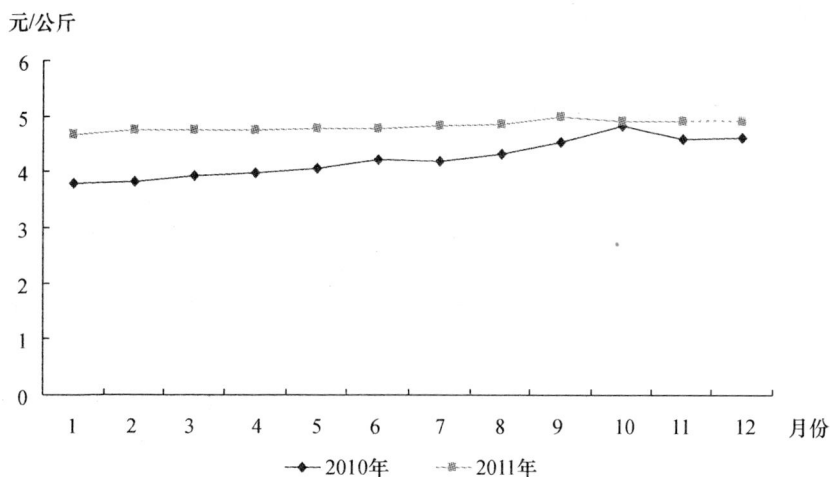

图 132　2010～2011 年辽宁大米零售价格走势图

（五）2011 年价格行情变化因素分析

1. 支撑水稻价格上涨因素

（1）最低收购价上调。2011 年 2 月，国家发改委、农业部等五部委联合发布关于提高 2011 年稻谷最低收购价的通知（发改电［2011］60 号），每

50 公斤早籼稻、中晚稻、粳稻最低收购价格分别提高到 102 元、107 元和 128 元，比 2010 年提高 9 元、10 元和 23 元，提价幅度分别为 9.7%、10.3% 和 21.9%，7 月和 9 月，五部委又联合中储粮总公司分部印发了 2011 年早籼稻最低收购价执行预案（发改经贸〔2011〕1381 号）和 2011 年中晚稻最低收购价执行预案（发改经贸〔2011〕1950 号）。政策的实施为稻米价格继续保持较高水平提供了保障。

（2）生产成本推动。2011 年随着我国经济不断增长，农业生产资料价格、劳动力价格及大米加工运输成本等继续攀升，推动水稻价格上涨。

（3）农民惜售心理较重。首先，由于农业生产资料价格不断上涨，生产成本不断提升，农民对后期市场行情的提升预盼心理也增强，带动了稻米价格上涨；其次，受物价上涨带动，2011 年主要农产品价格普遍偏高，尤其是小麦、玉米等粮食品种，农民对稻米的后期市场看涨心理攀升。

2. 抑制水稻价格上涨因素

（1）市场供应充足，抑制稻米价格上涨。2011 年我国稻米产量预计实现"八连增"，稻米市场供应充足，对价格上涨形成一定阻力。

（2）由于国家停止了东北粳稻外运补贴政策，导致东北粳稻竞争优势减弱，南方销区经销商北上采购意愿下降，2011 年 1~8 月粳稻走货一度较慢，拖累价格上涨幅度。

（3）2011 年 9 月随着新季粳稻上市，加工商和购销商降低价格，意图加快走货速度以腾出库容，为新稻收购做准备，进一步抑制了粳稻的上涨。

（4）政策调控影响较为突出。2011 年为稳定经济，控制不断攀升的 CPI 指数，政府多角度、全方位制定措施进行调控，银行紧缩银根，同时国储粮食不断抛售供应市场，以降低蓄力上行的稻谷等粮食价格，经过一年的努力，在年底效果明显，使得新季稻谷上市以来价格行情下滑。

（5）国内以及辽宁新季稻谷丰收之后，市场供应量较大，同时面对通胀逐渐缩小的经济发展趋势，因此新季稻谷高开低走，开市以来国内稻谷行情持续低迷，辽宁稻谷价格虽然稍显活跃，但价格依然在往年平均水平以下。

四、2012 年水稻市场前景展望

（一）2012 年稻谷生产自然条件不利因素增加

2011 年辽宁全年气候比较适宜，病虫害发生程度一般，水稻实现丰收，稻谷价格持续高位运行。当年冬季过半，气温高于往年，不利于降低病虫害基数，来年病虫害发生概率将呈上升趋势。一旦病虫害严重发生，下一季产量将受到较大冲击，最终会导致市场大幅波动，"谷贱"伤农，"谷贵"不一定利农。虽然本季稻谷原粮储备充足，但相关部门应该综合考虑，在保障经济稳步发展的同时，做好市场调控工作与生产规划，使稻谷等粮食市场稳定运行。

（二）生产成本提升定局，稻谷价格难落

农资、人工等生产成本在2011年已经大幅上涨。化肥、农药等原料上涨严重，种子生产成本提升，而2012年所需的此类农资生产基本在2011年完成，因此，2012年农资成本提升已成定局。同时随着农村人口外出务工数量增加，农村劳动力数量减少，人工、机械等费用在未来一年将有增无减。综合以上因素，从种植成本角度分析，成本提升必将拉动粮食价格上行。

（三）政策引导，稳定水稻生产与市场

一方面，为调动种粮积极性，预期各项惠农政策还将持续。成本提升，利润空降压缩，农民种植积极性降低，近年，由于水稻生产成本较高，辽宁部分农户已经开始着手水改旱。要保证产量首先要保证种植面积，如何让种植户丰产也丰收是近年来惠农政策的重心。目前2012年种粮农民综合补贴、良种补贴等惠农政策尚未出台，预计无特殊情况，以上政策还将持续且有加大力度的趋势。降低农民投资，推动农民种粮积极性，才能保障市场供应，避免粮食短缺。

另一方面，避免粮食价格大幅提升给包括农民在内的消费者带来经济压力和生活负担，是政策需要发挥的另外一种作用，看起来与惠农政策的导航趋势相反，实质是一种互补。国储收购、投放、调运等政策担任着关键的调控作用，未来一年在保障农业生产和农民利益的同时，政策调控还将在上游适时发挥重要作用。

（四）国际形势严峻，粮食安全为重中之重

随着世界人口增加，粮食安全供应是世界各国需要共同克服的难题。2011年世界气候环境复杂多变，稻米主产国产量受其影响较重。当前世界稻米需求增大是不争的趋势，稻米产量以及种子资源开发利用发展脚步缓慢，因此2012年世界稻米市场还将呈现供不应求的局面，稻米市场易涨难跌。

2011年黑龙江省粮食市场运行情况

黑龙江省农委市场信息处

一、粮食销售情况

2011 年黑龙江省粮食生产连续 8 年获得大丰收，成为全国第一产粮大省。在国家粮食政策性收购的有力推动下，黑龙江省粮食购销顺畅，农民余粮销售数量已过七成。截至 2012 年 1 月 15 日，黑龙江省农民已销售水稻、玉米、大豆三大品种粮食 674.3 亿斤，同比增加 134.3 亿斤，占三大品种商品量的 76.98%。其中：水稻已销售 305.1 亿斤，占商品量的 91.79%；玉米已销售 288.5 亿斤，占商品量的 62.69%；大豆已销售 80.7 亿斤，占商品量的 96.88%。

二、粮食价格情况

2011 年，黑龙江省粮食价格呈现先涨后降走势，粮食价格总体水平高于上年，处于高位运行状态。预计 2012 年粮食价格还将处于高位运行状态，但不排除可能会出现阶段性波动，但水稻价格较为坚挺。

（一）2011 年粮食价格运行情况

2011 年，黑龙江省粮食价格在秋粮收获之前呈现较快上涨走势，秋粮收获后呈现高开、低走、企稳回升，高位运行状态，粮食价格总体水平高于上年。根据黑龙江省 25 个农业调查基点县和 13 个市地的调查情况显示，2011 年 1~12 月全省粮食价格均比上年提高，水稻、玉米、大豆、小麦年平均收购价格为每 50 公斤分别为 139.2 元、96.52 元、196.11 元和 99.41 元，比上年同期分别增长 10.31%、15.82%、3.99%、8.35%。2011 年 1~10 月价格呈现逐步上涨走势，玉米上涨幅度加大。水稻、玉米、大豆、小麦 10 月价格比 1 月分别上涨 6.99%、18.16%、6.66%、10.75%。进入 11 月粮食价格小幅下滑，11 月水稻、玉米、大豆价格比 10 月分别下降 1.99%、4.55%、

1.57%，小麦基本持平。由于12月国家对黑龙江省实施玉米、大豆临储收购，水稻最低价格收购和补库收购政策等粮食收储政策，12月中旬以后，粮食价格下降势头被遏制，开始趋稳回升。

进入2012年1月以来粮食价格与上月基本持平，略有上升，保持高位平稳运行状态。水稻、玉米、大豆、小麦价格分别为每50公斤141.78元、100.72元、200.56元、102.3元，比2011年同期分别上涨5.81%、15.11%、4.46%、10%。

（二）粮食价格变动原因

2011年全省粮食价格较高，主要有三方面因素：

（1）国际市场粮价走高。从国际市场情况看，由于国际经济走势不稳，政治局势动荡和恶劣的气候频发，使粮食价格走高，美国、欧洲经济低迷经济复苏步履艰难；农产品工业需求不断增加，美元不断贬值，粮食主产区干旱洪涝灾害并发，致使粮食价格高位运行。2011年国际市场粮食期货价格高位振荡，期货价格高于2010年同期水平。2011年1~12月，国际玉米、大米、大豆每吨价格分别为268.1美元、545.9美元、499.9美元，与2010年同期比较分别上涨58.9%、11.6%、25.4%。

（2）国内粮食市场价格走高。从国内市场情况看，由于国内部分省份受水灾、旱灾等自然灾害影响，粮食减产，使市场预期和农民惜售心理增强，粮食期货市场大幅攀升，带动现货市场价格走高；国家惠农政策，对粮食价格上涨形成有力支撑。2011年国家上调粳稻最低收购价格（1.28元/斤，比上年调高22%），并在黑龙江省实行水稻补库收购，价格实行1.40元/斤，为水稻价格提供有力支撑。黑龙江省玉米国储收购价格提高到0.98元/斤，大豆国储收购价格提高到2.00元/斤。粮食收购政策对粮食价格的上涨形成强有力支撑；工业加工和饲料需求增加助推玉米、大豆价格上涨。2011年畜禽产品价格上涨，刺激畜牧业发展，特别是黑龙江省畜牧发展速度较快，对饲料需求增加，进而使玉米、大豆的需求增加。2011年通胀预期增加使得物价上涨，带动农产品价格上涨。

（3）成本增加支撑价格上涨。种粮成本增加是2011年粮食价格上涨的重要因素之一。2011年由于土地成本、人工成本以及化肥、机械作业费等费用的上涨，使粮食生产成本增加，四粮（水稻、玉米、大豆、小麦）土地成本比上年增长11.68%，人工成本增长10%，化肥费用比上年增长19.04%，四粮机械作业费增长13.87%。四粮平均成本比上年增长9.84%，其中，水稻成本增加10.23%，玉米成本增加13.8%，大豆成本增加4%，小麦成本增加 9.9%。

（三）2012 年粮食价格预测

从国际市场看，根据美国农业部 2011 年 12 月的报告，2011～2012 年度全球粮食（大米、玉米、大豆）总供给量预计为 158758 万吨，同比增幅 2.99%，总需求预计为 158677 万吨，同比增幅为 1.16%，2012 年全球粮食供给大于需求 81 万吨。大米市场紧平衡，价格趋升。2011～2012 年度全球大米供给量预计 46084 万吨，同比增加 2.5%，需求量预计 45807 万吨，同比增加 2.4%，处于紧平衡状态。玉米供给量提高，但仍然是供给不足，需求偏紧，价格走高。2011～2012 年度全球玉米供给量预计 86752 万吨，同比增加 4.8%，需求量预计 86861 万吨，同比增加 3.0%，2012 年需求高于供给 109 万吨。大豆供给减少，需求增加，价格走高。2011～2012 年度全球大豆供给量预计 25922 万吨，同比减少 1.88%，需求量预计 26009 万吨，同比增加 3.5%，供需关系由 2011 年度需求高于供给 1291 万吨，转变为 2012 年度需求高于供给 87 万吨。

从国内情况看，在粮食供给方面，由于受耕地减少、水资源短缺等因素影响，粮食生产持续发展难度较大，而需求却呈刚性增长趋势。每年粮食消费需求增加 78 亿斤左右，预计粮食供求总体平衡偏紧，其中，玉米供给趋于紧平衡。粳米供给可能长期处于偏紧状态，大豆需求已连续 10 年的快速增长，对外依存度继续增大，预计大豆需求量为 6700 万吨，大于供给 5400 万吨，缺口比上年增加 200 万吨。

从黑龙江省情况看，虽然黑龙江省连续 8 年粮食大丰收，但是受国际和全国粮食市场影响，以及工业消费需求增加、成本上升，大豆面积减少等因素影响，预计 2012 年黑龙江省粮食价格还将处于高位运行状态，但不排除可能出现的季节性、阶段性波动。水稻价格将高位运行，黑龙江省水稻面积只占全国的 11% 左右，粳稻品质好，需求旺盛，供不应求，并且稻农惜售心理加剧，后期看涨的心理预期加强，价格高走趋势不减。玉米供需处于紧平衡状态，虽然黑龙江省玉米产量较大，但是由于玉米深加工企业和饲料加工企业对玉米需求的快速增加，在一定程度上刺激价格走高。大豆供给严重不足。2011 年黑龙江省大豆面积大幅减少，产量下降，大豆缺口加大，并且 2011 年大豆生产效益明显不如水稻玉米，2012 年大豆生产面积还将会减少，大豆缺口会继续加大。榨油及饲料发展对于大豆及豆粕需求不断增加，将拉高大豆价格。

2011 年江苏省农产品市场运行情况

江苏省农委市场信息处

江苏省设立了农产品价格监测点，其中粳稻、中籼稻、小麦、油菜籽、籽棉、生猪、仔猪、鸡蛋、化肥和饲料价格，为20个基点县的30个粮油收购站（收购点或市场）、24个生猪屠宰场（或生猪厂或市场）、49个农资出售点等监测点的平均价格；粳米、蔬菜、猪肉零售市场价格为103个农贸市场和超市的平均价格，包括各省辖市辖区内的24个大型农贸市场、超市及20个基点县的79个农贸市场和超市，蔬菜基地价格为20个基点县的20个蔬菜生产基地出售平均价格。根据监测点每周数据汇总分析：

2011年，江苏省主要农产品价格处于高位运行态势，粮食价格保持持续高位稳中略涨态势，同比全面上涨，粳稻、中籼稻、粳米、小麦价格涨幅均在一成左右，分月度来看，中籼稻、小麦价格涨幅均在一成以内；油料价格稳中略涨，油菜籽价格涨幅在10%～15%之间；棉花价格高位后持续下降，新棉上市后，籽棉价格连续11周明显下降，年末价格同比下降约三成；蔬菜价格季节性波动，变动幅度高于上年，叶类蔬菜波动尤为明显；生猪、仔猪、猪肉价格高位运行，同比平均涨幅分别为近五成、超五成、近四成；鸡蛋价格在国庆节前创历史最高水平，同比平均涨幅超一成。主要农资产品全线上涨，其中化肥产品价格持续稳中略升，8月达历史最高水平后呈略有波动态势，同比涨幅处于一至三成之间，饲料价格稳居高位，5月以来持续略涨，10月达高位后略降，同比平均涨幅在5%左右。

预计2012年，主要农产品价格将处于小幅调整态势，其中粮食价格总体平稳，呈略有上扬态势；油菜籽价格保持基本稳定，价格水平将与国家出台的临时收储价格相当；棉花价格总体上将处于目前水平小幅波动，大幅涨跌可能性不大；蔬菜价格季节性波动，价格水平有可能高于上年；畜禽产品价格将维持中高位水平小幅波动。农资产品价格呈稳中略有波动态势，价格水平或将高于上年，其中化肥价格维持目前水平，随着农作物生产周期性小幅波动，饲料价格将保持高位平稳运行，大幅下降可能性不大。具体情况如下：

一、稻谷

2011年以来，稻谷价格保持高位总体稳定态势，同比涨幅处于一至两成之间。粳稻价格持续稳中略升，3月至11月中旬，价格一直稳定在140元以上水平，其中连续16周处于143元以上的水平，11月以来连续8周稳中略降，同比涨幅均在一成左右；粳米价格总体平稳，在5月中旬以来一直稳定在230元以上的水平，同比涨幅一至两成；中籼稻价格3月以来稳定在120元以上水平，12月以来突破130元。波动趋势上，籼强粳弱，稻强米弱；价格水平上，高于国际市场，与国内主产省份山东、黑龙江等省基本相当。

2011年，粳稻农民出售均价为每50公斤140.9元，同比增加13.1元，增幅10.2%；中籼稻农民出售均价为每50公斤124.9元，同比增加14.5元，增幅13.1%；粳米零售市场均价为每50公斤230.4元，同比增加27.3元，增幅13.4%。其中，中籼稻、粳稻、粳米价格分别在12月底、9月初、9月底达到历史最高水平，价格分别为131.7元、144.2元、235.2元，与近三年中籼稻最低价格85.6元（2009年1月）、粳稻最低价格91.6元（2009年1月）、粳米最低价格142.7元（2009年1月）相比，分别上涨了46.1元、52.6元、92.5元，涨幅分别达53.7%、57.4%、64.8%。

2011年，我国粮食产量11424亿斤，比上年增产495亿斤，增幅4.5%；江苏省粮食产量661.6亿斤，比上年增产14.6亿斤，增幅2.3%，均连续八年增产，其中全国稻谷产量达4015.6亿斤，比上年增产100.6亿斤，增幅2.6%，江苏省稻谷产量创2000年以来最高水平，达373.1亿斤，比上年增产11.5亿斤，供给有保障，国内市场稻谷价格将保持平稳。

考虑到国家继续实行稳定和发展粮食生产的政策，进一步提高稻谷收购价格，加上种植成本的增加，近期稻谷价格仍将处于平稳运行态势，预计2012年稻谷价格总体上将继续处于高位平稳运行，不会出现大的波动。

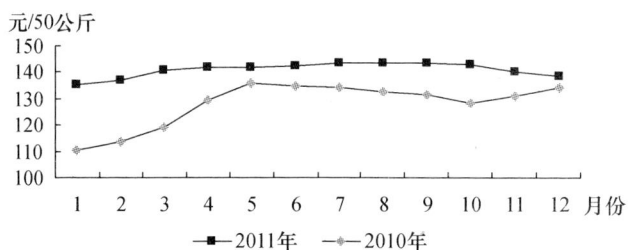

图133　江苏省2010年以来粳稻价格走势

元/50公斤

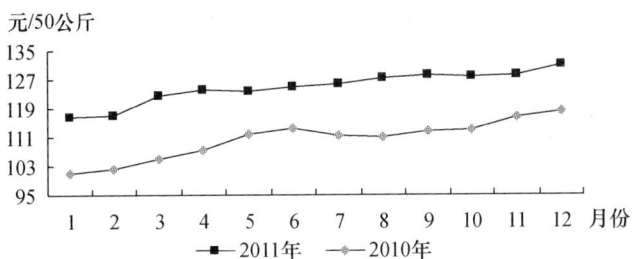

图 134 江苏省 2010 年以来中籼稻价格走势

元/50公斤

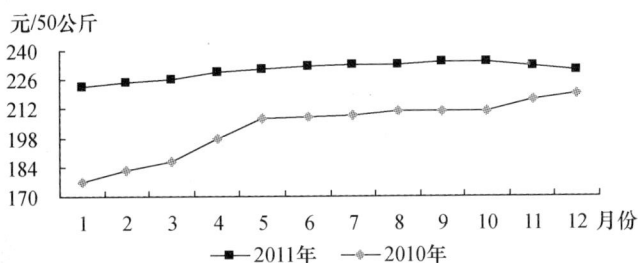

图 135 江苏省 2010 年以来粳米价格走势

二、小麦

2011 年以来，小麦价格总体处于平稳运行态势，同比增幅均在一成以内。分时段看呈现"先扬后抑"趋势，新麦上市前价格稳中略升，新麦上市后连续 6 周小幅下降，而后连续 3 周保持稳定，之后又连续 9 周保持稳定或略有上涨态势，国庆节后处于略有波动态势，价格略高于 2010 年同期。

2011 年，小麦农民出售均价为每 50 公斤 100.9 元，同比上涨 4.1 元，涨幅 4.2%。其中 3 月底价格 104.1 元，同比上涨 8.4%，为历史最高水平，比近三年最低价格 84.9 元（2009 年 1 月）上涨了 19.2 元，涨幅 22.6%。

长远来看，考虑到 2011 年全国冬小麦产量 2215.8 亿斤，比上年增产 42.4 亿斤，江苏省小麦产量 204.6 亿斤，比上年增产 3 亿斤，市场供应充足，加上国家出台的最低收购价政策等强农惠农政策的支撑，预计近期价格将维持平稳态势。

由于国家已明确提高 2012 年小麦最低收购价格水平，2012 年生产的白小麦（三等）、红小麦和混合麦最低收购价均提高到每 50 公斤 102 元，比 2011 年分别提高 7 元、9 元和 9 元，预计 2012 年小麦价格水平将高于 2011 年。

元/50公斤

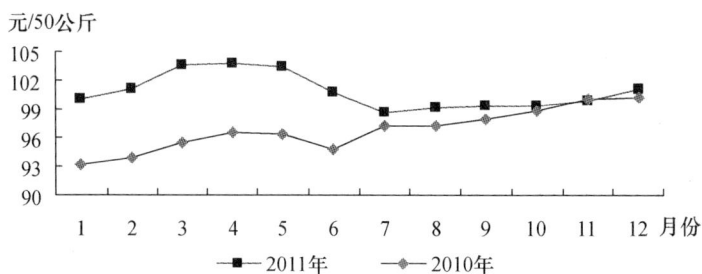

图136 江苏省2010年以来小麦价格走势

三、油菜籽

2011年以来，油菜籽价格总体上呈稳中略有波动态势，新油菜籽上市前保持平稳，上市时受产量有所下降以及最低收购价、临时收储政策等因素影响，价格有所上扬，7月以来价格又恢复平稳态势，同比涨幅在10%~15%。

2011年，油菜籽农民出售均价为每50公斤222.5元，同比上涨13.3%。其中7月价格为229.6元，为2011年最高水平，与历史最高价格271.0元（2008年7月）相差41.4元，与近两年的最低价格172.7元（2009年5月）相比上涨了56.9元，涨幅32.9%。

据监测，油菜籽价格近三年均处于最低收购价水平平稳运行态势，价格水平均低于2008年，预计近期油菜籽价格继续呈平稳运行态势。从长远来看，考虑到油料市场受国际市场波动影响相对粮食等较为明显，而国家适时出台的调控措施政策将保持价格水平的总体稳定，预计2012年油菜籽价格将处于稳中略有波动态势。

元/50公斤

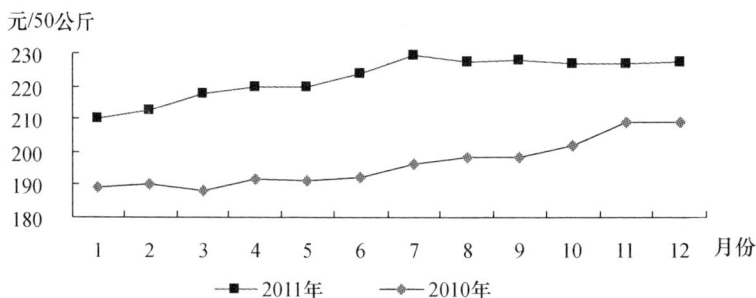

图137 江苏省2010年以来油菜籽价格走势

四、棉花

2011年以来，棉花价格先扬后抑，新棉上市后价格急剧下滑。上半年价格逐步攀升，连续3个月保持稳中有涨态势，随后高位趋稳，自新棉上市开始，价格持续大幅下降，目前仍处于弱势。

2011年，籽棉农民出售均价9.7元/公斤，同比上涨29.0%，10月均价8.7元/公斤，环比下降3.8%，同比下降13.0%；11月均价7.85元，环比下降9.8%，同比下降34.6%；12月均价7.01元/公斤，环比下降10.7%，同比下降29.2%。2011年末价格在6.8元/公斤左右，同比下降约3元，降幅29.7%，较2011年最高价格12.3元下降5.5元，降幅44.7%，已连续11周下降，新棉上市以来累计降幅27.7%。棉花主产地南通市籽棉全年平均收购价格为8.0元/公斤，同比下降2.0元/公斤，降幅达19.1%，其中通州区降幅最大，达22.6%；大丰市籽棉价格从9月的9.0元/公斤下降到目前的7.0元/公斤，降幅达22.2%，较2010年同期的11.0元/公斤下降了4元，降幅36.4%。另据大丰、兴化、东台等几个植棉大县67户农户的成本调查，被调查户皮棉平均出售价格959.0元，同比下降299.9元，降幅23.8%。

考虑到全国和全球棉花产量的增加，价格大幅上行乏力，而受国家临时收储等政策的支撑，市场价格下行空间有限。预计后期走势，棉花市场价格仍将在平稳运行的基础上小幅波动。从长期来看，目前市场弱势将对2012年种植形势产生影响，2012年的棉花价格或将出现高位运行势态。

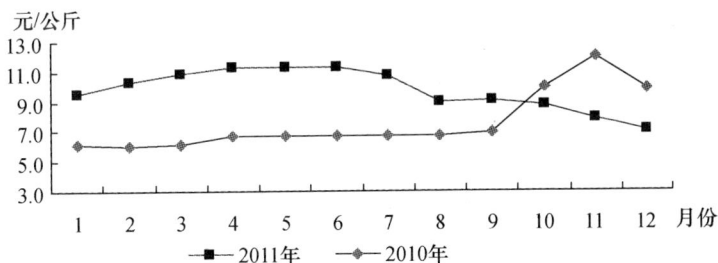

图138 江苏省2010年以来籽棉价格走势

五、蔬菜

2011年以来，蔬菜价格先抑后扬再抑，总体上呈季节性波动态势，波动幅度大于上年，叶类蔬菜尤为明显，同比先降后升，平均价格普遍低于上年。

春节后价格一路下滑，5月中旬开始止降维稳，之后呈持续稳中有升态势，部分品种涨幅较大，6月小幅波动，7月整体略涨，8月以来处于小幅波动态势，10月开始持续下降，11月底止降趋升。其中，零售市场平均价格春节后持续下降，自5月中旬开始略有回升，进入8月又有所下降，9月先降后升，10月开始连续6周下降。11月末价格止降回升，已连涨6周，同比自春节后在连续11周下降后连续19周上涨，随后又连续9周下降，12月以来又连涨3周；基地平均价格小幅波动，11月以来价格持续回升，已连涨5周，同比自2010年11月以来在连续24周下降后连续16周上涨，而后连续10周下降，12月开始连续4周有所回升。

2011年，监测的七种蔬菜零售市场均价4.39元/公斤（下同），价格水平与上年同期基本相当。分品种看，表现为"五降二升"。青菜平均价格3.55元，白菜2.12元，黄瓜4.60元，茄子5.31元，土豆4.14元，同比分别下降3.0%、18.7%、2.3%、4.3%、4.2%；菜椒5.71元，西红柿5.34元，同比分别上涨18.8%、4.5%。

继4~5月大幅涨跌后，蔬菜价格于10月后又现明显波动态势。11月，监测的七种蔬菜平均价格3.70元，环比表现为"六降一升"，降幅8.7%，同比表现为"六降一升"，降幅16.4%；监测四种蔬菜农民基地出售均价为2.50元/公斤，环比下降5.1%，同比下降22.4%。12月，监测的七种蔬菜平均价格4.36元，环比表现为"六升一降"，降幅17.8%，同比表现为"四升三降"，涨幅3.8%；监测四种蔬菜农民基地出售均价为3.09元/公斤，环比上涨23.6%，同比上涨9.1%。蔬菜价格自11月中旬以来持续上扬，监测蔬菜零售市场均价和农民基地出售均价均已连涨6周，累计涨幅分别达34.1%和40.6%。

考虑到蔬菜生产受天气因素影响较大，预计近期价格将有所上扬，春节前后将达高位。从长远来看，2012年蔬菜价格仍将呈季节性波动态势，考虑到人工和土地等成本的上涨的推动，蔬菜价格水平或将高于上年。

六、生猪产品

2011年以来，生猪产品价格持续攀新高，在9月达到历史最高水平，国庆节后价格有所下滑，目前价格止降趋稳，价格水平回到5月底开始持续大幅上涨时水平；同比涨幅明显，二季度以来一直处于两成以上，涨幅最高时生猪近九成、仔猪翻番、猪肉超八成。其中，生猪收购价格自2010年春节前夕开始连续10周保持略涨态势，随后连续4周保持总体稳定，之后连续

11 周上涨，7 月中旬开始连续 4 周稳中小幅回落，随后又继续小幅上涨，9 月中旬达历史最高水平后，连续 9 周略降，12 月开始止降趋稳，近期稳中小幅调整。仔猪农民出售价格自 2010 年 5 月开始经历了连续 10 周小幅上涨后，于 7 月有所下降，之后又连续 7 周小幅上涨，于 9 月下旬创下历史最高水平后，连降 11 周，目前价格又回到 6 月初水平，处于稳中略有调整态势。猪肉零售市场价格 2010 年高位运行，春节后略有波动，自 5 月开始连续 11 周稳中小幅上涨，7 月末以来连续 2 周有所下降后又连续 2 周保持稳定，8 月末价格再现涨势，9 月下旬达到历史最高水平，而后连续 11 周略降，12 月中旬止降趋稳。猪粮比价自 2010 年 11 月初以来一直保持在 6:1 以上，最高时达 7.6:1，规模场出栏一头肉猪盈利在 300 元左右，最高时达 500 元左右。

2011 年，生猪收购均价为 808.8 元/50 公斤，同比上涨了 250.2 元，涨幅 44.8%，其中 9 月中旬达 957.8 元/50 公斤的历史最高水平，同比上涨 57.8%，较 2011 年最低价格上涨 48.0%，是近年来最低价格 430.1 元（2009 年 5 月）的 2.23 倍，比近年来最高价格 836.7 元（2008 年 3 月）相比上涨了 121.1 元，涨幅 14.5%。仔猪农民出售均价为 20.6 元/公斤，同比上涨了 6.9 元，涨幅 50.1%，其中 9 月中旬达 28.6 元/公斤的历史最高水平，同比上涨 87.6%，较 2011 年最低价格 13.8 元上涨 107.2%，是近年来最低价格 10 元/公斤（2009 年 6 月）的 2.76 倍，比近年来最高价格 26.7 元（2008 年 4 月）相比上涨了 1.9 元，涨幅 7.1%。猪肉零售市场均价为 26.3 元/公斤，同比上涨了 7.0 元，涨幅 36.2%，其中 9 月中旬达 30.6 元/公斤的历史最高水平，同比上涨 49.0%，较 2011 年最低价格 21.8 元上涨 40.4%，是近年来最低价格 16.3 元/公斤（2009 年 5 月）的 1.88 倍，比近年来最高价格 27.6 元（2008 年 2 月）相比上涨了 3 元，涨幅 10.9%。

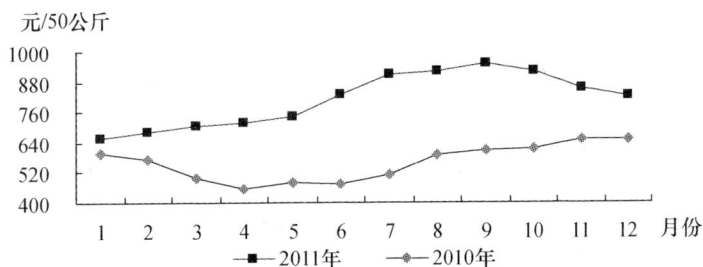

图 139　江苏省 2010 年以来生猪价格走势

随着畜产品消费进入旺季，需求量将会有所增长，预计近期价格将处于稳中略有回升态势。从长远来看，考虑到生猪产品生产周期性，随着上市量的增加，2012年春节后价格将有所回落，但受生产成本上涨等因素支撑，价格大幅下降的可能性不大，2012年生猪产品价格总体上将处于中高位水平波动。

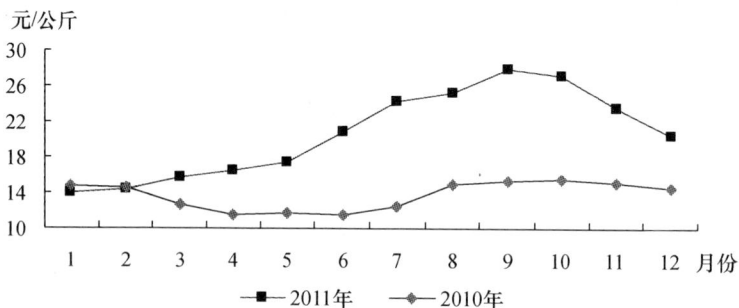

图140   江苏省2010年以来仔猪价格走势图

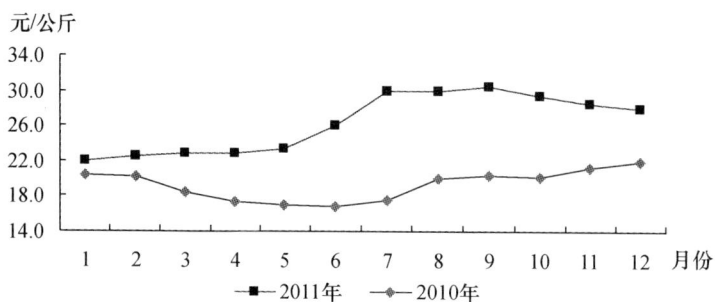

图141   江苏省2010年以来猪肉价格走势图

七、鸡蛋

2011年以来，鸡蛋价格呈"先抑后扬再抑"态势。农民出售价格自2010年春节后连续12周呈略有回落态势，随后经连续5周小幅上涨，之后价格处于稳中小幅波动态势，7月中旬以来受市场需求趋旺而生产成本大幅增加、夏季产蛋量下降等因素影响，价格再现持续小幅上涨态势，在连涨10周后，由于价格高位运行刺激养殖户补栏，加之天气转凉蛋鸡生产能力逐步恢复，鸡蛋市场供应充足，价格上涨势头得到一定程度缓解，随之出现连续11周下降行情，近期由于低温寒冷天气影响产蛋量，市场供应受到影响，价格止降趋稳。

2011 年，鸡蛋农民出售均价 9.1 元/公斤（下同），同比上涨 10.5%。其中 9 月价格 9.8 元/公斤，为历史最高水平，同比上涨 10.5%，较近三年最低价格 6.6 元（2009 年 1 月）相比上涨了 3.2 元，涨幅 48.5%。12 月底农民出售鸡蛋平均价格 8.95 元/公斤，连续 11 周下降后连续 2 周保持稳定，同比下降 3.7%，连续 5 周低于上年同期水平；零售市场平均价格 9.89 元/公斤，历经 5 个月后价格再次回落至 10 元以下水平，同比上涨 3.9%。

随着市场需求量增加，预计近期鸡蛋价格将处于略有回升态势。长远来看，由于生产具有周期性，鸡蛋价格总体上将处于季节性波动，考虑到近期生产效益不高对 2012 年养殖量有所影响，加上饲料等生产成本上扬，2012 年价格水平将略高于上年。

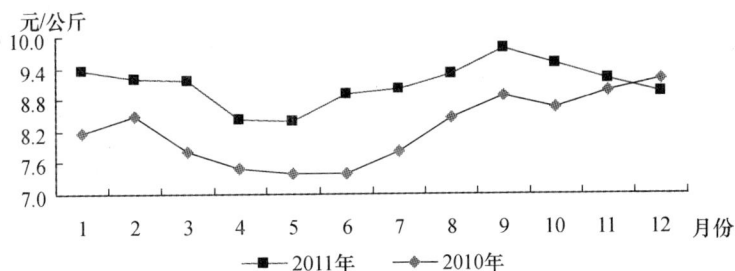

图 142 江苏省 2010 年以来鸡蛋价格走势图

八、化肥

2011 年以来，化肥价格保持稳中持续上扬态势，四季度趋稳，同比涨幅均在一成以上，涨幅最高的达 30% 以上。

2011 年，国产复合肥平均价格为 2770 元/吨（下同），国产尿素价格为 2257 元，同比分别上涨 17.0%、19.1%。国产复合肥价格持续小幅上扬，11 月以来趋稳，同比涨幅在 13% ~ 23%，其中 10 月底价格 2970 元，为近年来的最高水平，较近三年最低价格 2193 元（2009 年 11 月）上涨 35.4%。国产尿素价格在 8 月达到 2396 元，为近年来最高水平，较近三年最低价格 1680 元（2009 年 10 月）上涨 42.6%。

考虑到在田小麦和蔬菜等用肥季节即将到来，近期市场需求将有所增加，预计价格仍有上涨的可能。由于生产原料价格的上涨，加上农作物生产对化肥需求具有周期性，2012 年价格将保持目前水平小幅波动，总水平将高于上年。

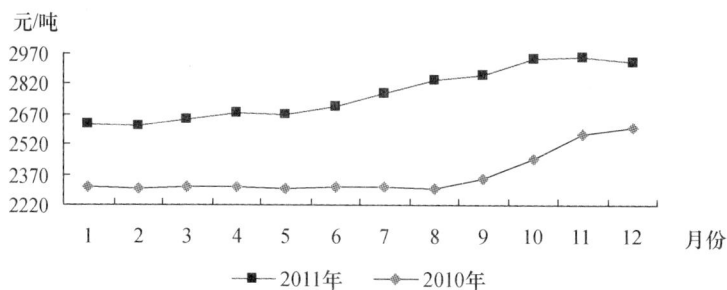

图 143   江苏省 2010 年以来国产复合肥价格走势

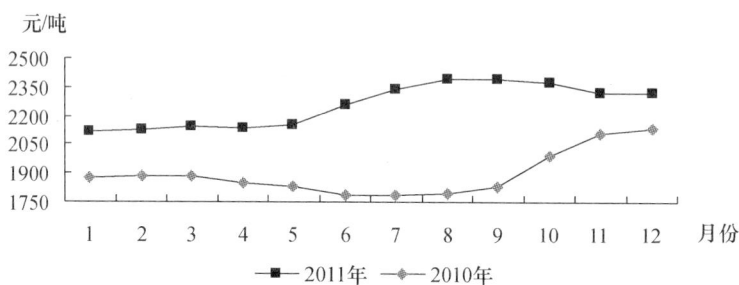

图 144   江苏省 2010 年以来国产尿素价格走势

九、饲料

2011 年以来，饲料价格稳居高位，5 月以来持续稳中略升，10 月达近年来最高位，之后价格略有下降。育肥猪配合饲料价格一直高于上年水平，同比涨幅在 4% ~9% ，蛋鸡配合饲料价格 8 月之前同比基本相当，8 月后价格上涨明显，涨幅在 10% 左右。全年最高价格和最低价格相比，蛋鸡配合饲料价格涨幅达 19.6% 、育肥猪配合饲料价格涨幅达 12.5% 。

2011 年，蛋鸡配合饲料平均价格 2.92 元/公斤（下同），育肥猪配合饲料平均价格 3.08 元，同比分别上涨 4.7% 和 5.7% 。监测显示，5 ~10 月饲料价格持续小幅上扬，之后有所下降，育肥猪配合饲料价格降幅较为明显。蛋鸡配合饲料价格在 12 月达到 3.24 元，育肥猪配合饲料价格在 10 月达到 3.25 元，均为历史最高水平，同比涨幅分别达到 16.2% 和 8.6% ，其中蛋鸡配合饲料价格较近三年最低价格 2.39 元（2009 年 6 月）上涨 35.6% ，育肥猪配合饲料价格较近三年最低价格 2.28 元（2009 年 6 月）上涨 42.5% 。

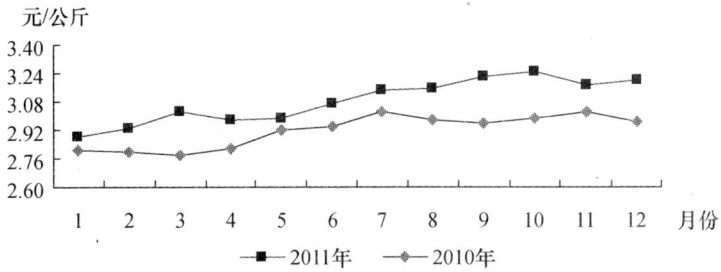

图 145 江苏省 2010 年以来育肥猪配合饲料价格走势

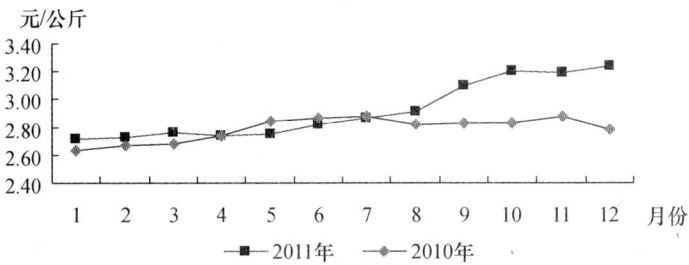

图 146 江苏省 2010 年以来蛋鸡配合饲料价格走势

　　饲料价格波动影响因素除了原料成本价格影响外，还受养殖季节性对饲料需求因素影响，预计近期价格大幅下行的可能性不大。长期来看，饲料价格水平将保持高位总体平稳运行态势，2012 年价格水平或将高于上年。

2011 年山东省农产品市场运行情况

山东省农业厅市场信息处

一、小麦

2011 年山东省小麦种植面积 359.35 万公顷，与上年相比增加 3.15 万公顷；总产量为 2104 万吨，增加 45.5 万吨；平均每公顷产量 5855 公斤，增加 75 公斤，实现连续 9 年增产。

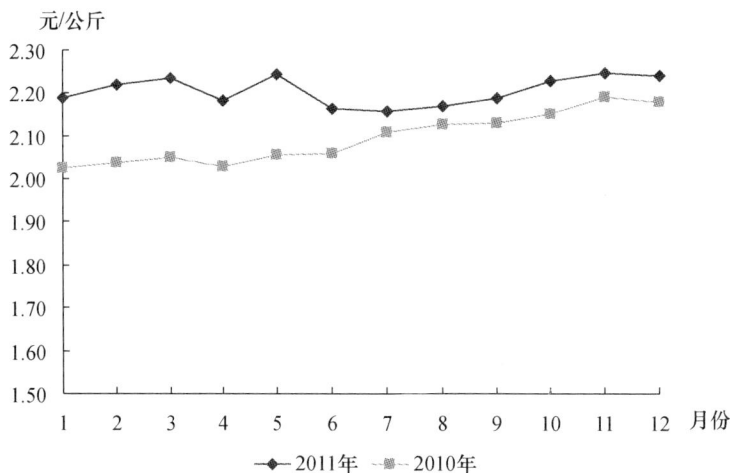

图 147　2010～2011 年山东省小麦价格走势

2011 年的小麦收购市场整体呈现高开稳走、全年高位运行的格局。全年小麦平均出售价格为每公斤 2.21 元，比上年增加 0.11 元，增长 5.24%。由于国家连续不断提高小麦最低收购价、秋冬春连旱造成的小麦减产预期、经济通胀背景下的生产成本攀升等因素的影响，山东省 2011 年小麦 1 月价格高开，同比增长 8.1%。进入 4 月，粮食收储企业腾库准备收购新小麦，供给增加，而粮食加工企业需求疲软，导致价格环比下降 2.36%；5 月受最低收购价提振稳中有涨；由于 2011 年托市收购预案未引入竞争机制，6 月新麦大量上市后，价格较为平稳，没有出现 2010 年新麦上市后的抢购升价现象。进入第四季度，由于节日市场等因素，小麦需求增强，第四季度平均价格为 2.23 元/公斤，小麦价格保持持续平稳上涨的趋势。

二、玉米

2011 年全省玉米种植面积 299.59 万公顷，比上年增加 4.06 万公顷，增长 1.37%，玉米总产 1978.67 万吨，比上年增加 46.6 万吨，增长 2.41%。

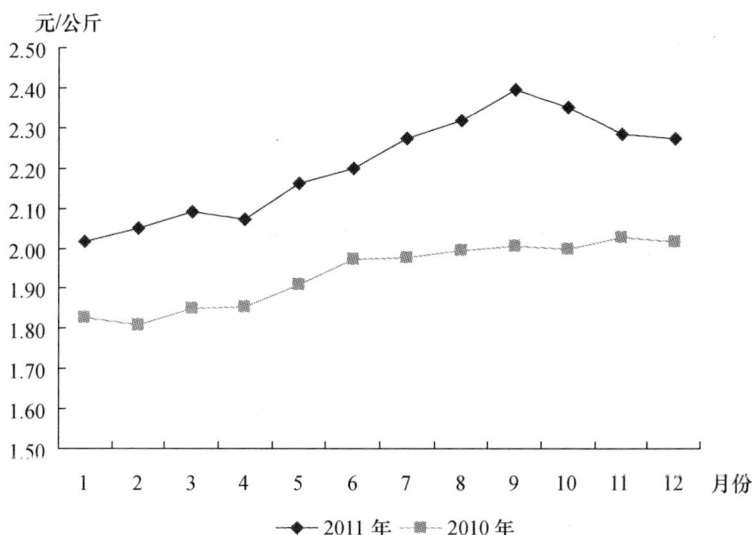

图 148　2010~2011 年山东省玉米价格走势

2011 年，山东省玉米价格前三季度持续小幅上扬，第四季度有所回落。总的来看，玉米价格全年高位运行，同比上涨明显。玉米全年平均出售价格 2.21 元/公斤，比上年年均出售价格增加 0.27 元/公斤，增幅 13.92%。受经济通胀下的成本推动、玉米深加工企业及养殖业需求增加等因素的影响，玉米价格一路上涨，6 月玉米小麦价格出现"倒挂"，玉米价格高出小麦价格 0.0234 元/公斤。9 月，玉米价格达到 2.39 元/公斤，同比增长 19.34%，与 1 月相比增长 18.32%。进入 10 月，山东省新玉米上市量逐渐增加，市场供应偏紧的状况明显改善，玉米价格出现季节性回落。12 月，玉米价格为 2.27 元/公斤，环比下降 0.46%，但同比仍增长 12.82%。

三、棉花

预计 2011 年山东省棉花种植面积 75.26 万公顷，比上年减少 1.38 万公顷，减 1.8%；预计棉花总产量 78.5 万吨，比上年增加 6.1 万吨，增长 8.4%；单产 69.5 公斤，比上年 62.98 公斤增加 6.52 公斤，增长 10.3%。

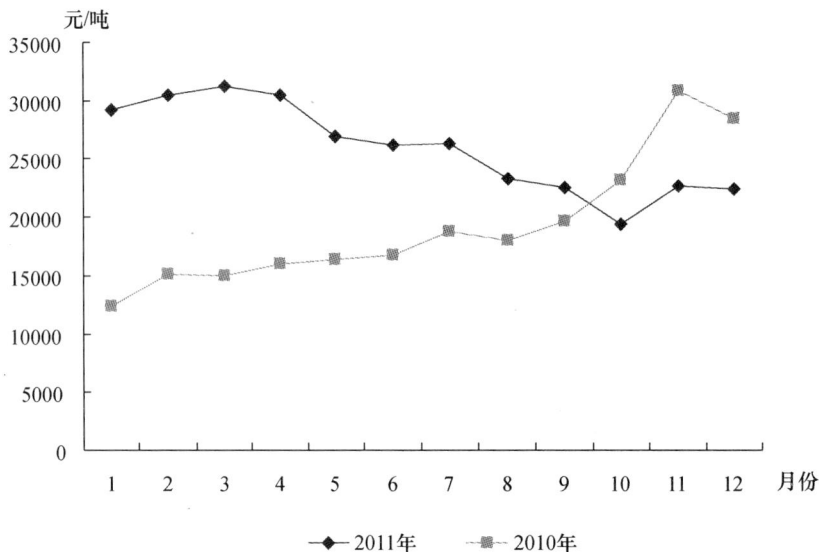

图 149　2010~2011 年山东省皮棉价格走势

2011 年全省棉花价格下跌趋势明显，但是平均价格 25931 元/吨，仍比 2010 年均价 19219 元/吨高出 34.92%。1~3 月，棉价保持高位，小幅上涨。3 月，棉价为 31225 元/吨，环比增长 2.46%，同比增长 107.66%，3 月开始棉价连续大幅下跌，10 月，皮棉价格跌至 19382 元/吨，环比下降 14.19%，同比下降 16.46%。主要原因是：

（1）加息、提准等措施频繁出台，紧缩预期强烈，纺织企业资金链紧张。

（2）欧债危机和美国经济疲软导致纺织品出口减少，导致纺织企业对棉花的需求减少。

（3）由于 2011 年天气原因造成山东省棉铃僵烂率在 20% 以上，加之棉农混收销售的习惯，致使山东省 80% 以上的棉花达不到国家收储标准，棉花交售率仅为 30% 左右，所以出现 10 月市场价格低于最低收购价格的现象。

四、油料

2011 年来山东省花生价格大幅上涨，市场平均出售价格 13.04 元/公斤，每公斤比上年增加 3.11 元，增长 31.32%。1~8 月，花生承接上年上涨行情处于较高价位，价格呈明显上升趋势。8 月，花生仁价格 15.22 元/公斤，环比增 1%，同比增 60.04%。9 月，新花生陆续上市，价格小幅下跌，缓慢小幅下跌趋势持续到年底。12 月，花生仁价格为 13.6 元/公斤，与全年最高价格 8 月相比，降 10.64%。造成 2011 年花生价格大幅上涨的主要原因是 2010年主产区天气原因造成减产、2011 年全省花生种植面积减少、国外花生需求增加、机械化程度低造成生产成本增加明显高于粮食作物等。

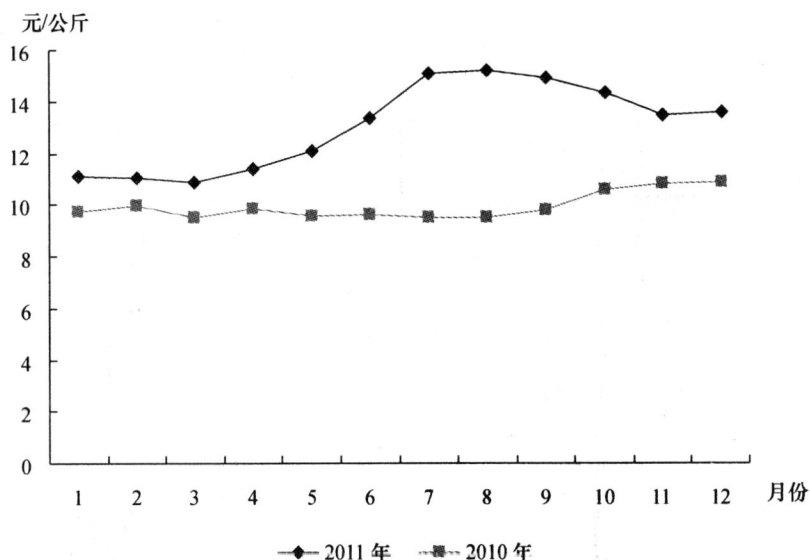

图 150 2010~2011 年山东省花生价格走势

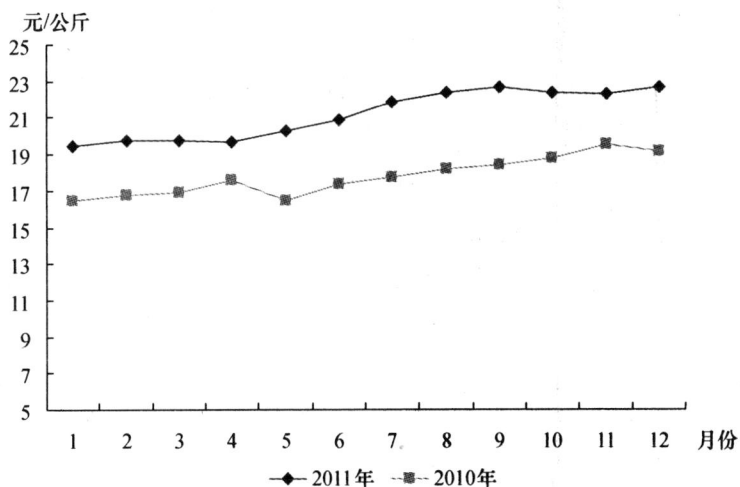

图 151 2010~2011 年山东省花生油价格走势

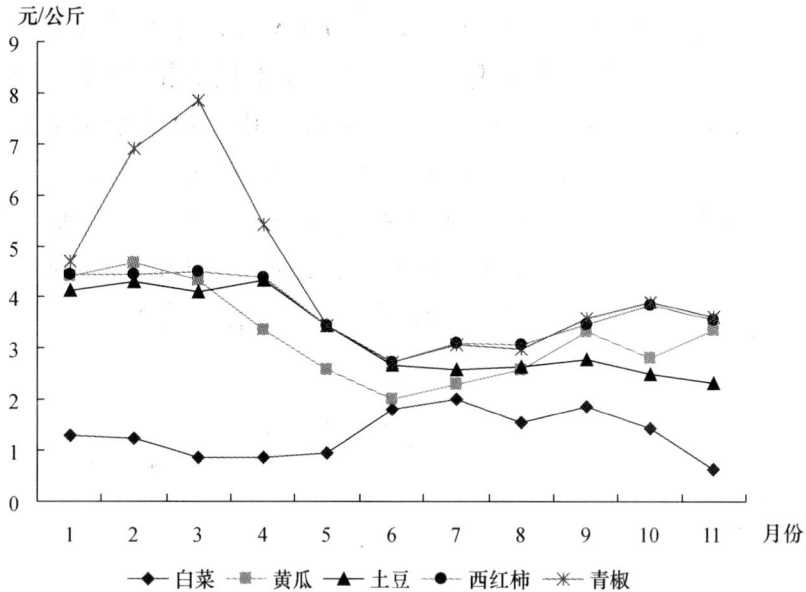

图152 2011年1~12月山东省主要蔬菜价格走势

花生油价格主要受花生价格影响，全年呈现持续稳步增长的态势，全年平均价格21.17元/公斤，比2010年每公斤增加3.39元，增长19.07%。

五、蔬菜

山东省监控的5种日常主要蔬菜（白菜、黄瓜、土豆、西红柿、青椒）平均批发价为3.23元/公斤，比2010年每公斤降低0.09元，降低2.71%。第一季度，蔬菜维持高位运行（白菜价格除外）；进入2011年4月下旬后，气温回升，应季蔬菜大量上市，市场供应充足，菜价连续两月回落。6月底，平均菜价降至2.38元/公斤。进入7月后，菜价恢复性上涨。至12月，平均批发价恢复至3.71元/公斤。整体来看，精细菜价格浮动不大，与往年价格持平；应季蔬菜集中大量上市是带动蔬菜价格整体下跌的原因。如大白菜2011年平均价格1.26元/公斤，比2010年下跌28.81%。主要原因是：

（1）受上年价格较高因素影响，2011年种植面积增加。

（2）受天气较好影响，大白菜产量增加。

（3）受设施蔬菜影响，市民消费需求多样化，导致出现大白菜集中上市但销量不大的现象。

（4）成本上升，低价位的蔬菜运输难。

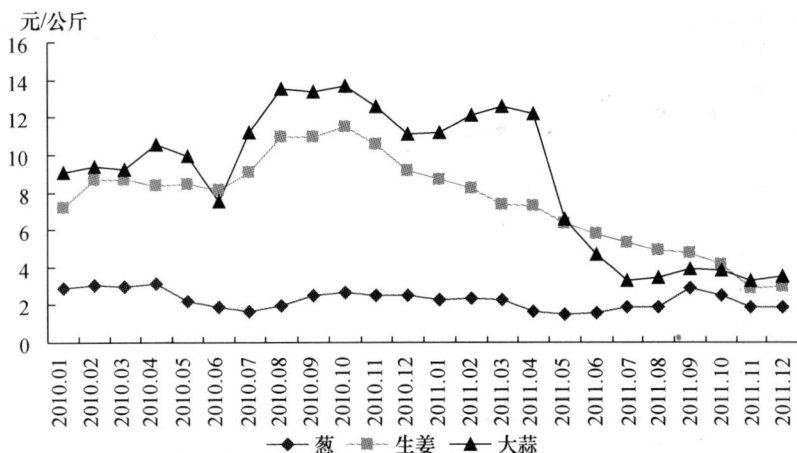

图 153 2010~2011 山东省葱、姜、蒜价格走势

2011 年，葱价运行较为平稳，全年平均价格 2.04 元/公斤，同比下降 18.07%。生姜 2011 年全年价格下跌趋势明显。2011 年 1 月价格为 8.64 元/公斤，12 月价格为 2.94 元/公斤，与 1 月相比，价格下降 65.94%；全年平均姜价为 5.70 元/公斤，同比下降 38.58%。大蒜经历 3 个月的高位小幅上涨后，价格出现大幅下跌，全年平均大蒜价格为 6.71 元/公斤，同比下降 38.50%。

六、水果

2011 年，苹果全年平均价格 5.75 元/公斤，与 2010 年相比，增长 14.31%。1~3 月山东省苹果价格维持 2010 年的高价位，稳中小幅上涨。3 月是山东省苹果全年最高价格月份，为 6.83 元/公斤，环比增长 4.38%，同比增长 36.91%；4~9 月，苹果价格略有波动，9 月是山东省苹果全年最低价格 4.54 元/公斤，比 3 月下降 33.53%，同比增长 1.83%；进入 10 月后，市场需求增多，价格小幅回升至 5.06 元/公斤。2011 年苹果产地收购价格明显上涨，以富士 80#一、二级苹果为例，平均价格为 3.0~3.4 元/斤，比上年平均每斤上涨 0.2~0.3 元，蓬莱地区收购价格最高，80#一、二级苹果收购价格在 3.6~3.8 元/斤，85#苹果 4.5~5.2 元/斤。2011 年苹果价格高位运行的主要原因是在春季遭遇了低温，使得苹果坐果率较低，套袋苹果数量明显少于 2010 年，从苹果生长周期看，2011 年是苹果小年，各地区均出现不同程度的减产，预计 2011 年苹果总体上减产在 5% 左右。

元/公斤

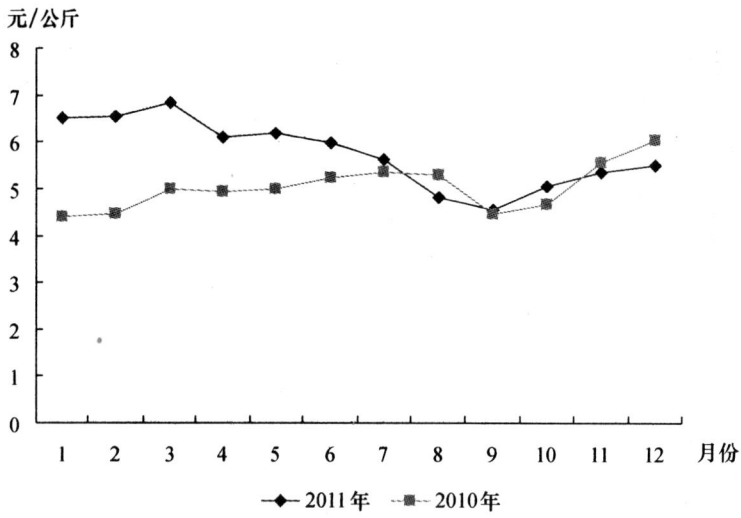

图154　2010～2011年山东省苹果价格走势

2011 年河南省农产品及生产资料市场运行情况

河南省农业厅市场信息处

　　2011 年是"十二五"开局之年，是中原经济区建设起步之年，河南省农业综合生产能力再上新的台阶，全年农业和农村经济持续较快发展。全省粮食连续第 8 年获得丰收，总产量超过 1100 亿斤，成为国民经济发展的突出亮点。"菜篮子"产品、经济作物市场供应充足，全年主要农产品供需能够实现基本平衡。受 2010 年农产品市场翘尾因素及 2011 年前七个月 CPI 高位运行的影响，大部分农产品价格处于上升通道，个别农产品价格涨幅较大。8 月后，受国家宏观调控影响，部分农产品价格开始走稳，出现回落迹象。进入第四季度，大部分农产品价格出现不同程度的回调。全年大部分农产品市场价格呈上升—回落走势。

一、粮食市场总体向上运行

　　全年粮食达到 1108.5 亿斤，连续八年创新高，连续六年超千亿斤，粮食丰收为保障供给、平抑通胀预期赢得了主动，为实现经济社会平稳较快发展提供了支撑。

　　小麦生产战胜冬春连旱，再获丰收。河南省小麦生产遇到冬、春两季不同程度的旱情，但经过全省上下的共同努力，全省夏粮再创新高。全省夏粮面积 8030 万亩，总产 626.3 亿斤，同比分别增加 70 万亩、8.2 亿斤。其中，小麦面积 7985 万亩，产量 624.6 亿斤，同比分别增加 65 万亩、8.2 亿斤。

　　小麦价格走势较为稳定，新麦市场收购较为清淡。河南省夏粮连续九年丰收，再创历史新高。受物质费用和人工成本上升的推动，小麦纯收益较 2010 年下降。2011 年初至新麦上市前，全省小麦价格持续稳中有升，价格运行在每 50 公斤 99 ~ 104 元。新麦上市后价格回落，市场价格运行在最低收购价之上，托市收购未能启动，由政策收购转向市场收购。一方面，受资金及仓容的影响，收购进度缓慢，不能形成收购高潮；另一方面，农民种粮成本增加，惜售心理较重，市场购销清淡，导致收购量较 2010 年同期下降，小麦价格暂时处于三大粮食品种价格"洼地"，表现滞涨。截至 2011 年 9 月 30 日，河南省共收购新季小麦 373 亿斤，与 2010 年相比减少 18.4 亿斤。其中，地方国有粮食企业收购 75 亿斤，占 20%；中储粮河南分公司收购 173.5 亿斤，占 47%；社会企业共收购 124.5 亿斤，占 33%。与往年不同的是，2011 年面粉加工企业与饲料企业抓住机遇，收购量普遍增加，库存较为充裕。另外，由于 2011 年没有形成售粮高峰，农户售粮方式有所变化，变以往的集中售粮为常年售粮。

小麦拍卖持续进行，市场供应较为充裕。每周一期的小麦市场拍卖有条不紊进行，根据小麦市场供需情况适当调整投放量和投放方式，满足市场需求。另外，小麦的连年丰收，市场供货渠道增加，货源充足，全年最低价小麦拍卖成交率维持在较低水平。2011 年全省拍卖市场共投放小麦 17077.53 万吨，共成交 984.31 万吨，成交率 5.76%，成交均价 1908.82 元/吨。

2012 年小麦最低收购价提前公布，将引领市场预期。2011 年 9 月底，国家公布并大幅提高 2012 年小麦最低收购价水平，2012 年小麦最低收购价提高到 102 元/50 公斤（三等），白小麦、红小麦、混合麦执行同一价格，小麦政策将引领后市价格预期。在种植成本上升的推动下，小麦最低收购价作为保护性和引导性价格，允许小麦价格在可控的范围内温和上涨是国家调控小麦市场的基本政策。

玉米播种面积、产量继续稳定增加。2011 年河南省玉米播种面积 4537.5 万亩，同比增加 118.5 万亩，增 2.68%；产量 1696.5 万吨，同比增加 61.71 万吨，增 3.77%。

前三季度玉米价格持续上升，新玉米上市后价格回落。前三季度畜牧养殖及玉米深加工利润较好，玉米需求上升。随着玉米库存的消耗，市场处于严重青黄不接时期，导致玉米流通渠道货源紧缺，价格持续上涨。2011 年 5 月下半月，河南省玉米价格首次超过小麦价格，达到 105.14 元/50 公斤，高于小麦 1.69 元/50 公斤。河南省玉米价格高峰出现在 9 月，全省平均价格最高达到 115.67 元/50 公斤，个别地区最高达到 125~130 元/50 公斤。2011 年以来，国储（含临时收储）玉米的定期投放，在一定程度上平抑和稳定了市场价格，确保了市场的总体供应。10 月新玉米推迟收获、上市，各地玉米开秤价格普遍运行在 95~115 元/50 公斤，较前期价格回落，高于上年同期价格 5%~15%。随着新季玉米的晾晒、去杂，上市量增加，各地价格涨跌互现，总体较前期有所下降。进入 11 月后,市场收购量逐渐放大,各地玉米市场价格运行在 102～120 元/50 公斤。12 月中旬,国家临储玉米收购在东北三省及内蒙古自治区正式启动,在东北临储收购的支撑下,玉米价格保持稳定上行态势。

玉米供需处于紧平衡状态,未来需求呈增长趋势。河南省是畜牧养殖大省,年需饲用玉米达到 760 万吨左右,工业用玉米转化加工能力不断增强,玉米深加工年转化加工玉米达 600 多万吨,再加上口粮及种子用粮,河南省玉米年产量与年需求量处在紧平衡状态。但从长远来看,河南省玉米需求将呈刚性增长趋势。

二、棉花市场振荡回落

棉花面积、产量继续下滑。2011 年河南省棉花播种面积 595 万亩,同比减少 106 万亩,下降 15.12%,面积自 2004 年以来连续第 7 年下降;总产 38.24 万吨,同比减少 6.48 万吨,下降 14.49%,产量是自 2007 年以来连续第 5 年下降。

分析河南省棉花生产持续下滑的原因主要有以下几个方面:

(1) 生产成本较高,种植效益下降。据对近五年来（2007～2011 年）棉花生产成本调查显示:河南省棉花亩生产成本分别为 693.24 元、746.28 元、916.19 元、1122.67 元、1292.44 元,年增幅分别达 11.17%、7.65%、22.69%、22.53%、15.12%;物质成本和人工成本的不断上升,导致纯收益下降。

(2) 机会成本较高,替代作物增加。2011 年河南省棉花、小麦、玉米亩平均用工分别为 36.46 个、7.01 个、8.31 个,棉花用工是小麦用工的 5.2 倍,是玉米用工的 4.39 倍,是小麦与玉米合计用工的 2.38 倍。由于棉花生产机械化程度低,用工多而分散,劳动强度大,其机会成本远远高于其他作物,棉花生产已失去竞争优势,逐步被其他易管理省工省时的作物代替。

(3) 棉花抗灾能力差,产量不稳定。河南省秋季多发生雨涝天气,棉花容易脱铃、烂铃和发生病虫害,影响产量、质量,生产风险较大,棉农收益不稳定。

(4) 价格不稳定,市场风险较大。据近五年来河南省调查资料显示,籽棉最低时只有 4.8 元/公斤,最高时 12.70 元/公斤,价格忽高忽低,甚至一年内出现多次大的波动,棉农对植棉预期收入没有信心,种棉积极性严重受挫。

下游需求不旺,价格一路走低。受 2010 年第四季度棉花价格飙升以及纺织品出口较好的影响，2011 年第一季度河南省棉花市场价格高位运行。4 月后，随着国际、国内棉花期货市场价格下降以及货币市场紧缩的影响，皮棉以及纺织品销售不畅，棉花销售商及纺织企业抛售意愿强烈，价格持续振荡走低，6 月皮棉、籽棉市场价格分别为 1377.44 元/50 公斤、11.94 元/公斤，分别较 1 月下降 6.61%、0.91%。7 月以后，河南省皮棉、籽棉市场价格一路走低。新棉在 8 月底开始吐絮采收，陆续上市。9 月国家正式启动棉花临时收储（三级皮棉 19800 元/吨，相当于籽棉 8.40 元/公斤），河南省确定 40 多家收储企业入市收购，放贷 13 亿元。新棉自上市以来受外围环境以及棉花质量下降的影响，价格一路走低，但因植棉成本上升，棉农惜售，收购进展缓慢。截至 12 月底，预计河南省参与国家临时收储量为全省棉花产量的一半（19 万吨左右）。而棉纺企业由于下游需求不旺，对新棉收购谨慎，同时欧美等外围经济低迷，纺企外贸订单减少，利润下降，为缓解资金紧张和降低后市风险，棉纺企业大多采取随用随买的购棉策略，新棉市场处于疲软状态。全省棉花主产区扶沟县、新野县、唐河县新季籽棉收购价在 7.30～8.20 元/公斤（等级以 4 级为主，衣分率 36%～39%，回潮率 13% 以下），当地棉企收购并不积极，部分棉企到新疆收购。

棉花市场疲软，影响 2012 年植棉意向。2011 年新棉上市后棉价下跌所带来的负面效应有可能在 2012 年棉花生产上反映出来，与粮食作物及其他经济作物相比棉花处于劣势地位。因此，国家有关部门应及时调整棉花生产及收购政策，降低植棉风险，确保棉农收益，稳定棉花生产，更有利于促进棉花产业链的发展。

三、油料、食用油价格振荡运行

油料面积、产量均有所下降。2011 年河南省油料播种面积预计 2280.6 万亩，较上年减少 65.58 万亩，减 2.79%；预计产量 534 万吨，较上年减少 6.72 万吨，下降 1.24%。

油料价格振荡上行，受需求影响起伏波动。2011 年河南省油料市场价格稳定上行。尤其是 4 月后，受榨油企业库存消耗和春花生播种的影响，河南省花生仁价格涨速较快，涨幅较大，8 月最高达到 14.52 元/公斤，为全年最高。9 月新季花生上市后，价格回落，由于榨油企业成本高企，开工率较低，花生收购量没有放大，市场价格维持弱势运行态势。进入 12 月，受节日榨油企业备货的影响，花生市场收购逐渐增加，各地价格小幅回升，据监测，12 月河南省各地花生仁价格运行在 10～16 元/公斤，豫南信阳地区价格较高，豫东花生主产区价格较低。相比之下油菜籽市场运行较为稳定，1~4月油菜籽价格缓慢攀升，由1月的4.37元/公斤，到4月升至4.55元/公斤。5月新菜籽上市后价格高开高走。6月下旬，国家启动2011年度临时存储油菜籽收购，收购价格为4.60元/公斤（国标三等，相邻等级差0.04元/公斤），较2010年临储收购价增加0.70元/公斤，增17.95%。河南省确定承担国家临时存储菜籽（油）承贷单位2家、委托收购加工企业20家，主要在信阳市、南阳市、驻马店市进行收购。截至9月底，河南省累计收购新季油菜籽16.33万吨，已全部加工成油品（5.71万吨）。进入第四季度油菜籽价格呈小幅回落态势。

食用油市场供应充足，价格稳中有升。2011年上半年食用油在限价令的干预下，三种主要食用油运行较为稳定，只有花生油受成本推动缓慢攀升。上半年河南省花生油、菜籽油、豆油价格分别为18.54元/公斤、12.40元/公斤、11.22元/公斤，同比分别上涨12.94%、19.02%、18.23%。7月以后，三大食用油金龙鱼、福临门、鲁花率先提价，其他品牌陆续跟进，导致食用油价格整体上涨。10月，三种食用油价格达到年内高峰，花生油、菜籽油、豆油价格分别为20.91元/公斤、12.95元/公斤、11.83元/公斤，同比分别上涨21.49%、20.46%、22.46%。11月，受食用油需求阶段性下降影响，价格有所回落。12月，双节临近，食用油市场供应充足，市场价格平稳运行，并未出现明显的上涨行情。

四、蔬菜市场跌宕起伏

蔬菜生产稳定发展，品种花色不断丰富。河南省在发展粮食生产的同时，大力推进农业种植结构调整，实现了粮食与经济作物的协调发展。特别是蔬菜生产近年来发展较快，市场供应充足，花色品种日益丰富，鲜细菜比重增加，品质明显改善，在种植业结构优化调整和农业增效、农民增收等方面做出了巨大贡献。2011年，河南省蔬菜面积预计2557万亩左右，总产6500万吨，与上年持平略增。

蔬菜市场供应充足，季节性波动较大。蔬菜种植季节性较强，河南省冬春季节本地蔬菜多以大棚为主，市场供给不足，多靠南方菜补充，因此在冬、春季节大部分蔬菜价格较高；夏、秋季节本地菜大量上市，价格回落。2011年第一季度，河南省蔬菜自给率较低，大部分蔬菜从外省调运，主要蔬菜价格高位运行，主要监测的白菜、西红柿、黄瓜、菜椒、土豆第一季度平均价格为3.99元/公斤。第二季度气温回升，露地蔬菜大量上市，市场供给增加，价格大幅回落，以上五种蔬菜平均价格 2.93 元/公斤，比第一季度下降 26.56%。8~9 月，由于部分蔬菜茬口交替，蔬菜上市量减少，大部分蔬菜价格回升，特别是叶菜类价格涨幅较大，如菠菜、油麦菜等市场零售价在 8.00 元/公斤以上，较第二季度上涨一倍以上。进入 10 月，本地秋季菜大量上市，价格明显回落，尤其是 2011 年白菜、萝卜丰收，市场价格普遍较往年下降一半以上，产地价格降至几分钱一斤，菜农损失较重。全年来看，蔬菜价格波动较大，部分蔬菜价格在某些时段低于上年同期。

减少中间环节，切实解决市民"买菜贵"和农民"卖菜难"问题。建议在居民较为集中路段、社区等建设一批减免费用的蔬菜直销市场、周末车载直销、社区直销网点等蔬菜直销点，鼓励超市、学校、大型饭店与蔬菜生产基地直接对接，减少中间环节，使菜农和市民直接受益。

五、主要畜产品价格呈上升态势

主要畜产品生产稳定发展，全年供需基本平衡。河南省认真落实能繁母猪补贴、生猪生产等相关政策，全年畜禽生产稳定上升，尤其是第二、三季度仔猪补栏量较大，第三季度生猪存栏量、出栏量明显上升。2011 年全省能繁母猪补贴达到 532 万头，确认生猪调出大县 46 个。全年生猪、猪肉、仔猪市场价格阶段性波动较大，牛、羊肉、鸡肉价格稳中有升。

生猪、猪肉市场受生产周期影响，价格波动较大。第一季度生猪市场受上年能繁母猪减少、生猪存栏量下降影响，市场供求偏紧，生猪、猪肉、仔猪价格持续攀升。进入第二季度，价格加速上涨，连创新高，养殖户补栏积极，仔猪价格涨幅较大。第三季度生猪、猪肉、仔猪价格达到年内高峰，分别达到 19.52 元/公斤、29.93 元/公斤、35.79 元/公斤，同比分别上涨 61.12%、50.28%、142.92%，均突破 2008 年的峰值。第三季度生猪存栏量、出栏量分别为 4519.5 万头、3942.9 万头，分别比第二季度增加 307.5 万头、1167.9 万头，增幅分别为 7.30%、42.08%。10 月国庆节后，受阶段性消费下降以及生猪出栏量增加的影响，生猪、猪肉价格回落，养殖利润缩小，养殖场（户）补栏热情下降，仔猪价格跟随回调。此段回调一直持续到 12 月初，随着元旦、春节等节日的到来，消费需求增加，生猪、猪肉价格逐渐回升。

2011 年以来，养猪收益持续向好，虽然第四季度收益有所下降，但仍处较好水平，国家相继出台政策大力扶持规模养猪，能繁母猪数量、生猪存栏量、出栏量均有不同程度增长。但影响生猪价格的不确定性因素越来越多，除了供求关系外，养殖成本、动物疫情等因素以及国家宏观调控政策都会导致猪价波动。随着生猪生产的恢复，上市商品猪源将逐步增加，预计春节前猪肉市场价格将保持稳中有升态势，春节后一段时间将出现淡季，猪价将随之回调。建议适时调控生猪市场，切防猪价大起大落，避免"肉贵伤民、肉贱伤农"现象的轮回发生。

六、主要农资价格逐步攀升

主要化肥价格受农业生产变化，呈季节性波动。2011年，河南省主要农用生产资料价格呈振荡上行走势。在春耕备播期间，主要肥料价格随着用肥量的增加而上涨，4月，复合肥、尿素、碳酸氢铵、钙镁磷肥市场价格分别为2911.87元/吨、2122.34元/吨、732.09元/吨、756.05元/吨，分别比元月上涨8.38%、4.52%、4.81%、14.35%，同比分别上涨19.33%、20.18%、21.35%、15.12%。春播过后，主要肥料价格缓慢上行，运行较为稳定。秋冬播期间，第二个用肥旺季到来，主要肥料价格惯性上涨，个别品种涨幅较大，其中用量较大的复合肥、钙镁磷肥市场价格分别为3230.81元/吨、827.78元/吨，分别较4月上涨10.95%、9.48%，同比分别上涨28.52%、29.33%。秋冬播过后，化肥市场进入淡季冬储阶段，市场价格有所回落，运行稳定。

农用柴油价格受国家调整影响，上涨幅度较大。2011年，国家对农用柴油出厂价格进行了3次调整，其中两次上调、一次下调，平均每吨上调450元（每升上调0.39元），上涨幅度6.4%。上半年农用柴油价格两次上调分别在2月和4月，平均每吨上调750元；4月河南省农用柴油市场零售价达到7.39元/升，比1月未调整前上涨7.88%。4月正是河南省春播时期，农用柴油价格的上调，拉动肥料价格上升以及春播费用的提高，造成农业生产成本上升。10月8日，国家下调农用柴油价格，每吨下调300元，此时正值河南省秋冬播时期，小麦耕种费用适当减轻。

农资价格上涨拉动农业生产成本逐年上升。由于化肥、种子、农用柴油等农用物资的上涨，导致农业生产成本呈逐年上升之势。据对2011年河南省小麦、玉米、棉花成本调查显示：亩物质费用分别为：379.81元、287.43元、403.98元，与2011年相比分别增加43.61元、62.19元、63.75元，增幅分别为12.97%、27.61%、18.74%。生产成本的增加，压缩了农民的增收空间，以上三种作物2011年亩纯收益分别为237.26元、364.70元、524.26元，同比分别下降73.10元、20.23元、357.22元，降幅分别为23.55%、5.26%、40.53%。

　　不断加强农业生产补贴力度，合理弥补成本增加。化肥作为重要的农业生产资料，价格的上涨推动了农业生产成本的上升。自 2006 年开始，国家为减轻因化肥、柴油等农业生产资料价格的上涨对农民种粮收益的影响，相继出台了种粮直补、良种补贴、农资综合补贴等相关农业补贴政策，农资综合补贴力度逐年加大。2009 年国家提出建立化肥等农资价格上涨与提高农资综合补贴联动机制，2010 年国家进一步完善了农资综合补贴动态调整制度。2011 年，河南省农资综合补贴和粮食直补标准每亩达到 93.83 元，比 2010 年亩均提高 11.67 元，合理弥补了种粮农民增加的农业生产成本。"十二五"期间，国家将继续加强农业生产领域的各项补贴政策，夯实农业基础，加快推进现代农业建设。

2011 年湖北省农民收入情况报告

湖北省农业厅市场与经济信息处 白盈盈

探索和破解农民增收问题，实现农民收入的持续、稳定增长，是落实科学发展观、加快转方式调结构的根本要求，是统筹城乡发展、建设社会主义新农村的根本目的，也是提高农业发展效益、推进湖北农业强省建设的根本任务，既是一个重大的经济问题，也是一个重大的政治问题。近年来，湖北省的农民收入水平稳定提高，连续 7 年保持较快增长势头，但与全国和相关省份相比仍有一定差距，还存在着增长速度不快、收入水平不高、城乡居民收入差距逐渐拉大、农业内部增收空间有待拓展等一系列问题。为此，本文将利用统计数据对当前湖北省农民收入的现状及制约因素进行量化分析，并就完善农民增收长效机制提出相关建议。

一、湖北省农民收入的现状及与全国、有关省比较

（一）湖北省农民收入情况及构成

近年来，湖北省坚持把促进农民增收作为农业和农村工作的中心任务，稳定强化支农强农惠农政策，采取了一系列重大措施，农民收入状况明显改善。

（1）农民收入水平逐年提高。改革开放以来，湖北省农民人均纯收入从 1980 年的 169.96 元增加到 2010 年的 5832.27 元，年均增速为 12.51%。特别是从 20 世纪 90 年代开始，全省农民人均纯收入取得较快发展（见图 155）。

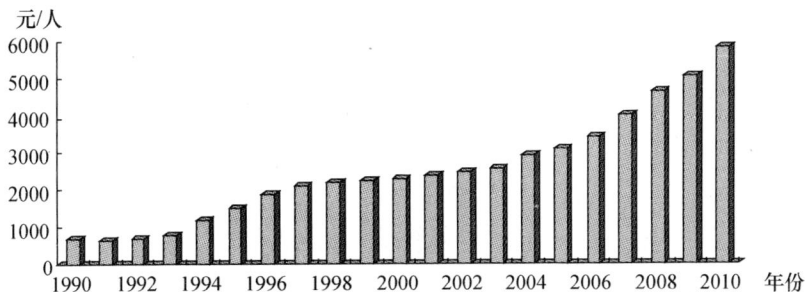

图155　1990 年以来湖北省农民人均纯收入走势

分阶段来看，1993～1997 年间，农民人均纯收入增长较快，4 年提高了 1300 多元；1998～2004 年间，农民人均纯收入增长趋缓，6 年才提高 700 多元。进入"十一五"期间，湖北省农民人均纯收入进入新一轮提升阶段，2006～2008 年全省农民人均纯收入连续三年呈两位数增长，2009 年突破 5000 元大关，2010 年达到 5832.27 元，较上年增长 797.0 元，增幅为 15.82%，较"十五"期末（2005 年）提高 2700 多元，年均增长 546.53 元，年均递增率达 13.48%。

（2）农民收入结构发生重大变化。对比 2005～2010 年，湖北省农民人均纯收入各项构成数量逐年递增，结构也发生变化，具体如表 32 所示：

表 32　2005～2010 年湖北省农民人均纯收入总体情况

单位：元、%

	2005 年		2006 年		2007 年		2008 年		2009 年		2010 年	
	数额	比重	数额	比重	数额	比重	数额	比重	数额	比重	数额	比重
纯收入	3099.2	100	3149.4	100	3997.5	100	4656.4	100	5035.3	100	5832.3	100
工资性收入	941.6	30.4	1199.2	35.1	1454.5	36.4	1742.3	37.4	1900.7	37.7	2186.1	37.5
家庭经营性收入	2049.0	66.1	2095.2	61.3	2379.8	59.5	2690.8	57.8	2858.4	56.8	3234.9	55.5
转移性收入	91.7	3.0	99.1	2.9	125.47	3.1	182.4	3.9	225.8	4.5	304.3	5.2
财产性收入	16.8	0.5	25.9	0.8	37.7	0.9	40.8	0.9	50.4	1.0	107.0	1.8

工资性收入成为农民增收的重要来源。农民人均工资性收入由 2005 年的 941.64 元增加到 2010 年的 2186.1 元，年均递增 18.3%，占农民人均纯收入的比重由 30.4% 上升到 37.5%，是拉动农民增收的重要因素。

家庭经营收入比重呈下降趋势。2005～2010 年，农民人均家庭经营纯收入由 2049.0 元增加到 3234.9 元，年均递增 9.6%。虽然家庭经营收入占农民人均纯收入的比重由 66.1% 下降到 55.5%，但仍是农民收入的主要来源。农民家庭经营收入稳定增长，除粮食等主要农产品产量稳定增产外，更重要的是因为农产品价格恢复性上涨，推动了农民收入的增加。

转移性收入成为农民收入新的增长点。近年来，国家加大农业投入，先后出台了粮食直补、良种补贴、农资综合直补和农机具购置补贴等一系列优惠政策，带动了农民转移性收入的增加。农民人均转移性收入由"十五"期末（2005 年）的 91.71 元增加到 2010 年的 304.5 元，年均递增 27.1%，占农民人均纯收入的比重由 3.0% 上升到 5.2%。

财产性收入为农民增收开辟了新的空间。受农村集体产权制度改革、农民土地流转和房屋出租增多、参加入股投资分红人数增加等因素影响，农民获得的财产性收入不断增长。农民人均财产性收入由 2005 年的 16.81 元增加到 2010 年的 106.9 元，年均递增 44.8%，占农民人均纯收入的比重由 0.5% 上升到 1.8%。

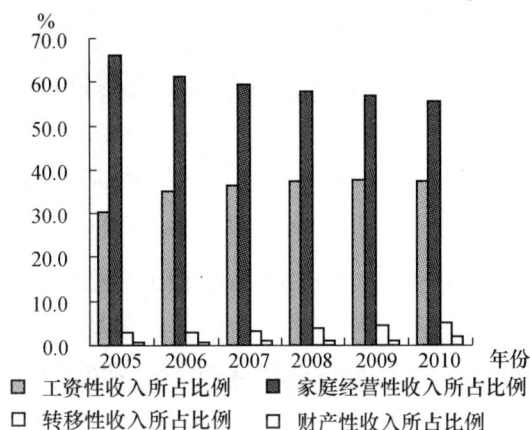

图 156　2005～2010 年湖北省农民人均纯收入构成图

（二）湖北省各市州农民增收情况

"十一五"以来，湖北省各地始终将增加农民收入作为农业部门工作的出发点和落脚点，推进各项支农惠农政策的贯彻落实，全省各市州的农民收入均逐年增长。但受经济发展基础、社会发展环境、自然条件、地理位置以及农业产业结构差异的影响，各地农民收入增长情况呈现出不同特点。

从收入水平来看，武汉市最高。作为湖北经济社会发展的中心，武汉市农民人均纯收入在全省一直保持绝对领先的地位。2010 年武汉市农民人均纯收入达 8295 元，首次突破"8000"元大关，比全省高出 42.3%。恩施州收入水平最低，2010 年恩施州农民人均纯收入为 3232 元，低于全省水平 45 个百分点，低于武汉市 61 个百分点。

从增长速度上看，荆州市最快。对比 2010 年和"十五"期末，粮食主产区荆州的农民纯收入以 15.73% 的年均增长率提升，而老区黄冈市增速最慢，为 11.88%（见图 157）。

元/公斤

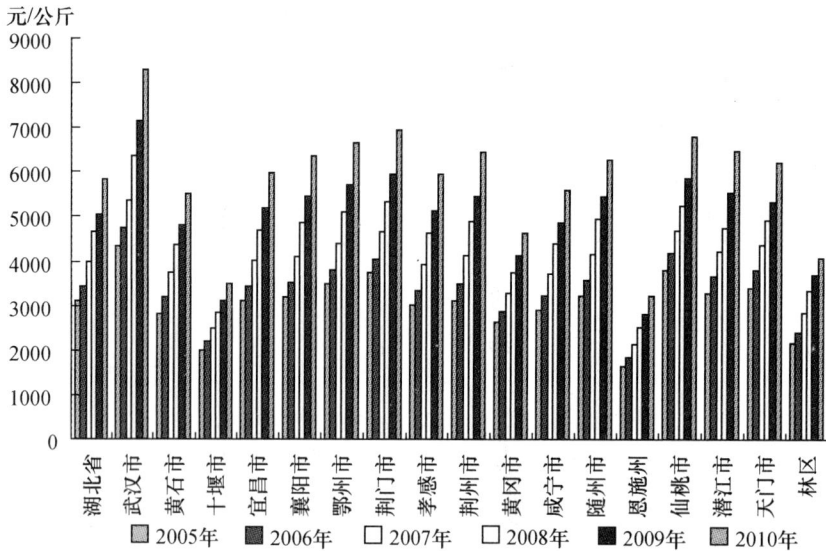

图157　2005～2010年全省各市州农民人均纯收入增长情况

（三）湖北省农民人均纯收入与全国平均水平的对比

随着湖北省农民收入逐年增长，2010年全省农民人均纯收入达到5832.27元，与全国差距缩减至87元，在全国的排位升至第13位，农民收入增长速度为15.8%，比全国平均水平高出0.8个百分点。

2005～2010年，湖北省农民人均纯收入年均增长率为13.48%，较同期全国年均增长率12.70%高出0.78个百分点；除2009年全省增速8.1%，较全国同期少0.1个百分点之外，其他年份都高于全国平均水平（见表33）。

表33　2005～2010年湖北和全国农民人均纯收入比较

单位：元、%

	2005 年	2006 年	2007 年	2008 年	2009 年	2010 年
全国	3254.93	3587.04	4140.36	4760.62	5153.17	5919.00
湖北	3099.20	3419.35	3997.48	4656.38	5035.26	5832.27
与全国的差距	155.73	167.69	142.88	104.24	117.91	86.73
全国增长速度	—	10.2	15.4	15.0	8.2	14.9
湖北增长速度	—	10.3	16.9	16.5	8.1	15.8
湖北在全国的位次	15	14	14	14	14	13

同时，近 5 年湖北省农民人均纯收入超过全国平均水平的市州逐年递增，据统计，2005 年全省农民人均纯收入有 6 个，2006 年为 7 个，2008 年增加为 9 个，2009 年增加到 10 个，2010 年为 11 个。具体见表 34。

表 34　2005～2010 年湖北省农民人均纯收入超过全国平均水平的市州

年份	市州个数	市州名称
2005	6	武汉、仙桃、荆门、潜江、鄂州、天门
2006	7	武汉、仙桃、荆门、潜江、鄂州、天门、随州
2007	7	武汉、仙桃、荆门、潜江、鄂州、天门、随州
2008	9	武汉、仙桃、荆门、潜江、鄂州、天门、随州、荆州、襄阳
2009	10	武汉、仙桃、荆门、潜江、鄂州、天门、随州、荆州、襄阳、宜昌
2010	11	武汉、仙桃、荆门、潜江、鄂州、天门、随州、荆州、襄阳、宜昌、孝感

（四）中部六省农民人均纯收入比较

2010 年，湖北省农民人均收入达 5832.27 元，近 5 年来首次超过江西省 43.71 元，位居中部六省第一。如表 35 所示。

表 35　2005～2010 年中部六省农民人均纯收入及排名

单位：元

年份	湖北		江西		湖南		河南		安徽		山西	
	收入	排名	收入	排名	收入	排名	收入	排名	收入	排名	收入	排名
2005	3099.20	2	3128.89	1	3117.74	3	2870.58	4	2640.96	6	2890.66	5
2006	3419.35	2	3459.53	1	3389.62	3	3261.03	4	2969.08	6	3180.92	5
2007	3997.48	2	4044.70	1	3904.20	3	3851.60	4	3556.27	6	3665.66	5
2008	4656.38	2	4697.19	1	4512.46	3	4454.24	4	4202.49	5	4097.24	6
2009	5035.26	2	5075.01	1	4909.04	3	4806.95	4	4504.32	5	4244.10	6
2010	5832.27	1	5788.56	2	5622.00	3	5523.73	4	5285.00	5	4736.25	6

对比中部六省近 5 年农民人均纯收入的年均增长率，安徽省虽然农民人

均收入水平相对较低，但年均增长率达 14.88% 居第一，河南 13.99% 居第二，湖北省居第三，为 13.48%。

二、湖北省农民人均纯收入差距分析

虽然近年来湖北省农民收入实现了较快的增长，但在全国排名一直徘徊于中游，与全国平均水平长期存在差距；收入结构中农业收入比重偏大，有待进一步的优化和升级；省内各市州农民人均纯收入发展不平衡，城乡居民收入差距较大的局面没有得到充分扭转。具体分析如下：

（一）湖北省农民收入水平尚居中游

（1）湖北省在全国的排名尚居中游水平。湖北省最好的成绩是 1985 年居全国第 8 位，最差的位次是 1992 年居全国第 19 位。2000 年排全国第 11 位，2003 年排第 12 位，2004 年排第 13 位，2006～2009 年始终居全国第 14 位，2010 年回升至第 13 位（见图 158）。

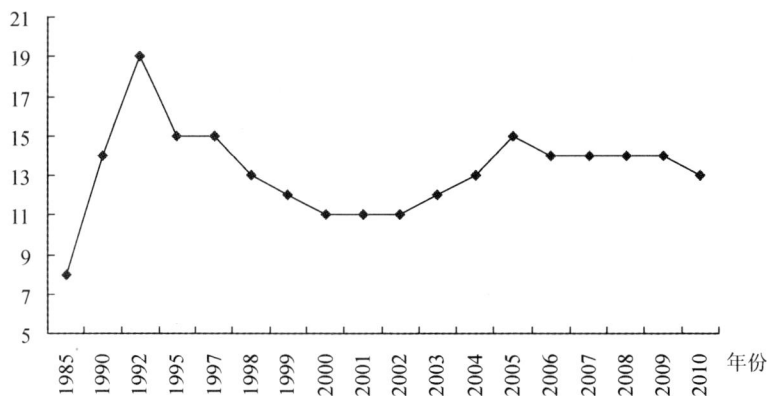

图 158   近年来湖北省农民人均纯收入在全国的排名

（2）湖北省农民收入与全国平均水平差距较大。从收入水平来看，从 1985 年以来的 25 年里，全省农民人均纯收入只有 6 年高于全国平均水平。进入新世纪以后，全省的农民人均纯收入均低于全国平均水平，2001～2004 年与全国的差距在 60 元以内。"十一五"期间与全国的差距扩大至 200 元以内，其中 2006 年与全国的差距最大，达 167.69 元，之后逐年递减。2010 年湖北省农民人均纯收入虽取得较大提高，但与全国平均水平仍有 87 元的差距。

（二）湖北省农民收入结构有待优化

对比 2010 年湖北和全国农民人均纯收入的结构。2010 年湖北省农民人均纯收入为 5832 元，比全国平均水平 5919 元少 87 元，低 1.47% 。与全国比，湖北省农民收入结构呈现以下特点：

（1）在本地从业收入较少，工资性收入偏低。2010 年，湖北省农民人均工资性收入为 2186 元，比全国少 245 元，在纯收入中所占比重比全国低 3.6 个百分点。

（2）农业收入所占比重偏大。2010 年，湖北省农民家庭经营纯收入为 3235 元，比全国多 402 元，所占比重比全国高 7.6 个百分点。

（3）财产性收入较低。2010 年，湖北省农民人均财产性收入为 107 元，比全国少 95 元，所占纯收入的比重比全国低 1.6 个百分点，仅为全国平均水平的 52.9% 。

（4）转移性收入偏少。2010 年，湖北省农民人均转移性收入为 304 元，比全国少 149 元，所占纯收入的比重比全国低 2.4 个百分点，为全国平均水平的 67.2% 。如表 36 所示：

表 36　2010 年湖北省和全国农民人均纯收入结构比较

单位：元、%

	全国		湖北		全国—湖北	
	金额	比重	金额	比重	金额	比重
纯收入	5919	100	5832	100	87	—
工资性收入	2431	41.1	2186	37.5	245	3.6
家庭经营纯收入	2833	47.9	3235	55.5	−402	−7.6
财产性收入	202	3.4	107	1.8	95	1.6
转移性收入	453	7.7	304	5.2	149	2.4

对比中部六省的农民人均纯收入。2005 ~ 2009 年湖北省农民人均纯收入均落后于江西省，其主要原因仍然是结构的问题。如表 37 所示，2005 ~ 2009 年湖北省家庭经营收入水平及所占比重均明显高于江西省，而江西省农民工资性收入、财产性收入和转移性收入情况则明显好于湖北。

表 37　2005～2009 年湖北省和江西省农民人均纯收入结构比较

单位：元、%

		湖北		江西		湖北—江西	
		金额	比重	金额	比重	金额	比重
2009 年	纯收入	5035.26		5075.01		-39.75	
	工资性收入	1900.54	37.7	2018.98	39.8	-118.44	-2.0
	家庭经营性收入	2828.53	56.2	2685.31	52.9	143.22	3.3
	财产性收入	58.37	1.2	80.41	1.6	-22.04	-0.4
	转移性收入	247.81	4.9	290.31	5.7	-42.50	-0.8
2008 年	纯收入	4656.38		4697.19		-40.81	
	工资性收入	1742.33	37.4	1842.36	39.2	-100.03	-1.8
	家庭经营性收入	2690.83	57.8	2552.59	54.3	138.24	3.4
	财产性收入	40.82	0.9	66.55	1.4	-25.73	-0.5
	转移性收入	182.40	3.9	235.69	5.0	-53.29	-1.1
2007 年	纯收入	3997.48		4044.70		-47.22	
	工资性收入	1454.50	36.4	1611.45	39.8	-156.95	-3.5
	家庭经营性收入	2379.82	59.5	2212.73	54.7	167.09	4.8
	财产性收入	37.70	0.9	55.97	1.4	-18.27	-0.4
	转移性收入	125.46	3.1	164.55	4.1	-39.09	-0.9
2006 年	纯收入	3419.35		3459.53		-40.18	
	工资性收入	1199.16	35.1	1441.34	41.7	-242.18	-6.6
	家庭经营性收入	2095.15	61.3	1863.50	53.9	231.65	7.4
	财产性收入	25.91	0.8	35.13	1.0	-9.22	-0.3
	转移性收入	99.13	2.9	119.57	3.5	-20.44	-0.6
2005 年	纯收入	3099.20		3128.89		-29.69	
	工资性收入	941.64	30.4	1227.94	39.2	-286.30	-8.9
	家庭经营性收入	2049.04	66.1	1786.41	57.1	262.63	9.0
	财产性收入	16.81	0.5	25.78	0.8	-8.97	-0.3
	转移性收入	91.71	3.0	88.76	2.8	2.95	0.1

　　这说明，在全面提高各项收入水平的基础上，逐步提高工资性收入、财产性收入和转移性收入的比重，实现收入结构优化升级对收入水平的总体提升起着决定性的作用：工资性收入所占比重越高，收入增长的空间就越大，增收的

稳定性也越强。家庭经营收入中，农业收入占的比重越高，收入对土地的依附力越强，收入增长的空间越窄。现阶段，工资性收入是农民增收的最重要潜力源，必须保持工资性收入的快速增长，提高其占农民收入的比重；而家庭经营收入作为农民增收的最重要基础，则要保持其基本稳定性；财产性收入和转移性收入已成为农民收入新的增长点，虽然所占比重较小，但随着国家财力的增加和农民富裕程度的提高，这两部分对农民收入的贡献将会越来越大。

（三）湖北省不同地区和不同主体的收入差距

总体上看，湖北省农民收入保持了较快增长的趋势，但地区之间、城乡居民之间的收入增长还很不平衡，收入差距呈扩大趋势。

（1）地区之间收入差距。2010 年湖北省农民人均纯收入为 5832 元，高于全省平均水平的市州有武汉、宜昌、襄阳、鄂州、荆门、孝感、荆州、随州、仙桃、潜江、天门；低于全省平均水平的有黄石、十堰、黄冈、咸宁、恩施和神农架林区。其中收入最高的是武汉，为 8295 元，较上年增长 1134 元，增 15.8%；最低为恩施 3232 元，较上年增长 422 元，增 15.0%，武汉的收入水平是恩施收入水平的 2.57 倍；从年均增长率来看，2005～2010 年间湖北农民人均纯收入年均增长 13.48%，超过全省平均水平的有武汉、黄石、宜昌、襄阳、鄂州、孝感、荆州、随州、咸宁、恩施、潜江、神农架；低于全省平均水平的有十堰、荆门、黄冈、仙桃、天门。其中，年均增长率最高的是荆州市，为 15.73%，最低的是黄冈，为 11.88%，荆州比黄冈高出 3.9 个百分点。

（2）城乡居民之间收入差距。自改革开放至今，湖北省的城乡居民收入呈现出增长速度不同步、差距不断扩大的特点。

1980～2010 年间，湖北农民人均纯收入尽管以 12.51% 的速度增长，但仍然低于城镇居民可支配收入增长速度 0.46 个百分点。特别是进入新世纪以来，除了 2004 年和 2010 年农民纯收入的增长速度高于城镇居民收入增长速度以外，其他年份均大大低于城镇居民，总体要低 2.56 个百分点。而收入绝对差距也呈逐年上升的趋势：数据显示，1980 年城乡差距为 243.74 元，1987 年为 491.14 元，处于 500 元以下水平；1991 年时 965.98 元，达到 1000 元级水平，1994 年时 2175.94 元，达到 2000 元级水平，1999 年时 2995.72 元，达到 3000 元水平，2004 年时 5132.74 元，进入 5000 元级水平。"十一"期间，差距进一步拉大：2006 年差距为 6383.65 元，2007 年差距为 7487.59 元，2008 年差距为 8496.6 元，2009 年差距为 9331.74 元，2010 年达到 16058 元，超过万元级水平，基本上一年增大 1000 元差距。

三、制约农民增收的主要因素

(一)城乡差别长期存在,农民微薄收入"透支"

据调查分析,农民的收入主要支付于农业生产、学费、医疗费等。首先是农业生产资料的价格日渐增长,农业生产的费用消耗了农民收入相当大的部分。其次是高中、大学学费的增长,农民对于教育的支出日渐感到吃力。再次是医疗费用的支出,农民一旦生病治疗,医药费支出比重就大幅度上升,尤其是主要劳力生病后,还使该家庭劳力缺乏,常常很快贫困。此外,村集体经济"空壳",债务基数大,化解异常困难,从一定程度上加重了农民负担。

(二)农村劳动力素质不高,农民增收的基础薄弱

农民既是各项政策的承受者,又是各项措施的最终实施者。农民素质的高低在很大程度上决定了农业科技的应用水平,决定了现代农业的发展进程,决定了农业发展的综合实力。据第二次农业普查资料显示,湖北农村劳动力总资源中高中以上文化程度的仅为12.2%,湖北作为全国教育基础较强的省份,这一比重仅比全国高1.2个百分点,而初中文化程度的占46.3%,比全国低3.2个百分点,还有8.5%属于文盲半文盲,比全国高1.7个百分点,农村劳动力的主体文化水平集中在小学初中,且多为"386199"部队,农村劳动力素质不高直接妨碍了现代农业技术和经营方式在农村的推广和应用,也给农业技术培训提出了难题,导致农民增收的基础薄弱。

(三)要素市场发育滞后,农民抵御市场风险能力不足

(1)资本要素的约束。农村金融服务领域开拓不足,主要局限于传统的存贷款业务,许多地方的资本市场以及农业保险业务几乎空白,农业专业化、规模化和集约化推进面临着启动资金不足、运营资金短缺和农业经营风险集中化的困扰。

(2)市场要素的约束。产地批发市场、中介市场、窗口市场发展相对落后,农产品物流设施建设不足,农产品疏散、流通反应速度不快,大宗农产品市场综合调控的体系和机制有待进一步建立和完善。当前部分地区菜贱伤农,城市菜价居高不下,农产品流通成本高昂的现象正说明这一点;农产品市场信息传播机制乏力,农产品信息监测、发布、预警和应急相衔接的快速反应机制不足,农民生产缺乏科学有效的信息引导;流通体系落后,农产品流通队伍多为小商贩和代理人,抵御市场风险的能力较弱。

(四)农业生产比较效益低,粮食增产与农民增收协调发展面临障碍

当前农业生产已经进入高成本时代,生产资料价格和用工费用的高涨极

大地侵蚀了农产品价格提高和国家支农惠农补贴带给农民的实际利益，农民种粮积极性受到极大打击，青壮年劳动力外流加剧，在耕农民老龄化现象严重，商品粮的种植和销售被压缩，农业生产更倾向口粮自给。另外，粮食生产的政策成本较大，降低了粮农的政策收益。由于农户数量较大，在种植面积核对、资金入户上耗费了大量的人力、物力和财力，政策执行成本增加。部分地方政府为了减少政策执行成本，直接按人均分，粮食补贴没有真正补贴粮食生产且额度有限，不利于调动农民的种粮积极性。

（五）农业产业化经营发展不快，农产品价值的实现和增值受到限制

目前湖北农产品市场化水平不高，很大程度受制于农产品加工业的滞后。

（1）农产品加工利用程度不高。目前湖北农产品加工业产值与农业总产值的比例仅为 0.98∶1，而沿海省市这一比例达到 1.5∶1，湖北农产品加工率只有 40%，而沿海省市达到 55%，湖北农产品精深加工比例不到 20%，发达地区能达到 50% 以上。

（2）农产品加工出口创汇能力薄弱。目前湖北规模以上农产品加工企业出口交货值不到全国的 1%，居全国第 12 位，农产品加工业经济外向度不到 5%，比全国平均水平低近 14 个百分点，居全国第 21 位。

（3）利益联系机制不完善。生产、加工、销售脱节的问题比较严重，农民组织化程度低，农户参与二次返利的比重不到 30%。

（六）农业抗自然风险能力退化，农业发展不确定性增强

农业基础设施薄弱、物质技术装备水平较低、抗灾减灾能力不强是农民增收的突出难题。湖北省的农田水利基础设施老化，自然灾害多发，历年农业受灾和成灾面积都居全国前 5 名，特别是近几年干旱、洪涝和冰雪等极端天气呈现多发、频发和重发的态势，农业稳定发展和农民持续增收受到了不利影响，农业发展的不确定性较为明显。

四、建立农民增收长效机制的建议

农民增收问题是"三农"工作的重中之重，事关全局，意义深远，为此，我们要从全局和战略的高度，进一步增强政治责任感和历史使命感，确保完成"十二五"期间湖北省农业强省战略农民增收各项指标任务，即农民收入增幅高于城镇居民、总量高于全国平均水平；农民人均纯收入年均增长 10%，到 2015 年达到 9400 多元。其中，农民工资性收入比重超过 40%，家庭经营收入比重减少至 50% 以下，转移性收入和财产性收入比重超过 10%。

表 38　湖北农民 2010～2015 年人均纯收入及增减　　　　　　单位：元

年份	2010	2011	2012	2013	2014	2015
农民人均纯收入	5832.30	6415.53	7057.08	7762.79	8539.07	9392.98
增减量	—	583.23	641.55	705.71	776.28	853.91

（一）加快转变农业发展方式，激发农业内部增收活力

稳定发展粮食生产。稳定现有粮食种植面积，扩大高产、稳产、高效面积；提高单位产出能力和效益，着力提高单产水平，增加总产；加快中低产田改造和土地综合整治，建设粮食生产能力千亿斤省，实现全省农业产值、农业增加值、大宗农产品产量和人均占有量均处于全国前列。做大做强粮食加工企业和粮食流通企业，提高加工转化增值能力，把湖北省粮食总量优势转变为品质优势，继而转变为农民的增收优势。

优化农业产业结构。通过合法的土地流转，逐步提升农业生产规模化水平，提高农业生产能力和效益；要立足各地资源优势，进一步优化农业生产力布局，发挥区域比较优势，形成优势突出、特色鲜明的农产品产业带，推进产品结构、区域结构和产业结构的优化升级；按照高产、优质、高效、生态和安全的规定，走精细化、集约化、产业化道路，不断拓展农业增收空间。

（1）要发展特色产业。重点要建设粮棉油大县，大力发展畜牧、水产、蔬菜、茶叶、柑橘等特色农产品。

（2）发展品牌农业。要以龙头企业、农产品行业协会和农民专业合作经济组织为主体，加快发展无公害农产品、绿色食品和有机食品等品牌农业。

（3）发展生态农业。推广清洁农业和废弃物资源化利用，发展循环农业。

提高农民的组织化程度。要改变以农户家庭生产经营为主的分散经营方式，大力发展农民专业合作组织和各类联接农户与龙头企业的服务组织；鼓励龙头企业、农业科技人员和农村能人以及各类社会化服务组织创办或者领办各类服务组织、培育和扶持专业大户和经纪人队伍，提高农民的组织化程度；加大对农民专业合作社的扶持，突出发展农业生产经营服务组织，为农民提供代耕代种、用水管理和仓储运输等服务；鼓励农民围绕产前、产中和产后等环节开展多元化、多形式的合作，充分发挥农民专业合作社组织在政策传递、科技服务、信息沟通和产品流通方面的作用。

强化科技增收支撑能力。

（1）要加强农业科技创新力度，加快科技成果转化，加大先进技术普及

推广，不断提高耕地产出率、资源利用率和劳动生产率。

（2）要依靠科技进步和创新，不断提高农副产品质量安全水平和市场竞争力，不断提高农副产品精深加工水平和附加值。

加强农村教育培训，培养有文化、懂技术、会经营的高素质新型农民，提高农民致富能力。

加大信息预警服务力度。完善农产品市场监测预警体系建设，加强农产品产销和价格动态监测，加大农业信息服务力度，及时制定市场波动异动应急预案，科学引导农民规避市场风险，切实保护农民的生产积极性。尽快建立农产品价格与生产成本、低收入群体补贴三者之间的联动机制，让农产品价格能够随着生产和流通成本的上升有合理的上升空间，保障农民的生产利益不受到侵害。

（二）加快农村劳动力转移，增加农民工资性收入

抓好农村劳动力转移。坚持"内转"和"外输"并举，通过减少农民达到富裕农民的目的。树立统筹城乡经济社会发展的理念，提高产业和人员聚集程度，提高城镇规模效应，促进农村劳动力就地转移：大力发展农村二、三产业、加快发展农村服务业；按照比较优势原理，着力发展高效畜牧、水产、蔬菜、园艺等劳动密集型产业，逐步扩大农业就业领域；大力推进农业产业化经营，加快发展农产品精深加工，延长农业产业链，通过产业分工，增加农民就业岗位。同时，在技能培训、中介服务等方面采取更加有效的措施，促进农村劳动力异地转移。

优化农民工务工环境。建立农民工工资支付监控机制，扩大工资保证金制度的实施范围，切实解决拖欠农民工工资问题。适时建立全省农民工工资正常增长机制，稳步提高农民工工资收入水平。加强和改善农民工公共服务，维护农民工合法权益。

（三）推进农业经营制度改革，增加农民财产性收入

加强对农村集体土地所有权、宅基地使用权、集体建设用地使用权、林权、水域滩涂养殖使用权以及农民房屋所有权等确权登记颁证工作。在完善以家庭联产承包为主的双层经营体制的基础上，鼓励和引导农民以土地经营权入股，采取股份制、股份合作制等多种合作形式，与龙头企业结成利益共享和风险共担的共同体；创新集体资产产权制度创新，稳步发展土地经营权抵押贷款；发展农业期货，依托湖北省油菜、水产和棉花等农产品优势，推动更多的优势农产品在期货市场上交易。

（四）强化政策扶持，增加农民转移性收入

落实各项强农惠农政策。认真落实粮食直补、农资综合补贴、良种补贴和农机具购置补贴等各种补贴政策，扩大政策性农业保险试点范围，逐步实现主要农作物政策性保险全覆盖，多方面增加农民的转移性收入。加大扶贫开发力度，千方百计提高低收入农户收入水平。

提高金融支持服务农村经济的能力和水平。金融部门要创新服务方式，增大信贷资金投入农业发展的比重，保持农业贷款增长率高于其他各项贷款的平均增长率；探索新的抵押贷款办法，逐步推广土地承包经营权和动产抵押、物权抵押、龙头企业担保、农户联保、担保公司担保贷款等方式，缓解农村中小企业和农户的贷款困难；鼓励农村信用社以低于商业银行的利率给农民发放贷款，通过扩大担保贷款和信用贷款范围，向农户发放长期投资贷款、短期资金周转贷款和消费贷款，积极解决农户和中小企业的信贷资金需求。

（五）切实加强对持续增加农民收入工作的领导

明确各级党委政府开展农民增收工作的责任。按照中央有关要求，各级党委和政府的主要领导同志要亲自抓农村工作，把"三农"工作放在全部工作的重中之重的位置，建立一整套持续增加农民收入的目标任务、工作方案和考核制度。

落实省直部门促进农民增收的责任。联合省发改委、财政厅、统计局、调查队、农业部门以及商业部门，成立促进农民增收领导小组，定期召开农民增收问题联席会议，分析增收形势，理清增收思路，研究增收对策，破解增收难题。省直各有关部门要按照工作职能和分工，制定农民增收的目标任务和工作方案，并落实分管领导和职能处室，并制定支持农村、帮扶农村和发展农村的工作措施，共同推进农村发展和农民增收。

加强农民增收工作的督促检查和工作考核。要把农民增收目标完成情况作为衡量农业农村工作的重要依据，作为考核党政领导班子、领导干部绩效的重要依据，完善考核办法、加强督促检查，确保各项强农惠农政策和农村改革发展目标任务落到实处。要严格防治在农民增收指标问题上弄虚作假，农业部门和统计部门要完善调查方法和统计制度，确保数据真实有效。纪检监察部门要加强监督检查，发现弄虚作假、虚报浮夸等问题，要严肃处理。

2011年湖南省农产品市场运行情况

湖南省农业厅市场信息处

2011年，受国内CPI持续较快上涨，农业生产用工、物化成本不断高企；国际欧债危机和复杂多变的气候等多重因素影响，湖南省主要农产品市场价格有涨有跌。从监测情况看：湖南省主要农产品产量稳中有增，市场供给充足；早稻、油菜籽价格高开高走，晚稻价格高开稳走；生猪价格先涨后跌，已趋平稳；蔬菜价格快涨快跌、频繁波动；柑橘价格高开低走；棉花价格低开低走。

一、稻谷

2011年，湖南省粮食播种面积比上年增加105.7万亩，增长1.5%，预计总产比上年增加18.4亿斤，增幅达3.2%。

（一）早稻收购价高开高走，收购进度略快于上年

2011年，湖南省新早稻开秤价均高于国家最低收购价每百斤102元，收贮企业入库价每百斤为107～114元。8月中旬，收贮企业收购价格稳定在每百斤118元左右。由于早稻收购价格达到了农民心理预期值，质量普遍较好，收购进度较快。新早稻收购期比上年要缩短3～5天。

（二）新晚稻收购价高开稳走，收购进度略慢于上年

湖南省普通新晚稻开秤价均高于国家最低收购价每百斤107元，普通晚稻收购价每百斤为125～133元（标准水分，下同），中档优质稻为135～140元，高档优质稻140～150元，比2010年同期每百斤分别高出10～15元左右。受2011年晚稻成熟期推迟和农民盼涨惜售影响，晚稻收购进度略慢于上年。

（三）支撑稻谷收购价格高开高（稳）走的主要原因

第一，国内稻谷供需关系仍处于紧平衡。据中国储备粮管理总公司所属中华粮网测算，2011年度全国稻谷产量19870万吨，需求量约为19450万吨，年度节余420万吨，仍处于紧平衡状态。第二，受稻谷高价位拉动。9月底，湖南益阳兰溪米市普通早籼稻收购价格为每百斤122元，优质早稻收购价每百

斤 135 元。第三，国家最低收购价支撑。2011 年国家将普通早、晚籼稻最低收购价提高至每百斤 102 元、107 元，提振了市场信心，对市场价格形成有力支撑。第四，多元主体入市和外地粮企跨界收购拉动。除小米厂和大中型收贮企业外，种粮大户和农民专业合作社入市，特别是外地粮商到我省跨界收购，大大推升了当地稻谷收购价格。第五，种粮成本上升拉动。湖南省主要化肥、农药等农业投入品成本比 2010 年上涨了 10% 以上。此外，由于旱情较重，主产区双季抗旱成本一般每亩比上年增加 40 元以上。

（四）稻谷市场运行中存在问题及政策建议

当前，种粮农民和收贮企业反映最普遍的有三个问题：

（1）种植双季稻补贴标准不合理。

（2）个体粮商收购稻谷水分高、杂质多，影响收购质量；收贮条件差、多次转运增加稻谷损耗。

（3）收贮企业所需收购专项贷款到位晚，数量不足。建议：一是提高南方双季稻种植补贴。建议国家加大南方双季稻生产支持力度，将湖南水稻生产种粮直补和生产资料综合补贴系数由目前 1.3 提高到 1.6。二是进一步提高国家早、晚籼稻最低收购价。三是加大对粮食收购市场监管和稻谷收购政策执行情况督察力度。

二、生猪

（一）生猪价格先涨后跌，渐趋平稳

生猪出栏、存栏量扭转 2011 年第一季度大幅下滑的势头，下半年迅速恢复增长，预计全年出栏 7980 万头，与上年持平。春节后生猪价格不降反升，一路走高。6 月，湖南省活猪均价 17.54 元（公斤价，下同），同比上涨 83.3%，环比上涨 10.6%。9 月上旬，受中秋、国庆双节效应拉动，湖南省活猪价高达 20.58 元。9 月底，生猪价格在快速冲高后开始慢慢回落，进入猪价补跌阶段。第 41 周（数据采集日 10 月 8 日），湖南省活猪均价 19.66 元，环比上周下跌 0.34 元，下跌幅度 1.70%。12 月，随着春节临近，生猪收购商、屠宰商收储力度较大，收购氛围更加活跃，导致生猪价格又小幅上涨。第 52 周（数据采集日 12 月 21 日），湖南省活猪均价 17.39 元，环比上周上涨 0.10 元，上涨幅度 0.58%；市场猪肉湖南省均价 27.38 元，环比上周下跌 0.01 元，下跌幅度 0.04%。这一时期，市场猪肉价格渐趋平稳。

（二）导致 2011 年前期猪价走高并支撑高位运行的主要原因

一是规模养殖发展量不能同步弥补散养退出量，导致出栏量略有下滑。

虽然近年来规模养殖发展很快，但是散养退出更快，规模养殖的发展量暂时不能有效足量补充散养的退出量，导致 2011 年上半年生猪出栏量略有下滑。二是 2011 年上半年正处于生猪价格周期性波动高峰期。生猪生产还没有摆脱"大起大落"的怪圈，生猪价格总体呈现"M"字样的周期性波动，周期大约为 2 年。从整个波动周期来看，2010 年底生猪价格才出现恢复性增长，2011年上半年仍然处于价格上升期。三是人力、饲料和运输成本大幅增加。一方面，一般农村生猪养殖劳动力成本比 2010 年上涨 30% 以上。另一方面，饲料成本大幅上涨。如 2011 年 7 月育肥猪配合饲料均价 3. 14 元/公斤，同比上涨7.5%。四是养殖风险的负面影响。2010 年底的低温雪灾导致一定数量的仔猪死亡，直接影响了 2011 年的生猪出栏。2011 年湖南省大范围的旱灾，后又出现旱涝急转，导致了生猪出栏量较往年同期水平偏低。

三、油菜籽

（一）油菜籽收购价格高开稳走

油菜收获面积 1780 万亩，预计总产 183. 9 万吨，增长 10%。2011 年 5 月下旬，小型榨油厂和中间商贩开始入市收购。洞庭湖区中间商贩收购价格为3.9 ~ 4.1 元/公斤，山丘区为 4.5 ~ 4.7 元/公斤，比 2010 年同期分别上涨9.5%、10.0%；大型油脂收储企业挂牌收购价为 4.1 元/公斤。6 月中旬，国家出台油菜籽托市政策，规定新油菜籽（国标三级）价格为 4.6 元/公斤，大型油脂收储企业将挂牌收购价调为 4.58 元/公斤，洞庭湖区中间商贩收购价格为 4.4 元/公斤，山丘区为 5.8 元/公斤。6 月底，油菜籽收购接近尾期，但收购价格比 6 月中旬上涨 0.2 ~ 0.3 元/公斤。

（二）多因素支撑新油菜籽价格高开后企稳

一是新油菜籽源紧平衡支撑价格高开。从国际国内市场来看，预计 2010/2011 年度新油菜籽总产量不会有大幅增长，新籽源供应仍处于紧平衡。二是受农资、人力成本上涨推动。2011 年全省主要农资均价同比上涨幅度达 10%以上，每个农村劳动力价格从上年 70 元涨到 80 ~ 100 元。三是受高价位菜油价格支撑。6 月上旬，湖南省内大型油脂加工厂四级菜油现金价格为 10100 元/吨，菜粕价格为 2100 元/吨，按照每百斤油菜籽榨油率 34.0%，出粕率 60% 计算，每百斤油菜籽产值约为 234.7 元，扣除加工成本 12 元/百斤和企业合理的利润，标准质量油菜籽的到库价格约为 222.7 元/百斤。四是受国家托市收购价政策支撑。2011 年国家油菜籽托市收购价提高到每斤 2.3 元，比上年每斤提高了 0.35 元，提振了市场信心，对市场价格形成有力支撑。

四、蔬菜

（一）蔬菜价格快涨快跌、频繁波动

预计湖南省蔬菜总产 3342 万吨，比上年增长 7%。2011 年，蔬菜价格呈现"快涨快跌、频繁波动"的趋势，从年初的价格上涨到 4 月初的滞销，再到 12 月的回升，经历了诸多波段。如长沙市马王堆农产品股份有限公司 1~12 月蔬菜平均价为 2.05 元/公斤，较 2010 年同期 1.89 元/公斤上涨 8.34%。1~2 月临近春节，蔬菜价起点很高；3 月本地蔬菜供给不足，需大量外运菜补充供应，大棚精品菜、反季节菜批发价一直处于高位运行；4 月，由于北方气候比常年偏高，出现南北同季的现象，全国叶类菜大量上市，一度出现滞销；5 月干旱时价格上扬，后因干旱转涝，价格下跌；6~8 月本地菜大量上市，蔬菜价格呈大幅回落趋势；9 月受季节性影响，本地蔬菜逐步淡出市场，蔬菜整体价格开始较大幅反弹；10~11 月受暖冬气候影响，全国范围气温普遍晴好，有利于蔬菜生长，使得蔬菜供应量充足，菜价整体下滑。

（二）蔬菜价格波动的原因及后期走势预测

造成蔬菜价格极不稳定的主要原因是：

（1）蔬菜种植刚性成本持续上升。生产、运输、销售、资金（利息支出）等方面成本稳步上扬，拉动了蔬菜价格逐年走高。

（2）信息不对称，导致供求失衡。2010 年年底菜价高，大面积建基地扩大生产，结果 2011 年同时上市，供过于求导致价格报复性下跌，出现严重滞销。

（3）气候因素和自然灾害导致产销失衡、品质下降。2011 年灾害比较多，天气冷暖交替、旱涝交替，不利于农产品的生产销售。因含水量过高、不易保存、品质下降、损耗增大，在批发环节价格下跌了，但是零售终端依然坚挺。预计年底随着"元旦"和"春节"两节消费高潮在即，蔬菜销售将创新高。随着新品优质蔬菜的上市，市场蔬菜价格将可能有所冲高，但涨幅不会太大。

五、柑橘

（一）蜜橘价格高开稳走，椪柑和橙类价格低开低走

2011 年，蜜橘产地批发价为 1.6~3.2 元/公斤，价格好于 2010 年。脐橙和冰糖橙价格高开低走，上市初期，脐橙产地批发价为 1.8~2.7 元/公斤，比 2010 年同期低 0.6 元/公斤；12 月中旬跌至 1.6~2.1 元/公斤。冰糖橙产地上

市批发价为 3.2～3.6 元/公斤，比 2010 年同期低 0.6 元/公斤；12 月中旬跌至 1.6～2.1 元/公斤。11 月下旬，湘西椪柑产地批发价为 1.2～1.3 元/公斤，比 2010 年同期低 0.2～0.4 元/公斤；12 月中旬跌至 0.7～0.9 元/公斤，接近成本价。

（二）椪柑和橙类销售进度明显慢于上年

2011 年椪柑和橙类销售进度明显慢于上年。吉首市农业部门同志反映："全市往年 12 月上旬椪柑已销售 40% 以上，2011 年销售量仅占总产量的 4%。"泸溪县 2011 年椪柑产量预计 15 万吨，12 月上旬仅销售 3000 吨，占总产量的 2%。龙山县椪柑产量预计 7 万吨，12 月上旬销售 300 吨，占总产量的 0.4%。

（三）导致椪柑和橙类价格低开低走的主要原因

一是受蜜橘和砂糖橘等外地柑橘的冲击。2011 年，全国柑橘产量增加，特别是广东、广西等地的砂糖橘普遍增产，且上市时间与椪柑相同，对椪柑市场冲击较大，导致价格低开低走，目前销售进度缓慢。二是柑橘种植、采摘和运输成本大幅增加。据邵阳市调查，2011 年每亩柑橘生产的物化成本达到 1720 元，用工成本达 1800 元，分别比上年上涨 230 元、250 元。另外，当前燃油价格上涨也推升了运输成本。三是少数地方鲜活农产品绿色通道政策执行没有到位。

六、棉花

（一）棉花价格低开低走，农民种棉效益下降

预计全年棉花总产 35 万吨，比上年增长 2.7%。新棉开秤 3 级籽棉价格 8.6～8.7 元/公斤，4 级籽棉价格 8.4～8.5 元/公斤。湖南省籽棉收购价格在国庆节以后有所下降，12 月上旬 428 级籽棉价格在 8.0 元/公斤左右，并还呈下滑趋势；毛棉籽价格已由 2.6 元/公斤跌到了 1.92 元/公斤左右；棉短绒由 5800 元/吨跌到了 4000 元/吨左右。农民植棉收益下降。据基点县调查，2011 年每亩棉花物化成本为 518 元，较上年增长 65 元，亩平种子、化肥、农药、农膜、水费上涨 14.1%。2011 年籽棉收购均价较上年的 10.96 元/公斤，下降了 2 元左右，降幅达 18%。由于价格下降，亩平棉花收入仅 1808 元，较上年的 2652 元，减少 844 元，棉农收入下降了 47%。

（二）2012 年生产形势预测及对策建议

受植棉效益下降等因素影响，预计 2012 年棉花意向播种面积下降 10%，

湖南省总面积将稳定在330万亩。为了确保棉花市场平稳运行，建议：

（1）提高棉农良种补贴标准。杂交棉、转基因抗虫棉种子价格高，用种成本高。建议将棉花良种补贴标准由每亩15元提高至30元。

（2）将棉花纳入农资综合补贴范围。棉花生产投入多，其物质投入是粮食投入的1.5倍左右，生产资料价格上涨对棉花生产影响大。因此，建议将棉花纳入农资综合补贴范围。

（3）建立棉花直接补贴制度。按照棉花与小麦1:8的比价水平，确定棉农收益的目标价格，市场价格低于目标价格部分，由政府补贴。

2011 年青海省农畜产品市场运行情况

青海省农牧厅市场信息中心 刘晓军

2011 年，青海省农牧业生产连续 6 年实现了增产增收，粮油生产稳中有升，畜牧业健康稳步发展。主要农畜产品市场平均价格仍保持小幅上涨态势。部分农产品收购价格呈现小幅下降态势，部分地区个别农产品出现阶段性滞销现象。畜产品价格继续保持上涨态势，并屡创新高，购销两旺，销售形势一路看好。

一、2011 年主要农畜产品市场价格情况分析

（一）蔬菜

（1）价格回顾。2011 年青海省蔬菜价格仍呈现"两头高，中间低"态势。1～3 月，蔬菜价格涨幅明显，较 2010 年同期上涨 6%。4～12 月，受宏观政策及季节性因素影响，蔬菜价格呈现稳中略升态势。全年蔬菜价格比 2010 年同期下降 7.5%。

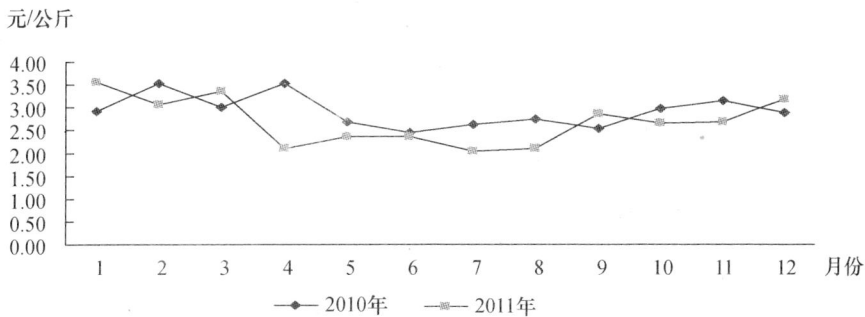

图 159　2010～2011 年青海省蔬菜市场平均价格走势图

（2）原因分析。2011 年青海省蔬菜价格比 2010 年同期下降，除得益于蔬

菜种植面积、产量不断增加、品种逐步丰富外，主要是以下三方面原因，导致价格下降：一是出台政策稳定菜价。2011年以来，青海省居民消费价格总水平一直高位运行，新涨价因素主要是食品类和居住类商品，特别是蔬菜价格等不断上涨，引起了领导的高度重视。为此，青海省于4月9日出台《关于平抑市场物价保障市场供应的工作方案》，首次对主要蔬菜品种实行批零差率控制措施。二是实行批零差率。对青海省各集贸市场、超市、标准化农贸市场销售的27种主要蔬菜品种实行批零差率控制，其中，集贸市场的冬瓜、萝卜、胡萝卜、生姜、红薯、土豆、莲藕7种蔬菜批零差率最高为40%；黄瓜、西红柿、茄子、青椒、蒜苔、豆角、大葱、菜花、蒜苗、洋白菜、菜瓜11种蔬菜批零差率最高为50%；洋葱头、大蒜、芹菜、油菜、韭菜、包心菜6种蔬菜批零差率最高为60%；生笋、大白菜、豆芽3种蔬菜批零差率最高为70%。超市、标准化农贸市场在此基础上可上浮10%。三是加大蔬菜调运量。4~6月、10~12月是青海省蔬菜生产淡季，为了增加市场的供应量，稳定蔬菜价格，从海湖路蔬菜批发市场个体贩运大户中选取6户承担蔬菜调运任务。分别从四川、山东、甘肃等地，调运芹菜、黄瓜、西红柿、青椒、豆角、蒜苔等27种蔬菜共1.8万吨，每天将投放市场约200吨，对批发价过高的蔬菜品种实行限价，差价损失则根据蔬菜的批发量给予补贴。另外，为进一步稳定元旦、春节期间蔬菜价格，青海省将从外地再组织调运蔬菜3万吨，每天向市场多投放新鲜蔬菜400吨，储备蔬菜3.5吨，以此保障供给，稳定价格。总之，2011年青海省蔬菜价格下降主要是由于政府采取多项价格干预措施，增加蔬菜调运量，并加大市场价格检查力度，有效地抑制了不断上涨的蔬菜价格。

（二）马铃薯

（1）价格回顾。2011年，青海省马铃薯价格呈现"前高后低"的态势，其中4~6月是全年最高价格。上半年，马铃薯价格受2010年下半年价格上涨、2011年1~3月反季节销售及4~6月新鲜马铃薯上市等因素影响，价格从1月2元/公斤逐步上涨到5月2.7元/公斤，6月略有下降，上半年马铃薯价格基本稳定在2元/公斤，与2010年底价格基本持平。下半年，由于受全国范围内马铃薯增产，价格下跌影响，全省马铃薯价格也呈现持续走低态势，10~12月价格基本稳定在0.8元/公斤，价格跌至全年最低点。

（2）原因分析。2011年青海省马铃薯持续走低的主要原因：一是面积、产量增加，供求失衡。2010年马铃薯市场价格普遍偏高，农户收益显著。受2010年马铃薯价格上涨因素影响，2011年青海省种植马铃薯积极性高涨，全省马铃薯种植面积达 142.17 万亩，比 2010 年增加 2.07 万亩，产量增加 9.9 万吨。加之，全国范围内马铃薯种植面积增加、产量增大，共同形成 2011 年马铃薯供大于求的局面，价格下跌在所难免。二是马铃薯收获期短，新进入马铃薯种植业的企业和大户几乎都没有储藏能力，这部分企业和大户在马铃薯价格走低的情况下，为了减少损失，竞相降价抛售，一定程度上加剧了马铃薯价格的下跌。三是由于马铃薯产量增加、收购价格不断下跌、运输成本持续增加等原因，收购客商从自身利益出发，为等待更低的收购价格和政府优惠政策而持观望心理，也进一步打压了马铃薯价格。四是淀粉价格大幅下跌。马铃薯加工产品主要是马铃薯淀粉，近期国内马铃薯淀粉销售价格迅速下滑，内蒙古、甘肃、宁夏等地区的马铃薯淀粉价格已经从 2011 年上半年最高时的 12000 元/吨跌至目前的 5000 元/吨左右，价格跌去了 60%。淀粉价格下跌，为马铃薯价格下滑也起到了推波助澜的作用。

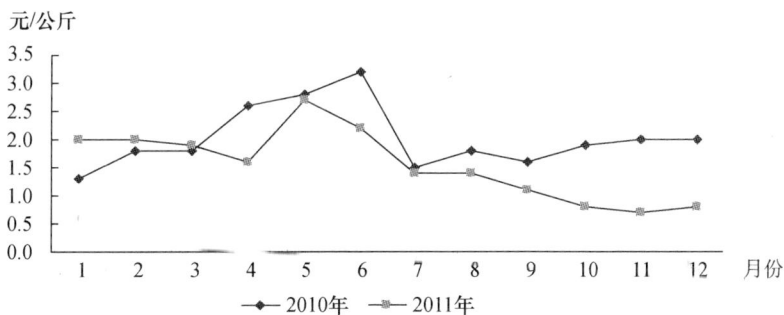

图 160　2010~2011 年青海省马铃薯市场平均价格走势图

（三）蚕豆

（1）价格回顾。2011 年，青海省蚕豆价格受 2010 年价格上涨原因影响，1~9 月一直稳定在 6 元/公斤左右，处于有价无市状况。10 月新蚕豆上市，由于受品种、质量及出口疲软等因素影响，价格逐步下滑，最终跌至全年最低价格 5 元/公斤。

（2）原因分析。长期以来，蚕豆是青海省传统的出口创汇产品，常年可提供商品蚕豆 5 万~6 万吨，商品率在 80% 左右，出口量平均在 2 万~3 万吨，出口和内销基本上各占一半，初步形成了"外贸出口企业 + 农户"的出口创汇产业雏形。出口国别为日本（年最高出口量为 3500 吨，约创汇 130 万美元，出口规格是手捡蚕豆）、意大利、埃及、约旦、也门（一部分食用，一

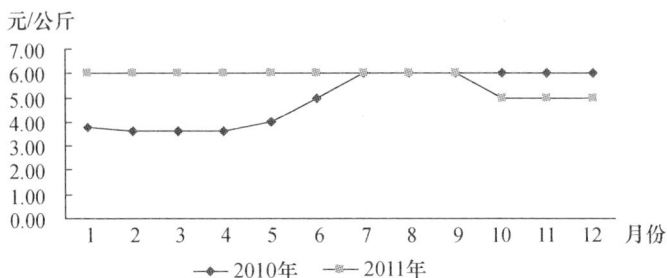

图 161 2010~2011 年青海省蚕豆市场平均价格走势图

部分用于饲料），其中日本占 41%，欧洲及中东地区占 59%。近年来，由于品种、质量等原因，青海省蚕豆出口呈萎缩状态。2010 年青海省蚕豆农民出售价一度达到每公斤 6.8 元的高价，而 2011 年蚕豆价格由最初的每公斤 5.7 元下降到目前的 5 元/公斤左右。分析原因主要是：一是品质下降。2011 年由于青海省蚕豆收获后期近半个月的连阴雨天气造成近 30% 的蚕豆籽粒色泽发黄、发芽，商品率降低，收购商的折损增加，价格降低。二是出口市场疲软。青海省出口蚕豆主要销往日本作为食用，欧洲及中东地区主要用于饲料。据了解，由于受经济危机、日本核辐射、战争等的影响，出口市场需求大幅下滑，而作为饲料替代品的黄豆价格一直呈下降态势，需求增加，而对蚕豆需求量明显减少，造成 2011 年青海省蚕豆出口不畅、价格下跌。

（四）油菜籽

（1）价格回顾。2011 年青海省油菜籽价格基本稳定，年底略有下滑，全年市场平均价格基本稳定在 4.8 元/公斤左右，比 2010 年同期上涨 10.5%。

（2）原因分析。为保护农民利益，国务院决定 2011 年在全国 13 个油菜籽主产省（市）启动油菜籽托市收购工作，油菜籽挂牌收购价格为 4.6 元/公斤，比 2010 年提高 0.7 元，对促进农民增收、弥补油菜籽种植效益、促进生产持续发展起到积极作用。在 2011 年油菜籽收购期中，青海省川水地区油菜籽刚开始收购价格为 5.4 元/公斤，后期受阴雨天气影响，浅、脑山地区油菜籽品质下降导致价格下滑至 4.6 元/公斤。但受油菜籽主产区托市收购价格影响，加之 2011 年青海省油菜籽产量 36.3 万吨较 2010 年减少 1.2 万吨，市场供应量略有减少，但市场需求量基本稳定，导致市场价格基本稳定在 4.8 元/公斤左右。

元/公斤

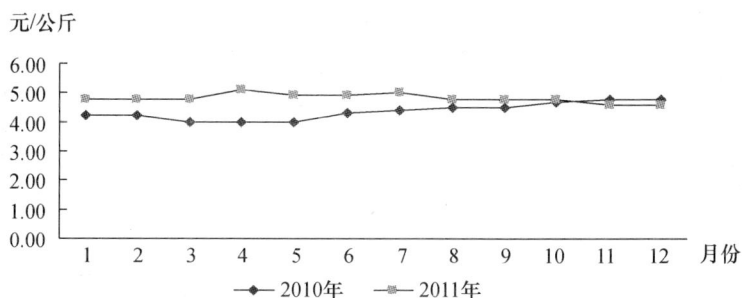

图162 2010~2011年青海省油菜籽市场平均价格走势图

（五）牛羊肉

（1）价格回顾。2011年，青海省牛羊肉价格仍在高位运行，且逐步呈现上涨态势，年底再创新高，牛肉达到每公斤37元，羊肉达到每公斤46元，较2010年同期上涨19.4%、31.4%。羊肉价格仍比牛肉价格每公斤平均高4元左右，且涨幅速度快于牛肉。

元/公斤

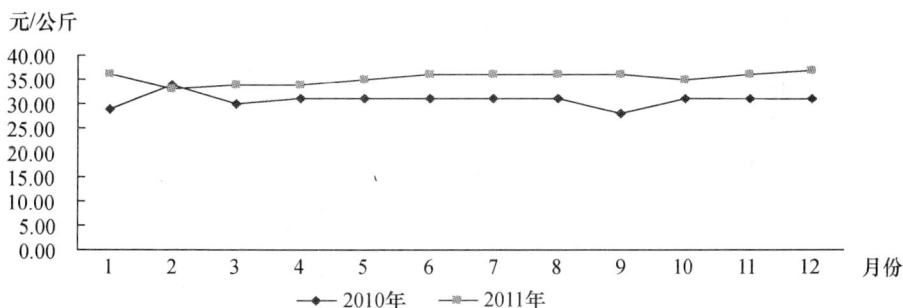

图163 2010~2011年青海省牛肉市场平均价格走势图

（2）原因分析。2011年青海省牛羊肉价格再创新高。分析青海省2011年牛羊肉价格持续上涨的原因，除原有因素外，2011年又有新的特点：一是主产区就地屠宰加工和外销量增加。通过调查发现，随着各州县屠宰加工企业的逐渐增多和屠宰加工能力的提升，州县屠宰市场的逐渐规范，内地牛羊肉收购商已逐渐改变了在西宁市场集中收购牛羊肉的习惯，到牧区牛羊主产区就地收购牛羊肉，使青海省产地屠宰加工量迅速增加。例如在海南、黄南等产地，内地客商利用当地屠宰网点直接屠宰、脱毛向南方销售褪毛羊肉；山东、河南、安徽的客商直接蹲守在祁连、河南县等主产县屠宰场，只要生产一件就拉走一件。仅祁连县2011年截至目前已有4000吨以上牛羊肉直接销往内地。二

元/公斤

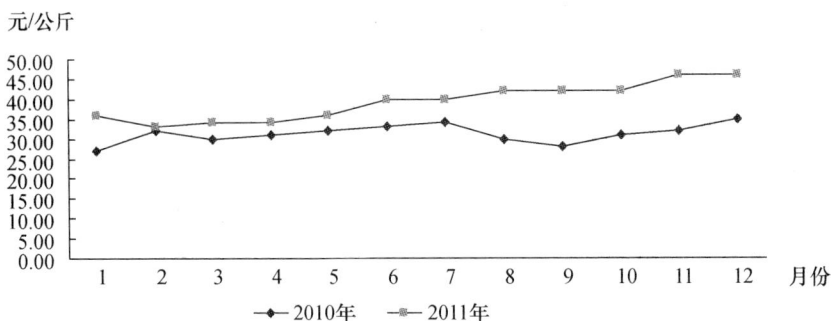

图 164   2010～2011 年青海省羊肉市场平均价格走势图

是牛羊活体外销呈快速增长态势。由于青海省牛羊肉价格相对较低，近年来以活体形式销往新疆、甘肃等地牛羊的数量快速增长。根据新疆畜牧厅提供的信息，2010 年从青海调往新疆的活体羊数量达到 100 万只。从 2011 年海西、海北、黄南反馈信息看，有大量客商就地高价收购活牛、活羊运往新疆等省区，形成了由青海省牛羊贩运户到牧户手中收购活牛活羊、集中一定规模后转手销售给新疆客商的流通格局。在此形势下，预计 2011 年仅新疆一地调运量将超过 120 万只。三是西宁市屠宰加工量呈相应减少趋势。由于牧区牛羊肉就地加工销售和活牛、活羊大量外销影响，改变了以往牛羊集中到西宁屠宰，后返销产地的格局，西宁市牛羊屠宰加工量呈逐年减少趋势。根据对西宁市屠宰加工市场的调查，2011 年西宁市场上牛羊肉屠宰加工量减少近1/3，例如青海裕泰、百德畜产品公司截至 2011 年 10 月底屠宰牛羊共计 91 万头只，比 2010 年少屠宰 30 万头只。总之，牛羊肉外销量的逐年增加是最终导致青海省牛羊肉价格持续上涨的重要原因。

元/公斤

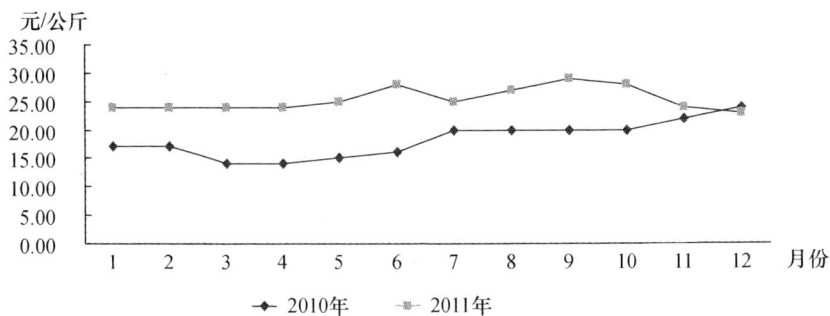

图 165   2010～2011 年青海省猪肉价格走势图

（六）猪肉

（1）价格回顾。2011年，青海省猪肉价格1~4月基本稳定在每公斤24元左右，5~9月受饲料价格上涨、生猪出栏率降低等因素影响，市场猪肉供应量偏少，价格逐步由每公斤25元上涨到29元左右。中秋过后，上半年大幅补栏的生猪陆续出栏，猪肉大量上市，市场供应充足。10~12月猪肉价格持续下跌，年底又回到年初每公斤24元左右的价格水平。总之，2011年猪肉价格呈现"两头平稳，中间高"的态势。

（2）原因分析。2011年青海省猪肉产量达10.2万吨，较2010年增加0.3万吨。5~9月，由于受生猪货源减少、饲料价格上涨等因素影响，价格呈现上涨态势。10~12月，在猪肉价格上涨因素影响下，前期养殖户补栏的生猪陆续出栏，猪肉供应量趋于稳定，价格呈现稳中有降的态势。目前，青海省规模养殖场生猪存栏略有增长，出栏相对稳定，猪肉市场供需平衡。外省调入青海省的生猪数量与前期相比基本稳定，周边省区猪肉供应充足，价格基本稳定，对年底青海省猪肉价格稳中有降，发挥了一定的作用。

二、2011年主要农畜产品市场销售情况分析

（1）蔬菜。在2011年的蔬菜销售中，设施温棚蔬菜供不应求，市场销售一路看好。大田蔬菜销售基本顺畅，除大通县国良蔬菜种植合作社0.6万吨胡萝卜发生暂时性的滞销外，其他大田蔬菜销售良好。西宁市和海东地区是青海省蔬菜种植面积较大的两个地区，生产的蔬菜除满足本地消费外，约60%供应省外市场并形成了自己的品牌，如"老爷山"牌蔬菜、"民禾"牌蔬菜、"乐都"牌长辣椒、"青乐"牌紫皮大蒜、"湟中"牌蔬菜。通过品牌化发展，提高了高原蔬菜的知名度，增强了竞争力，一些蔬菜产品已经远销到北京、上海、广州、香港、澳门、台湾等地以及日本、韩国、东南亚等地区。总之，2011年青海省蔬菜产量充足品种齐全、产销两旺，品牌建设不断加强，外销蔬菜达到45万吨，未出现"卖难"问题。

（2）马铃薯。青海省2011年商品薯在120万吨左右，主要分布在西宁市和海东地区。截至目前，市场销售的马铃薯数量达到40余万吨，马铃薯加工流通企业加工及贮藏的40多万吨，青海省马铃薯购销量达到80万吨以上，占到商品薯总量的2/3，待销的商品薯已不足40万吨，其中西宁、海东两个主产区待销的马铃薯分别为6.8万吨和30万吨。

（3）蚕豆。受全球经济影响，2011年蚕豆价格下滑，市场疲软，10月蚕豆收购价在5.4~5.6元/公斤，较2010年同期低0.2~0.4元，大部分蚕豆在此阶

段销售，主要是当地农畜产品经销公司及外地客商收购，销往江苏、四川、浙江等地。由于农民对蚕豆收购价格预期较高，对少部分未出售的蚕豆仍在等待观望，致使目前收购较为平淡，有价无市。

（4）油菜籽。2011年秋季以来，由于全国棉油、豆油、棕油等油脂产品丰富，价格比菜籽油低，对油菜籽的销售冲击较大，加之青海省秋季雨水偏多，油菜成熟度差于正常年景，因受价格、质量的影响，2011年收购油菜籽的客商较少，收购企业和经纪人在等待观望，农民也不急于出手，待价而沽，导致秋收季节没有及时收购，直到11月才开始收购，主要是国家储备库收储和当地榨油厂收购加工，省外市场需求仍然不大，市场销路不够顺畅。截至目前，青海省销售的油菜籽不到产量的一半，仍有60%以上的油菜籽待价而沽。

（5）牛羊肉。近年来青海省不断加大对牛羊肉等绿色无公害畜产品的推介宣传，在省外大市场价格的拉动作用下，销往省外的牛羊肉数量大幅增加，预计2011年外销的牛羊肉将超过5万吨，比2010年增加25%以上。同时，目前青海省规模养殖场牛羊存栏比2010年同期增加20%以上，加之全省草原生态补助奖励政策逐步到位，一些地区已开始逐步出栏超载牛羊，后期全省牛羊肉的供应量将会有所增加。总之，2011年青海省牛羊肉市场供应充足，各地市场未发现供应断档、无肉可卖的现象。

（6）猪肉。青海省猪肉自给率为70%，全年猪肉缺口达4.27万吨，缺口部分主要由甘肃、河南、四川等省购入，才能满足市场需求。青海省自产猪肉，均在本地区消化完毕，不存在销售难的问题。全省猪肉市场供应量对外依存度较高，受大市场、大流通影响比较明显，货源盈缺、价格涨跌均由省外市场决定。

三、采取措施

2011年，面对农产品价格下跌，部分农产品出现地区性、暂时性的滞销问题，青海省各级农牧部门采取多项措施，积极应对滞销问题，并取得了一定的成效。

（1）领导重视，多部门配合，共促农产品销售。2011年由于受内蒙古、甘肃等省区部分农产品价格下跌、产品积压等因素影响，青海省部分地区也不同程度出现了马铃薯滞销问题。为此，省委、省政府高度重视这项工作，农牧、商务、工商、教育等部门主管领导亲自抓销售工作，召开促销协调会，及时沟通相互信息，制定促销方案，滞销问题在短时期内得到了有效解决。

（2）采取多种形式，拓宽销售渠道，加快滞销产品的销售。为尽快销售滞销农产品，青海省各级农牧部门首先做好宣传引导工作，让农户认识到农产品市场价格波动的必然性和不确定性，消除惜售心理，做到均衡上市。其次协调各有关部门，允许农户将其农产品直接进城镇各类集贸市场、居民小区自行销售。通过中介组织、经纪人将滞销农产品直接销售到各类学校食堂，拓宽了销售渠道，加快了销售步伐，减少了农户的损失。最后分品种召开会议，及时销售滞销农产品。2011年，除在马铃薯滞销期间，青海省召开了全省马铃薯推荐会外，12月初大通县国良蔬菜种植合作社又有0.6万吨胡萝卜发生暂时性的滞销，为此专门召开了胡萝卜销售联席会议，会上农牧、商务、批发市场三方达成共识、并签署协议，月底就将0.6万吨胡萝卜全部销售完毕，没有造成经济损失。

（3）充分利用网络信息平台，做好网络销售工作。为应对部分农产品滞销，青海省充分利用已建成的农牧业网络平台，收集、整理、发布本地区滞销农产品供求信息，并将重要信息直接上报有关领导，为领导科学决策奠定基础，减少了政府引导销售的盲目性。

（4）通过各类展会，加快农畜产品销售步伐。2011年，青海省利用在成都、上海、广州等省参加各类展会、赶大集的机会，进一步加大对青海省高原特色农畜产品的宣传力度，产品知名度逐步提高，加快了农畜产品的流通步伐，部分产品销售形势逐年看好。

四、存在问题

近年来，青海省农畜产品价格波动较大，除受全国农畜产品普遍上涨的大环境影响外，还存在一些不可忽视的自身问题：

（1）青海省受自然条件影响，农畜产品生产能力所限，部分农畜产品只能依赖"调入"，才能确保市场供应，受省外市场价格制约因素很大。

（2）青海省农畜产品生产季节性很强，尤其是冬春季节，温室蔬菜生产能力有限，且大部分温室不能生产精细菜，造成冬春季蔬菜供应严重短缺，需要大量从省外调入，致使蔬菜价格居高不下。

（3）青海省生产的牛羊肉品质好，价格低，外流量逐年增加，造成青海省市场供应偏紧，市场价格持续上涨。在生猪生产上，本省生产成本高，规模养殖户少，供应城镇居民的大部分猪肉必须从省外调入，价格受外省市场制约很大。

（4）农畜产品市场、仓储设施建设薄弱，农畜产品均衡上市能力弱，部分农产品价格波动大，对农牧民增收产生一定影响。

（5）信息服务不到位，产销衔接不畅。由于产需之间信息不畅，农户凭借经验判断来年种植的作物品种，势必带有盲目性，加之农产品集中上市，造成个别农产品出现滞销现象，农民增产不增收。

五、政策建议

（1）积极发展设施农牧业，继续加大日光节能温室建设投入力度，加快提高设施农业水平和档次，提高精细菜的种植面积。加快生态畜牧业建设、设施畜牧业建设，提高规模化养殖水平。

（2）加大农畜产品贮藏设施的建设。继续建设蔬菜保鲜库，推动现有肉类冷库升级改造，扶持马铃薯贮藏库建设，避免短期集中销售，做到均衡上市，增加农牧民收入。

（3）各级政府要适时多层次地举办各类农畜产品产销衔接会，积极推动"产销对接"，帮助种植户与各类企业建立产销直接采购关系，减少中间流通环节，降低流通成本。

（4）开展对农畜产品经纪人、合作社人员的市场营销培训，提高农畜产品市场营销能力。

（5）加快农畜产品品牌建设，大力开展农畜产品的宣传，提升全省农畜产品知名度，提高附加值。

（6）进一步加强对农牧民的信息引导，利用青海省与外省农作物的种植时间差，及时收集、整理、发布预警信息，帮助农牧民合理安排生产，避免"滞销"现象的发生。

六、2012 年主要农畜产品产销形势预测

（一）生产情况预测

2012 年，青海省农作物总播种面积预计保持在 800 万亩以上，其中粮食作物面积 410 万亩，油料作物 275 万亩，粮食总产 110 万吨，油料总产 38 万吨，蔬菜总产 160 万吨。肉类总产可达 33 万吨，其中，牛羊肉可达 22 万吨，猪肉 11 万吨。

（二）价格及销售情况预测

农产品：①蔬菜。蔬菜价格受外来制约因素影响依然较大。鉴于 2012 年化肥等农资价格可能还会持续上涨，蔬菜总体价格水平会呈小幅上涨态势，销售形势看好。②马铃薯。2012 年全省马铃薯种植面积持平略增，价格比 2011 年有所上涨，销售形势比较平稳。③蚕豆。预计青海省蚕豆价格将有所回升，销售

形势好于 2011 年。④油菜籽。国家继续出台油菜籽托市收购政策，油菜籽价格将保持小幅上涨态势，销售形势比较平稳。⑤枸杞。随着枸杞种植面积的扩大，2012 年枸杞采摘面积将达到 22.4 万亩，供应量较 2011 年将会有明显增加，预计产量 3.5 万吨。枸杞价格将比 2011 年有所上升，估计在 36~44 元/公斤，销售形势好于 2011 年。

畜产品：①牛羊肉。2012 年青海省牛羊肉生产面临减畜后产量增加压力，牛羊出栏率比同期有所上升，同时受价格长期高位运行因素影响，农区出栏数量将会增加。预计牛羊肉价格全年基本保持高位运行态势，价格基本平稳，购销两旺。节日期间价格仍会有不同程度上涨，年底价格有可能再创新高。②猪肉。受 2011 年上半年猪肉价格上涨因素影响，生猪存栏量有所增加，2012 年上半年猪肉上市量将好于 2011 年。预计 2012 年元月价格会略有上涨，之后将略有下滑，节日期间仍会有不同程度上涨，全年价格仍在较高水平运行，销售情况基本平稳。

总之，2012 年青海省农畜产品价格总趋势是平稳略升。受国内主产区大环境影响，个别农产品有可能会出现滞销情况。畜产品如不遇到特殊情况，总体销售情况不会有大的问题。

第四部分

政策篇

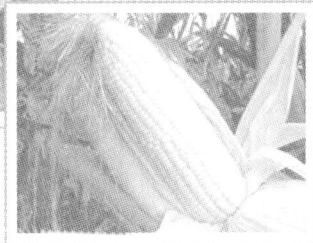

中国农产品市场报告.2012

关于提高 2011 年小麦最低
收购价格的通知

发改电〔2010〕347 号

各省、自治区、直辖市发展改革委、物价局、财政厅（局）、农业厅（局、委、办）、粮食局、农业发展银行分行：

为保护农民种粮积极性，进一步促进粮食生产发展，经国务院批准，决定从 2012 年新粮上市起适当提高主产区 2011 年生产的小麦最低收购价水平。每 50 公斤白小麦（三等，下同）、红小麦、混合麦最低收购价格分别提高到 95 元、93 元、93 元，比 2010 年分别提高 5 元、7 元、7 元。当前正值冬小麦播种季节，各地要做好宣传工作，以调动农民种粮积极性，促进粮食生产稳定发展。

国家发展改革委
财　　政　　部
农　　业　　部
国　家　粮　食　局
中国农业发展银行
二〇一〇年十月十一日

关于提高 2011 年稻谷最低
收购价格的通知

发改电〔2011〕60 号

各省、自治区、直辖市发展改革委、物价局、财政厅（局）、农业厅（局、委、办）、粮食局、农业发展银行分行：

为落实中央经济工作会议精神，进一步加大对种粮农民的支持力度，保护农民种粮积极性，促进粮食生产发展，经国务院批准，决定从 2011 年新粮上市起适当提高主产区 2011 年生产的稻谷最低收购价水平。每 50 公斤早籼稻（三等，下同）、中晚籼稻、粳稻最低收购价格分别提高到 102 元、107 元、128 元，比 2010 年分别提高 9 元、10 元、23 元。早籼稻播种在即，各地要做好宣传工作，以调动农民种粮积极性，促进粮食生产稳定发展。

国家发展改革委
财　政　部
农　业　部
国 家 粮 食 局
二〇一一年二月二十日

关于印发 2011 年小麦最低收购价执行预案的通知

各省、自治区、直辖市发展改革委、财政厅、农业厅、粮食局、物价局、农业发展银行分行，中储粮有关分公司：

为落实好粮食最低收购价政策，做好 2011 年小麦收购工作，保护种粮农民利益，经国务院批准，现将《2011 年小麦最低收购价执行预案》印发给你们，并就做好小麦收购工作通知如下：

一、明确最低收购价格水平、执行区域和时间

2011 年小麦最低收购价格水平，白小麦（国标三等，下同）每市斤 **0.95** 元，红小麦和混合小麦每市斤 0.93 元。执行区域为河北、江苏、安徽、山东、河南、湖北 6 个主产省。执行时间为 2011 年 5 月 21 日至 9 月 30 日。

二、完善预案启动机制

在预案执行期间，以县为单位，当其小麦市场价格连续 3 天低于最低收购价时，由中储粮分公司会同省级价格、粮食、农业、农发行等有关部门核实确认后，报中储粮总公司批准在相关市县或全省范围内启动预案，并报国家有关部门备案。根据要求，各委托收储库点按照国家规定的最低收购价，在上述小麦主产区挂牌收购农民交售的小麦。

三、加强委托收储库点资格审查

中储粮公司及地方有关部门要加强对委托收储库点资格的审查和复查。委托收储库点应满足具有粮食收购资格、在农发行开户、具备必要的检化验设备和人员等条件。为充分发挥国有企业的主渠道作用，国有及国有控股粮食企业优先作为委托收储库点安排。在已开展粮油仓储单位备案的省份，委托收储库点应按规定完成了备案工作。在确定委托收储库点时，要统筹考虑中储粮直属库、中粮集团有限公司和中国华粮物流集团公

司所属企业及地方国有和国有控股粮库，以充分利用现有仓储资源，确保储粮安全。

四、落实政策执行责任主体的责任

中储粮总公司作为国家委托的最低收购价政策执行责任主体，要对其执行最低收购价政策收购的小麦数量、质量、库存管理及销售出库等负总责，指导和督促委托收储企业严格执行收购质价政策，既不能压级压价损害农民利益，也不能抬级抬价扰乱市场秩序；并逐级落实管理责任，建立定期巡查制度，确保最低收购价库存粮食数量真实、质量良好、储存安全。中储粮有关分公司及其直属企业要按有关规定，对收购入库的最低收购价小麦品种、数量和质量等级及时进行审核验收，并对验收结果负责。对验收中发现入库的小麦数量、质量指标与收购码单等原始凭证标注不符的，要及时核减最低收购价收购进度和库存统计，扣回全部费用利息补贴。对验收合格的，要建立委托收储库点的质量档案，做到分品种、分等级专仓储存。在最低收购价小麦销售时发现库存粮食实际数量和质量与销售标的不符的，造成的损失由负有监管责任的中储粮直属企业先行赔付，并查明原因，追究相关负责人和有关人员的责任。

五、加大监督检查和处罚力度

地方粮食、价格主管部门要采取抽查、巡查、交叉检查等方式，进一步加强对最低收购价政策落实情况的监督检查。依照《粮食流通管理条例》等法律法规和本预案要求严厉查处压级压价、抬级抬价、质价不符、虚报进度、"转圈粮"套取补贴、骗取信贷资金等违法违规行为。违法违规行为一经发现，要责成有关部门和单位立即取消企业的政策性粮油收储资格，追究相关单位和企业主要负责人和有关人员的责任。对从事粮食收购的其他经营者也要加大监督检查力度，严格规范其经营行为，切实维护收购秩序。

六、加强收购工作的组织领导

各有关地方和部门要高度重视夏粮收购工作，密切关注小麦市场价格变化，周密部署，紧密配合，认真做好2011年小麦最低收购价执行预案的各项准备和组织实施工作，指导各类市场主体有序入市收购新粮，及时协调解决收购过程中出现的矛盾和问题，确保收购工作顺利开展、小麦市场平稳运行。

特此通知。

附：2011 年小麦最低收购价执行预案

国家发展改革委
财　政　部
农　业　部
国　家　粮　食　局
农　业　发　展　银　行
中　储　粮　总　公　司
二〇一一年五月二十日

关于印发 2011 年早籼稻最低收购价执行预案的通知

各省、自治区、直辖市发展改革委、财政厅、农业厅、粮食局、物价局、农业发展银行分行，中储粮有关分公司：

为落实好粮食最低收购价政策，做好 2011 年早籼稻收购工作，保护种粮农民利益，现将《2011 年早籼稻最低收购价执行预案》印发给你们。

请各有关地方和部门高度重视早籼稻收购工作，密切关注早籼稻市场价格变化，周密部署，紧密配合，认真做好 2011 年早籼稻最低收购价执行预案的各项准备和组织实施工作，指导各类市场主体有序入市收购新粮，及时协调解决收购过程中出现的矛盾和问题，确保收购工作顺利开展、早籼稻市场平稳运行。

特此通知。

附：2011 年早籼稻最低收购价执行预案

国家发展改革委
财　政　部
农　业　部
国家粮食局
农业发展银行
中储粮总公司
二〇一一年七月一日

附：

2011 年早籼稻最低收购价执行预案

第一条 为认真贯彻落实早籼稻最低收购价政策，切实保护种粮农民利益，确保收储的最低收购价早籼稻数量真实、质量安全，根据《粮食流通管理条例》有关规定，制定本预案。

第二条 执行本预案的早籼稻主产区为安徽、江西、湖北、湖南、广西 5 省（自治区）。

其他早籼稻产区是否实行最低收购价政策，由省级人民政府自主决定。

第三条 早籼稻最低收购价每市斤 1.02 元，以 2011 年生产的国标三等早籼稻为标准品，具体质量标准按稻谷国家标准（GB1350—2009）执行，即杂质 1% 以内，水分 13.5% 以内，出糙率 75% ~ 77%（含 75%，不含 77%），整精米率 44% ~ 47%（含 44%，不含 47%）。执行最低收购价的早籼稻为 2011 年生产的等内品。

相邻等级之间等级差价按每市斤 0.02 元掌握。最低收购价是指承担最低收购价收购任务的收储库点向农民直接收购的到库价。

非标准品早籼稻的具体收购价格水平，按照《国家发展改革委、国家粮食局、财政部、国家质检总局关于印发〈关于执行粮油质量标准有关问题的规定〉的通知》（国粮发〔2010〕178 号）有关规定确定。

第四条 在安徽、江西、湖北、湖南、广西 5 个早籼稻主产区执行最低收购价的企业为：（1）中储粮总公司及其有关分公司，受中储粮总公司委托的中粮集团有限公司所属企业和中国华粮物流集团公司所属企业；（2）上述 5 省（自治区）地方储备粮管理公司（或单位）；（3）北京、天津、上海、浙江、福建、广东、海南 7 个主销区省级地方储备粮管理公司（或单位）。

第五条 中储粮有关分公司及其直属企业要按照"有利于保护农民利益、有利于粮食安全储存、有利于监管、有利于销售"的原则，合理确定执行早籼稻最低收购价的委托收储库点。委托收储库点应具有粮食收购资格，在农发行开户，有一定的规模和仓容量，仓房条件符合《粮油仓储管理办法》（国家发展改革委令 2009 第 5 号）要求，具备必要的检化验设备和人员，具有较高管理水平和良好信誉。为充分发挥国有企业的主渠道作用，国有及国有控股粮食企业优先作为委托收储库点安排。在已开展粮油仓储单位备案的省份，委托收储库点应按规定完成了备案工作。

在确定委托收储库点时，要统筹考虑中储粮直属库、中粮集团有限公司和中国华粮物流集团公司所属企业及地方国有和国有控股粮库，以充分利用现有仓储资源，确保储粮安全。

以县为单位，每个县内委托收储库点仓容总量应与当地最低收购价早籼稻预计收购量相衔接，实际收购中仓容量不足的，可通过县内集并或适当增加委托收储库点解决。

中储粮有关分公司确定的委托收储库点名单报中储粮总公司审核备案后对外公布，同时抄报省级人民政府。中储粮总公司要将备案的委托收储库点名单报送国家有关部门。

委托收储库点可根据农民售粮需要设点延伸收购，在不增加国家费用补贴的前提下，必须自行负责将延伸收购点收购的早籼稻集并到委托收储库点。

地方储备粮管理公司（或单位）也要根据省级人民政府的统一要求，合理设置委托收储库点，并积极入市收购，充实地方储备。地方储备粮管理公司（或单位）设定的委托收储库点要与中储粮分公司确定的委托收储库点相互衔接。

执行最低收购价收储库名单确定后，中储粮直属企业和地方储备粮管理公司（或单位）要与委托收储库点签订委托收购合同，明确双方权利、义务等。委托收储库点要严格按照本执行预案的有关规定和收购合同进行收购活动。

第六条　第三条规定的最低收购价执行时间为2011年7月16日至9月30日。在此期间，以县为单位，当其早籼稻市场价格连续3天低于国家公布的早籼稻最低收购价格时，由中储粮分公司会同省级价格、粮食、农业、农发行等有关部门核实确认后，报中储粮总公司批准在相关市县或全省范围内启动预案，并报国家有关部门备案。各委托收储库点要按照本预案第三条的规定，在上述早籼稻主产区挂牌收购农民交售的早籼稻。

第七条　执行最低收购价的委托收储库点，要在收购场所张榜公布实行最低收购价有关政策的粮食品种收购价格、质量标准、水杂增扣量方式、结算方式和执行时间等政策信息，让农民交"放心粮"；按照稻谷国家标准（GB1350—2009）做好最低收购价早籼稻收购入库工作，不得压级压价、抬级抬价收购，不得拒收农民交售的符合标准的粮食；及时结算农民交售早籼稻的价款，不得给农民打白条；也不得将农业发展银行贷款挪作他用。

第八条　预案执行期间，中央和地方储备粮的承储企业应积极入市收购新粮用于轮换，轮换收购的早籼稻价格应不低于国家规定的最低收购价格水平。对承担轮换任务的委托收储库点，应优先安排储备粮轮换。

第九条　早籼稻上市后，地方各级政府和粮食行政管理部门要加强对收购工作的指导，引导和鼓励各类粮食经营和加工企业积极入市收购新粮；国有和国有控股粮食企业要按照《粮食流通管理条例》有关规定，切实发挥主渠道作用。农业发展银行要积极为各类收购主体入市收购提供信贷支持，保证具备贷款条件的国有和国有控股粮食企业资金供应。

第十条　中储粮公司确定的委托收储库点按最低收购价收购早籼稻所需贷款（收购资金和收购费用），由所在地中储粮直属企业统一向农业发展银行承贷，并根据早籼稻收购情况及时预付给委托收储库点，保证收购需要。对于没有中储粮直属企业的市（地）区域，为保证收购需要，可暂由中储粮分公司指定该区域内具有农发行贷款资格、资质较好的委托收储企业承贷；收购结束后，贷款要及时划转到中储粮公司直属企业统一管理。农业发展银行要按照国家规定的最低收购价格和收购费用及时足额供应。收购费用为每市斤2.5分钱（含县内集并费），由中储粮总公司包干使用，其中拨付委托收储库点直接用于收购的费用不得低于每市斤2分钱。

第十一条　地方储备粮管理公司（或单位）按最低收购价收购的早籼稻主要用于充实地方储备，所需收购贷款由农业发展银行按照国家规定的最低收购价格及时足额发放。有关收购、保管费用和利息按地方储备粮管理的有关规定执行。

第十二条　预案执行期间，中储粮总公司和有关省粮食局每5日分别将中储粮分公司和地方储备粮管理公司（或单位）按最低收购价收购的早籼稻数量汇总后报国家粮食局。中储粮总公司汇总的数据要同时抄送农业发展银行。具体报送时间为每月逢5日、10日期后第2个工作日中午12时之前。

省级农发行在每月初5个工作日内将上月最低收购价收购资金的发放情况抄送当地中储粮分公司和省级粮食行政管理部门。

同时，中储粮有关分公司将最低收购价早籼稻每月收购进度情况抄送当地省级粮食行政管理部门、农发行省分行。各委托收储库点要每5日将实际收购进度数据同时抄报所在地县级粮食行政管理部门。

第十三条　中储粮总公司及其有关分公司和直属企业执行最低收购价政策收购的早籼稻，粮权属国务院，未经国家批准不得动用。对收购入库的最低收购价早籼稻数量和质量等级，中储粮有关分公司及其直属企业要按有关规定及时进行审核验收，对最低收购价早籼稻库存验收结果负责。对验收中发现入库的早籼稻数量、质量指标与收购码单等原始凭证标注不符的，要及时核减最低收购价收购进度和库存统计，扣回全部费用利息补贴。对验收合格的，要建立委托收储库点的质量档案，做到分等级专仓储存。中储粮直属企业要与委托收储库点签订代储保管合同，明确数量、等级、价格和保管、出库责任等，作为以后安排销售标的的质量依据。

中储粮有关分公司要将委托收储库点最低收购价早籼稻质量验收结果于2011年10月底前汇总报中储粮总公司、有关省级粮食行政管理部门和农发行省分行。中储粮总公司要对分公司上报的收购进度和库存数据进行审核，并及时汇总情况报告国家发展改革委、财政部、国家粮食局和农业发展银行。

在销售时发现库存粮食实际数量和质量与销售标的不符的，造成的损失由负有监管责任的中储粮直属企业先行赔付，并查明原因。属于审核验收环节的问题，要追究负责审核验收的中储粮分公司（或直属库）和相关人员责任，并由其承担相应的经济损失。属于委托收储库点违反代储保管合同约定，因保管不善造成粮食损失的，由该收储库点承担经济损失，并追究其主要负责人和监管人员的责任。对因未按规定及时足额拨付收购和保管费用而导致库存粮食质量发生问题的，要追究中储粮分公司（或直属库）主要负责人的责任，并承担相应损失。

对于有购买陈粮冒充新粮，或就地划转本库存粮的"转圈粮"套取费用补贴等行为的委托收储库点，一经发现要将其收购的早籼稻全部退出最低收购价早籼稻收购进度和库存统计，扣回全部费用利息补贴，由承贷企业追回粮款归还农发行贷款，取消其最低收购价收购资格，由中储粮公司负责收回企业不当得利，并上交中央财政。如发生损失，由委托收储库点承担，并追究其主要负责人和相关人员的责任，以及负责监管的人员责任，并将其以前年度收储的最低收购价早籼稻实行移库或按有关程序及时安排拍卖，所发生的费用由违规企业承担。承担审核验收的中储粮分公司（或直属库）在验收工作中弄虚作假的要追究其主要负责人和有关人员的责任。

第十四条 中储粮总公司及其有关分公司管理的临时存储最低收购价早籼稻，保管费用补贴和贷款利息补贴由中央财政负担，先预拨，后清算。委托收储库点的保管费用补贴标准为每市斤3.5分钱/年，自早籼稻收购入库当月起根据月末库存数量进行补贴；贷款利息根据入库结算价与同期银行贷款利率计算。中储粮总公司及其直属企业执行早籼稻最低收购价政策发生的质检、监管等日常费用标准，按《财政部关于调整完善中储粮公司最低收购价粮食质检、监管、省内跨县集并及跨省移库包干政策的通知》（财建〔2007〕405号）执行。中央财政根据中储粮总公司上报的最低收购价利息费用补贴的申请报告，按季度将保管费用、贷款利息及质检、监管等日常费用预拨付给中储粮总公司。

中储粮总公司及其分公司要将保管费用按每市斤 3.5 分钱/年标准按季足额拨付到委托收储库点。事后，由中央财政根据中储粮总公司验收确认后的实际保管数量、等级和核定的库存成本等对中储粮总公司进行清算。清算过程中，对有关部门确认的中储粮公司所属企业虚报收购数量、质量以次充好等套取中央财政资金的违纪行为，按规定扣减相关补贴，并由有关部门追究相关负责人和有关人员的责任。

第十五条 中储粮总公司及其分公司和直属企业要严格规范储粮行为，中储粮有关分公司及其直属企业和委托收储企业不得租仓储粮，也不得变相租仓降低保管费用补贴标准，确保安全储粮的需要。违反本预案规定擅自租仓储粮的，由当地粮食行政管理部门责令改正，由中储粮有关分公司负责将所收购粮食调到符合条件的承储企业，所需费用由中储粮直属企业承担。

第十六条 中储粮有关分公司及其直属企业和委托收储库点保管的临时存储最低收购价早籼稻，由国家有关部门按照顺价销售的原则，合理制定销售底价，通过在粮食批发市场或网上公开竞价销售，销售盈利上交中央财政，亏损由中央财政负担。中储粮总公司对销售盈亏进行单独核算，中央财政对中储粮总公司及时办理盈亏决算。

为防止出现"转圈粮"等问题，预案执行期间，中央和地方储备粮的承储企业以及承担早籼稻最低收购价收储任务的库点一律不得直接和间接购买国家拍卖的最低收购价早籼稻。

第十七条 国家发展改革委负责协调落实早籼稻最低收购价政策的工作，监测早籼稻收购价格变化情况，检查价格政策执行情况，会同有关部门解决最低收购价政策执行中的矛盾和问题。财政部负责及时拨付中储粮总公司按最低收购价格收购早籼稻所需的费用和利息补贴。农业部负责了解各地执行最低收购价政策情况，监测早籼稻市场价格，反映农民的意见和要求。国家粮食局负责检查最低收购价政策执行情况和储粮安全等情况，督促国有和国有控股粮食企业积极入市收购，发挥主渠道作用。农业发展银行负责向执行最低收购价任务的贷款企业及时提供收购资金和费用贷款，并实施信贷监管。中储粮总公司作为国家委托的最低收购价政策执行责任主体，对其执行最低收购价政策收购的早籼稻的数量、质量、库存管理及销售出库等负总责，并逐级落实管理责任，建立定期巡查制度，确保最低收购价库存粮食数量真实、质量良好、储存安全。早籼稻最低收购价政策执行结束后 1 个月内，中储粮总公司要将执行情况报告国家发展改革委、财政部、农业部、国家粮食局、农业发展银行。省级人民政府要督促、协调地方各部门支持和配合中储粮公司的工作；地方粮食、价格部门对最低收购价政策执行落实情况，依照《粮食流通管理条例》等法律法规履行监督检查职责。中储粮有关直属企业和委托收储库点要主动配合监督检查。地方粮食行政管理部门要切实落实仓库维修工作，确保在新粮收购前投入使用，共同完成托市收购任务。

第十八条 本预案由国家发展改革委、财政部和国家粮食局负责解释。

关于印发 2011 年中晚稻最低收购价执行预案的通知

各省、自治区、直辖市发展改革委、财政厅、农业厅、粮食局、物价局、农业发展银行分行，中储粮有关分公司：

为落实好粮食最低收购价政策，做好 2011 年中晚稻收购工作，保护种粮农民利益，现将《2011 年中晚稻最低收购价执行预案》印发给你们。

请各有关地方和部门高度重视中晚稻收购工作，密切关注中晚稻市场价格变化，周密部署，紧密配合，认真做好 2011 年中晚稻最低收购价执行预案的各项准备和组织实施工作，指导各类市场主体有序入市收购新粮，及时协调解决收购过程中出现的矛盾和问题，确保收购工作顺利开展、中晚稻市场平稳运行。

特此通知。

附：《2011 年中晚稻最低收购价执行预案》

国家发展改革委
财　政　部
农　业　部
国家粮食局
农业发展银行
中储粮总公司
二〇一一年九月五日

2011年度棉花临时收储预案

　　为稳定棉花生产、经营者和用棉企业市场预期，保护棉农利益，保证市场供应，国家发展改革委、财政部、农业部、工业和信息化部、铁道部、国家质检总局、供销合作总社、中国农业发展银行制定了《2011年度棉花临时收储预案》，经国务院批准，现予发布。

　　附件：《2011年度棉花临时收储预案》

国家发展改革委

财　政　部

农　业　部

工业和信息化部

铁　道　部

国家质检总局

供销合作总社

中国农业发展银行

二〇一一年三月二十八日

国务院办公厅关于促进生猪生产平稳健康持续发展 防止市场供应和价格大幅波动的通知

国办发明电〔2011〕26号

各省、自治区、直辖市人民政府，国务院各部委、各直属机构：

2007年以来，国家出台了一系列政策措施，有力地促进了生猪生产的发展，稳定了市场供应。但由于散养户退出生猪生产较快、生猪疫病多发和养猪成本不断增加等因素，以及一些地区和单位对持续做好这项工作的重要性认识不足，抓生猪生产和市场供应的工作力度不够，造成最近一个时期猪肉供应偏紧，价格大幅上涨，增加了消费者的生活负担，影响了物价总水平的稳定。如把握不当，会加剧周期性反复波动的情况，使生猪生产者缺乏长期发展生产的信心。各地区、各有关部门要在认真总结2007年以来各项政策措施实施经验的基础上，按照保持政策措施连续性、稳定性，增强市场调控前瞻性、准确性、有效性的总体要求，抓好落实工作，进一步强化"菜篮子"市长负责制，着力构建防止价格大起大落、生产大上大下的长效机制，减缓生猪市场的周期性波动，促进生猪生产平稳健康持续发展。经国务院同意，现就有关事项通知如下：

一、继续大力扶持生猪生产

（一）扶持生猪标准化规模养殖。发展生猪规模化养殖，是提高生猪生产稳定性的重要措施。地方各级人民政府要积极支持生猪标准化规模养殖场（小区）建设，改善饲养、防疫条件，提高粪污处理能力，确保本地区生猪生产能力不下降。"十二五"期间，每年继续安排中央投资25亿元支持生猪标准化规模养殖场（小区）建设，并视情况适当增加投资。

（二）完善生猪饲养补贴制度。实施能繁母猪饲养补贴制度，是保护生猪生产能力的关键环节。各地要继续按照每头每年100元的标准，对能繁母猪发放饲养补贴，中央财政对中西部地区给予60%的补助，对新疆生产建设兵团和中央直属垦区补助100%。

（三）完善生猪良种繁育政策。抓紧制定"十二五"原良种场建设规划，继续支持生猪原良种场建设，提高良种猪供种能力。继续落实国家对购买良种猪精液补助政策，加大补助力度，积极推广良种猪人工授精技术，促进品种改良。

（四）扩大对生猪调出大县的支持。继续实施生猪调出大县（农场）奖励政策，将奖励范围由目前的421个县增加到500个县，调动地方政府发展标准化规模养殖的积极性。奖励资金继续按现行办法专项用于改善生猪生产条件、加强防疫服务、贷款贴息和保费补助等方面。

二、切实加强生猪疫病公共防控体系建设

（一）实行免费强制免疫。坚持预防为主，免疫与扑杀相结合，切实做好生猪疫病防控工作。继续落实好对国家一类动物疫病免费强制免疫政策，支持疫苗生产和调拨，保障免疫工作需要。所需疫苗经费由中央财政和地方财政共同负担，中央财政给予适当补助。健全基层动物防疫队伍，中央财政对基层动物防疫员的工作经费补助标准由每人每年1000元提高到1200元，地方财政也要给予相应补助。

（二）完善生猪防疫扑杀和无害化处理政策。提高因防疫需要而扑杀的生猪补助标准，由目前的每头600元提高到800元。病死猪要坚决做到不准宰杀、不准食用、不准出售、不准转运，必须进行无害化处理。国家加大对病死猪无害化处理的支持力度，对屠宰环节病害猪损失补贴由每头500元提高到800元；对标准化规模养殖场（小区）养殖环节病死猪无害化处理费用给予每头80元的补助，由中央和地方财政按照生猪扑杀现行比例分担。

三、进一步强化信贷和保险对生猪生产的支持

（一）保障生猪生产必要的资金投入。各级财政要加大支持力度，在县级建立和完善担保贷款体系。加快推进农村信用担保体系建设，为标准化养殖场（小区）提供信用担保服务。着手建立规模养殖企业联合体担保贷款机制并制定具体实施办法，加强对标准化规模生猪养殖企业的信贷支持。

（二）落实好能繁母猪保险政策。按照现行规定，继续落实好能繁母猪保险保费补贴政策。建立更加严格的保险与耳标识别、生猪防疫和无害化处理联动机制，提高能繁母猪保险覆盖面。

四、加强生猪市场调控和监管

（一）建立和完善生猪市场调控机制。建立和完善以储备制度为基础的防止生猪价格过度下跌调控机制和保障市场供应机制，有效维护生产者、消费者和经营者合法权益。加大中央和地方政府猪肉储备总量，要以增加活体储备为主，适当增加储备冻猪肉数量，中央和地方财政要研究支持部分骨干企业建立商业储备，作为政府调控市场的补充资源，保障政府和商业储备的长期稳定运行。要建立健全预警指标，完善储备吞吐调节办法，切实防止生猪价格过度下跌和猪肉价格过度上涨。

（二）加强市场、质量和价格监管。进一步加强猪肉及其制品检疫和检验，严禁未经检疫检验或检疫检验不合格的猪肉及其制品流入市场。严肃查处屠宰加工和销售病死猪肉和注水肉等不法行为，规范生猪市场交易行为和流通秩序。加强生猪市场监督检查，严厉查处违法经营、囤积居奇、哄抬价格等破坏市场秩序的行为。

五、完善生猪生产和市场统计监测制度

（一）加强监测统计工作。统计局要完善生猪抽样调查制度，尽快做到按月定产，及时发布生猪存栏、结构和出栏数量等信息。发展改革委要加强对生猪生产的成本调查和市场价格监测分析工作。农业部要加强生猪生产动态跟踪监测分析预警以及价格监测工作，重点加强生猪存栏结构、变化和生猪疫情的调查分析预警。商务部要继续做好生猪屠宰量和猪肉等畜禽产品市场销售量、价格的调查统计。有关部门要根据形势的发展，逐步扩大监测调查点覆盖范围，不断提高数据的及时性、准确性。

（二）保障工作经费。中央财政要安排资金，保证生猪等"菜篮子"商品生产、流通、消费领域统计、监测、分析工作的正常运行。

六、妥善安排低收入群体和家庭经济困难学生生活

尚未建立社会救助和保障标准与物价上涨挂钩联动机制的省份，要在2011年底前全部建立。已经建立的省份，要按机制要求及时发放临时价格补贴。同时，要采取定点供应储备食品、落实好家庭经济困难学生资助政策、加强学生食堂管理等多种方式，确保学生食堂饭菜价格基本稳定。

七、正确引导市场预期

各地区、各有关部门要健全统一信息发布平台，按照职责定期发布相关信息，引导养殖户合理调整养殖规模，优化养殖结构。有关职能部门要完善新闻发布制度，及时、准确发布生猪等"菜篮子"商品的生产、市场和价格信息，客观分析价格变动的原因和影响，准确解读国家在扶持生猪生产发展、稳定市场供应、妥善安排低收入群体生活等方面采取的措施和取得的成效。要积极引导新闻媒体真实、客观、全面报道生猪市场变动的信息，平衡报道猪肉价格变动对生产者、消费者、经营者的影响，防止过度渲染，努力营造良好的舆论氛围。

八、强化地方政府责任

各地要把发展生猪生产、保证市场供应和价格基本稳定作为惠民生、促和谐的重要工作内容。

（一）保障必要的生猪养殖用地。各城市要在郊区县建立大型生猪养殖场，保持必要的生猪养殖规模和猪肉自给率。各地在加大环境保护力度的同时，要合理规划养殖区建设，保证养殖用地需要，并加大对规模养殖场粪污处理的支持力度。

（二）充分发挥猪肉储备调控作用。各地要切实落实主销区和沿海大中城市地方猪肉储备规模不低于当地居民 10 天消费量，其他城市不低于当地居民 7 天消费量的规定。根据生猪市场价格变动情况，合理把握猪肉储备吞吐的时间、节奏和力度，加强生猪生产和市场的调控。

（三）落实防疫责任。地方政府要加大基层动物防疫机构的投入，为基层动物疫病预防控制和动物卫生监督机构购置必要的检测设备，落实工作经费，改善工作条件，确保动物疫病防控需要；切实加强生猪疫情监测和防控，加大动物卫生监督执法力度，及时发现和处置疫情，严防疫情扩散和病死猪流入市场。

（四）制定落实工作方案。各省级人民政府要抓紧制定本省（区、市）促进生猪生产和价格稳定的工作方案，对促进生猪标准化规模养殖、支持公共防疫体系和粪污处理能力建设、完善能繁母猪补贴和保险制度、健全信用担保体系、推进生猪品种改良、保障必要的生猪养殖用地、充实地方政府储备、开展养殖环节和屠宰环节的病死猪无害化处理、应急保供稳价机制和工作经费保障办法等做出明确规定，并于 2011 年 8 月底前报国务院。

　　国务院相关部门要依据职责，加强对地方政府落实情况的监督检查，并及时上报国务院。对抓落实工作完成好的地方，要给予通报表扬，对政策落实不力、弄虚作假的地方要通报批评。同时，还要一并抓好牛羊肉、禽蛋奶和水产品等其他"菜篮子"产品的生产与市场供应工作。

国务院办公厅

二〇一一年七月二十七日